Die Sondernutzung öffentlicher Straßen

Europäische Hochschulschriften
Publications Universitaires Européennes
European University Studies

Reihe II

Rechtswissenschaft

Série II   Series II
Droit
Law

Bd./Vol. 920

PETER LANG
Frankfurt am Main · Bern · New York · Paris

Helmut Messer

Die Sondernutzung öffentlicher Straßen

PETER LANG
Frankfurt am Main · Bern · New York · Paris

CIP-Titelaufnahme der Deutschen Bibliothek

Messer, Helmut:

Die Sondernutzung öffentlicher Straßen / Helmut Messer. -
Frankfurt am Main ; Bern ; New York ; Paris : Lang, 1990
　　(Europäische Hochschulschriften : Reihe 2, Rechtswissen-
　　schaft ; Bd. 920)
　　Zugl.: Heidelberg, Univ., Diss., 1989
　　ISBN 3-631-42531-7

NE: Europäische Hochschulschriften / 02

D 16
ISSN 0531-7312
ISBN 3-631-42531-7

© Verlag Peter Lang GmbH, Frankfurt am Main 1990
Alle Rechte vorbehalten.

Inhaltsübersicht

Einführung

§ 1: Der Gegenstand der vorliegenden Untersuchung

1. Kapitel

Der Befund

§ 2: Die straßenrechtliche Entscheidung über die Sondernutzung und ihr Verhältnis zur verkehrsrechtlichen
Erlaubnis- oder Ausnahmegenehmigung

2. Kapitel

Die Grundstrukturen der Benutzung öffentlicher Sachen

3.Kapitel

Die Formen der Straßenbenutzung

4. Kapitel

Öffentlich-rechtliche Sondernutzung und Grundrechte

§ 11: Grundrechtliche Freiheit und Straßenbenutzung

§ 12: Die Kunstausübung auf der öffentlichen Straße

§ 13: Die Berufsfreiheit (Art. 12 Abs. 1 GG)

5. Kapitel

Die öffentlich-rechtliche Sondernutzung als Gegenstand des gemeindlichen Selbstverwaltungsrechts

§ 17: Öffentlich-rechtliche Sondernutzungen und Gleichbehandlungsgebot

§ 18: Die Entscheidung über die Sondernutzungserlaubnis als Sachwaltung örtlicher Belange

§ 20: Die Abwicklung der Straßenwerbung durch private Werbeunternehmen

§ 21: Die Bemessung der Sondernutzungsgebühr

Einführung

§ 1: Der Gegenstand der vorliegenden Untersuchung

I. Einführende Beispiele

Die Bedeutung des Straßenverkehrs für Wirtschaft und Gesellschaft liegt auf der Hand. Die Leistungs- und Funktionsfähigkeit ist die Grundbedingung der auf Güter- und Warenaustausch angelegten Wirtschaft. Die von ihm eröffnete Möglichkeit zur Überwindung von Entfernung bietet auch dem einzelnen eine wichtige Voraussetzung seiner persönlichen Selbstentfaltung.

Im Bereich des Fernverkehrs tritt die Straße zwar verstärkt mit der Schiene und dem Flugzeug in Wettbewerb. Ihrer Bedeutung als Grundverkehrsträger tut das freilich keinen Abbruch. Zur Überwindung auch weiträumiger Entfernungen wird die Straße auf lange Sicht unverzichtbar bleiben.

Vor allem im engeren Nahbereich ist die Straße sowohl für private als auch öffentliche Verkehrsmittel und nicht zuletzt für den Fußgängerverkehr unentbehrlich. Hier bietet sie die Voraussetzungen für die Mobilität des einzelnen und der Gesellschaft, von Handel und Wirtschaft.

Das Bedürfnis des einzelnen nach Fortbewegung und Gütertransport kann nur durch die Inanspruchnahme der Straße als Verkehrsträger befriedigt werden. Auf die Teilnahme am Straßenverkehr, sei es als Fußgänger, Radfahrer oder in einem Kraftfahrzeug, ist daher grundsätzlich jedermann angewiesen. Dementsprechend hat die Straße einem aus allen Bevölkerungsgruppen breit gemischten Publikum zur Verfügung zu stehen.

Vor allem das macht die Straße aber für die Entfaltung weiterer, in ihrer Form höchst unterschiedlicher Betätigungen interessant. Es geht um gewerbliche Tätigkeiten, um Veranstaltungen politischer, religiöser oder weltanschaulicher Natur, sowie um kulturelle (künstlerisch/ geistige) Darbietungen.

1. Die gewerbliche Nutzung der Straße.

Der bunt gefächerten Schar der Straßenhändler dient die Straße als Drehscheibe ihrer gewerblichen Betätigung. Ein umgehängter Bauchladen, geschickt pla-

cierter Ausstellungstisch oder ein abgestelltes, entsprechend eingerichtetes
Fahrzeug bilden die Ausstattung für ihr Angebot von Waren und Dienstleistungen. Die Straßenhändler sind dabei kaum in ihrer Beweglichkeit eingeschränkt und so in der Lage, den für die Geschäftsanbahnung günstigsten
Standort auszuwählen. Das bietet ihnen die Gelegenheit, auf die vorüberziehenden Verkehrsteilnehmer gezielt einzuwirken.

Insbesondere Zeitungen, Getränke, Obst und Süßigkeiten oder ein Imbiß, der
zum Verzehr an Ort und Stelle gereicht wird, finden auch auf der Straße ihren
Käuferkreis, und dort zum Teil sogar leichter, weil es den Kunden den Gang in
ein Ladengeschäft erspart. Die Möglichkeit, sich mit diesen Dingen gleichsam
im Vorübergehen zu versorgen, wird deshalb gerne wahrgenommen. Entsprechend weit gespannt ist das Angebot der Straßenhändler. Es reicht von Le-
bensmitteln und Blumen über Bücher bis zu Kunst- und kunsthandwerklichen
Gegenständen.

Seinen Verdienst zieht der Straßenhandel vor allem aus der Möglichkeit, mit
dem Verkehrspublikum einen weitgespannten Kreis potentieller Kunden unmittelbar anzusprechen. Im Vergleich zu seinen niedergelassenen Wettbewerbern,
die darauf angewiesen sind, daß das Publikum den Weg in ihre Geschäftsräume
findet, vermag ihm dieser Umstand beträchtliche Vorteile zu verschaffen. Hinzu kommt, daß der Straßenhandel von den hohen Kosten verschont bleibt, die
seine niedergelassenen Konkurrenten für den Erwerb oder die Miete von Geschäftsräumen zu tragen haben[1].

Durch die Verwendung von Warenautomaten können selbst die Personalkosten
auf ein Minimum reduziert werden. Diese Geräte werden daher ebenfalls auf

---

1) Die von den Straßenhändlern für die Straßenbenutzung erhobene Sondernutzungsgebühr hat an dieser ungleichen Belastung nichts geändert. Die
Städte bemessen sie durchweg so niedrig, daß man sie eher als bloße
"Schutzgebühr" bezeichnen könnte. So erhebt etwa die Stadt Heidelberg für
die gewerbliche Nutzung ihrer Straßen pro Quadratmeter eine Gebühr bis
zu 20 DM monatlich, während vergleichbare Flächen von privater Seite regelmäßig nur für einen 10 mal höheren Betrag zu haben sind. - Hin und
wieder reizt diese Diskrepanz darum zum (unzulässigen) Geschäft mit der
Sondernutzungserlaubnis. So kommt es vor, daß die Inhaber einer Sondernutzungserlaubnis das Recht zur Straßennutzung anderen Gewerbetreibenden für eine Vergütung "verpachten", welche die von ihnen selbst entrich-
tete Sondernutzungsgebühr um ein Vielfaches übersteigt.

der Straße aufgestellt oder an Hauswänden so angebracht, daß sie in den Gehweg- und den Straßenbereich hineinragen. Auf diese Weise lassen sich die Standortvorteile des Straßenhandels, die unmittelbare Nähe zur Masse der Verkehrsteilnehmer und die jederzeitige, nicht an Ladenschlußzeiten gebundene Zugänglichkeit der Automaten, voll ausschöpfen.

Für gewerbliche Zwecke wird die Straße ferner von den Anliegern genutzt. Sie erweitern auf diese Weise ihre Geschäftsräume. Bei günstigem Wetter stellen Cafés und Gastwirtschaften im Gehwegbereich zusätzlich Stühle und Tische auf, an denen die zufällig vorübergehenden Passanten als Gäste gewonnen werden sollen. Einzelhändler und selbst große Kaufhäuser bauen ihre Waren-auslage im Straßenraum vor dem Geschäftseingang auf, teilweise sogar zusam-men mit dem Kassenstand, damit bereits hier der Kauf getätigt werden kann, ohne die Geschäftsräume betreten zu müssen.

Mit Blick auf das Verkehrspublikum drängt nicht zuletzt die kommerzielle Wer-bung auf die Straße vor. Im Gehwegbereich ragen ihre Plakatsäulen und An-schlagtafeln auf. Als Ort der Werbung dient die Straße ferner solchen Werbe-tafeln, die als sogenannte 'Nasenschilder' in den Verkehrsraum hineinragen. Einer besonders eindringlichen Variante gewerblicher Werbung bedienen sich bestimmte Unternehmen, die durch ihre Mitarbeiter an Straßenpassanten Hand-zettel verteilen lassen, in denen sich der Hinweis auf die zumeist in der un-mittelbaren Nähe gelegenen Geschäftsräume und besondere Leistungsangebote findet.

2. Die Straße als Forum politischer, religiöser und weltanschaulicher Betäti-
    gung

Für die Meinungsäußerung und Werbung im politischen, religiösen und weltan-schaulichen Bereich stellt sie ein nicht minder gewichtiges Aktionsfeld dar. Die politischen Parteien und die Gewerkschaften veranstalten hier ebenso wie die Kirchen und andere Religions- und Weltanschauungsgemeinschaften Kund-gebungen und Vorträge, in die nicht nur die unmittelbare Anhängerschaft, sondern das Straßenpublikum insgesamt und allgemein einbezogen werden kann.

Informationsstände und das Verteilen von Flugblättern bieten die Gelegenheit, den unmittelbaren Kontakt zu den Passanten zu suchen. Das hat sich vor allem für die politischen Parteien im Wahlkampf als unverzichtbar erwiesen.

3. Die Straße als Bühne künstlerischer Veranstaltungen

In den Verkehrsteilnehmern auf der Straße wird schließlich das Publikum für künstlerische Darbietungen gesucht und gefunden. Die Straße wird so von Musikern, Malern, Pantomime- und ganzen Theatergruppen zum Wirkbereich der Kunstausübung erhoben. Hier stoßen diese aufgedrängten Kunsterlebnisse jedoch nicht nur auf Zustimmung, weil mit dem Straßenpublikum eine auch in ihren Geschmacksrichtungen durch und durch inhomogene Gruppe angesprochen wird.

Freilich bleiben diese Veranstaltungen auch oft hinter der Bewertung als Kunstausübung zurück, und noch häufiger lassen sich Überschneidungen mit den vorgenannten Zielsetzungen feststellen. So kann eine künstlerische Darbietung etwa als Medium einer politischen oder religiösen Aussage dienen. Insbesondere aber der gewerblich-kommerzielle Aspekt schiebt sich hier nahezu regelmäßig in den Vordergrund. Für die meisten, die mit dem Anspruch der Kunstausübung auf der Straße auftreten, geht es dabei vornehmlich um die Erschließung von Verdienstquellen, die – entgegen aller Gerüchte um eine brotlose Kunst – recht üppig sprudeln[2].

Das muß sich zwar keineswegs auf die Qualität der Darbietung negativ auswirken, es mag ihr im Gegenteil sogar förderlich sein. Von dieser Warte aus gesehen kann aber einer unbesehenen Privilegierung aller unter dem Etikett 'Straßenkunst' firmierender Veranstaltungen nicht das Wort geredet werden. Sie zeigt, daß auch hier, jedenfalls im Hinblick auf die Erhebung und Bemessung von Sondernutzungsgebühren, eine differenzierende Betrachtung durchaus angebracht sein kann.

Die genannten Beispiele verbindet das Fehlen der Absicht, die Straße als Basis der Ortsveränderung zu benutzen. Ohne selbst am Verkehr teilnehmen zu wollen, sind diese Straßenbenutzer auf der Straße angetreten, um zu den hier

---

2) So kommen Straßenmusikanten in einer Touristenstadt wie Heidelberg auf drei- und mitunter sogar vierstellige Tageseinnahmen.

vorüberströmenden Verkehrsteilnehmern Kontakt zu finden oder sonst auf sie einzuwirken.

4. Sonstige Nutzungen

a) Freilich kann es in bestimmten Fällen auch an dem zu den Verkehrsteilnehmern herzustellenden Bezug fehlen. Denn die Straße bietet immerhin ausgedehnt Raum und Fläche, der sich nach seiner tatsächlichen Beschaffenheit dazu eignet, für die Ablagerung von Gegenständen oder für sonstige Veranstaltungen darauf auszuweichen. So wird am Straßenrand beispielsweise das frisch eingeschlagene Holz bis zu seinem Abtransport aufgeschichtet. Von Gewerbetreibenden wird die Straße als Lagerraum für die angelieferten oder zur Abholung deponierten Waren in Beschlag genommen. Dabei mag auch der Gedanke eine Rolle spielen, daß ohne den Umweg über die eigenen Lagerräume der Weitertransport von hier aus ungehinderter besorgt werden kann.

Für Bauarbeiten auf den Anliegergrundstücken erscheint es häufig als passende und günstige Lösung, sowohl die Baumaterialien als auch die Baumaschinen auf der Straße aufzustellen. Die Straße bietet – scheinbar – auch Abhilfe, wenn es darum geht, einen Wohnwagen bis zu seiner nächsten Verwendung abzustellen.

Die vorübergehend für den Verkehr abgesperrte Straße kann ferner den Raum für die Veranstaltung von Weihnachtsmärkten, Vereins- und Stadtteilfesten bieten.

b) Vielfältigen Nutzungen wird schließlich der Straßenuntergrund erschlossen. Hier sind die Rohre für die kommunale und zum Teil auch private Wasserversorgung verlegt. Hinzu kommen die Gas- und Fernwärmeleitungen sowie die Elektrizitätskabel und Fernmeldeleitungen der Post.

II. Das Ziel der vorliegenden Untersuchung

Daß die Straße ihre Aufgabe als Verkehrsträger schon recht bald nicht mehr erfüllen könnte, wenn sie diesen verschiedenartigen und vielgestaltigen Bestrebungen, die sich ihrer als Grundlage und Plattform bedienen, schrankenlos und unkotrolliert preisgegeben wäre, bedarf keiner näheren Erläuterung. Denn es betrifft ihre Eignung und Tauglichkeit für die Aufnahme und den reibungslosen Lauf des Straßenverkehrs, wenn die Verkehrsfläche für konkurrierende Zwecke mit Beschlag belegt wird.

Zumindest mit Rücksicht auf die eigentlichen Verkehrsbedürfnisse dürfen die beispielhaft genannten Straßenbenutzungen nicht ohne weiteres Platz greifen. Das Straßenrecht stuft sie darum als *Sondernutzungen* ein und stellt diese Benutzungskategorie gleichzeitig unter den Vorbehalt einer besonderen Erlaubnis. So bedarf es nach § 8 Abs. 1 Satz 1 FStrG der *Sondernutzungserlaubnis*, wenn die öffentliche Straße "über den Gemeingebrauch hinaus" in Anspruch genommen werden soll. Die "Benutzung des Eigentums an der Straße" bleibt dagegen einer Gestattung "nach bürgerlichem Recht" unterstellt (§ 8 Abs. 10 FStrG).

Daß Sondernutzungen auf der öffentlichen Straße erst nach einer besonderen Zulassung stattfinden dürfen, kehrt auch das Straßenrecht der Länder hervor. Über die Voraussetzungen, unter denen die Sondernutzungserlaubnis erteilt werden darf oder gar erteilt werden muß, verlieren sie aber vorderhand kein Wort. Insoweit geben sie lediglich zu erkennen, daß über die Sondernutzungserlaubnis nach Ermessen zu befinden ist. Welche Gesichtspunkte dabei zu berücksichtigen sind, lassen die Straßengesetze offen. Es ist in ihnen nicht geregelt, ob sich das Ermessen allein an den Bedürfnissen des Straßenverkehrs zu orientieren hat, oder ob daneben möglicherweise weiteren Belangen Rechnung getragen werden darf. Die straßengesetzlichen Vorschriften schweigen vor allem zu dem Problem, ob in Fällen, in denen bestimmte oder allgemeine öffentliche Belange der Sondernutzung nicht entgegenstehen, die Sondernutzungserlaubnis erteilt werden *muß*, ob die Sondernutzung demnach lediglich als ein mit der Baugenehmigung vergleichbares Verbot mit Erlaubnisvorbehalt ausgestaltet ist.

Die vorliegende Untersuchung will auf diese Frage eine Antwort finden. Sie soll die Grundlagen und das Wesen der Sondernutzung erhellen und daraus die Maßstäbe für die Entscheidung über die Sondernutzungserlaubnis bestimmen.

Eingegrenzt wird die Untersuchung auf die Sondernutzungen innerhalb des geschlossenen Ortsbereichs der Städte und Gemeinden. Denn einerseits liegt hier nach Häufigkeit und Bedeutung der Schwerpunkt für die Sondernutzung öffentlicher Straßen. Andererseits lassen sich dadurch die Alternativen erschließen, nach denen das Straßenrecht die Zuständigkeit für die Entscheidung über die Sondernutzungserlaubnis regelt. Innerhalb des örtlichen Bereichs ist es nämlich stets die Gemeinde, die über die Erlaubnis zu befinden hat[3]. Das Straßenrecht kennt dementsprechend nicht nur eine mit der Straßenbaulast verbundene Entscheidungszuständigkeit. Für den Ortsbereich sehen die Straßengesetze vielmehr eine von der Baulast unabhängige, besondere *gemeindliche* Entscheidungsbefugnis vor, die ebenfalls auf ihren sachlichen Gehalt zu prüfen ist.

---

3) § 8 Abs. 1 Satz 2, Halbs. 2 FStrG; § 17 Abs. 1 Satz 1 BaWüStrG; Art. 18 Abs. 1 Satz 2, Halbs. 2 BayStrWG; § 17 Abs. 1 Satz 1 HessStrG; § 18 Abs. 1 Satz , Halbs. 2 NdsStrG; § 18 Abs. 1 Satz 3, Halbs. 1 NRWStrWG; § 42 Abs. 1 Satz RhPfStrG; § 19 Abs. 1 Satz 1 SaarlStrG.

1. Kapitel

Der Befund

§ 2: Die straßenrechtliche Entscheidung über die Sondernutzung und ihr Verhältnis zur verkehrsrechtlichen Erlaubnis oder Ausnahmegenehmigung

Es liegt auf der Hand, daß die Sondernutzung der öffentlichen Straße mit besonderen Gefahren für den Straßen-, vor allem aber für den Kraftfahrzeugverkehr verbunden sein kann. Mit ihr befaßt sich darum auch das Straßen*verkehrs*recht. Es stellt die Sondernutzungen in weitem Umfang unter den Vorbehalt einer speziellen Erlaubnis oder Ausnahmegenehmigung (dazu I.), über die
zu befinden den Straßenverkehrsbehörden vorbehalten ist. Die Straßengesetze
tragen dem dadurch Rechnung, daß sie neben der verkehrsrechtlichen Erlaubnis eine zusätzliche Sondernutzungserlaubnis für entbehrlich erklären[1].

Wie im folgenden (II.) gezeigt wird, darf das aber keineswegs zu der Annahme
verleiten, es komme der gemeindlichen Entscheidung über die Sondernutzung
eine lediglich auf Randbereiche beschränkte Bedeutung zu. Richtig ist vielmehr
das Gegenteil. Denn die Verknüpfung zwischen Straßenrecht und Straßenverkehrsrecht kann umgekehrt sogar einen Anhalt dafür bieten, daß es mit der
Entscheidungsbefugnis der Gemeinde eine besondere Bewandtnis hat.

I. Die straßenverkehrsrechtlich erfaßten Sondernutzungen

1. Die verkehrsrechtliche verbotene Sondernutzung

Aus der Gattung der straßenrechtlichen Sondernutzungen greift das Straßenverkehrsrecht diejenigen heraus, die den Ablauf des Verkehrs in besonderer
Weise berühren. Das ist zunächst für Straßenhändler von Bedeutung. Ihre Tätigkeit ist nach § 33 Abs. 1 Satz 1 Nr. 2 StVO verboten, "wenn dadurch Verkehrsteilnehmer in einer den Verkehr gefährdenden oder erschwerenden Weise

---

1) § 8 Abs. 6 Satz 1 FStrG; § 16 Abs. 1 Satz 2 BaWüStrG, Art. 21 Satz 1
BayStrWG; § 18 Abs. 3 BremStrG; § 16 Abs. 7 HessStrG; § 19 Satz 1
NdsStrG; § 21 Satz 1 NRWStrWG; § 41 Abs. 7 Satz 1 RhPfStrG; § 18
Abs. 1 Satz 2 SaarlStrG; § 21 Abs. 6 SchlHolStrWG.

abgelenkt oder belästigt werden können." Von diesem Verbot erfaßt wird auch die gewerbliche Werbung durch das Verteilen von Handzetteln[2].

Damit setzt das Verkehrsrecht diesen Betätigungen dort eine Grenze, wo durch ihre Auswirkungen auf den Straßenverkehr Gefahren entstehen können. Es genügt dabei, daß die Tätigkeit allgemein geeignet ist, die Sicherheit und Leichtigkeit des Verkehrs zu beeinträchtigen. Einer konkreten Gefährdung bedarf es nicht[3].

Mit zahlreichen Sondernutzungen ist das Abstellen von Gegenständen auf der Straße verbunden. Als Beispiele dafür sind etwa Tische, Verkaufs- und Informationsstände, aber auch Baumaschinen und Verkaufspavillions sowie Wohnwagen zu nennen, die ohne Zugfahrzeug auf der Straße abgestellt sind[4]. Es steht dem ebenfalls ein verkehrsrechtliches Verbot entgegen, wenn es in einer Weise geschieht, daß "dadurch der Verkehr erschwert oder gefährdet werden kann" (vgl. § 32 Abs. 1 Satz 1 StVO)[5].

Auch hier kommt es somit nicht darauf an, ob eine Gefährdung oder Erschwerung (des Fußgängerverkehrs) tatsächlich (konkret) eingetreten ist. Das Verbringen von Gegenständen auf die Straße ist durch § 32 Abs. 1 Satz 1 StVO schon dann untersagt, wenn eine Gefährdung oder Erschwerung des Verkehrs "nur möglich und nicht ganz unwahrscheinlich ist"[6]. Die Möglichkeit einer nur geringfügigen Behinderung genügt; um eine erhebliche Behinderung braucht es sich nicht zu handeln[7]. Der Tatbestand dieser verkehrsrechtlichen Verbote wird dementsprechend weit ausgelegt. Daß es zu tatsächlichen Gefährdungen oder Erschwerungen des Verkehrs nicht gekommen sein muß, stellt schon der Wortlaut des § 32 Abs. 1 StVO klar. Daß aber auch das Aufstellen eines Wohnwagens auf dem Parkstreifen einer öffentlichen Straße den Verkehr erschweren kann, will das Bun-

---

2) BVerwGE 35, 326, 333. Die gleiche Beschränkung gilt nach § 33 Abs. 1 Satz 1 Nr. 1 und Nr. 3 StVO für den Betrieb von Lautsprechern und außerhalb geschlossener Ortschaften für die Straßenwerbung und -propaganda. Satz 2 dieser Bestimmung erstreckt dieses Verbot auf den Ortsbereich lediglich insoweit, als durch die Werbung der Verkehr *außerhalb* geschlossener Ortschaften gestört werden kann.
3) Vgl. etwa BVerwGE 35, 326, 333 f.
4) Vgl. zu letzteren BVerwGE 44, 193, 194 f.
5) Als übermäßige Straßenbenutzung verbietet ferner § 29 Abs. 1 StVO Rennen mit Kraftfahrzeugen.
6) So OLG Karlsruhe, VRS 53, 472, 473; OVG Münster, NJW 1975, 989; Jagusch/Hentschel, StVO, § 32 Rdnr. 9; anders BVerwGE 44, 193, 196: "... oder jedenfalls nicht unwahrscheinlich ist".
7) OLG Karlsruhe, VRS 53, 472, 473 m.w.N.

desverwaltungsgericht schon daraus ableiten, daß der dort aufgestellte Wohnwagen "- *ohne daß es hierzu der weiteren tatsächlichen Feststellung bedarf -*" anderen Verkehrsteilnehmern eine Parkmöglichkeit für ihre Fahrzeuge entzieht[8]. In dem vom OLG Karlsruhe[9] entschiedenen Fall hatte der Betroffene innerhalb eines Einkaufszentrums einen Informationsstand in der Größe eines Tapeziertisches aufgestellt. Das Gericht hielt "bei diesem Sachverhalt" eine mehr als nur geringfügige Erschwerung des Fußgängerverkehrs für zumindest möglich und "jedenfalls nicht ganz unwahrscheinlich"[10].

2. Die nach Straßenverkehrsrecht erlaubnispflichtige Sondernutzung

Schließlich kann nach den Abs. 2 und 3 des § 29 StVO eine verkehrsbehördliche Erlaubnis für straßenrechtliche Sondernutzungen erforderlich sein. Abs. 2 dieser dieser Vorschrift betrifft "Veranstaltungen, für die Straßen mehr als verkehrsüblich in Anspruch genommen werden." Dazu rechnen in erster Linie motorsportliche Veranstaltungen, Radrennen, Volksmärsche und Volksläufe sowie Umzüge bei Volksfesten[11]. Ihnen dient die Straße zwar noch zur Fortbewegung[12]. Diese ist jedoch durch die Teilnahme am sportlichen Wettkampf oder die damit bezweckte Schaustellung geprägt. Das hebt sie vom allgemeinen Straßenverkehr ab. § 29 Abs. 2 Satz 2 StVO bestätigt diesen Unterschied, wenn er als Voraussetzung ihrer Erlaubnispflichtigkeit darauf abstellt, daß "die Benutzung der Straße *für den Verkehr* eingeschränkt wird." Dem Verkehr können sie darum selbst nicht zugerechnet werden. Es handelt sich bei derartigen Veranstaltungen vielmehr um straßenrechtliche Sondernutzungen, die wegen der damit verbundenen Behinderungen und Gefährdungen für den allgemeinen Straßenverkehr von den Verkehrsbehörden nur erlaubt werden können, wenn die Möglichkeit besteht, die Straße für die Dauer der Veranstaltung abzusperren.

---

8) BVerwGE 44, 193, 196.
9) VRS 53, 472, 473.
10) In diesem Sinne auch OVG Münster, NJW 1975, 989 (zum Aufstellen von Werbetafeln).
11) Vgl. dazu die VwV zu § 29 Abs. 2 StVO.
12) Sie ist Wesensmerkmal sämtlicher Veranstaltungen im Sinne des § 29 StVO. Stationäre Straßenbenutzungen, etwa in Form eines Verkaufs- oder Informationsstandes, werden von dieser Vorschrift nicht erfaßt. Denn in die Kategorie "mehr als verkehrsüblich" können nur solche Straßenbenutzungen eingestuft werden, die jedenfalls darin eine Entsprechung zum Verkehr aufweisen. Zutreffend daher OLG Karlsruhe, VRS 53, 472 (zum Informationsstand): "Eine Veranstaltung in diesem Sinne liegt nur vor, wenn es sich um Bewegungsvorgänge oder sonstige Ereignisse handelt, die mit der Benutzung der Straße zu Verkehrszwecken zusammenhängen."

3. Sonderfälle

Selbstverständlich erfüllen nicht alle Verhaltensweisen, die das Straßenverkehrsrecht mit einem Verbot belegt oder unter Erlaubnisvorbehalt gestellt hat,
den straßenrechtlichen Sondernutzungstatbestand. Denn das Straßenverkehrsrecht hat unter ordnungsrechtlichen Gesichtspunkten nur den Verkehr zu regeln[13]. Mit Sondernutzungen befaßt es sich dabei nur, soweit ihren für diese
Regelungsmaterie Bedeutung zukommen kann[14].

Daß eine Sondernutzung nicht den Regelungstatbestand bildet, ist etwa offensichtlich bei dem Verkehrsverbot für Lastkraftwagen an Sonn- und Feiertagen
(§ 30 Abs. 3 Satz 1 StVO), oder dem Verbot, Fahrzeugtüren übermäßig laut zu
schließen (§ 30 Abs. 1 Satz 2 StVO). Für das Straßenrecht und demgemäß die
Abgrenzung zwischen Gemeingebrauch und Sondernutzung bleiben derartige
Verkehrsbeschränkungen und Ausübungsregelungen ohne Belang[15]. Auch Veranstaltungen mit Kraftfahrzeugen, durch die die Nachtruhe gestört werden
kann, sind zwar nach § 30 Abs. 2 StVO erlaubnispflichtig, aber nicht schon
wegen dieser Auswirkung straßenrechtliche Sondernutzungen.

Kraftfahrzeuge, die die Straße in geschlossenem Verband befahren, halten sich
ebenfalls im Rahmen des straßenrechtlich gewährleisteten Gemeingebrauchs,
obwohl § 29 Abs. 2 Satz 2, Halbs. 2 StVO dies ausdrücklich als "übermäßige
Straßenbenutzung" qualifiziert und hierfür eine entsprechende verkehrsbehördliche Erlaubnis verlangt. An der Teilnahme am allgemeinen Straßenverkehr ändert diese Fahrweise nichts. Der verkehrsrechtliche Erlaubnisvorbehalt beruht
allein darauf, daß ein geschlossener Kraftfahrzeugverband die anderen Verkehrsteilnehmer in ihrem Fortkommem behindern kann[16].

Nicht anders verhält es sich mit der Regelung des § 29 Abs. 3 StVO. Soweit
danach der Verkehr mit Fahrzeugen, deren Abmessungen die gesetzlich allgemein zulässigen Grenzen überschreiten oder deren Bauart dem Fahrzeugführer
kein ausreichendes Sichtfeld lassen, von der Erteilung einer verkehrsbehördli-

13) BVerwGE 34, 241; 34, 320; 62, 376; Kodal, S. 87 Rdnr. 5.4.
14) Abzulehnen daher BVerwGE 22, 212, 213 f., das den Sondernutzungscha-
    rakter stets bejaht, wenn aufgrund des Straßenverkehrsrechts die
    Straßenbenutzung von einer Erlaubnis abhängt.
15) Ebenso M/S/K, § 8 Rdnr. 7.1.
16) A.A. aber Kodal/Krämer, S. 615 f. Rdnr. 46.

chen Erlaubnis abhängig gemacht ist, beruht das ausschließlich auf Gründen der Verkehrssicherheit. Der Einsatz derartiger Fahrzeuge überschreitet aber nicht den Gemeingebrauch[17].

Eine straßenrechtliche Sondernutzung kann dagegen vorliegen, wenn Fahrzeuge eingesetzt werden, deren Achslasten oder Gesamtgewichte die gesetzlich zugelassenen Grenzen überschreiten. § 29 Abs. 3 Satz 1 StVO verlangt dafür ebenfalls eine verkehrsbehördliche Erlaubnis. Denn durch den Schwerverkehr kann die Straßensubstanz selbst in Mitleidenschaft gezogen werden. Der Erlaubnisvorbehalt dient daher auch dem Schutz der Straßendecke vor Überlastung[18].

Die Grenzen ihrer gewichtsmäßigen Auslastung, die durch die Widmung der Straße bestimmt werden, sind im Einzelfall nur schwer zu ermitteln. Sie sollen nach allgemeiner Meinung aber in der Regel dann erreicht sein, wenn die zulässigen Achslasten oder Gesamtgewichte um mehr als 10% überschritten werden[19].

II. Die Beziehung zwischen Gemeinde und Straßenverkehrsbehörde

Von den genannten verkehrsrechtlichen Verboten kann die Straßenverkehrsbehörde durch die Ausnahmegenehmigung nach § 46 Abs. 1 Nr. 8 und Nr. 9 StVO Befreiung erteilen. In den Fällen des § 29 Abs. 2 und Abs. 3 StVO ist ihr die Entscheidung über die darin verlangte Erlaubnis vorbehalten. Aufgrund des ausgedehnten Anwendungsbereichs insbesondere der verkehrsrechtlichen Verbotsvorschriften nach §§ 32 Abs. 1 Satz 1, 33 Abs. 1 StVO kann der in den Straßengesetzen normierte Verzicht auf die Sondernutzungserlaubnis somit bei nahezu sämtlichen Sondernutzungen Platz greifen.

---

17) A.A. M/S/K, § 8 Rdnr. 7.21. Eine Sondernutzung soll danach in der Regel vorliegen, wenn die zulässigen Maße um mehr als 10 % überschritten sind.

18) So Jagusch/Hentschel, § 29 Rdnr. 8; vgl. auch BVerwGE 22, 212, 214 f., wonach der Schutz der Sicherheit und Leichtigkeit des Verkehrs gleichwohl im Vordergrund steht.

19) M/S/K, § 8 Rdnr. 7.21, während es sich nach Kodal/ Krämer, S. 618 Rdnr. 50 auch unterhalb dieser Marke schon um eine Sondernutzung handeln soll. - Die 10%-Marke findet sich in den VwV zu § 29 Abs. 3 StVO (Nr. V 4, VI 2 und VII 6). Wird sie eingehalten, so gelten für das Erlaubnisverfahren Erleichterungen. Außerdem bestehen in diesem Fall für den Antragsteller gewisse Vergünstigungen.

1. Die Verfahrensgestaltung

a) Von Bedeutung ist das zunächst für das Verwaltungsverfahren. Es erspart dem Sondernutzungsinteressenten den zusätzlichen Antrag auf die Sondernutzungserlaubnis. Im Außenverhältnis tritt ihm nur die Straßenverkehrsbehörde gegenüber, allein mit ihr hat er sich über sein Begehren auseinanderzusetzen. Ein dabei gegebenenfalls erforderliches Widerspruchs- und verwaltungsgerichtliches Verfahren beschränkt sich auf die von ihr getroffene (abschlägige) Entscheidung. Das erübrigt weitere Rechtsbehelfe und vornehmlich das damit verbundene Kostenrisiko, weil von seiten der sonst für die Erteilung der Sondernutzungserlaubnis zuständigen Gemeinde ihm gegenüber keine Entscheidung getroffen wird[20].

b) Bei der verkehrsbehördlichen Entscheidung können die wegerechtlichen Belange und Interessen freilich nicht außer Betracht bleiben[21]. Das folgt gerade aus der ihr hier hinzugefügten Funktion, auch über die straßenrechtlichen Zulässigkeit von Sondernutzungen eine abschließende Erklärung zu treffen.

Um ihre Belange in das Verfahren einzubringen und geltend zu machen, ist die sonst für die Erteilung der Sondernutzungserlaubnis zuständige Behörde in dem verkehrsbehördlichen Verfahren beteiligt. Ihr ist dabei nicht nur ein Anhörungsrecht eingeräumt[22]. Die Straßenverkehrsbehörde hat darüber hinaus "die von dieser geforderten Bedingungen, Auflagen und Sondernutzungsgebühren dem Antragsteller in der Erlaubnis oder Ausnahmegenehmigung aufzuerlegen"[23].

2. Der Vorbehalt der straßenrechtlichen Entscheidung

Das kehrt hervor, daß das Straßenrecht mit dem Verzicht auf die Sondernutzungserlaubnis allein ein verfahrensrechtliches Ziel verfolgt. Im Interesse der

---

20) Freilich bleibt dabei zu bedenken, daß das Kostenrisiko im Streit um die verkehrsrechtliche Erlaubnis oder Ausnahmegenehmigung bereits deshalb erhöht sein kann, weil hierzu die Gemeinde notwendig beigeladen werden muß.

21) Ebenso Brohm, JZ 1985, 501, 507: " Die straßenrechtlichen Gesichtspunkte, die für die Erteilung der Sondernutzungserlaubnis maßgeblich sind, sind im Rahmen der straßenverkehrsrechtlichen Genehmigung mitzuberücksichtigen."

22) § 8 Abs. 6 Satz 2 FStrG.

23) § 8 Abs. 6 Satz 3 FStrG.

14

Verfahrenskonzentration[24] vereint es das straßenverkehrs- und wegerechtliche Entscheidungsverfahren, ohne dabei die Sachentscheidung über die straßenrechtliche Zulassung von Sondernutzungen zur Disposition der Straßenverkehrsbehörden zu stellen.

Der Straßenverkehrsbehörde ist darum verwehrt, eine Erlaubnis oder Ausnahmegenehmigung zu erteilen, wenn die Gemeinde mit der beantragten Sondernutzung nicht einverstanden ist. Auf die Forderung von Auflagen und Bedingungen ist die Gemeinde nicht beschränkt. Dieses Recht ist zwar in den Straßengesetzen allein benannt. Es setzt aber seinerseits voraus, daß von der Gemeinde bereits dem Grundsatz nach eine positive Entscheidung über das Sondernutzungsbegehren getroffen ist. Fehlt es daran, so kommt eine verkehrsrechtliche Erlaubnis oder Ausnahmegenehmigung von vornherein nicht in Betracht.

b) Allein diese Feststellung entspricht der grundgesetzlichen Aufteilung der Gesetzgebungskompetenz zwischen Bund und Ländern. Das Recht zur konkurrierenden Gesetzgebung für den Straßenverkehr (Art. 74 Nr. 22 GG) hat der Bund mit dem StVG und der darauf gestützten StVO und StVZO ausgeschöpft. Die Landesgesetzgebung kann daher auf diesem Gebiet nicht mehr tätig werden (Art. 72 Abs. 1 GG). Es ist ihr insbesondere verwehrt, an die verkehrsrechtlichen Erlaubnisse und Ausnahmegenehmigungen inhaltliche Einschränkungen zu knüpfen, *soweit* damit Gefahren für die Sicherheit des Straßenverkehrs abgewehrt werden sollen.

Die Regelung der Rechtsverhältnisse an öffentlichen Straßen in sachenrechtlicher Hinsicht, d.h. den Bereich des Straßenrechts[25], steht dem Bund dagegen nur für die "Landstraßen des Fernverkehrs" zu (Art. 74 Nr. 22 GG). Im übrigen bleiben die Rechtsverhältnisse an öffentlichen Straßen der Gesetzgebungskompetenz der Länder unterworfen. Insoweit bestimmt sich nach Landesstraßenrecht auch die Abgrenzung zwischen Gemeingebrauch und Sondernutzung sowie die Zulassung zur Sondernutzung.

---

24) M/S/K, § 8 Rdnr. 7.1; Vgl. auch Kodal/Krämer, S. 616 Rdnr. 47; Brohm, JZ 1985, 501, 507: "Es soll vermieden werden, daß der Bürger allzu viele Genehmigungen einholen muß und zu viele Stellen mit seinem Anliegen befaßt werden".
25) Vgl. dazu BVerfGE 40, 371, 378.

Der Bund darf daher wohl im Interesse der Verkehrssicherheit Sondernutzungen
generell von der öffentlichen Straße verbannen. Es steht ihm ferner zu, an
entsprechende Verbotsvorschriften Ausnahmen zu knüpfen, über die die
Straßenverkehrsbehörden unter dem Gesichtspunkt der Verkehrssicherheit zu
befinden haben. Die Entscheidung über die Einräumung von Sondernutzungen
in wegerechtlicher Hinsicht vermag der Bund aber nicht den Straßenverkehrsbehörden zuzuweisen. Diese Entscheidung bleibt unabhängig von der verfah-
rensrechtlichen Verbindung in der alleinigen Verantwortung der nach den
Straßengesetzen damit betrauten Gemeinde. Das bindet die Straßenverkehrs-
hörde bei der Gewährung einer Befreiung von der Verboten der StVO an die
(verwaltungsinterne) Zustimmung der Gemeinde.

c) Zusammenfassend läßt sich danach festhalten, daß die Vielzahl der ver-
kehrsrechtlich erfaßten Sondernutzungen der Frage nach den straßenrechtlich
maßgeblichen Entscheidungsgesichtspunkten einen noch tieferen Nachdruck
verleiht. Ist bei der Zulassung von Sondernutzungen bereits im Außenverhältnis regelmäßig die Straßenverkehrsbehörde beteiligt, so verlieren die nach der
Sicherheit und Leichtigkeit des Verkehrs bestimmten Kriterien, auf die die Gemeinde nach unbestrittener Auffassung die Versagung der Sondernutzungserlaubnis zu stützen vermag, für ihre Ermessensentscheidung an Gewicht. Umso
mehr stellt sich darum die Frage, ob und gegebenenfalls welche *weiteren* Belangen sie hier Geltung verschaffen darf. Die dazu in Rechtsprechung und Literatur vertretenen Meinungen sollen im folgenden Abschnitt beleuchtet werden[26].

<u>§ 3   Der Meinungsstand zu den für die Ermessensentscheidung über die Son-
dernutzungserlaubnis maßgeblichen Gesichtspunkten.</u>

Das Spektrum der Ansichten zu den bei der Entscheidung über die Sondernutzungserlaubnis berücksichtigungsfähigen Gesichtspunkten wird in seinen Rand-
bereichen einerseits durch die sogenannte enge, andererseits von einer weiten
Auffassung markiert. Danach soll der Gemeinde ein mehr oder weniger umfang-
reicher Katalog von Gründen zur Verfügung stehen, auf deren Heranziehen und
Würdigung sie bei der Ausübung ihres Ermessens beschränkt sei.

---

26) Soweit die gemeindliche Entscheidung über die Sondernutzungserlaubnis in
das straßenverkehrsrechtliche Verfahren eingebunden ist, wird das bei
den nachfolgenden Ausführungen nicht mehr besonders betont.

I. Die enge Auffassung

Bei der Entscheidung über die begehrte Sondernutzungserlaubnis soll die Gemeinde nach der einen, nämlich der engen Auffassung, darauf beschränkt sein zu prüfen, ob der jeweils begehrten Sondernutzung *verkehrliche oder straßenbauliche* Gründe entgegenstehen. Nur unter Berufung auf die mit den Aufgaben aus der Straßenbaulast in Zusammenhang stehenden Gesichtspunkte könne danach die Sondernutzungserlaubnis ermessensfehlerfrei verweigert werden[27].

Nicht alle beliebigen öffentlichen Interessen können danach eine Erlaubnisversagung rechtfertigen. Die Sondernutzungserlaubnis *muß* demgemäß erteilt werden, wenn Belange der Sicherheit oder Leichtigkeit des Verkehrs oder des Straßenbaues von der Sondernutzung nicht berührt werden. Das gleiche soll ferner gelten, wenn diese Belange im Einzelfall hinter den Interessen des Antragstellers an der Sondernutzung, insbesondere unter Berücksichtigung der Grundrechte, auf die er sich bei seinem Vorhaben möglicherweise berufen kann, zurücktreten.

II. Die weite Auffassung

Die heute im Vordringen begriffene Meinung will der Gemeinde dagegen einen größeren Spielraum zugestehen. Es sollen danach nicht allein die Belange des Straßenbaues und der Sicherheit oder Leichtigkeit des Verkehrs eine Versagung der Sondernutzungserlaubnis rechtfertigen können. In die Ermessensentscheidung dürften auch andere öffentlichen Interessen eingestellt werden, freilich nur solche, "die einen sachlichen Bezug zur Straße, ihrem Umfeld und ihrer Funktion haben und den Widmungszweck berühren"[28]. Diese Belange seien im

---

27) VGH München, DVBl 1967, 919, 920; BayVBl 1968, 103 ff.; NVwZ 1985, 207, 208; M/S/K, FStrG, § 8 Rdnr. 4.2; Salzwedel in: v.Münch, Bes.VerwR, 7.Aufl. 1985, S. 639; Sieder/Zeitler, BayStrWG, 2. Aufl. 1972, Art. 18 Rdnr. 14 (anders aber die 4. Aufl. 1983). – Als Fehlzitat, da keinerlei Aussage zu dieser Frage, werden dagegen immer wieder aufgeführt: Forsthoff, VerwR, S. 395; VGH Mannheim, DÖV 1953, 640.

28) So S/Z/K/Z, BayStrWG, Art. 18 Rdnr. 26, Papier, Öffentliche Sachen, S. 105 f.; OVG Münster, NVwZ 1988, 269, 270; Löhr, NVwZ 1983, 20, 21; Schmidt, NVwZ 1985, 167, 168; VG Berlin, GewArch 1986, 325 f.– Bei Kodal/Krämer, S. 603 Rdnr. 14, findet sich die Formulierung, es sei "jedweder sachliche Grund" zu berücksichtigen. Gleichwohl müssen auch sie

Rahmen der Ermessensentscheidung mit dem Interesse des Antragstellers an der Sondernutzung abzuwägen[29].

Auf dieser Grundlage soll die Ermessensentscheidung auch folgenden Belangen Raum bieten:

1. Städtebauliche, bauplanerische sowie baupflegerische Gründe

Sondernutzungen beeinträchtigen nicht allein den Verkehr. Unter gewissen Umständen können sie auch das Straßen- und Stadtbild oder das Erscheinungsbild von Kunst- und Kulturdenkmälern nachhaltig beeinflussen. Die Würstchenbude etwa, die in einem elegant ausgestalteten Stadtbereich aufgestellt werden soll, kann dieses gestalterische Konzept ganz und gar zunichte machen. Ebenso würde etwa eine von der Stadt aufgestellte Plastik an Geltung verlieren, wenn sich um sie herum Verkaufsstände gruppieren dürften. Ähnliche Auswirkungen können Werbeeinrichtungen, z.B. Reklametafeln verursachen, die im Blickfeld auf der Straße placiert werden.

Sondernutzungen dieser Art wird zwar in der Regel bereits das Baurecht selbst einen Riegel vorschieben, jedenfalls dann, wenn die Grenze zur Verunstaltung überschritten wird[30]. Soweit jedoch andere Rechtsmaterien wie vor allem das Baurecht hier keine Schranken setzen, soll die Gemeinde die Sondernutzung verweigern dürfen, die sich nicht in das Straßen- und Stadtbild "einfügt"[31].

Um das Stadtbild vor Verunstaltungen zu schützen, kann danach selbst die Wahlwerbung in gewissem Umfang beschränkt, jedenfalls aber das sogenannte "wilde" Plakatieren unterbunden werden[32]. Die Gemeinde soll eine Sondernut-

---

der weiten Auffassung zugerechnet werden. Denn sie berufen sich bei dieser Bemerkung lediglich auf die o.a. Belegstellen.

29) So Kodal, S. 603 Rdnr. 15; Pappermann/Löhr, JuS 1980, 734; OVG Münster, NVwZ 1988, 269, 270.

30) Das Bauordnungsrecht bietet eine Handhabe auch gegen verunstaltend wirkende Schaukästen, Reklameschilder und -aufschriften. Sein Verunstaltungsverbot erfaßt Werbeeinrichtungen unabhängig davon, ob es sich um bauliche Anlagen handelt oder nicht (vgl. VGH Mannheim, ESVGH 15, 124, 125). Denn soweit Werbeeinrichtungen diese Eigenschaft fehlt, stellt ihre Anbringung als Bestandteil oder Zubehör an baulichen Anlagen jedenfalls die (genehmigungspflichtige) Änderung einer baulichen Anlage dar.

31) OVG Hamburg, VerwRspr 27 (1976), 991 (Nr. 223); VGH Kassel, NVwZ 1983, 48. Zustimmend Kodal, S. 603 Rdnr. 14; Löhr, NVwZ 1983, 20, 21.

32) Vgl. BVerwGE 47, 280, 284.

zungserlaubnis ferner zum Schutz eines historischer Stadtkern versagen dürfen[33].

2. Die "Ausgleichs- und Verteilungsfunktion" der Sondernutzungserlaubnis

Einen weiteren Versagungsgrund hat das Bundesverwaltungsgericht aus einer sogenannten "Ausgleichs- und Verteilungsfunktion" der Sondernutzungserlaubnis abgeleitet. Es hat diesen Begriff erstmals[34] im Beschluß vom 12.8.1980[35], dem sogenannten "Bannmeilen-Beschluß", verwendet. Zur Erläuterung hat das Bundesverwaltungsgericht darin ausgeführt, die für die Sondernutzung der Straße bestehende Erlaubnispflicht lasse sich auch deshalb rechtfertigen, "weil sie dem öffentlichen Bedürfnis Rechnung tragen kann, beim Zusammentreffen gegenläufiger Straßenbenutzungsinteressen verschiedener Straßenbenutzer den erforderlichen Interessenausgleich zu schaffen."

Unter Berufung auf diesen Gesichtspunkt hat das Bundesverwaltungsgericht die Versagung einer Sondernutzungserlaubnis für einen politischen Informationsstand bestätigt, der vor einem Behördengebäude aufgestellt werden sollte[36]. Ein der Erlaubnis entgegenstehendes Interesse könne nämlich - so die Begründung - darin liegen, um Dienstgebäude einen befriedeten Raum zu schaffen[37]. Als schutzwürdig anzuerkennen sei das den Bannmeilen-Gedanken aufgreifende Interesse des behördlichen Straßenanliegers und seiner Besucher, um Dienstgebäude einen befriedeten Raum zu schaffen. "Ihre Straßenbenutzungsinteressen könnten daher - unabhängig von den Gründen der Sicherheit und

---

33) BVerwGE 47, 280, 284; ebenso BVerwGE 56, 63, 68.
34) Als Instrument des Ausgleichs gegenläufiger (Straßenbenutzungs-) Interessen soll die Sondernutzungserlaubnis bereits in BVerwGE 56, 63 ff. erkannt worden sein (so der Bannmeilen-Beschluß, der insoweit S. 69 zitiert). Das trifft aber nicht zu. Denn es ist dort lediglich ausgeführt, daß das Schutzgut der Sicherheit und Leichtigkeit des Verkehrs eine behördliche Kontrolle in Form eines vorgängigen Erlaubnisverfahrens erfordere, "damit die zuständigen Behörden nicht nur Kenntnis von Ort, Zeitdauer und Umfang der Veranstaltung erhalten, sondern auch von vornherein erkennbare Störungen verhindern oder in zumutbaren Grenzen halten und bei Kollision gleichwertiger Rechtsgüter verschiedener Rechtsträger einen Interessenausgleich schaffen können" (BVerwGE 56, 63, 68).
35) - 7 B 155/79 -, NJW 1981, 472 = DÖV 1981, 442.
36) Die ablehnende Behördenentscheidung war in diesem Fall durch entsprechende Verwaltungsvorschriften vorgegeben. Die "Verfahrensanweisungen über die Werbung für politische Zwecke auf öffentlichen Straßen" der beklagten Stadt erklärten nämlich das Aufstellen von Werbeträgern im Umkreis von 50 m - in der Innenstadt von 30 m - um Dienstgebäude, Kirchen und Friedhöfe für unzulässig.
37) BVerwG, NJW 1981, 472. Zustimmend Kodal, S. 603, Rdnr. 14.

Leichtigkeit des Verkehrs – zu einer räumlichen Begrenzung der in Frage stehenden Sondernutzung führen[38].

Daß Besucher oder Bedienstete am Zutritt zu dem Verwaltungsgebäude gehindert würden, hat das Bundesverwaltungsgericht nicht festgestellt. Die Errichtung einer Bannmeile dient indessen allein dem Schutz der ungestörten Tätigkeit eines Hoheitsträgers[39] in einem bestimmten räumlichen Bereich. Deshalb geht es hier nicht um ein "*Straßenbenutzungs*interesse des behördlichen Straßenanliegers*". Der hier herangezogene Bannmeilen-Gedanke bedeutet darum bereits eine Abkehr von den "straßenbezogenen" Gesichtspunkten.

3. Vereinbarkeit des Zwecks der Sondernutzung mit anderen gesetzlichen Vorschriften

Heftig umstritten ist die Frage, inwieweit bei der Ermessensentscheidung der mit der Sondernutzung jeweils verfolgte Zweck eine Rolle spielen darf, ob dieser Zweck vor allem auf seine Vereinbarkeit mit anderen als straßen- und verkehrsrechtlichen Vorschriften zu überprüfen ist.

Der VGH Kassel hatte das ursprünglich bejaht und ausgeführt, "für eine Einschränkung des Gemeingebrauchs und Widmungszwecks der Straße durch eine Sondernutzungserlaubnis" fehle "dann die Legitimation, wenn die Sondernutzungserlaubnis rechtswidrigen Zwecken dienen soll"[40]. Inzwischen ist er allerdings von dieser Rechtsprechung wieder abgerückt[41]

Nach der Auffassung von Schulke[42] soll der mit einer Sondernutzung erstrebte rechtswidrige Zweck bereits deshalb ihrer straßenrechtlichen Erlaubnis entgegenstehen, weil die Widmung öffentlicher Sachen "unter dem selbstverständlichen Vorbehalt" stehe, daß die Benutzung durch Dritte im Rahmen der Rechtsordnung erfolge. Die Widmung könne keine Benutzungszwecke zum Inhalt haben, deren Verfolgung gegen die Rechtsordnung verstößt.

---

38) BVerwG, NJW 1981, 472.
39) Gesetzlichen Schutz genießen freilich allein die Gesetzgebungsorgane des Bundes und der Länder sowie das Bundesverfassungsgericht (vgl. §§ 1, 2 BannmeilenG v. 6.5.1955; BGBl. III S. 2180 und die entsprechenden Normen des Landesrechts).
40) ESVGH 33, 223, 225. Zustimmend Löhr, NVwZ 1983, 20, 21; S/Z/K/Z, BayStrWG, Art. 18 Rdnr. 26; ablehnend dagegen Papier, öffentliche Sachen, S. 106; Schmidt, NVwZ 1985, 167, 169 f.
41) Vgl. VGH Kassel, NVwZ 1987, 902 ff.
42) BayVBl 1961, 206, 207.

Bei dieser Argumentation wird freilich übersehen, daß die Sondernutzung von vornherein *außerhalb* der Zweckbestimmung der öffentlichen Sache steht. Mit dem Inhalt der Widmung kann über ihre Zulassung darum keine Beurteilung getroffen werden.

Für die vorliegende Untersuchung wird darum auch die Frage zu klären sein, ob der öffentliche Sachherr die seiner Herrschaft unterliegende Sache für rechtswidrige Zwecke zur Verfügung stellen muß oder darf.

III.   Stellungnahme

1. Zur engen Auffassung

a) Als Stütze der engen Auffassung machen ihre Vertreter im wesentlichen geltend, die Ermessensentscheidung über die Sondernutzungserlaubnis könne nicht über die in den straßengesetzlichen Vorschriften über die Sondernutzung benannten Gesichtspunkte hinausgehen. Gemeint sind damit die dem § 8 Abs. 2 Satz 2 FStrG entsprechenden Bestimmungen, nach denen der Straßenbaubehörde das Recht zusteht, "aus Gründen des Straßenbaues oder der Sicherheit oder Leichtigkeit des Verkehrs" von der Gemeinde den Widerruf einer Sondernutzungserlaubnis zu verlangen.

Dieser Aspekt vermag die enge Auffassung freilich kaum zu tragen. Denn es macht einen Unterschied, ob es um die *Pflicht* zum Widerruf oder um die *Ermessens*entscheidung über die Erteilung der Sondernutzungserlaubnis geht. An die Widerrufspflicht können durchaus engere Voraussetzungen geknüpft sein. Darum muß offen bleiben, ob die genannten Bestimmungen auch die zulässigen Ermessenserwägungen abschließend beschreiben.

Es ist ferner Zweifeln ausgesetzt, wenn zur Determinierung des gemeindlichen Ermessens auf § 9 Abs. 3 FStrG Bezug genommen wird[43]. § 9 Abs. 3 FStrG regelt die Voraussetzungen der wegebehördlichen Zustimmung, die erforderlich ist, damit für bauliche Vorhaben auf Grundstücken im festgelegten Bereich straßenrechtlicher Anbaubeschränkungen eine Baugenehmigung erteilt werden darf. Die Vorschrift betrifft daher die bauliche Nutzung des jeweils eigenen, durch Art. 14 Abs. 1 GG geschützten Grundeigentums. Deshalb kann die Zustimmung nach § 9 FStrG nur

---

43)   So aber M/S/K, FStrG, § 8 Rdnr. 4.2.

versagt werden, wenn dem Vorhaben im konkreten Fall Verkehrsinteressen entgegenstehen, zu deren Schutz die Baufreiheit eingeschränkt ist[44]. Eine vergleichbare Position steht dem Antragsteller im Hinblick auf die zur Sondernutzung begehrte Straße aber nicht zu.

b) Diese Fragen sollen hier aber zunächst zurückgestellt bleiben, um einen anderen kritischen Punkt in dieser Theorie zu beleuchten.

Durch die Bindung der Ermessensentscheidung an verkehrliche Belange bzw. solche des Straßenbaues scheint die enge Auffassung die Entscheidungsfreiheit der Wegebehörde auf einen schmalen Bereich zu beschränken. Betrachtet man sie genauer, so stellt sich indessen das Gegenteil heraus. Die Freiheit der Gemeinde, eine Sondernutzungserlaubnis zu versagen, wird von dieser Theorie in Wahrheit nur unwesentlich beschränkt; sie wird in der Praxis so gehandhabt, daß dem Ergebnis nach Unterschiede selbst zur weiten Auffassung kaum noch auszumachen sind.

Das soll zunächst anhand eines Urteils des VGH München[45] illustriert werden. Es ging dort um die Versagung der Sondernutzungserlaubnis für das (gewerbsmäßige) Verteilen kommerzieller Werbezettel[46]. In der Begründung des angefochtenen Ablehnungsbescheides hatte sich die Stadt zum einen auf den Schutz des ordnungsmäßigen Zustandes der Straße berufen. Sie befürchtete nämlich Verschmutzungen durch weggeworfene Handzettel. Ferner wollte die Stadt durch einen ablehnenden Bescheid "die Belästigung und Behinderung der Sicherheit und Leichtigkeit des Verkehrs vermeiden"[47]. Obwohl die Handzettel im Gehwegbereich verteilt werden sollten, fand der VGH München in diesen Erwägungen keinen Ermessensfehler. Auch das Bundesverwaltungsgericht hat es in seinem Revisionsurteil[48] als rechtlich nicht zu beanstanden erachtet, daß die beklagte Stadt mit diesen Erwägungen grundsätzlich alle Anträge auf Erteilung einer Erlaubnis für das Verteilen gewerblicher Handzettel abgelehnt hatte[49]. Wenn man aber den Verkehr auf dem Gehweg, also den Fußgängerverkehr, bereits durch eine einzelne Person, die dort Handzettel verteilt (und

---

44) So bereits Friauf, JuS 1962, 422, 427.
45) DVBl 1967, 920 ff.
46) Zur Qualifizierung dieser Tätigkeit als Sondernutzung vgl. auch BVerwGE 35, 326, 329 f.
47) VGH München, DVBl 1967, 920, 922.
48) BVerwGE 35, 326 ff.
49) BVerwGE 35, 326, 330.

sich möglicherweise sogar mit dem Strom der Passanten fortbewegt), als gefährdet erachtet, dann kann mit der Berufung auf verkehrliche Belange praktisch jede Sondernutzung von der Straße verwiesen werden.

Eine spätere Entscheidung des VGH München[50] läßt diese Konsequenz noch
deutlicher zum Vorschein treten. Zu befinden war darin ebenfalls über die
Rechtmäßigkeit eines Bescheids, durch den eine Sondernutzungserlaubnis verweigert worden war. Der Kläger hatte die Sondernutzungserlaubnis beantragt,
weil er an seiner Hauswand einen "wenige Zentimeter" in den Gehwegbereich
hineinragenden Warenautomaten anbringen wollte. Im Ablehnungsbescheid waren diesem Vorhaben wiederum "verkehrliche Belange" entgegengehalten worden. Der VGH München ließ dies gelten, indem er kurzerhand eine der Geh-
wegbreite entsprechende Verkehrsintensität unterstellte, um daraus zu
schließen, daß der (Fußgänger-) Verkehr durch den Warenautomaten beeinträchtigt würde[51].

Die enge Auffassung erweist sich bei dieser Handhabung darum als "eng" nur
insoweit, als es um die Auswahl der der Wegebehörde zur Verfügung stehenden
Versagungsgründe geht. Sie gesteht der Wegebehörde lediglich den Schutz verkehrlicher und straßenbaulicher Belange zu. Auf der anderen Seite verschafft
die enge Auffassung diesen Belangen aber ein derart breit ausgedehntes An-
wendungsfeld, daß sich ihre Ergebnisse mit den Resultaten, wie sie auf der
Grundlage der weiten Auffassung gewonnen werden, im wesentlichen decken.
Die Unterschiede zur weiten Auffassung wirken eher vordergründig.

2. Zur weiten Auffassung

a) Die Frage, ob die begehrte Sondernutzung verkehrliche Belange beeinträchtigt, wird von der weiten Auffassung freilich regelmäßig nur unter engeren
Voraussetzungen bejaht. Ein Verkaufswagen (Imbißwagen), der in einem Fußgängerbereich aufgestellt werden soll, muß etwa nach einer Entscheidung des
VGH Kassel[52] die Sicherheit oder Leichtigkeit des Verkehrs nicht notwendig
beeinträchtigen[53]. Die verkehrlichen Gründe erscheinen in dieser Auslegung

---

50) BayVBl 1968, 103 ff.
51) VGH München, BayVBl 1968, 103, 104.
52) NVwZ 1983, 48 f.
53) Nach den Feststellungen des Gerichts sollte der Verkaufswagen "in gerin-
gem Umfang" in den 6 bis 6,30 m breiten Verkehrsweg hineinragen. Unter

nicht als das Pauschalargument, das jeglicher Sondernutzung entgegengehalten werden kann. Die Gemeinde ist deshalb nicht darauf angewiesen, diesen Gesichtspunkt vorzuschützen, wenn es ihr in Wahrheit um den Schutz ganz anderer Belange geht. Andererseits gestattet ihr die weite Auffassung, unter Berufung auf die ihr zusätzlich zur Berücksichtigung zugebilligten Gesichtspunkte im Ergebnis dieselbe Entscheidung zu treffen, wie sie unter Zugrundelegen der engen Auffassung erzielt werden kann.

Selbstverständlich wird dabei vorausgesetzt, daß die jeweils herangezogenen Gesichtspunkte von der begehrten Sondernutzung tatsächlich berührt werden. Die Wegebehörde hat dies in einem eventuellen Ablehnungsbescheid genauestens zu belegen. Andernfalls läuft sie Gefahr, daß ihre Entscheidung im Verfahren vor den Verwaltungsgerichten aufgehoben und sie zu einer Neubescheidung verurteilt wird.

b) Nicht ganz von der Hand zu weisen ist hier aber der Einwand, daß die Verwaltungsgerichte bei der Kontrolle dieser Gesichtspunkte z.T. den Bogen ihrer Prüfungskompetenz überspannen. Macht etwa die Wegebehörde geltend, ein Imbißwagen störe das planerische Konzept, das sie mit der Einrichtung und Gestaltung einer Fußgängerzone verfolge, so stößt es auf Bedenken, wenn dem die Gerichte ihre eigenen ästhetischen Vorstellungen entgegenhalten. Das hat etwa der VGH Kassel in der oben angesprochenen Entscheidung[54] getan. Er hat die Ablehnung einer Sondernutzungserlaubnis für den Imbißwagen als ermessensfehlerhaft aufgehoben, weil er - *nach einer Inaugenscheinnahme* - zu der Ansicht gelangt war, der Imbißwagen müsse sich doch in das äußere Erscheinungsbild der Fußgängerzone einfügen.

3. Weitere Ansatzpunkte der Kritik

Zu den genannten Auffassungen soll jedoch im einzelnen zunächst nicht weiter Stellung genommen werden. Es bestehen nämlich Ansatzpunkte für eine Kritik, von denen diese Auffassungen allesamt betroffen werden, unabhängig davon,

---

Anwendung der vom VGH München (BayVBl 1968, 103 ff.) entwickelten Maßstäbe hätte sich daraus das gegenteilige Ergebnis ergeben müssen. Der VGH Kassel erachtete aber selbst die Befahrbarkeit des Fußgängerbereichs für die Einsatzfahrzeuge von Polizei und Feuerwehr sowie Notarztwagen als nicht behindert.
54) NVwZ 1983, 48, 49.

was sie als die für die Ermessensentscheidung über die Sondernutzungserlaubnis maßgeblichen Gesichtspunkte erklären.

a) Das Abwägungsdogma

Die Kritik muß sich zunächst gegen die in der Ermessensentscheidung geforderte Abwägung richten, in die sämtliche Auffassungen das "private Interesse
des Antragstellers an der Sondernutzung" eingestellt wissen wollen[55]. Im
Einzelfall könne sodann die Abwägung ergeben, daß hinter diesem Interesse
die gegen die Erteilung der Sondernutzungserlaubnis von der Gemeinde vorgetragenen Gründe – deren Bandbreite je von der hierzu vertretenen Auffassung
abhängt – zurückzutreten hätten.

Zu einem dem Bewerber günstigen Abwägungsergebnis müßte grundsätzlich jedes von ihm an der Sondernutzung geltend gemachte Interesse führen können.
Selbst sein rechtlich nicht geschütztes Straßenbenutzungsinteresse soll als
sein privates Interesse in die Abwägung einzustellen sein. Von der Gemeinde
wird damit verlangt, gar ein rein wirtschaftliches Interesse des Antragstellers
an der Sondernutzung zu berücksichtigen und gegebenenfalls zu seinen Gunsten zu entscheiden, wenn er vorträgt, für die Geschäftswerbung, den Betrieb
von Warenautomaten oder mit seinem Verkaufsstand auf die Benutzung der
Straße aus Wettbewerbs- oder gar Existenzgründen "angewiesen" zu sein.

Sämtliche Auffassungen bleiben aber die Antwort darauf schuldig, wie diese
Gewichtsverschiebung zugunsten des Sondernutzungsinteressenten dogmatisch
einleuchtend begründet werden sollte. Sie lassen zudem im Dunkeln, weshalb
über den von ihnen jeweils gesteckten Rahmen hinaus dann nicht die Wegebehörde ebenfalls *sämtliche* gegen die Erteilung der Sondernutzungserlaubnis
sprechenden Gründe ins Feld soll führen dürfen.

Das gilt etwa für die unter dem Stichwort "fiskalische Interessen" zusammengefaßten Gesichtspunkte, die nach allen Auffassungen in den wegebehördlichen
Ermessenserwägungen unberücksichtigt bleiben müssen[56].

---

55) So etwa Pappermann/Löhr, JuS 1980, 734; Kodal, S. 603 Rdnr. 15.
56) So ausdrücklich Wolff/Bachof, VerwR I, § 59 II b 2 (S. 518); Bullinger,
   Mineralölfernleitungen, S. 41; Papier, Öffentliche Sachen, S. 106; Papper-
   mann/Löhr, JuS 1980, 734. Es besteht insoweit unter all den genannten
   Ansichten Einigkeit.

Ferner ist darauf hinzuweisen, daß die Gemeinde durchaus ein Interesse daran haben kann, den Gewerbebetrieb von Straßenanliegern nicht durch die Erteilung von Sondernutzungserlaubnissen an Straßenhändlern einer Konkurrenz auszusetzen, vor der sie zwar möglicherweise keinerlei *rechtlichen* Schutz genießen, die sie aber in erhebliche wirtschaftliche Bedrängnis zu bringen vermag[57]. Über die Frage, ob den Straßenanliegern das zugemutet werden soll, muß sich die Gemeinde zumindest klar werden dürfen. Denn letztlich entscheidet sie damit, ob sie ihren Finanzhaushalt eher auf die von den gewerbetreibenden Straßenanliegern oder die von den Straßenhändlern aufgebrachte Gewerbesteuer stützen möchte[58]. Es treten so Belange hervor, denen die Wegebehörde mindestens das gleiche Gewicht müßte beimessen können, wie den "privaten Interessen des Antragstellers an der Sondernutzung".

b) Der Anspruch auf die Sondernutzungserlaubnis?

Die Ansichten, die eine Verweigerung der Sondernutzungserlaubnis davon abhängig machen, daß die Wegebehörde in der Lage ist, sich auf bestimmte, gegen die Erteilung sprechende Gründe zu berufen, sind aber weiteren Bedenken ausgesetzt. Denn in letzter Konsequenz müßten sie dem Antragsteller in den – freilich seltenen – Fällen einen *straßenrechtlichen Anspruch* auf die Sondernutzungserlaubnis zugestehen, in denen es der Gemeinde nicht gelingt, entgegenstehende Belange geltend zu machen[59]. Für einen Anspruch auf die Sondernutzungserlaubnis können die *Straßengesetze* selbst jedoch keine Grundlage bieten. Das Bundesverwaltungsgericht räumt dies mit der Feststellung ein, wo-

---

57) Dies mußten z.B. Heidelberger Blumengeschäfte spüren, als auf dem Vorplatz eines Kaufhauses im Stadtzentrum ein Konkurrenzgeschäft aufgenommen wurde, dessen Ausstattung lediglich aus einer Ladenkasse und den um sie herum am Boden abgestellten Blumenvasen bestand. Die Blumen wurden morgens direkt vom Großhändler angeliefert. Die vergleichsweise kaum ins Gewicht fallenden Geschäftsunkosten und die überaus günstige Lage ermöglichten eine Preisgestaltung, bei der die ortsansässigen Geschäfte zwangsläufig ins Hintertreffen geraten mußten.

58) Zudem dürfte zu berücksichtigen sein, daß an den Baukosten der Straße allein die Anlieger mit ihren Erschließungs- oder Ausbaubeiträgen beteiligt sind. Dagegen aber ausdrücklich VG Berlin, GewArch 1986, 325 f.

59) So Stern, VVDStRL 21 (1962), 183, 221, der in der Sondernutzungserlaubnis "ähnlich der Bauerlaubnis" eine öffentlich-rechtliche Unbedenklichkeitsbescheinigung sieht.

nach § 8 Abs. 1 Satz 1 FStrG gerade "keine Voraussetzungen aufstellt, bei
deren Vorliegen die Sondernutzungserlaubnis erteilt werden muß"[60].

Daß ein Anspruch auf Erteilung der Sondernutzungserlaubnis den Straßengesetzen nicht entnommen werden kann, entspricht zudem dem dogmatischen
Stand des öffentlichen Sachenrechts. Als dessen Teilgebiet ist das Straßenrecht aufzufassen. Im Bereich des öffentlichen Sachenrechts kann allenfalls
auf die Sachnutzungen ein Anspruch bestehen, für die der öffentliche Sachherr
die Sache bereithält und für die er sie gewidmet hat. Die Gewährleistung kann
selbst dahinter zurückbleiben und - wie bei den kommunalen Einrichtungen -
lediglich einen Anspruch auf Zulassung zur Benutzung einräumen. Im Hinblick
auf andere, mit den widmungsmäßigen nicht vereinbaren Benutzungen muß das
öffentliche Sachenrecht aber eine Handhabe bieten, damit sie unterbunden
werden können. Denn andernfalls könnte die öffentliche Zweckbestimmung der
Sache nicht aufrechterhalten werden. Darauf wird noch zurückzukommen
sein[61]

Es wird ferner darzulegen sein, daß es sich bei der öffentlich-rechtlichen
Sondernutzung um eine Sachnutzung handelt, die mit der Zweckbestimmung der
Straße nicht vereinbar ist[62]. Das Straßenrecht faßt nämlich unter diesem Begriff die Straßenbenutzungen zusammen, durch die der Gemeingebrauch beeinträchtigt wird[63]. Mit dieser Eigenart stehen deshalb die Konstruktionen im
Widerspruch, nach denen Sondernutzungen nur dann von der Straße ferngehal-
ten werden dürfen, wenn dies mit besonderen, ihnen entgegenstehenden Belangen begründet werden kann.

Die genannten Auffassungen übersehen damit den entscheidenden Aspekt,
nämlich die von Sondernutzungen definitionsgemäß bewirkte Gemeingebrauchsbeeinträchtigung. Sie ist deren conditio sine qua non. Fehlt es daran, so liegt
eine öffentlich-rechtliche Sondernutzung nicht vor. In der Gemeingebrauchsbeeinträchtigung liegt aber der wesentliche Grund dafür, daß die öffentliche
Straße den Sondernutzungen nicht ohne weiteres zu Verfügung steht, daß ihre

---

60) BVerwGE 35, 326, 330.
61) 2. Kapitel.
62) 3. Kapitel.
63) Das folgt im Umkehrschluß aus dem Zusammenhang zwischen den Abs. 1
und 10 des § 8 FStrG.

Erlaubnis vielmehr in das Ermessen der Wegebehörde bzw. Gemeinde gestellt ist.

Für die ermessensfehlerfreie Verweigerung der Sondernutzungserlaubnis müßte es daher genügen, daß die Gemeinde damit gleichzeitig eine Beeinträchtigung des Gemeingebrauchs verhindert. Einer Heranziehung weiterer, der Erteilung der Sondernutzungserlaubnis entgegenstehender Belange bedürfte es nicht. In ihnen könnte allenfalls das Motiv erblickt werden, an dem die Wegebehörde die Zweckmäßigkeit ihrer Entscheidung ausrichten wird. Ihre Ermessensfreiheit bliebe aber davon grundsätzlich unberührt.

Daß mit der Beeinträchtigung des Gemeingebrauchs der entscheidende Grund umschrieben ist, durch den allein die Versagung der Sondernutzungserlaubnis gerechtfertigt wird, liegt mithin weit näher als die in Rechtsprechung und Lehre vertretene Sichtweise, die dafür das Vorliegen besonderer entgegenstehender Belange fordert. Eine endgültige Entscheidung wird sich hierzu jedoch erst treffen lassen, wenn das Wesen der straßenrechtlichen Sondernutzung geklärt ist. Von ihm hängt letztlich der straßengesetzliche Zweck ab, dementsprechend die Wegebehörde gemäß § 40 VwVfG ihr Ermessen auszuüben hat. Je nachdem, wie dieser Zweck bestimmt wird, muß der Einfluß- und Gestaltungsspielraum abgesteckt werden, der den Gemeinden in bezug auf die öffentlichen Straßen zusteht.

c) Die Bedeutung der Sondernutzung für die gemeindliche Daseinsgestaltung

Wie die angeführten Beispiele gezeigt haben, hat das, was sich auf ihren Straßen als Sondernutzung abspielt, für die Gemeinden vielfältige Auswirkungen. Der Straßenhandel kann die Wettbewerbssituation für den niedergelassenen Einzelhandel verschärfen, auf den die Gemeinden nicht allein als Gewerbesteuerzahler angewiesen sind. Die gewerbliche, politische oder sonstige Straßenwerbung kann das Erscheinungsbild eines ganzen Straßenzuges prägen, wobei die Frage, ob dies zu dessen Vorteil oder Nachteil geschieht, hier dahingestellt zu bleiben hat. Entsprechend zwiespältig ist aber auch die Beurteilung dessen, was zumeist als Straßenkunst bezeichnet wird. Von vielen mag sie als Bereicherung des Kulturlebens angesehen werden. Für andere, vor allem die Anwohner, kann sich Straßenmusik jedoch auf eine bloße Belästigung reduzieren.

Die Entscheidung über die Zulassung von Sondernutzungen bestimmt daher auch die kommunale Lebens- und Wohnqualität mit, sie wirkt sich auf wesentliche Bereiche gemeindlicher Daseinsgestaltung aus. Das gilt es bei der Frage nach den maßgeblichen, zweckgerechten Ermessensgesichtspunkten im Auge zu behalten[64].

---

64) Vgl. dazu das 5. Kapitel.

2. Kapitel

Die Grundstrukturen der Benutzung öffentlicher Sachen

Das heute geltende Straßen- und Wegerecht ist in seinen wesentlichen Strukturen aus dem Recht der öffentlichen Sachen hervorgegangen. Das Recht der öffentlichen Sachen faßt die vornehmlich von der Wissenschaft geprägten Regeln zusammen, die sich mit der rechtlichen Stellung öffentlicher Sachen befassen. Mit dem Begriff öffentliche Sache werden Vermögensgegenstände bezeichnet, deren Rechtsstatus zu einem Teil der Privatrechtsordnung unterliegt, der in anderen Bereichen hingegen von der Geltung öffentlichen Recht geprägt wird.

Zum Kreis der öffentlichen Sachen zählt die Wissenschaft - abgesehen von den öffentlichen Straßen - so unterschiedliche Gegenstände wie natürliche und künstliche Wasserläufe, Flugplätze, Grünanlagen, Kinderspiel- und Sportplätze, Hoch- und Fachschulen, Bibliotheken, Forschungslabors, Truppenübungsplätze und Kasernen, Anlagen des Post-, Fernmelde- und Rundfunkwesens, Rathäuser und sonstige Verwaltungs- sowie Regierungs- und Gerichtsgebäude, Kirchen, Gemeinde- und Pfarrhäuser, kirchliche Begräbnisplätze etc.[1] Der Gesetzgeber hat sich ihrer nur in Teilbereichen angenommen. Eine Kodifizierung haben allein die öffentlichen Straßen und Gewässer erfahren. Indessen vermißt man einen "Allgemeinen Teil" des Rechts der öffentlichen Sachen[2], auf den dort zurückgegriffen werden könnte, wo die Spezialkodifikationen selbst nur vage Bestimmungen vorweisen.

Die Fortentwicklung der Rechtsstrukturen, die allen öffentlichen Sachen gemeinsam sind, ist bis heute eine Aufgabe der Wissenschaft geblieben.

---

1) Das ist nur ein Teil der Aufzählung von Papier, Öffentliche Sachen, S. 1, der damit ebenfalls keinen Anspruch auf Vollständigkeit erheben möchte. Vgl. auch die Aufzählung bei Pappermann/Löhr/Andriske, Öffentl. Sachen, S. 1 sowie Haas, DVBl 1962, 653 f.
2) Eine systematische Regelung der öffentlichen Sachen enthielten die Art. 174 - 178 des Entwurfs einer Verwaltungsrechtsordnung für Württemberg, der bereits im Jahre 1931 geschaffen, dann aber nicht mehr Gesetz wurde.

Umso mehr muß bei der Interpretation der Straßengesetze Aufschluß in den
Rechtsstrukturen gesucht werden, die die Wissenschaft als kennzeichnend für
den gesamten Kreis der öffentlichen Sachen herausgearbeitet hat. Sie hat zudem das Recht der öffentlichen Sachen vornehmlich mit Blick auf die öffentlichen Straßen formuliert. So lag es für den Gesetzgeber nahe, bei der Normierung des Straßenrechts sich auf ihre Erkenntnisse zu stützen.

Das bedingt es, die Straße als Gegenstand des öffentlichen Sachenrechts einer
genaueren Betrachtung zu unterziehen, um dort, wo im Sondernutzungsrecht
die gesetzlichen Bestimmungen schweigen, die für ihre Benutzung geltenden
Regeln gewinnen zu können. Die Schlüsselstellung kommt dabei der allein öffentlichen Sachen zugeschriebene *öffentliche Zweckbestimmung* zu[3]. Auf sie
wird im folgenden näher einzugehen sein.

§ 4: Die öffentliche Zweckbestimmung

Öffentliche Sachen sind durch eine besondere öffentliche Zweckbestimmung gekennzeichnet. Die öffentliche Zweckbestimmung beschreibt die Nutzungen, denen die öffentliche Sache für einen bestimmten Personenkreis zur Verfügung
stehen soll.

I. Der Inhalt der öffentlichen Zweckbestimmung

Öffentliche Sachen werden von einem Verwaltungsträger[4] als einzelne Sachen
oder Sachgesamtheiten für bestimmte Nutzungen bereitgehalten. Aus ihrem Gebrauch können Vorteile gezogen werden, die ebenso unterschiedlicher Art sind,
wie dies der "höchst inhomogene"[5] Kreis öffentlicher Sachen vorgibt. Das
Recht der öffentlichen Sachen beschreibt demgemäß zunächst und im wesentlichen ein besonderes Sachnutzungsrecht[6].

---

3) Vgl. Maunz, Die Verwaltung, S. 8: "Die öffentlich-rechtliche Zweckbindung
   ist das bestimmende Moment der öffentlichen Sache."
4) Zum Teil geschieht dies wie im Straßenrecht im Zusammenwirken mit anderen Verwaltungsträgern, ausnahmsweise sogar unter Beteiligung von
   Privatpersonen.
5) Papier, Öffentliche Sachen, S. 1.
6) Hardinghaus, S. 108.

1. Die Benutzungsart

Die Entscheidung, für welche Nutzungen die öffentliche Sache jeweils zur Verfügung stehen soll, ergeht im Rahmen eines Rechtsaktes, den man als Widmung bezeichnet[7]. Die Widmung begründet die "öffentliche Zweckbestimmung". Sie legt z.B. für Gebäude fest, daß sie als Verwaltungsgebäude, öffentliche Bibliothek oder als Universität zu benutzen sind; eine entsprechend gestaltete Grundstücksfläche kann die Zweckbestimmung zur Nutzung als öffentliche Straße, Parkanlage, Sport- oder Spielplatz ausweisen.

Um ihre vielfältigen Aufgaben angemessen bewältigen zu können, ist die Verwaltung auf einen Bestand sächlicher Mittel angewiesen. Für die Daseinsvorsorge benötigt sie zum Beispiel die technischen Anlagen zur Versorgung des Gemeinwesens (der Allgemeinheit) mit Wasser, Elektrizität oder Gas. Der staatliche Bildungsauftrag verlangt von ihr nicht nur den Einsatz von Personal. Es müssen darüber hinaus durch Schul,- Universitäts- oder Bibliotheksgebäude die für diesen Zweck unentbehrlichen Räumlichkeiten bereitgehalten werden. Ferner besteht etwa im Bereich der Verteidigung ein Bedarf an sächlichen Mitteln. Denn der Staat kann hier auf das militärische Gerät, Kasernen, Fahrzeug- und Materialhallen sowie Truppenübungsplätze nicht verzichten.

Ohne Ausnahme sind diese Sachen dadurch ausgezeichnet, daß mit ihrer Vorhaltung zur jeweils festgelegten Benutzung ein öffentlicher Zweck erfüllt werden soll. Die ihnen zugewiesene Funktion beruht so auf einer öffentlichen, oder genauer gesagt, einer an öffentlichen Interessen ausgerichteten Zweckbestimmung.

Sie unterscheiden sich darin von Sachen, bei denen ein Verwaltungsträger allenfalls die mit ihnen erwirtschafteten Erträge für öffentliche Zwecke investieren kann. In Abgrenzung zu Sachen mit öffentlicher Zweckbestimmung werden sie als Sachen des Finanzvermögens bezeichnet[8]. Als Beispiele dafür sind der städtische Ratskeller, die Staatsbrauereien, der staatliche Waldbesitz und die Staatsdomänen zu nennen.

---

7) Dazu Schallenberg, S. 78.
8) Vgl. Papier, Öffentliche Sachen, S. 3. - Soweit ersichtlich rechnet allein Maunz, Die Verwaltung, S. 3 f., die Sachen des Finanzvermögens zu den öffentlichen Sachen.

Sachen des Finanzvermögens dienen der Erfüllung öffentlicher Zwecke nur mittelbar, indem sie der öffentlichen Hand lediglich ermöglichen, aus ihren Erträgen Verwaltungsleistungen zu finanzieren. Sachen, die öffentlichen Zwecken zu dienen bestimmt sind, sollen ihrer besonderen Bestimmung dagegen unmittelbar dienen. In Betracht kommt dafür, daß der Verwaltungsträger selbst die Sachen zweckgemäß nutzt und bereits damit Verwaltungsaufgaben verwirklicht. Er kann sie jedoch ferner der Benutzung durch Privatpersonen zur Verfügung stellen. In diesem Fall dienen die Sachen einem öffentlichen Zweck, wenn durch ihre Vorhaltung zur privaten Nutzung ein öffentliches Interesse befriedigt wird[9].

2. Der Benutzerkreis

Daraus ergibt sich, daß die öffentliche Zweckbestimmung gleichzeitig den zur Sachnutzung zugelassenen Benutzerkreis zu fixieren hat. Er kann zwar regelmäßig schon aus der Entscheidung über den Inhalt der jeweiligen Benutzung bestimmt werden. Für gewisse öffentliche Sachen grenzt die öffentliche Zweckbestimmung den Benutzerkreis aber ausdrücklich ein.

Der Anschluß an Versorgungsanlagen für Wasser, Elektrizität und Gas sowie deren Nutzung kann nur für Eigentümer von solchen Grundstücken in Betracht kommen, die im jeweiligen Versorgungsgebiet gelegen sind. Der Anspruch auf Nutzung kommunaler öffentlicher Einrichtungen ist generell auf die Gemeindeeinwohner beschränkt[10]. Die Nutzung der Universitäten und ihrer Einrichtungen ist dem wissenschaftlichen Lehrkörper und den immatrikulierten Studenten vorbehalten. Die Benutzung ist in diesen Fällen von einem besonderen Zulassungsakt abhängig gemacht. Der Verwaltungsträger ist so in der Lage, bereits im voraus zu klären, ob der jeweilige Nutzungsinteressent zu dem begünstigten Personenkreis gehört.

Daneben kann die Möglichkeit der Sachnutzung auf die öffentliche Verwaltung selbst beschränkt sein. Man spricht dann von öffentlichen Sachen "im Verwal-

---

9) Daher ist zumindest ungenau, wenn die h.M. (vgl. etwa Pappermann/Löhr/ Andriske, Öffentliche Sachen, S. 3; Frotscher, VerwArch 62 (1962) 153) zur Abrenzung zwischen öffentlichen Sachen und Sachen des Finanzvermögens allgemein darauf abstellt, ob sie unmittelbar oder nur mittelbar durch ihren Gebrauch einem öffentlichen Zweck dienen.
10) Ossenbühl, DVBl 1973, 289, 295.

tungsgebrauch"[11]). Sie dienen einem Träger öffentlicher Verwaltung unmittelbar zur Erfüllung ihrer öffentlichen Aufgaben.

Öffentliche Sachen im Verwaltungsgebrauch sind etwa die Dienstgebäude von Verwaltung, Justiz und Gesetzgebung (einschließlich ihres Inventars), aber auch bewegliche Sachen wie die Ausrüstung und Waffen der Streitkräfte und Polizei sowie der Fuhrpark der öffentlichen Verwaltung rechnen dazu[12]. Ferner können die öffentlichen Anstalten zugehörigen Sachen für den Verwaltungsgebrauch bestimmt sein. Neben den Sachen, die der externen Nutzung, dem Bürgergebrauch, bereitgestellt werden, bedarf der Anstaltsträger weiterer sächlicher Mittel, um diesen Bestand zu unterhalten und zu verwalten[13]. Davon abgesehen können öffentliche Anstalten einer privaten Nutzung überhaupt entzogen sein[14]. Ihr Inventar rechnet dann insgesamt zu den Sachen im Verwaltungsgebrauch (Sachen in interner Nutzung)[15].

Die Benutzung von Sachen im Verwaltungsgebrauch ist Privatpersonen von vornherein verwehrt. Die Verwaltungsgebäude können lediglich einem Zugang durch Privatpersonen offenstehen (Publikumsverkehr). Mit einer Sachnutzung hat das Zutrittsrecht aber nichts zu tun. Papier[16] bezeichnet die Zugangsberechtigung zutreffend als bloßen Ausfluß (Annex) des Rechts einer Privatperson auf Wahrnehmung ihrer Verwaltungsangelegenheiten durch Kontakt mit den zuständigen Amtsträgern[17].

---

11) Papier, Öffentliche Sachen, S. 31. ff.; Wolff/ Bachof, VerwR II, § 99 III b; Salzwedel, in: E/M, Allg.VerwR, S.407; Forsthoff, VerwR, S. 376 f.
12) Papier, Öffentliche Sachen, S. 31. Er führt als weitere Beispiele den Fuhrpark und die Geräte der Straßenbaubehörde an, die damit die Straße als öffentliche Sache im Privatgebrauch "verwaltet". Öffentliche Sachen im Verwaltungsgebrauch können daher auch der Verwaltung öffentlicher Sachen mit einer anderen Zweckbestimmung dienen.
13) So wäre etwa die Schreibmaschine der Stadtbibliothek zu nennen, auf der die Mahnungen nach einer Leihfristüberschreitung geschrieben werden müssen.
14) Beispiele für solche öffentliche Anstalten sind der Deutsche Wetterdienst und die Physikalisch-Technische Bundesanstalt.
15) So zutreffend Kromer, S. 141, der damit klarlegt, daß Anstaltsgebrauch nicht immer eine externe Nutzung bedeutet.
16) Papier, Öffentliche Sachen, S. 31.
17) Zur Rechtsnatur von Zugangsberechtigung und eines entgegenstehenden Hausverbots vgl. Papier, Öffentliche Sachen, S. 32 f.

II. Die Rechtsfolgen der öffentlichen Zweckbestimmung

Die öffentliche Zweckbestimmung legt die aus einem öffentlichen Interesse hervorgehenden Nutzungen fest, denen eine bestimmte Sache künftig zu dienen hat. Sie bekundet mit anderen Worten die von einem Verwaltungsträger mit einer Sache verfolgte Absicht, die für seinen weiteren Umgang mit ihr den Ausschlag geben soll. Der Verwaltungsträger geht deshalb mit der Erklärung über die öffentliche Zweckbestimmung eine Rechtsbindung ein. Er verpflichtet sich, für den zweckgemäßen Umgang mit der Sache zu sorgen und einzustehen. Zugleich damit verpflichtet sich die Verwaltung zur Unterlassung zweckwidriger Nutzung und zu ihrer Unterbindung, soweit sie von Dritten in Anspruch genommen wird. Die öffentliche Zweckbestimmung äußert sich so in dem Verhältnis des Verwaltungsträgers zu der von ihr belegten Sache. Sie begründet eine Selbstverpflichtung des Hoheitsträgers[18], der danach die Sache ihrer öffentlichen Zweckbestimmung vorzuhalten und zu erhalten sowie die ihr entsprechenden Nutzungen zu gewähren hat[19].

1. Unterhaltungspflicht und Baulast

Die Verwirklichung der einer Sache zugewiesenen öffentlichen Zweckbestimmung verlangt zunächst, daß die Sache einen dafür geeigneten tatsächlichen Zustand aufweist und sie in diesem Zustand für die Dauer ihrer Zweckbestimmung erhalten bleibt. So folgt aus der öffentlichen Zweckbestimmung zwangsläufig eine entsprechende Unterhaltungspflicht[20]. Sie ist öffentlich-rechtlicher Natur[21] und besteht solange fort, bis die öffentliche Zweckbestimmung im Wege der Entwidmung wieder beseitigt wird.

---

18) So Maunz, Hauptprobleme, S. 87 f. Er hat darauf gestützt die öffentliche Sache als Rechtsverhältnis konstruiert (vgl. S. 66 ff.). Diese Theorie hat freilich keinen Widerhall gefunden. Zu ihrer Kritik etwa Mayer, JuS 1963, 205, 207.
19) Hardinghaus, S. 21.
20) Hardinghaus, S. 140.
21) Papier, Öffentliche Sachen, S. 56; Wolff/Bachof, VerwR I, § 57 III (S. 496). – Für die Wasserwege ist das gesetzlich besonders festgeschrieben. § 7 Abs. 1 WaStrG bezeichnet die Unterhaltung der Bundeswasserstraßen als Hoheitsaufgabe des Bundes. Entsprechendes gilt für ihren Ausbau und Neubau (§ 12 Abs. 1 WaStrG).

a) Inhalt

Für die öffentlichen Straßen ist die Unterhaltungspflicht gesetzlich geregelt. § 3 Abs. 1 Satz 2 FStrG und die inhaltlich übereinstimmenden Vorschriften der Straßengesetze der Länder bestimmen, daß die öffentlichen Straßen im Rahmen der Leistungsfähigkeit "*in einem dem regelmäßigen Verkehrsbedürfnis genügenden Zustand zu bauen, zu unterhalten, zu erweitern oder sonst zu verbessern*" sind. Die Vorschriften greifen damit über die bloße Unterhaltungspflicht hinaus. Sie ergänzen die Unterhaltungspflicht durch die Pflicht zur Herstellung der öffentlichen Straßen und fassen beides unter dem Begriff der Baulast zusammen (vgl. § 3 Abs. 1 Satz1 FStrG).

Die Herstellungspflicht geht nicht nur der Unterhaltungspflicht, sondern auch der Entscheidung über die einer Sache zugewiesenen öffentlichen Zweckbestimmung voraus. Im Gegensatz zur Unterhaltungspflicht folgt sie nicht aus der öffentlichen Zweckbestimmung, sondern unmittelbar aus den einem Verwaltungsträger zur Erfüllung obliegenden öffentlichen Aufgaben. Sie können ihn verpflichten, bestimmte Sachen zur Nutzung zur Verfügung zu stellen. Er hat dann die dafür geeigneten Sachen zu beschaffen oder der künftigen öffentlichen Zweckbestimmung entsprechend herzustellen oder baulich besonders zu gestalten. An den Verwaltungsträger sind mit dieser Herstellungs- oder Beschaffungspflicht also zusätzliche Anforderungen gestellt.

Beschaffungs- oder Herstellungspflichten sind vor allem im Straßen- und Wasserrecht normiert. Aber selbst wenn die Frage, ob zur Befriedigung einzelner öffentlicher Interessen zu diesem Zweck bestimmte Sachen vorgehalten werden sollen, ausdrücklich in das Ermessen des Verwaltungsträgers gestellt ist, kann dieses sich im Einzelfall zu einer entsprechenden Rechtspflicht verdichten.

Das Kommunalrecht bietet dafür ein Beispiel. Es hat die Schaffung öffentlicher Einrichtungen dem pflichtgemäßen Ermessen der Gemeinde anheimgegeben. So liegt allein bei ihr, welche Einrichtungen sie im Rahmen ihrer finanziellen Mittel den Einwohnern bietet und wie sie in diesem Bereich der Daseinsvorsorge die Schwerpunkte verteilen will.

Die Rechtslage ändert sich aber, sobald die Nutzung öffentlicher Einrichtungen in Frage steht, auf die die Gemeindeeinwohner elementar angewiesen sind. Unter den heutigen Lebensbedingungen gehört dazu vor allem eine geordnete Wasserversorgung. Solange sie nicht anderweitig gesichert ist, kann die Gemeinde daher nicht mehr frei in ihrer Entscheidung sein, ob sie zur Wahrnehmung dieser Aufgabe eine öffentliche Einrichtung gründen will. Sie ist in diesem Fall vielmehr zur Übernahme dieser Aufgabe der Daseinsvorsorge verpflichtet. Ihr Ermessen reduziert sich auf Null[22].

Damit ist gleichzeitig die Möglichkeit zur Entwidmung beschränkt. Sie darf dort nicht ausgesprochen werden, wo sich die Gemeinde einer Aufgabe entledigen würde, die sich ihr überhaupt oder im Einzelfall wegen besonderer Umstände als Pflichtaufgabe stellt. Für deren Erfüllung hat sie vielmehr durch die Unterhaltung der für diesen Zweck ausgestatteten öffentlichen Einrichtung weiterhin Sorge zu tragen[23].

b) Die Beziehung zwischen Baulast und öffentlicher Zweckbestimmung

Die Pflicht zur Herstellung oder Beschaffung einer Sache obliegt dem Verwaltungsträger mit Rücksicht auf deren künftige öffentliche Zweckbestimmung. Sie verlangt eine für die jeweilige Zweckbestimmung geeignete und taugliche Sache, die es anschließend durch die notwendigen Unterhaltungsmaßnahmen in diesem Zustand zu erhalten gilt. Die unter dem Begriff Baulast zusammengefaßten Pflichten des Verwaltungsträgers sind darum insgesamt an der öffentlichen Zweckbestimmung der Sache ausgerichtet. Das bedeutet, daß die Baulast inhaltlich mit der öffentlichen Zweckbestimmung korrespondiert. Anhand der Vorschriften des Straßen- und Wasserrechts über den Inhalt der Baulast läßt sich dieser Zusammenhang mit der öffentlichen Zweckbestimmung exemplarisch belegen.

---

22) Vgl. dazu Mußgnug, VBlBW 1984, 157 u. 187 ff.
23) Das gilt selbst dann, wenn die Gemeinde die öffentliche Einrichtung in den Gestaltungsformen des Privatrechts organisiert hat. Geht es um die Erfüllung einer ihr zur Pflicht gewordenen Aufgabe, so darf sie die öffentliche Einrichtung nicht ohne weiteres wieder entwidmen oder sie sonst ihrem Schicksal überlassen. Das Verhältnis zu ihr ist vielmehr der Rechtslage vergleichbar, wie sie für die Unterhaltung, den Ausbau oder Neubau der Bundeswasserstraßen nach § 7 bzw. § 12 WaStrG entstehen kann. Diese Vorschriften stellen dem Bund frei, die ihm als Hoheitsaufgabe (Abs. 1) obliegende Baulast im Einzelfall (privaten) Dritten *zur Ausführung* zu übertragen (Abs. 2). Hoheitliche Befugnisse des Bundes gehen dabei aber nicht über. § 7 und § 12 Abs. 2, Halbs. 2 WaStrG heben das ausdrücklich hervor. Der Bund bleibt daher für die ordnungsgemäße Unterhaltung seiner Wasserstraßen letztlich weiterhin verantwortlich. Es ist ihm lediglich gestattet, sich zur Erfüllung dieser ihm öffentlich-rechtlich obliegenden Verpflichtung Dritter zu bedienen.

aa) Jedes Gewässer hat bereits von Natur aus Bedeutung für den Wasserhaushalt. Die Gewässer in dieser Eigenschaft zu erfassen, indem die wasserwirtschaftliche Funktion als ihre öffentliche Zweckbestimmung deklariert wird, erfordert daher im wesentlichen nur erhaltende (bauliche) Maßnahmen an der Sachsubstanz, dem Gewässerbett. § 28 Abs. 1 Satz 1 WHG[24] verlangt so die "Erhaltung eines ordnungsgemäßen Zustandes für den Wasserabfluß". Das umschreibt die tatsächliche Voraussetzung ihrer öffentlichen Zweckbestimmung, die eine "haushälterische Bewirtschaftung des in der Natur vorhandenen Wassers nach Menge und Güte" ermöglichen soll[25].

Über die wasserwirtschaftliche Funktion hinaus können die Gewässer als Wasserstraßen dem Schiffsverkehr zu dienen bestimmt sein. Mit der öffentlichen Zweckbestimmung als Wasserwege[26] sind an ihre tatsächliche Beschaffenheit besondere Anforderungen, insbesondere im Hinblick auf die Wassertiefe und die vorhandene Wassermenge geknüpft.

Soweit Gewässer danach gleichzeitig wasserwirtschaftliche und wasserwegerechtliche Funktion besitzen, sie also in zweifacher Hinsicht öffentlichen Zwecken zu dienen bestimmt sind[27], muß bei den Unterhaltungs- und Ausbaumaßnahmen darauf gegenseitig Rücksicht genommen werden. § 28 Abs. 1 Satz 1 WHG bestimmt daher, daß zur Gewässerunterhaltung neben der Erhaltung eines ordnungsmäßigen Zustandes für den Wasserabfluß bei schiffbaren Gewässern auch die Erhaltung der Schiffbarkeit gehört. In entsprechender Weise hat der Bundesgesetzgeber bei der Regelung der Unterhaltungslast für Bundeswasserstraßen im Binnenbereich ihrer wasserwirtschaftlichen Funktion Rechnung getragen (vgl. § 8 Abs. 1 WaStrG).

Die gegenseitige Verstrebung der Baulasten ist die Konsequenz aus der den Gewässern eigenen zweifachen öffentlichen Zweckbestimmung. Hervorzuheben ist, daß § 8 Abs. 1 WaStrG lediglich die mit ihrer Verkehrsfunktion korres-

---

24) In den Rahmenvorschriften des WHG und den Ausfüllungsbestimmungen der Wassergesetze der Länder ist die rechtliche Ordnung der Wasserwirtschaft niedergelegt.
25) So BVerfGE 15, 1, 15.
26) Nur in dieser Eigenschaft als Verkehrswege unterliegen die Gewässer der konkurrierenden Gesetzgebung des Bundes nach Art. 74 Nr. 21 GG (vgl. BVerfGE 15, 1, 9 ff.).
27) Den Straßen fehlt eine Doppelfunktion. Sie dienen nur dem Verkehr (so BVerfGE 15, 1 14).

pondierende Unterhaltungslast reglementiert. Er begründet dagegen nicht die Verpflichtung zur wasserwirtschaftlichen Gewässerunterhaltung. Dies hätte die Bundeskompetenz aus Art. 74 Nr. 21 GG überschritten. Denn sie beschränkt den Bund auf solche Regelungen, die die spezifischen Interessen des Schiffsverkehrs und die Gewässer als Verkehrswege betreffen[28]. Die wasserhaushaltsrechtlich bedeutsame Gewässerbeschaffenheit ist § 8 Abs. 1 WaStrG nur insoweit angelegen, als sie durch bauliche Maßnahmen zur Erhaltung der Schiffbarkeit, d.h. im Rahmen der Gewässerunterhaltung in verkehrlicher Hinsicht berührt wird. Die Vorschrift schreibt so lediglich die Belange fest, die bei der Erhaltung ihres Verkehrszwecks bereits wegen der sich gegenseitig reibenden Doppelfunktion der Gewässer notwendig zum Ausgleich gebracht werden müssen und stellt sicher, daß die Gewässerunterhaltung hier nicht einseitig den Interessen des Schiffsverkehrs die Priorität zuweist.

Bei Erledigung der Unterhaltungspflicht, wie sie für Gewässer von ihrer einen öffentlichen Zweckbestimmung gefordert wird, ist als zu berücksichtigender Belang die andere öffentliche Zweckbestimmung einzustellen und umgekehrt. Das modifiziert den Inhalt der Baulast. Die tragende Beziehung zur öffentlichen Zweckbestimmung, um derentwillen sie einem Verwaltungsträger obliegt, bleibt davon jedoch unberührt.

Auch sonst ist die Unterhaltungslast mit verschiedenen modifizierenden Vorgaben verbunden, die mit der öffentlichen Zweckbestimmung der Sache nichts zu tun haben. So sind bei der wasserwegerechtlichen Unterhaltung der Bundeswasserstraßen u.a. die Erfordernisse des Denkmalschutzes (§ 7 Abs. 4 WaStrG) und die Belange der Fischerei (§ 8 Abs. 2 Satz 2 WaStrG) zu berücksichtigen, ohne daß dadurch ihre öffentliche Zweckbestimmung erweitert würde.

bb) Für das Straßenrecht stellen die gesetzlichen Bestimmungen über die Baulast klar, daß die öffentlichen Straßen im Rahmen der Leistungsfähigkeit des Verwaltungsträgers gebaut, unterhalten, erweitert oder sonst verbessert werden, um so ein (regelmäßiges) *Verkehrsbedürfnis* befriedigen zu können. Der

---

28) In wasserwirtschaftlicher Hinsicht kann sich der Bundesgesetzgeber auch der Bundeswasserstraßen allein kraft seiner Rahmenkompetenz aus Art. 75 Nr. 4 GG annehmen. Deshalb hat das Bundesverfassungsgericht (E 15, 1 ff.) sein "Gesetz zur Reinhaltung der Bundeswasserstraßen" vom 17.8.1960 (BGBl. II S. 2125) wegen fehlender Gesetzgebungskompetenz für nichtig erklärt.

Inhalt der Straßenbaulast orientiert sich danach an der Bedeutung der Straßen für den Verkehr.

Daneben führen einige Straßengesetze der Länder zwar weitere staatliche Zielsetzungen auf, die bei der Wahrnehmung der Straßenbaulast "angemessene" Berücksichtigung finden sollen. Es gehören dazu etwa der Natur- und Landschaftsschutz (§ 10 Abs. 2 Satz 2 SchlHolStrWG) oder der Umweltschutz allgemein[29] und die Belange des Städtebaus (§ 9 Abs. 2 NRWStrWG)[30]. Wie in den entsprechenden Vorschriften des Wasserwege und Wasserwirtschaftsrechts modifizieren sie auch hier den Inhalt der Baulast, indem sie unter den Vorbehalt des Ausgleichs widerstreitender Interessen gestellt wird. Sie ändern jedoch nichts daran, daß für den Inhalt der Straßenbaulast die verkehrsmäßige Zweckbestimmung den Ausschlag gibt.

Daß die Straßenbaulast am Verkehr ausgerichtet ist, entspricht der Funktionsbeschreibung der öffentlichen Straße. Nach den Straßengesetzen "dienen" die öffentlichen Straßen dem "Verkehr" bzw. sind dem "Verkehr zu dienen bestimmt". Für den "weiträumigen" Verkehr hält § 1 Abs. 1 FStrG die Bundesfernstraßen bereit. Im übrigen soll der Verkehr über die der Länderkompetenz unterliegenden Straßen abgewickelt werden. Diese Straßen formen mit ihrer Verkehrsbestimmung die engeren Maschen des Verkehrsnetzes[31]. Abgestuft nach ihrer "Verkehrsbedeutung" sind sie in "Straßenklassen"[32] oder "Straßengruppen"[33] eingeteilt.

Aus der Bedeutung, die das Straßenrecht dem Verkehr in der Begriffsbestimmung der Straße sowohl als allgemeines funktionelles Kriterium als auch als Klassifizierungsmerkmal einräumt, ergibt sich bereits die für den weiteren Gang der Untersuchung bedeutsame Feststellung, daß die öffentliche Zweckbestimmung der Straßen darin besteht, ihre verkehrsmäßige Benutzung zu ermöglichen. Nach Maßgabe dieser Bestimmung sind sie zu bauen, zu unterhalten, zu erweitern oder sonst zu verbessern.

---

29) Zur Berücksichtigung von Umweltbelangen beim Straßenbau vgl. Kuschnerus, DÖV 1987, 409 ff.
30) Art. 9 BayStrWG verlangt etwa ausdrücklich, daß "beim Bau und der Unterhaltung der Straßen die Belange der Behinderten, älteren Menschen und Kinder zu berücksichtigen" sind.
31) Vgl. § 3 BaWüStrG.
32) So die Straßengesetze Bayerns und des Saarlandes.
33) So die übrigen Straßengesetze der Länder.

Über die von Straßen bestimmter Klassen (Gruppen) spezifisch geforderte
bauliche Beschaffenheit können die eher allgemein gehaltenen Vorschriften über die Straßenbaulast freilich nur ungenau Auskunft geben. Sie
verweisen deshalb nicht nur auf "die allgemein anerkannten Regeln des
Straßenbaues"[34]. Die baugestalterischen Anforderungen an besondere
Straßenklassen sind darüber hinaus z.T. zusammen mit deren besonderen
verkehrsmäßigen Zweckbestimmung festgeschrieben. Das ist etwa bei den
Bundesautobahnen der Fall. Die Verkehrsart, der sie zu dienen bestimmt
sind, nämlich ausschließlich dem "Schnellverkehr mit Kraftfahrzeugen"
(vgl. § 1 Abs. 3 FStrG), soll in einer Konsequenz ermöglicht werden, die
nicht nur andere Verkehrsmittel, sondern auch die bei einem Kreuzungs-
verkehr entstehenden Behinderungen ausschließt. Deshalb fordert § 1
Abs. 3 FStrG eine entsprechende Gestaltung mit getrennten Fahrbahnen
für den Richtungsverkehr und den Verzicht auf höhengleiche Kreuzungen.
Es ist hier also in der Begriffsbestimmung der Bundesautobahnen deren
spezifische öffentliche Zweckbestimmung mit den daraus für den Inhalt
der Baulast sich ergebenden Vorgaben verknüpft.

2. Die Pflicht zur Duldung des zweckentsprechenden Gebrauchs

Die Erklärung, eine bestimmte Sache für die Erfüllung eines öffentlichen
Zwecks bereitzuhalten, soll für den Verwaltungsträger endlich die (öffentlich-
rechtliche) Verpflichtung begründen, die Sache künftig dem begünstigten Personenkreis zur Benutzung zu überlassen. Darin vor allem liegt die Bedeutung,
wenn für eine Sache eine öffentliche Zweckbestimmung festgelegt wird. Mit ihr
übernimmt der Verwaltungsträger die Pflicht, Benutzungen zu dulden, die im
Rahmen der öffentlichen Zweckbestimmung stattfinden.

In Fällen, in denen im Hinblick auf ein öffentliches Interesse Privatpersonen
die Benutzung gewährt werden soll, korrespondiert mit der Duldungspflicht des
Verwaltungsträgers zudem regelmäßig ein subjektiv-öffentliches Recht. Es kann
der öffentlichen Zweckbestimmung selbst angeschlossen, aber auch ausdrücklich
durch Gesetz oder Satzung bekräftigt sein.

Gewährt die öffentliche Zweckbestimmung danach ein subjektiv-öffentliches
Recht, so wird im Schrifttum freilich von einer Duldungspflicht des Verwaltungsträgers vielfach nur dann gesprochen, wenn es einen *unmittelbaren* Anspruch auf Benutzung zum Inhalt hat. Im Hinblick darauf wird also unter-

---

34) Vgl. § 9 Abs. 1 Satz 2 BaWüStrG; Art. 9 Abs. 3 BayStrWG.

schieden, ob die zweckgemäße Benutzung zulassungsfrei gewährt wird, oder ob sie der Entscheidung eines Verwaltungsträgers unterliegt. Letzeres trifft vor allem auf die Sachen zu, die einer zur externen Nutzung bestimmten öffentlichen Anstalt angehören. Der individuellen Zulassung bedarf ein Nutzungsinteressent hier unabhängig davon, ob die Benutzung auf Grundlage eines öffentlich-rechtlichen oder privatrechtlichen Rechtsverhältnisses stattfinden soll[35]. Ein unmittelbarer Benutzungsanspruch besteht dagegen dort, wo die öffentliche Sache unter dem Rechtsinstitut des Gemeingebrauchs zur Verfügung gestellt ist. Die Teilnahme am Gemeingebrauch setzt keine besondere Zulassung voraus[36]. Dem Gemeingebrauch unterliegen die öffentlichen Straßen, die Gewässer mit ihrer öffentlichen Zweckbestimmung als Verkehrswege sowie der hohe Luftraum[37].

Die Unterscheidung zwischen Zulassungsanspruch und unmittelbarem Benutzungsanspruch kann so den Anschein erwecken, als werde danach die Sachbeziehung im Verhältnis des Verwaltungsträgers und der Nutzungsinteressenten bestimmt. Demzufolge stünde der private Nutzungsinteressent im Falle eines unmittelbaren Benutzungsanspruchs der Sachnutzung näher als bei einem bloßen Zulassungsanspruch. Die Rechtsposition des Verwaltungsträgers im Hinblick auf die Sache könnte hingegen umso unabhängiger (souveräner) sein, wenn er deren Benutzung von seiner Zustimmung abhängig gemacht hat. Daher findet in der Literatur die Pflicht zur Duldung des zweckentsprechenden Gebrauchs hier keine Erwähnung. Ihre Sichtweise kulminiert überdies in der These, dem Nutzungsinteressent sei mit dem Gemeingebrauch ein *dingliches Recht* an der Sache eingeräumt.

Es ist indessen zweifelhaft, ob die Einteilung nach zulassungsfrei und zulassungsabhängig benutzbaren Sachen darauf basiert, daß diese Sachen einer in ihrem Umfang unterschiedlich ausgestalteten Herrschaftsbefugnis des Verwaltungsträgers unterliegen. Deshalb ist zunächst zu untersuchen, ob der Verwaltungsträger mit der Bestimmung der Sache zum Gemeingebrauch dem begünstigten Benutzerkreis ein dingliches Recht an der öffentlichen Sache eingeräumt

---

35) Salzwedel, DÖV 1963, 241, 242; Forsthoff, VerwR, S. 412 ff.; Wolff/Bachof/Stober, VerwR II, § 99 II a (S. 322 ff.).
36) Wolff/Bachof, § 55 III b; Salzwedel, DÖV 1963, 241, 242.
37) Papier, Öffentliche Sachen, S. 16 f.; Peine, JZ 1984, 869 f.

hat[38] (a). Ist dies zu verneinen, wird im Anschluß daran der Frage nachzugehen sein, weshalb die der öffentliche Zweckbestimmung entsprechende Sachnutzung in einigen Fällen zulassungsfrei gewährt, im übrigen aber von einer Zulassung abhängig gemacht wird (b).

a) Die "Dinglichkeit" des Sachnutzungsrechts

Vor allem Wolff/Bachof[39] und Salzwedel[40] wollen den Gemeingebrauch als dingliches Recht verstanden wissen. Sie verweisen dafür auf "eine (beschränkte) Sachherrschaft"[41], während Salzwedel von einem "dinglichen Zugriffsrecht" des Gemeingebrauchsberechtigten spricht. Da der Gemeingebrauchsberechtigte von keiner Zulassung abhängig sei, könne er den Verkehrsraum "körperlich in Anspruch nehmen, wie wenn die Straße ihm gehörte"[42].

Salzwedel veranschlagt damit den Gemeingebrauch freilich bei weitem zu hoch. Denn dem Gemeingebrauchsberechtigten sind an der Straße nur bestimmte, nämlich die in ihrer öffentlichen Zweckbestimmung festgelegten Nutzungsbefugnisse eingeräumt. Von eigentumsrechtlichen Befugnissen kann hier keine Rede sein. Statt mit der Straße "nach Belieben verfahren" (§ 903 BGB), darf er sie weder in sonstiger Weise benutzen, und erst recht eröffnet ihm der Gemeingebrauch nicht die Befugnis, über die Straße rechtlich zu verfügen. Bereits das relativiert den Vergleich Salzwedels mit den Eigentümerbefugnissen.

Im übrigen wird bei den genannten Autoren nicht recht klar, was in diesem Zusammenhang mit dem Begriff "Dinglichkeit" ausgesagt werden soll. Während für Salzwedel im wesentlichen die Zulassungsfreiheit des Gemeingebrauchs dessen "Dinglichkeit" begründen soll, scheint das für Wolff/Bachof ohne Bedeutung zu sein. Denn als "verwaltungsrechtliches dingliches Recht" bezeichnen sie

---

38) Den dinglichen Rechtscharakter des Gemeingebrauchs verneit (freilich ohne Begründung) Ganschezian-Finck, NJW 1957, 285, 286.

39) VerwR I, § 40 III c 2 (S. 292). Danach soll der Gemeingebrauch zu den "verwaltungsrechtlichen dinglichen Rechten" gehören.

40) in: Vierteljahrhundert, S. 97, 99 f.; ders. in: v.Münch, Bes.VerwR, S. 633; ihm folgend Kodal/Krämer, S. 508 Rdnr. 45.

41) So Wolff/Bachof, VerwR I, § 40 c 2 (S. 292). Sie ist nach ihrer Auffassung im Unterschied zum Privatrecht "nicht vom Eigentum als Vollrecht abgeleitet, sondern originär hervorgebracht".

42) in: Vierteljahrhundert, S. 97, 99.

auch "das durch Gebrauchserlaubnis oder Bewilligung begründete Sondernutzungsrecht"[43].

aa) Bei der Frage, ob der Gemeingebrauch als dingliches Recht aufzufassen ist,
muß im Ausgangspunkt Klarheit darüber bestehen, daß als Kriterium dafür allein der von der Zivilrechtswissenschaft entwickelte Begriff der Dinglichkeit in
Frage kommen kann. Wer auf diese Bedingung verzichtet und der Dinglichkeit
im öffentlichen Recht einen anderen, davon losgelösten Bedeutungsgehalt zu-
schreibt, verwischt die Strukturen, die mit dem Blick auf das Zivilrecht für
das öffentliche (Sachen-) Recht dienstbar gemacht worden sind. Soll die Re-
zeption des dinglichen Rechts im öffentlichen Recht überhaupt sinnvoll sein,
so ist es daher geboten, diesen Begriff nur auf solche Tatbestände anzuwen-
den, die im wesentlichen dieselben Merkmale wie die zivilrechtlichen dinglichen Rechte aufweisen[44].

Für das Zivilrecht ist das Wesensmerkmal eines dinglichen Rechts als Recht
"an" der Sache durch die *unmittelbare* Beziehung zwischen dem Rechtsinhaber
und einer bestimmten Sache umschrieben[45]. Die Bindung der Sache an den

---

43) VerwR I, § 40 II c 2 (S. 292). Auch Bartlsperger, Werbenutzungsverträge,
bezeichnet das Sondernutzungsrecht als "dingliches Recht an der öffentlichen Sache".

44) Niehues, Dinglichkeit, S. 1 f. Auch Bartels, Öffentlich-rechtliche dingliche
Rechte, S. 53, legt seinen Untersuchungen diese Prämisse zugrunde. Er
weist zu ihrer Begründung außerdem (unter Berufung auf Spanner, Gut-
achten, S. 22 f. und Kormann, System, S. 8 f.) darauf hin, daß andernfalls die Gefahr einer unerwünschten und nicht entsprechenden Analogie
zu zivilrechtlichen Regelungen bestünde. Daß diese Gefahr tatsächlich
besteht, zeigen die Ausführungen von Kodal/Krämer zur Schadensersatz-
pflicht wegen einer Beeinträchtigung des Gemeingebrauchs, zu denen
nachfolgend Stellung genommen wird.

45) Jauernig, BGB, vor § 854 Anm. I 1: "unmittelbare Beziehung zwischen
Rechtsinhaber und Sache"; Staudinger/H.H.Seiler, BGB, 12. Aufl., Einl. zu
§§ 854 ff. (1986) Rdnr. 17; Wolff/Raiser, Sachenrecht, S. 8 Anm. 1;
Schultze/v.Lasaulx, AcP 151, 455; Ennecerus-Nipperdey, Allg. Teil, § 79
A I, S. 456; Raiser, Dingliche Anwartschaften, S. 59; Erman/Werner, BGB,
Bd. 2, 7. Aufl. 1981, Einl. vor § 854 Rdnr. 1: "Das Sachenrecht ... weist
die Rechtsobjekte den Rechtssubjekten zu (Beziehung des Subjekts zum
Rechtsobjekt)".; Karl Heinz Schwab, Sachenrecht. Ein Studienbuch (früher
Lent/Schwab), 20. Aufl. 1985, § 1 I; Manfred Wolf, Sachenrecht. Grundriß,
6. Aufl. 1985, Rdnr. 3; Soergel/Mühl, BGB, Bd. 5., 11. Aufl. 1978, Einl.
vor § 854 Rdnr. 7; Friedrich Quack, in: Münchener Kommentar, Bd. 4,
1981, Einl. vor § 854 Rdnr. 25; vgl. auch RGZ 93, 234, 237. Danach soll
bei jedem dinglichen Recht "die Dinglichkeit in der unmittelbaren Unter-

Rechtsinhaber ist unabhängig vom Vorhandensein eines Verpflichteten, dessen
Leistungspflicht das Recht vermitteln würde. Das dingliche Recht weist die
Sache dem Herrschaftsbereich des Rechtsinhabers zu und bestimmt so die
Rechtsstellung, die einer konkreten Person an einer konkreten Sache zu-
steht[46].

Das hebt das dingliche Recht von den relativen Rechten ab, die Befugnisse
nur gegenüber einer ganz bestimmten Person (oder mehreren) gewähren[47]. Die
unmittelbare Sachbeziehung ist dagegen mit absoluter Wirkung ausgestattet,
d.h. jedermann hat es zu respektieren und gegen jeden rechtswidrigen Eingriff
ist das dingliche Recht geschützt[48].

Deshalb können dingliche Rechte Grundlage "dinglicher Ansprüche" (vgl. § 221
BGB) sein. Diese richten sich gegen den Verletzer und haben damit relativen
Charakter[49]. Der Eigentümer einer Sache kann die Herausgabe von jedem ver-

---

werfung einer Sache unter die Herrschaft einer Person in bestimmter Beziehung" bestehen.

46) Vgl. Baur, § 2 I 1 a.

47) Vgl. Baur, § 2 I 1 a; Soergel/Mühl, BGB, 11. Aufl. Bd. 5 1978; Einl. vor §
854 Rdnr. 7.

48) Baur, § 2 I 1 a; Friedrich Quack in: Münchener Kommentar zum BGB, Bd.
4 1981, Einl. vor § 854 Rdnr. 25.

49) Jauernig, BGB, vor § 854 Anm. I 2 und II 1. - Wird die Wirkung des
dinglichen Rechts allein in diesem Tatbestand gesehen, erscheint in der
Tat die Frage berechtigt, ob die darin enthaltene "rechtstechnische Verkürzung einer Vielzahl personaler Rechtsbeziehungen" (Niehues, JZ 1987,
453, 454; ders. FS Wolff, S. 247, 253) eine eigenständige Bedeutung besitzen kann. Von Hadding (JZ 1986, 926 ff. und JZ 1987, 454, 455) ist
dies neuerdings wieder entschieden bestritten worden (vgl. auch Maunz,
Hauptprobleme, S. 43 ff., der aber von der dort noch verneinenden Auffassung in seinem Beitrag in: Die Verwaltung, S. 1 ff. abgerückt ist).
Nach seiner Auffasung (JZ 1986, 926, 927) können Rechtsbeziehungen
durchgängig nur zwischen Rechtssubjekten bestehen. (Das soll nach Rupp,
Grundfragen, S. 17, 166 jedenfalls für das Verwaltungsrecht gelten; ebenso Penski, DÖV 1966, 854, 846). Die in der "Dinglichkeit" eines Rechts
zum Ausdruck kommende Sachbeziehung beschränkte sich dann auf eine
"vereinfachende (Hilfs-) Konstruktion für eine Vielzahl (potentieller)
personaler Rechtsbeziehungen in bezug auf die Sache" (Rupp, Grundfragen,
S. 225; Niehues, FS Wolff; S. 247, 252; ders., JZ 1987, 453, 454; ebenso
Papier, Öffentliche Sachen, S. 5). In ihnen hat sich die Herrschaftsmacht
des Rechtsinhabers zu bewähren, wenn Dritte gegen seinen Willen die Sache in Anspruch nehmen wollen. Mit dieser Wirkung ist das dingliche
Recht indessen nur in einem, wenn auch bedeutenden Ausschnitt beschrieben. Als Recht "an" der Sache, das mit dieser gesetzlichen Umschreibung (vgl. §§ 889, 901, 955 Abs. 1 Satz 2, 973 Abs. 1 Satz 2, 1042
S. 2 BGB) die Sache selbst erfassen soll (vgl. BGB-Motive, 3. Bd., II S. 2;
Westermann, Lehrbuch d. Sachenrechts, 5. Aufl. 1966, § 1 II 3 b; ebenso

45

langen, der ihm ohne besseres Recht ihren Besitz vorenthält (§ 985 BGB), und gegen jeden vorgehen, der ihn sonst in seiner Eigentümerstellung beeinträchtigt (§ 1004 BGB). Die durch das dingliche Recht begründete unmittelbare Sachherrschaft ist durch die Ausschließungsbefugnis gegenüber Dritten gesichert[50].

Dementsprechend kann auch im öffentlichen Recht der Begriff der Dinglichkeit nur Verwendung finden, wenn die Beziehung zur Sache nicht durch die Leistungspflicht eines anderen Rechtssubjekts vermittelt wird, die Beziehung vielmehr selbst dann bestehen bleibt, wenn mögliche "Vermittler" aus dem Rechtsverhältnis ausscheiden[51]. So wirkt etwa das zivilrechtliche (Grund-) Pfandrecht an einer Sache unabhängig davon fort, ob deren Eigentümer wechselt oder er die Sache gar derelinquiert. Endet dagegen die Beziehung zur Sache mit dem Erlöschen der Beziehung zum anderen, so besteht sie nur mittelbar, nämlich durch Vermittlung des anderen.

bb) Einen Wechsel der an der Straße beteiligten Verwaltungsträger kann es im Straßenrecht durchaus geben. Er vollzieht sich regelmäßig dann, wenn nach einer Veränderung der Verkehrsbedeutung der Straße ihre Umstufung in eine höhere oder niedrigere Straßenklasse (oder -gruppe) notwendig wird[52]. Darüber hinaus kann der Träger der Straßenbaulast wechseln, wenn seine Aufgaben durch Gesetz oder kraft Vereinbarung zwischen den Beteiligten als Sonderbaulast auf einen Dritten übertragen werden. Denn die straßengesetzliche Regelung, nach der die Straßenbaulast für die einzelnen Straßenklassen auf bestimmte Verwaltungsträger, den "ordentlichen Wegeunterhaltungspflichtigen"[53], verteilt wird, greift nur, "soweit nicht die Baulast anderer nach ge-

---

Erman/Werner, BGB, Bd. 2, 7. Aufl. 1981, Einl. vor § 854 Rdnr. 1), äußert es seine zuordnende Funktion auch ohne diese Beeinträchtigungen. Es gewinnt so Strukturmerkmale, die sich von relativen Rechtsbeziehungen zwischen Personen grundlegend unterscheiden.
50) Die "Absolutheit des Klageschutzes" wird zum Teil als ein weiteres Wesensmerkmal des dinglichen Rechts eingestuft (Soergel/Siebert/Mühl, BGB, Bd. 5, 11. Aufl. 1978, Einl. vor § 854 Rdnr. 7; Baur, § 2 I 1 a), zum Teil aber auch lediglich als Wirkung des dinglichen Rechts (Unmittelbarkeit der Sachbeziehung) gedeutet (so insb. Schultze/v.Lasaulx, AcP 151, 455; Westermann, Lehrbuch des Sachenrechts, 5. Aufl. 1966, § 1 II 3 b).
51) Vgl. Bartels, S. 57 und S. 69; Niehues, Dinglichkeit, S. 50 ff.
52) Vgl. § 2 Abs. 4 (- Abs. 6) FStrG.
53) So Kodal/Bauer, S. 302 Rdnr.1.

setzlichen Vorschriften oder öffentlich-rechtlicher Verpflichtung obliegt" (§ 5 Abs. 1 Satz 1 FStrG)[54].

Der Gemeingebrauch kann bei diesem Wechsel der an der Straße beteiligten Verwaltungsträger bestehen bleiben. Bereits die Umstufungsfälle zeigen jedoch, daß sich dann zumindest der Inhalt des Gemeingebrauchs mit der von ihm abgedeckten Verkehrsart entsprechend der neuen Straßenqualifikation verändert. Endet die Zuständigkeit von Verwaltungsträgern für die Straße insgesamt, was freilich nur nach deren Entwidmung geschehen kann, so erlischt auch der Gemeingebrauch[55].

Die zulassungsfreie Sachnutzung erweist sich danach als eine durch einen Träger öffentlicher Verwaltung *vermittelte* (öffentlich-rechtliche) Berechtigung. Sie ist Ausfluß der von ihm begründeten und aufrechterhaltenen öffentlichen Zweckbestimmung der Sache. Nur dann und solange er die öffentliche Zweckbestimmung nicht durch die Entwidmung beseitigt, hat er die Ausübung des Gemeingebrauchs zu gewährleisten und zu dulden. Der Gemeingebrauch begründet folglich keine unmittelbare Sachbeziehung und er ist deshalb *kein* (öffentlich-rechtliches) dingliches Recht.

Es bleibt nur die Feststellung, daß die Verwirklichung des Gemeingebrauchs (mit der Straße oder einem - schiffbaren - Gewässer) ein sächliches Substrat verlangt, das dem Gemeingebrauchsberechtigten zur Verfügung gestellt werden muß. Den Umstand, daß die Nutzung sachbezogen erfolgt, mit dem Begriff der "Dinglichkeit" zu umschreiben, ist aber - ohne daß damit für das Verständnis des Gemeingebrauchs etwas wesentliches gewonnen wäre - rechtssystematisch verfehlt. Es wird so - wie in einigen anderen Beziehungen[56] - der Begriff der "Dinglichkeit" in das Verwaltungsrecht übernommen, ohne daß der eigentli-

---

54) Die danach im Einzelfall begründeten Sonderbaulasten beruhen meist auf einem Eingriff in die Substanz der Straße für fremde Zwecke. Soweit mit ihm straßenbauliche Mehrleistungen verbunden sind, können sie auf diese Weise in die öffentlich-rechtliche Verantwortung des Veranlassers gelegt werden (Kodal/Bauer, S. 317 Rdnr. 1). Er tritt dann "in den Kreis der Wegeunterhaltungspflichtigen ein" (PrOVG 84, 305).
55) Das widerlegt die Ansicht Bartlspergers, Vierteljahrhundert, S. 13, 32, wonach mit dem Gemeingebrauch "die sachenrechtliche Zuordnung der res publicae ... nicht an ihren öffentlichen Verwaltungsträger, sondern an die Allgemeinheit der Benutzungsberechtigten" erfolge.
56) Vgl. dazu Niehues, FS Wolff, S. 246, 247.

che Aussagegehalt getroffen und die tieferen Zusammenhänge beachtet worden sind.

Das hat vor allem bei der Beurteilung der dem Gemeingebrauchsberechtigten gegenüber privaten Dritten zukommenden Rechtsstellung zu weitreichenden Mißverständnissen geführt. Nehmen etwa Privatpersonen Handlungen vor, die den Gemeingebrauchsberechtigten in der Ausübung dieses Rechts beeinträchtigen, so besteht zwar Einigkeit darüber, daß dieser auf ein Einschreiten der Straßen- oder allgemeinen Polizeibehörde angewiesen ist[57]. Wegen der fehlenden Dinglichkeit kann ihm das ausschließlich gegen einen Träger öffentlicher Verwaltung gerichtete Recht zum Gemeingebrauch nämlich keinen Abwehranspruch unmittelbar gegen den privaten Störer gewähren, der beispielsweise die Straße unberechtigt abgesperrt hat oder dort unerlaubt eine Sondernutzung ausübt.

Zu diesem Ergebnis gelangen auch Kodal/Krämer, obwohl sie sich unmittelbar zuvor auf die Auffassung Salzwedels über eine dingliche Rechtsnatur des Gemeingebrauchs berufen. Sie lehnen insbesondere einen Unterlassungsanspruch aus § 1004 BGB ab, um dann allerdings dem Gemeingebrauchsberechtigten einen Schadensersatzanspruch gegen den Störer aus § 823 Abs. 1 BGB zuzubilligen. Zur Begründung führen sie aus, der Gemeingebrauch sei ein "sonstiges Recht" im Sinne dieser Vorschrift.

Das ist zwar von dem von Kodal/Krämer vertretenen Standpunkt aus nur konsequent. Ihre Ausführungen dazu belegen aber, daß diese Sichtweise nicht haltbar ist.

Zunächst lassen sie nämlich offen, wie die Verletzung einer im öffentlichen Recht wurzelnden "Zugriffsberechtigung an der Sache" einen *zivilrechtlichen* Schadensersatzanspruch soll begründen können. Andererseits müßte die Qualifizierung des Gemeingebrauchs als absolutes Recht im Sinne des § 823 Abs. 1 BGB auch die Grundlage für einen - verschuldensunabhängigen - Unterlassungsanspruch bieten. Denn dieser schützt absolute Rechte entsprechend § 1004 BGB bereits gegen drohende Eingriffe[58].

Wenn Kodal/Krämer den Unterlassungsanspruch dagegen mit der Begründung ablehnen, es handle sich beim Gemeingebrauch weder um Eigentum

---

57) Die jeweils zuständige Behörde ist dem Gemeingebrauchsberechtigten gegenüber in aller Regel sogar zum Einschreiten gegen den Störer verpflichtet, weil ihm die Ausübung des ungeschmälerten Gemeingebrauchs als subjektives öffentliches Recht gewährt ist. So Kodal/Krämer, S. 510 Rdnr. 47. Anders Mayer, JuS 1963, 205, 208.

58) Vgl. Jauernig, BGB, vor § 823 Anm. I 3 m.w.N.

noch um ein eigentumsähnliches Recht[59], so ist damit aber auch dessen Charakter als sonstiges Recht im Sinne des § 823 Abs. 1 BGB verneint. Den "sonstigen Rechten" können mit anderen Worten nur solche zugeschlagen werden, deren Gehalt den in § 823 Abs. 1 BGB benannten Rechtsgütern entspricht[60]. Diese Voraussetzung erfüllen, von den weiteren einzelnen Rechten auf Achtung und Nichtverletzung der Person abgesehen, nur eigentumsähnliche Rechte[61]. Sie sind dadurch gekennzeichnet, daß sie sowohl eine positive Nutzungsfunktion haben als auch absolute[62] Abwehrbefugnisse gewähren[63]. Dem Recht zum Gemeingebrauch können jedenfalls absolute, gegen jedermann wirkende Abwehrbefugnisse nicht entnommen werden. Schadensersatzansprüche gegen private Dritte, die durch ihr Verhalten den Gemeingebrauch anderer beeinträchtigen, sind mithin ausgeschlossen.

Allein dieses Ergebnis ist auch sinnvoll. Müßte der Verursacher eines Verkehrsunfalls, der nach § 7 StVG gar ohne Verschulden für die Verletzung absoluter Rechte haftet, Dritten für die Beeinträchtigung auch ihres Rechts zum Gemeingebrauch einstehen, so würde auf ihn der volkswirtschaftliche Schaden abgewälzt, der im Falle eines kilometerlangen Verkehrsstaus beträchtliche Ausmaße annehmen kann. Die Teilnahme am Gemeingebrauch würde dann aber für jeden einzelnen zum unkalkulierbaren Risiko, zu einer Belastung, die den Gemeingebrauch in seiner Freiheitsfunktion weitgehend einschnüren müßte[64].

b) Die Zulassungsfreiheit des zweckentsprechenden Gebrauchs

aa) Begründet die Zulassungsfreiheit des Gemeingebrauchs keine dingliche Berechtigung an der Sache, so unterscheidet sich die Rechtsposition des Gemeingebrauchsberechtigten von der des Anstaltsbenutzers nur unwesentlich. Dieser muß zwar, bevor er auf die Sache zugreifen darf, die dafür erforderliche Zulassung einholen. Die Zulassung darf jedoch wiederum nur verweigert werden, wenn die angestrebte Benutzung nicht der öffentlichen Zweckbestimmung der Sache entspricht. Andernfalls muß sie erteilt werden.

---

59) Kodal/Krämer, S. 510 Rdnr. 47.
60) Jauernig, § 823 Anm. A 5 a.
61) Jauernig, § 823 Anm. A 5 a.
62) RGZ 57, 356.
63) Medicus, Bürgerliches Recht, Rdnr. 607 und AcP 165, 115 ff. hebt daher zutreffend auf ihre Ausschlußfunktion ab.
64) Entsprechende Ansprüche sind auch gegenüber dem Straßenbaulastträger ausgeschlossen. Zur Problematik im Wasserwegerecht dagegen weiterführend Mußgnug, in: Probleme des Binnenschiffahrtsrechts II, 1979, S. 77 ff.

Das ist auch dort gesichert, wo sich die Benutzung der öffentlichen Sache auf der Grundlage eines privatrechtlichen Rechtsverhältnisses vollzieht. Vor allem bei den kommunalen öffentlichen Einrichtungen zugehörigen Sachen kann dies der Fall sein. Die Widmung zur öffentlichen Einrichtung löst hier den im Kommunalrecht verankerten Zulassungsanspruch aus, der die Möglichkeit zur (privatrechtlichen) Sachnutzung eröffnet[65].

Der Zulassungsanspruch, der die Frage des "Ob" betrifft, gehört auch dann dem öffentlichen Recht an, wenn das Benutzungsverhältnis selbst, die Frage des "Wie", nicht öffentlich-rechtlich, sondern privatrechtlich geregelt ist[66]. Er richtet sich immer gegen die Gemeinde, welche die öffentliche Einrichtung gegründet und gewidmet hat. Läßt die Gemeinde daher die Einrichtung durch einen rechtsfähigen privatrechtlichen Unternehmensträger betreiben, so wandelt sich der Anspruch auf Zulassung in einen Anspruch auf Einwirkung um. Er verpflichtet die Gemeinde, ihren kraft Gesellschaftsrechts - etwa wegen der Höhe der Kapitalbeteiligung - beherrschenden Einfluß auf das Unternehmen so geltend zu machen, daß eine Zulassung verwirklicht werden kann[67].

Sowohl der unmittelbare (gemeingebräuchliche) Benutzungsanspruch als auch der (anstaltliche) Zulassungsanspruch orientieren sich somit ausschließlich an der öffentlichen Zweckbestimmung der zur Nutzung erstrebten Sache. Dabei ergibt sich für die öffentlichen Anstalten zugehörigen Sachen die öffentliche Zweckbestimmung daraus, daß sie dem öffentlichen Anstaltszweck zu dienen bestimmt sind.

Der Zugriff auf diese Sachen muß also immer dann - freilich vorbehaltlich der Kapazitätsgrenzen - stattfinden können, wenn die angestrebte Benutzung ihrer öffentlichen Zweckbestimmung entspricht. Als Gemeingebrauch muß der öffentliche Sachherr diesen Zugriff zwar ungefragt dulden. Aber selbst dann, wenn

---

65) Zu den Grenzen des kommunalrechtlichen Zulassungsanspruchs aus dem Gesichtspunkt der Kapazität der öffentlichen Einrichtung vgl. OVG Münster, NJW 1969, 1077, 1078; VGH München, NJW 1969, 1078. Danach endet der Zulassungsanspruch dort, wo die Aufnahmefähigkeit der Einrichtung erschöpft ist oder besondere Ausschließungsgründe vorliegen.
66) OVG Münster, NJW 1969, 1077 (Städtisches Theater) und DVBl 1968, 842 (Stadtsaal) m. Anm. v. Jülich; OVG Lüneburg, NJW 1977, 450; Papier, Öffentliche Sachen, S. 28. Insofern geht mit dem Zulassungsanspruch ein Kontrahierungszwang einher (vgl. Salzwedel, DÖV 1963, 241, 242).
67) Ebenso Papier, Öffentliche Sachen, S. 28; Püttner, DVBl 1975, 353 ff.

- wie bei öffentlichen Anstalten und Einrichtungen - die Benutzung der öffentlichen Sachen von einer Zulassung abhängig gemacht ist, besitzt die Entscheidung darüber kein substantielles Gewicht. Sie gibt dem öffentlichen Sachherrn lediglich die Handhabe, bereits im voraus (präventiv) zu prüfen, ob die angestrebte Benutzung sich im Rahmen der öffentlichen Zweckbestimmung halten wird. Muß dies bejaht werden, so entfällt für ihn aber jeglicher Entscheidungsspielraum. Deshalb ist die Rechtsposition dessen, der die Sachen einer öffentlichen Anstalt zweckentsprechend benutzen möchte, kaum schwächer als die des Gemeingebrauchsberechtigten. Im Rahmen der öffentlichen Zweckbestimmung der Sache ergeben sich aus einem Zulassungsvorbehalt für den öffentlichen Sachherrn keine umfangreicheren Sachherrschaftsbefugnisse als im Falle der von einer Erlaubnis freigestellten Gemeingebrauchsgewährung.

bb) Daß sich Zulassungsvorbehalte vor allem im Anstaltsrecht finden, beruht im wesentlichen darauf, daß zweckentsprechende Benutzungen dort besonders störungsanfällig sind. Dazu kommt die regelmäßig eng begrenzte Nutzungskapazität, die durch die Zulassungsentscheidungen sachgerecht verteilt werden muß.

Für die Sachen im Gemeingebrauch treffen diese Gesichtspunkte nur bedingt zu. Die Zulassungsfreiheit gemeingebräuchlicher Benutzung besteht hier aber vor allem deshalb, weil es für den öffentlichen Sachherrn außerhalb des Bereichs des verwaltungstechnisch Machbaren liegt, jeden einzelnen beabsichtigten Verkehrsvorgang zu registrieren und darüber zu entscheiden, ob er zugelassen werden kann.

Allenfalls die Autobahnen könnten nach ihrer technischen Beschaffenheit, dem Vorhandensein besonderer und verhältnismäßig weniger Zufahrtsmöglichkeiten, die Gelegenheit bieten, ihre Benutzung einer Zulassungsentscheidung zu unterwerfen. Soweit dies für die Bundesrepublik im Hinblick auf die Praxis einiger Nachbarstaaten diskutiert wird, soll es dabei aber nicht darum gehen, der Verwaltungsbehörde die Prüfung zu ermöglichen, ob die angestrebte Autobahnbenutzung sich im Rahmen des Gemeingebrauchs halten wird. Das ist auch nicht der Zweck der auf manchen ausländischen Autobahnen eingerichteten Kontrollstellen. Es geht hier vielmehr allein darum, weitere Finanzquellen zu erschließen.

Die grundrechtliche Gewährleistung des Gemeingebrauchs durch Art. 2 Abs. 1 GG[68] stünde der gesetzlichen Einführung eines Zulassungsvorbehalts nicht entgegen. Für die verkehrsmäßige (zweckentsprechende) Benutzung der Straßen (und Gewässer) besteht zwar nach den Straßen- und Wassergesetzen Zulassungsfreiheit. Aber dies findet seinen Grund lediglich darin, daß sich nach den tatsächlichen Verhältnissen hier eine andere Regelung grundsätzlich als nicht praktizierbar darstellen müßte. Rein *rechtlich* ist die Zulassungsfreiheit der verkehrsmäßigen Straßen- oder Gewässerbenutzung aber nicht vorgegeben.

§ 5: Die Widmung

I. Die inhaltliche Fixierung der öffentlichen Zweckbestimmung

Der Inhalt der öffentlichen Zweckbestimmung wird durch die Widmung rechtsförmig festgeschrieben. Es kann sich bei ihr zunächst um einen Verwaltungsakt handeln. In dieser Form werden etwa die öffentlichen Straßen gewidmet. Eine Widmung unmittelbar durch Gesetz kennt dagegen das Wasserrecht. Ebenfalls kraft Rechtssatzes, nämlich Satzung, sollen nach h.A. die kommunalen öffentlichen Einrichtungen gewidmet werden können.

Erfolgt die Widmung durch Administrativakt, so kann der Inhalt der öffentlichen Zweckbestimmung durch Gesetz vorgegeben sein. Das ist vor allem im Straßenrecht der Fall. Der Verwaltungsträger kann der Straße nur die Zweckbestimmung beilegen, die ihm entsprechend ihrer Klassifizierungsmerkmale von den Straßengesetzen zur Auswahl gestellt ist. Das schließt etwa aus, die Bundesautobahnen für andere Verkehrsarten als den Schnellverkehr mit Kraftfahrzeugen zu öffnen oder einer Straße neben dem spezifischen Verkehrszweck eine weitere Zweckbestimmung durch die Widmung zuzuschreiben. Bei der straßenrechtlichen Widmung handelt es sich daher um einen inhaltlich "normativ vorentworfenen Verwaltungsakt"[69].

---

68) Vgl. dazu unten § 12 I.
69) So Evers, NJW 1962, 1033, 1034, der allerdings den Widmungsinhalt dem Straßenverkehrsrecht entnehmen will.

II. Der öffentliche Rechtsstatus

Die weitere Auswirkung der Widmung besteht darin, daß der aus der öffentlichen Zweckbestimmung sich ergebende Anspruch auf Benutzung der Sache bzw. auf Zulassung zur Benutzung als öffentlich-rechtlicher Anspruch begründet wird. Der Anspruch, der die Frage des "Ob" einer Benutzung betrifft, gehört auch dann dem öffentlichen Recht an, wenn das Benutzungsverhältnis selbst, die Frage des "Wie", nicht öffentlich-rechtlich, sondern privatrechtlich geregelt ist[70].

Die Rechtsverhältnisse, die im Hinblick auf die öffentliche Zweckbestimmung der Sache bestehen, sind danach mit öffentlich-rechtlichem Rechtscharakter versehen. Daher ist das öffentliche Recht ferner maßgebend für die Pflicht des Verwaltungsträgers zur Unterhaltung der Sache. Das öffentliche Recht bestimmt somit den Umgang mit der Sache in all den Beziehungen, in denen ihrer öffentliche Zweckbestimmung berührt.

Daß sich hier das öffentliche Recht durchsetzt, beruht darauf, daß die Widmung im Hinblick auf die öffentliche Zweckbestimmung der Sache ihren Rechtsstatus in den öffentlichen Rechtsbereich verlagert. Sie verleiht der Herrschaftsposition, die die Grundlage für die gewährten Sachnutzungen bildet, einen öffentlich-rechtlichen Rechtscharakter. Eine Benutzung, die in Ausübung dieser Sachherrschaftsbefugnisse eingeräumt wird, unterliegt daher selbst der Maßgabe des Öffentlichen Rechts.

Infolgedessen spricht man von einem öffentlichen Rechtsstatus der Sache. Er kann ihr allein im Wege ihrer Widmung verliehen werden und begründet das Wesensmerkmal der öffentlichen Sache, ihre Unterstellung unter eine besondere öffentlich-rechtliche Sachherrschaft. Indem ihr die Widmung öffentlichen Rechtscharakter verleiht, vermittelt es diesem Sachherrschaftsrecht erst seine Wirksamkeit, die ihm unter der Geltung des Privatrechts versagt werden müßte.

Darin erschöpft sich aber auch die Funktion der Widmung. Bei der Entstehung dieses Herrschaftsrechts beschränkt sich ihre Rolle darauf, das Herrschafts-

---

70) OVG Münster, NJW 1969, 1077 (Städtisches Theater) und DVBl 1968, 842 (Stadtsaal) m. Anm. v. Jüllich; OVG Lüneburg, NJW 1977, 450; Papier, Öffentliche Sachen, S. 28.

recht in ein solches mit öffentlich-rechtlichem Rechtscharakter umzuwandeln. Deshalb ist erforderlich, daß das Herrschaftsrecht selbst, wenngleich rechtlich noch nicht voll ausgeprägt, so doch dem Grunde nach bereits angelegt ist. Was es mit diesem Herrschaftsrecht im einzelnen auf sich hat, soll nachfolgend untersucht werden.

§ 6: Das Bestimmungsrecht des Verwaltungsträgers über die öffentliche Straße

Auch dann, wenn eine Sache öffentlichen Zwecken dienen soll, unterliegt sie wie jede andere Sache zunächst der Privatrechtsordnung. Das Zivilrecht bestimmt die an ihr bestehenden Herrschaftsbefugnisse, die dinglichen Rechte, deren umfassendstes als Eigentum deklariert ist, außerdem die Voraussetzungen und Formen, in denen diese Rechte begründet, übertragen oder geändert werden können.

Die privatrechtlich-dingliche Zuordnung einer Sache zu bestimmten Rechtssubjekten kann aber einen Konflikt zur öffentlichen Zweckbestimmung der Sache zur Folge haben. Der Eigentümer, der nach § 903 BGB mit der Sache nach Belieben verfahren und andere von jeder Einwirkung ausschließen darf, könnte kraft seines Eigentums die der öffentlichen Zweckbestimmung entsprechende Nutzung der Sache durch einen Verwaltungsträger oder durch Dritte unterbinden. Gleiches gilt für den Inhaber eines beschränkt dinglichen Rechts an der Sache, das vom Privatrecht mit Herrschaftsbefugnissen ausgestattet ist, die sich mit der öffentlichen Zweckbestimmung überschneiden. So könnte beispielsweise die privatrechtliche Dienstbarkeit an einem Straßengrundstück ihrem Inhalt nach dazu berechtigen, den Verkehrsgebrauch Dritter zu unterbinden.

Bereits das zeigt, daß eine Straße nicht schon deshalb durch die rechtliche Eigenschaft einer "öffentlichen" Sache ausgewiesen sein kann, weil sie nach dem Willen ihres Herrn irgendwie der Allgemeinheit oder der Öffentlichkeit zugute kommen soll. Allein diese Bedingung trifft auch auf Privatwege zu, die nach ihrem Zweck dem Publikum bloß tatsächlich zur Benutzung offenstehen. Deshalb muß darüber hinaus die öffentliche Sache auch organisationsrechtlich einem Träger öffentlicher Verwaltung irgendwie eingegliedert sein und damit

dessen öffentlich-rechtlicher Verfügungsgewalt unterstehen[71]. Der ihr zugewiesene öffentliche Zweck läßt sich nur verwirklichen, wenn der die Widmung
erklärende Verwaltungsträger über das Recht verfügt, seinen Vorstellungen im
Umgang mit der Sache Geltung zu verschaffen. Er kann daher ein bestimmtes
Grundstück als öffentliche Straße nur zur Verfügung stellen, wenn er selbst
dessen Eigentümer ist oder ihm zumindest im Verhältnis zum Grundstückseigentümer und eventuell anderen, an der Sache privatrechtlich dinglich Berechtigten die der öffentlichen Zweckbestimmung entsprechende Dispositionsbefugnis zusteht.

I. Die Grundlage des Sachherrschaftsrecht

Das Straßenrecht ist seit jeher[72] bestrebt, das Eigentum am Straßengrundstück in die Hand des Straßenbaulastträgers zu legen. Dementsprechend gilt
regelmäßig als Voraussetzung der Widmung, daß der Träger der Straßenbaulast
"Eigentümer des der Straße dienenden Grundstücks ist" (§ 2 Abs. 2 Satz 1
FStrG). Bei einem Wechsel der Straßenbaulast geht das Eigentum ohne weiteres
auf den neuen Baulastträger über (§ 6 Abs. 1 FStrG).

Gleichwohl ist zweifelhaft, ob der Straßenbaulastträger die der öffentlichen
Zweckbestimmung entsprechenden Benutzungen letztlich auf der Grundlage
einer eigentumsrechtlichen Sachherrschaft gewährt[73]. Dies wäre nur zu bejahen, wenn er als öffentliche Straßen allein die Grundstücksflächen vorhalten
könnte, die sich in seinem Eigentum befinden. Dem steht indessen die Regelung entgegen, die das Bundesfernstraßengesetz in den Absätzen 2 und 3 seines § 2 getroffen hat.

1. § 2 Abs. 3 FStrG

Nach § 2 Abs. 3 FStrG wird die Widmung durch privatrechtliche Verfügungen
oder Verfügungen im Wege der Zwangsvollstreckung über die der Straße dienenden Grundstücke nicht berührt. Die Vorschrift stellt damit zunächst klar,
daß über das Eigentum und private beschränkt dingliche Rechte am Grundstück
auch noch nach dessen Widmung zur öffentlichen Straße verfügt werden darf.

---

71) Vgl. Maunz, Die Verwaltung, S. 2.
72) Vgl. dazu Kodal, S. 142 f. Rdnrn. 26.1 ff.
73) So aber noch Ganschezian-Finck, NJW 1957, 285, unter Berufung auf die
    st. Rspr. des Reichsgerichts.

Das Straßengrundstück wird folglich durch die Widmung nicht zu einer *res extra commercium*[74]. Es bleibt vielmehr Gegenstand des Privatrechtsverkehrs.

Gleichzeitig schließt § 2 Abs. 3 FStrG aber aus, daß das Straßengrundstück durch privatrechtliche Verfügungen seine öffentliche Zweckbestimmung verliert. Es erklärt den Bestand der Widmung für sakrosankt. Deshalb mag zwar das Eigentum am Straßengrundstück auf einen neuen Inhaber übertragen oder mit privaten beschränkt dinglichen Rechten belastet werden. Das Straßengrundstück behält demgegenüber allemal die ihm durch die Widmung verliehene Eigenschaft als öffentliche Straße.

a) Praktische Bedeutung besitzt die Bestimmung zunächst in den (Regel-)Fällen, in denen der Straßenbaulastträger Eigentümer des Straßengrundstücks ist. Bei Parzellen im Grenzbereich der Straße zu den Nachbargrundstücken kommt es nämlich immer wieder vor, daß die Eigentumsverhältnisse im Grundbuch unrichtig ausgewiesen sind. Dem "Bucheigentümer" eröffnet das die Möglichkeit, zugunsten eines redlichen Dritten wirksam über die Grundstücksfläche zu verfügen. Denn der Dritte wird nach § 892 BGB Eigentümer, sofern ihm die Unrichtigkeit des Grundbuchs nicht bekannt ist und das Grundbuch keinen Widerspruch gegen die Eintragung des Verfügenden enthält. Sein Erwerb untersteht aber weiterhin der öffentlichen Zweckbestimmung. Sie bleibt mit dem erworbenen Grundstückseigentum untrennbar verhaftet. Darum erwirbt der Käufer eines zur öffentlichen Straße gewidmeten Grundstücks dieses immer nur als Straßengrundstück, auch wenn er von der öffentlichen Zweckbestimmung nichts gewußt haben sollte. In dieser Hinsicht steht § 2 Abs. 3 FStrG einem gutgläubig "lastenfreien" Erwerb entgegen[75].

---

74) Vgl. auch Schmidt-Jortzig, NVwZ 1987, 1025, 1029 f.

75) Damit sind freilich zwei Fragen aufgeworfen: (a) Zum einen wäre die in § 2 Abs. 3 getroffene straßengesetzliche Regelung nämlich überflüssig, wenn mit der h.M. ihre Konsequenz für den Privatrechtsverkehr daraus abgeleitet werden könnte, daß es sich bei der öffentlichen Zweckbestimmung um ein im Grundbuch nicht eintragungsfähiges Recht handelt (so etwa Schmidt-Jortzig, NVwZ 1987, 1025, 1030). Das sei der Grund, weshalb sich die Publizitätswirkung nicht darauf erstrecken könnte. Darüber hinaus sei ein gutgläubig lastenfreier Erwerb bei öffentlichen Sachen insgesamt ausgeschlossen, weil deren öffentliche Zweckbestimmung den privatrechtlichen Bestimmungen vorgehe (vgl. dazu Frotscher, VerwArch 62 (1971), 153, 154 ff.) - Dem kann nicht gefolgt werden. Es macht nämlich einen Unterschied, ob die Sache nach Maßgabe des öffentlichen Rechts zur Nutzung gewährt oder ob sie kraft öffentlichen Rechts

b) Die Vorschrift bewirkt, daß das Straßengrundstück seine öffentliche Zweckbestimmung nicht verliert, sich diese vielmehr selbst gegenüber dem neuen Grundstückseigentümer durchsetzt. Daß der Straßenbaulastträger das Eigentum eingebüßt hat, ändert daran nichts. Hätte das Straßenrecht demgegenüber die besondere Eigenschaft der öffentlichen Straße an das Eigentum des Straßenbaulastträgers am Straßengrundstück geknüpft, so hätte es dem Straßenbaulastträger einen Anspruch gegen den redlichen Erwerber auf Rückübertragung des Eigentums einräumen müssen. Diesen umständlicheren Weg hat der Gesetzgeber aber nicht gewählt. Er hat durch § 2 Abs. 3 FStrG den Straßenbaulastträger vielmehr unabhängig von einer eigentumsrechtlichen Verfügungsbefugnis in den Stand gesetzt, das Grundstück nach der Widmung gemäß der öffentlichen Zweckbestimmung dauerhaft als Straße zur Verfügung zu stellen.

2. § 2 Abs. 2 FStrG

Die eigentliche Bedeutung von § 2 Abs. 3 FStrG kommt indessen in seiner Verkoppelung mit § 2 Abs. 2 FStrG zum Vorschein. Wie soeben festgestellt, gewährleistet § 2 Abs. 3 FStrG, daß sich die Eigenschaft als öffentliche Straße behauptet, falls nach vollzogener Widmung der Straßenbaulastträger sein Eigentum am Straßengrundstück verlieren sollte. § 2 Abs. 2 FStrG verzichtet darüber hinaus auf das Eigentum des Straßenbaulastträgers am Straßengrundstück selbst für die Entstehung der öffentlichen Straße. Der Baulastträger kann danach die Widmung erklären, ohne jemals die Eigentümerposition erlangt zu haben. Wird sodann über das Eigentum, das sich demgemäß auch in privater Hand befinden kann, verfügt, so gilt wieder § 2 Abs. 3 FStrG, d.h. die Widmung bleibt davon unberührt. Im einzelnen:

---

dem Privatrechtsverkehr entzogen wird. Letzteres bedarf einer Entscheidung des Gesetzgebers, für die die straßengesetzliche Regelung lediglich ein Modell bieten kann. (b) Bedarf es aber einer positiven Entscheidung des Gesetzgebers, wenn sich die öffentliche Zweckbestimmung im Privatrechtsverkehr durchsetzen soll, so erhebt sich ein weiteres Problem. Denn es scheint von dieser Warte aus zweifelhaft, ob die Länder, was ihre Straßen angeht, auch für eine derartige, die Vorschriften des BGB über den gutgläubigen Erwerb außer kraft setzende Regelungen die Gesetzgebungskompetenz besitzen. Das ist freilich zu bejahen. Denn die Eigentumsverhältnisse *an öffentlichen Straßen* der Länder gehören nicht zum Sachbereich "bürgerliches Recht" i.S. des Art. 74 Nr. 1 GG (so BVerfGE 42, 20, 28 ff.), so daß es insoweit bei der Gesetzgebungskompetenz des Art. 70 Abs. 1 GG verbleibt.

§ 2 Abs. 2 FStrG bestimmt die "Voraussetzung der Widmung". Danach ist die Widmung zulässig, wenn der Träger der Straßenbaulast Eigentümer des der Straße dienenden Grundstücks *ist* (Alt. 1). Es reicht ferner aus, wenn mit hoher Wahrscheinlichkeit abzusehen ist, daß der Baulastträger in nächster Zeit Eigentümer *wird*. Deshalb ist die Voraussetzung der Widmung gleichfalls erfüllt, wenn er im Rahmen eines Enteignungs- oder Flurbereinigungsverfahrens entweder durch Vertrag oder zwangsweise durch einen entsprechenden Einweisungsbeschluß bereits den Besitz vorläufig erlangt hat (Alt. 3)[76]. Schließlich kann die Widmung auch ausgesprochen werden, ohne daß gleichzeitig mit einem Wechsel des Eigentums auf den Baulastträger zu rechnen ist. Nach § 2 Abs. 2 FStrG genügt ebenfalls, daß "der Eigentümer oder ein sonst zur Nutzung dinglich Berechtigter der Widmung zugestimmt hat" (Alt. 2). Eigentum und Straßenverwaltung bleiben in diesem Fall schon von vornherein getrennt. Die Eigenschaft einer öffentlichen Straße kann also unabhängig von den Eigentumsverhältnissen am Straßengrundstück begründet und aufrechterhalten werden.

Für das Straßenrecht macht keinen Unterschied, ob das als öffentliche Straße dienende Grundstück dem Eigentum des Straßenbaulastträgers oder eines (privaten) Dritten untersteht. Es gewährt dem Baulastträger ohne Rücksicht darauf die Befugnis, das Grundstück gemäß seiner öffentlichen Zweckbestimmung in Dienst zu nehmen. Den Ausschlag gibt danach allein, daß eine Widmung stattgefunden hat. Somit ist sie es, die den Straßenbehörden die nötige Verfügungsgewalt verschafft oder daran doch zumindest maßgeblich *beteiligt* ist.

---

76) Das kann nach § 18 f FStrG sogar vor der förmlichen Einleitung eines Enteignungsverfahrens geschehen. (Zu den entsprechenden Vorschriften für die der Länderkompetenz unterliegenden Straßen vgl. Kodal/Kempfer, S. 1126 Rdnr. 35). § 2 Abs. 2 FStrG, der auf diese Vorschrift ausdrücklich Bezug nimmt, stellt ferner klar, daß der Besitz außerdem "in anderen gesetzlichen Verfahren erlangt" sein kann. Das betrifft vor allem das Enteignungsverfahren nach dem BauGB (§ 116), das für die durch Bebauungsplan als Verkehrsflächen ausgewiesenen Grundstücke gilt, und das Flurbereinigungsverfahren (§ 36). Der Eigentumserwerb des Straßenbaulastträgers nach dem Enteignungsrecht des BauGB oder dem FlurbG bleibt dagegen hier außer Betracht. Denn er eröffnet bereits die 1. Alt. des § 2 Abs. 2 FStrG.

II.   Die öffentlich-rechtliche Dienstbarkeit

1. Wesen und Inhalt dieser Verfügungsgewalt lassen sich erschließen, wenn man den Blick auf die Rechtsfolgen richtet, die sich für die Beteiligten aus der Zustimmung zur Widmung nach § 2 Abs. 2 und Abs. 3 ergeben. Mit der Zustimmung zur Widmung ist dem Eigentümer[77] die Möglichkeit eröffnet, den ihm sonst durch die Enteignung drohenden umfassenden Rechtsverlust abzuwenden[78]. Wenn daher § 2 Abs. 2 FStrG die Zustimmung zur Widmung als Widmungsvoraussetzung mit dem Fall gleichstellt, daß dem Baulastträger das Straßengrundstück als Eigentum gehört, dann muß die Zustimmungserklärung zumindest in diesem Verhältnis dem Baulastträger die zur Verwirklichung der öffentlichen Zweckbestimmung erforderliche Dispositionsbefugnis zuweisen.

Infolgedessen bindet die Zustimmung zur Widmung zunächst den Erklärenden. Er hat dadurch, daß er der Widmung zugestimmt hat, das Recht verloren, die Sachnutzungen abwehren zu können, die durch die Widmung eröffnet werden. Sein Eigentumsrecht besteht zwar fort. Es ist aber durch die öffentlich-rechtliche Funktion des Grundstücks überlagert. Der Eigentümer kann daher mit dem Grundstück nicht mehr frei nach § 903 BGB verfahren[79].

Ihm sind vor allem die die öffentliche Zweckbestimmung beeinträchtigenden Sachnutzungen verwehrt. Der Verwaltungsträger kann sie ebenso unterbinden,

---

77)   Wenn im folgenden vom Privateigentümer, nämlich von seiner Zustimmung zur Widmung die Rede ist, so ist damit stets auch ein eventuell an dem Straßengrundstück privatrechtlich dinglich Sachnutzungsberechtigter, etwa ein Nießbraucher oder Inhaber einer sonstigen Dienstbarkeit gemeint. § 2 Abs. 2 FStrG verlangt als Voraussetzung der Widmung ebenfalls seine Zustimmung. Denn die mit der öffentlichen Zweckbestimmung konkurrierenden Nutzungsbefugnisse ergeben sich aus dem Eigentum und/oder den vom Eigentum abgespaltenen privatrechtlich dinglichen Rechten. Sie können also dem Eigentümer, beim Vorhandensein eines an der Sache privatrechtlich dinglich Nutzungsberechtigten aber auch diesem zustehen. Je nach dem Inhalt des dinglichen Nutzungsrechts können dann dem Eigentümer sogar einzelne, ebenfalls mit der öffentlichen Zweckbestimmung konkurrierende Nutzungsbefugnisse verblieben sein. Aufgrund der öffentlichen Zweckbestimmung sind diese mit ihr konkurrierenden privatrechtlich dinglichen Sachnutzungsbefugnisse in diesem Fall nur ausgeschaltet, sofern beide der Widmung zugestimmt haben.
78)   Er kann seine Zustimmung deshalb ebenfalls von einer Gegenleistung des Verwaltungsträgers abhängig machen.
79)   Trotz dieser einschneidenden Wirkung bedarf die Zustimmung zur Widmung keiner Form (vgl. M/S/K, FStrG, § 2 Rdnr. 2.2; Kodal, S. 196 Rdnr. 11.2; VGH München, BayVBl 1985, 45 f.

wie wenn sie unerlaubt von einem Dritten ausgeübt würden. Unter diesem Gesichtspunkt begründet die Zustimmung zur Widmung ein öffentlich-rechtliches Schuldverhältnis zwischen den an der Sache privatrechtlich dinglich Berechtigten und dem die Widmung verfügenden Straßenbaulastträger, dem gegenüber die Zustimmung zur Widmung erklärt wurde.

Das schließt einen Widerruf der Zustimmung jedenfalls ab dem Zeitpunkt aus, in dem die Widmung erklärt wird[80].

2. Die Sachbeziehung des Baulastträgers reicht freilich über dieses Rechtsverhältnis zum Grundstückseigentümer oder sonst privatrechtlich dinglich Berechtigten hinaus. Die Verfügungen, die sie über das Eigentum treffen, lassen nach § 2 Abs. 3 FStrG die Widmung und damit die Eigenschaft des Grundstücks als einer öffentlichen Straße unberührt. Deshalb ist die Sachbeziehung eine *unmittelbare* Sachherrschaft. § 2 Abs. 3 FStrG verleiht ihr dinglichen Charakter, weil sie nach der Widmung nicht mehr von bestimmten Personen "vermittelt" wird, sondern unabhängig von einem Eigentumswechsel fortbesteht.

Die Rechtsposition, die dem Baulastträger am Straßengrundstück zusteht, weist insofern Parallelen zu einer Dienstbarkeit auf, dem beschränkt dinglichen Recht, ein Grundstück "in einzelnen Beziehungen zu benutzen" (vgl. § 1090 BGB). Sie gewährt ihm die Befugnis, mit dem Straßengrundstück entsprechend seiner öffentlichen Zweckbestimmung zu verfahren und die öffentliche Zweckbestimmung gegenüber jedem privatrechtlich dinglich Berechtigten durchzusetzen.

3. Ein privatrechtlicher Rechtscharakter kommt für diese Dienstbarkeit allerdings nicht in Betracht. Dagegen spricht bereits, daß eine formlose Zustimmungserklärung des Grundstückseigentümers nicht den Anforderungen genügt, die das BGB für die Begründung dinglicher Rechte an einem Grundstück aufgestellt hat. Die Dienstbarkeit am Straßengrundstück unterliegt aufgrund des öffentlich-rechtlichen Widmungsaktes vielmehr dem öffentlichen Recht, welches

---

80) So die überwiegende Auffassung. Vgl. Heiß/Hablitzel, DVBl 1976, 93, 96 f. Unwirksam ist nicht nur der einseitig, sondern auch der im Einvernehmen mit dem Baulastträger erklärte Widerruf. Der Baulastträger könnte nämlich andernfalls durch Kollusion mit dem Grundstückseigentümer die Vorschriften über die Einziehung öffentlicher Straßen umgehen.

in seiner straßenrechtlichen Ausprägung gewährleistet, daß die öffentliche Zweckbestimmung auf Dauer erhalten bleibt. Deshalb wird der mit der Vorhaltung öffentlicher Straßen verfolgte Zweck in den der Wahrnehmung öffentlicher Interessen gemäßen Handlungsformen des öffentlichen Rechts verwirklicht, was wiederum bedingt, daß als Zuordnungssubjekt (Inhaber) einer solchen öffentlich-rechtlichen Dienstbarkeit nur ein Träger öffentlicher Verwaltung in Betracht kommen kann[81]. Als öffentlich-rechtliche Sachzuordnung ist die Beziehung zu einem Privatrechtssubjekt ausgeschlossen[82].

a) Die öffentlich-rechtliche Sachherrschaft entsteht durch die Widmung. Als öffentlich-rechtliche Dienstbarkeit lastet sie danach auf dem Straßengrundstück und verpflichtet den Eigentümer, die in der Widmung als öffentliche Zweckbestimmung bezeichneten Sachnutzungen zu dulden. Gleichwohl greift die Widmung selbst nicht in dessen Eigentumsrecht ein[83]. Der die Widmung vollziehende Verwaltungsakt ist vielmehr ein "dinglicher" Verwaltungsakt[84]. Es wird damit zum Ausdruck gebracht, daß sich dieser Verwaltungsakt auf eine Sache, nämlich das Straßengrundstück als Gegenstand der Widmung bezieht, indem er dessen rechtserhebliche Eigenschaft als öffentliche Straße begründet. Unmittelbare personale Rechtsbeziehungen werden von der Widmung dagegen nicht geregelt. Rechte und Pflichten Dritter, beispielsweise der Eigentümer und der Unterhaltungspflichtigen, soweit sie mit dem Träger der öffentlich-rechtlichen Sachherrschaft nicht identisch sind, ferner der Benutzer, entstehen allenfalls durch das an diese Sacheigenschaft Rechtsfolgen anknüpfende Gesetz[85]. Die Widmung enthält daher eine "ausschließlich öffentlich-rechtliche Zustandsregelung mit intransitiven Wirkungen für den potentiell betroffenen

---

81) Im Ergebnis ebenso Niehues, Dinglichkeit, S. 97; ders., FS Wolff, S. 247; Kromer, S. 93; Hardinghaus, S. 19.

82) Das bestätigt das oben gewonnene Ergebnis. Der Gemeingebrauch vermag zwar ein subjektiv-öffentliches, nicht aber ein dingliches öffentliches Recht an der öffentlichen Straße zu begründen.

83) So aber noch der Ausgangspunkt von Hardinghaus, S. 46 ff. Zur heute h.A. vgl. Schmidt-Jortzig, NVwZ 1987, 1025, 1030.

84) Wolff/Bachof, §§ 45 II c 2, 46 VIII, 47 VIII, 56 II e 2; Papier, Öffentliche Sachen, S. 37 ff.; ders., Jura 1979, 98 f.; Salzwedel, DÖV 1963, 243; Stehlkens/Bonk/Leonhardt, VwVfG, § 35 Rdnr. 132 f.; Kopp, VwVfG, § 35 Rdnr. 59; ders. BayVBl 1970, 223; v.Mutius, S. 167 f.; Niehues, DÖV 1965, 319; ders. FS Woff, S. 247, 261; Kromer, S. 138; Schallenberg, Die Widmung, S. 75; OVG Münster, NJW 1967, 1630.

85) So Papier, Öffentliche Sachen, S. 38; Kromer, S. 138.

Personenkreis"[86]. Der die Widmung vollziehende Verwaltungsakt, der früher noch als "adressatloser" Verwaltungsakt bezeichnet wurde[87], ist damit als sachbezogene Allgemeinverfügung i.S. der 2. Alternative des § 35 S. 2 VwVfG ausgewiesen[88].

b) Die Widmung läßt die Rechtsposition des Eigentümers unberührt, weil sie lediglich eine Rechtsposition betrifft, die dem Eigentümer bereits nicht mehr zusteht. Als Voraussetzung der Widmung verlangt § 2 Abs. 2 FStrG daher, daß der Eigentümer der Widmung zugestimmt und dadurch dem Baulastträger die entsprechende (privatrechtliche) Verfügungsbefugnis über das Straßengrundstück *übertragen* hat[89]. Sie bildet die rechtliche Grundlage der öffentlich-rechtlichen Dienstbarkeit. Dagegen beschränkt sich die Funktion der Widmung allein darauf, diesem Sachherrschaftsrecht seinen öffentlichen Rechtscharakter zu verleihen.

aa) In der Zustimmung zur Widmung kann demgemäß nicht nur ein *Verzicht* des Eigentümers auf seine mit der öffentlichen Zweckbestimmung konkurrierenden Nutzungsrechte gesehen werden. Ein im Hinblick auf § 2 Abs. 3 FStrG dingliches Sachherrschaftsrecht könnte daraus nicht entstehen. Denn auf das Vollrecht Eigentum kann zwar insgesamt durch Dereliktion (§§ 959, 928 BGB) mit der Folge verzichtet werden, daß die Sache herrenlos wird. Auch ist die Abspaltung einzelner Herrschaftsbefugnisse zulässig, dies freilich allein in der Weise, daß sie als beschränkt dingliche Rechte auf andere Rechtssubjekte übertragen werden. Deshalb kann wohl der Träger (derivativer) eigentums-rechtlicher Befugnisse wechseln, diese selbst bleiben aber in ihrem Bestand unberührt[90]. Bei einem Verzicht auf ein beschränkt dingliches Recht wachsen

---

86) So Niehues, FS Wolff, S. 247, 261.

87) VGH Mannheim, VerwRspr 13, 104, 107; Bochalli, S. 613; Niehues, Ding-lichkeit, S. 87; Forsthoff, VerwR I, S. 384 f., 388; OVG Lüneburg, DVBl 1964, 153; Maunz, Die Verwaltung, S. 11.

88) Maurer, § 9 Rdnr. 33.

89) Vgl. die Begründung des Entwurfs zur Änderung des Bundesfernstraßenge-setzes in BT-Drs 3/2159, S. 7: "Voraussetzung für die Widmung ist die Verfügungsmacht des Baulastträgers über das Straßengrundstück."

90) Das heißt nicht, daß die als beschränkt dingliche Rechte vom Vollrecht Eigentum abspaltbaren Herrschaftsbefugnisse auch in der Person des Eigentümers aktuell (gegenständlich) greifbar sein müßten. Für Grund-stücksrechte ist aber nach § 889 BGB zum Zwecke der Rangwahrung die Konsolidation ausgeschlossen und in Ausnahmefällen gilt das auch für das Fahrnisrecht.

die von ihm umfaßten Herrschaftsbefugnisse wieder dem Vollrechtsinhaber zu. Zum Untergang durch Rechtsverzicht können sie nicht gebracht werden. Das Eigentum ist somit zwar "aufspaltbar"[91] in dem Sinne, daß die Herrschaftsbefugnisse auf verschiedene Rechtssubjekte verteilt werden können. Ein "beschränktes Eigentum", bei dem die vom Vollrecht abgespaltenen Herrschaftsbefugnisse nicht mehr existieren, kann es jedoch wegen des numerus clausus der Sachenrechte[92] nicht geben[93]. Daraus folgt, daß die mit der öffentlichen Zweckbestimmung der Sache konkurrierenden eigentumsrechtlichen Herrschaftsbefugnisse, die der Eigentümer aufgrund seiner Zustimmung zur Widmung nicht mehr geltend machen kann, dadurch nicht untergegangen sind, sondern fortbestehen.

bb) Als Verzicht auf die *Ausübung* eigentumsrechtlicher Herrschaftsbefugnisse läßt sich die Zustimmung zur Widmung jedoch ebensowenig auffassen. Es träfe den Eigentümer dann immerhin i.S. des § 1004 Abs. 2 BGB die von der straßenrechtlichen Literatur hervorgehobene Pflicht zur Duldung der der öffentlichen Zweckbestimmung entsprechenden Sachnutzung. Der Hintergrund dieser Duldungspflicht wäre mit dieser Sichtweise indessen nur unvollständig erfaßt. Ein Verzicht lediglich auf die Rechtsausübung ginge am Kern der Sache vorbei. Es macht nämlich einen wesentlichen Unterschied, ob das Eigentum nur durch Einwirkungen gestört wird, die von der (übermäßigen) Nutzung einer *anderen* Sache ausgehen[94], oder ob die Störung darin besteht, daß das Eigentum überdies fremder Nutzung unterworfen wird.

Lagert etwa A auf dem Grundstück des E Baumaterial und hat E dem mit Wirkung für seine Rechtsnachfolger "zugestimmt", so kann nicht bloß von einer Duldung seitens des E gesprochen werden, von einem Verzicht auf die Ausübung der ihm an sich zustehenden Abwehrrechte. A beeinträchtigt nicht nur die Herrschaftsbefugnisse des E, er nimmt sie vielmehr für sich selbst in Anspruch und übt sie an Stelle des E aus. Die Duldungspflicht steht in einem solchen Fall nicht isoliert, sondern ist lediglich

---

91) Baur, § 1 II 2.
92) Vgl. dazu Baur, § 1 II 2.
93) Deshalb ergibt die Summe der an der Sache bestehenden dinglichen Rechte, die unter mehreren Rechtssubjekten aufgeteilt sein können, immer das Vollrecht Eigentum.
94) Beispiel: Nachbar N stört bei der Nutzung seines Grundstücks durch die Verursachung von Lärm oder Luftverunreinigungen das Eigentum des E.

die Folge einer Rechtseinräumung, nämlich hier der Bestellung einer entsprechenden Dienstbarkeit zugunsten des A.

cc) Nicht anders verhält es sich aber bei der Zustimmung des Eigentümers zur
Widmung. Auch sie begründet eine *Rechtseinräumung* zugunsten des Straßenbaulastträgers. Denn es geht hier darum, die Befugnisse zur Nutzung des
Straßengrundstücks zu gewähren. Dementsprechend ist es durchaus gerechtfertigt, wenn seine Berechtigung als (öffentlich-rechtliche) Dienstbarkeit, d.h. als
ein vom Vollrecht Eigentum abgespaltenes und ihm übertragenes beschränkt
dingliches Sachnutzungsrecht bezeichnet wird[95].

Dem steht nicht entgegen, daß nach den Vorschriften des BGB durch eine
formlose Zustimmungserklärung ein dingliches Recht an einem Grundstück weder eingeräumt noch übertragen werden kann. Denn bei dem in Frage stehenden Recht handelt es sich um eine Dienstbarkeit des öffentlichen Rechts. Der
zivilrechtliche Typenzwang besitzt dafür keine Geltung. Andererseits ist das
auch der Grund, weshalb die Rechtsübertragung selbst nur dann Wirksamkeit
gewinnt, wenn die Berechtigung durch die Widmung in den öffentlich-rechtlichen Rechtsstatus erhoben wird. Unterbleibt die Widmung, so gelangt ein
Sachnutzungsrecht des öffentlichen Verwaltungsträgers nicht zur Entstehung[96].

Im Gegensatz zu dem übertragenen Recht ist indessen der Akt der Rechtsübertragung selbst durch § 2 Abs. 2 FStrG bereits als öffentlich-rechtliche
Rechtshandlung ausgewiesen[97]. Die Zustimmung zur Widmung ist demgemäß
und entsprechend dem Willen der Beteiligten darauf angelegt, eine öffentlich-
rechtliche Berechtigung des Baulastträgers am Straßengrundstück hervorzu-
bringen. Das hebt sie von der Einräumung einer zivilrechtlichen Dienstbarkeit
mit der Folge ab, daß die Regeln des Zivilrechts, sein sachenrechtlicher Typenzwang sowie die Formvorschriften, auf die Rechtsübertragung keine Anwendung finden können. Der zivilrechtliche Rechtsbereich soll ja gerade verlassen
werden, wenn die Sachherrschaft mit der Maßgabe eingeräumt wird, durch die

---

95) Frotscher, VerwArch 62 (1971), 153, 158 m.w.N.
96) Das gleiche gilt, wenn die Widmung nicht nur rechtswidrig (aber wirksam), sondern sogar nach § 44 Abs. 1 VwVfG nichtig ist.
97) Die Zustimmung zur Widmung wird dementsprechend als öffentlich-rechtliche Willenserklärung eingestuft. Vgl. Heiß/Hablitzel, DVBl 1976, 93, 94 f.
m.w.Nachw.

nachfolgende Widmung in ein öffentlich-rechtliches dingliches Recht umgewandelt zu werden.

Diese Eigenheit der Zustimmungserklärung bildet auch den Grund, weshalb sie bereits ab dem Zeitpunkt, in dem sie dem Baulastträger zugegangen ist, vom Eigentümer nicht mehr einseitig widerrufen werden kann[98]. Bevor die Widmung nicht erklärt und solange dem eingeräumten beschränkt dinglichen Recht der öffentliche Rechtscharakter nicht verliehen ist, fehlt es zwar an der Wirksamkeit der Rechtsübertragung. Da sie aber darauf abzielt, die Voraussetzungen einer künftig öffentlich-rechtlichen Berechtigung an der Sache zu schaffen, handelt es sich dabei um den Zustand einer bloß schwebenden Unwirksamkeit. Beendet wird dieser Zustand entweder durch den Widmungsakt, der das eingeräumte beschränkt dingliche Recht als öffentlich-rechtliche Berechtigung an der Sache zur Entstehung bringt, oder dann, wenn endgültig feststeht, daß eine Widmung nicht mehr erfolgen wird und die Rechtsübertragung deshalb auch nicht mehr wirksam zu werden vermag. Während des Zustandes einer schwebenden Unwirksamkeit ist es dem Eigentümer verwehrt, seine Verfügung einseitig zu widerrufen. Er und mit ihm eventuelle Rechtsnachfolger bleiben an sie gebunden[99].

Nach allem ist festzuhalten, daß die öffentlich-rechtliche Dienstbarkeit auf einem *vom Privateigentum abgespaltenen* Nutzungsrecht beruht, das dem Straßenbaulastträger, sofern er nicht selbst Eigentümer des Straßengrundstücks ist oder sofern Dritte über konkurrierende dingliche Nutzungsrechte am Straßengrundstück verfügen, im Wege der Zustimmung zur Widmung übertragen wird. Es tritt durch die anschließende Widmung als öffentlich-rechtliches Sachherrschaftsrecht in Erscheinung, das seinem Inhalt nach der in der Widmung festgeschriebenen öffentlichen Zweckbestimmung entspricht.

---

98) So die h.M. Vgl. Kodal, S. 197 Rdnr. 11.3. Anders aber noch das fühere preußische Wegerecht. Danach sollte der Eigentümer seine Zustimmungserklärung jedenfalls bis zum Erlaß der Widmung frei widerrufen können (vgl. Germershausen/Seydel, S. 57). In diesem Sinne a.A. aber auch noch Maunz, Hauptprobleme, S. 256 f., der den Eigentümer erst für die Zeit nach erfolgter Widmung an seine Zustimmungserklärung für gebunden hielt.

99) Schallenberg, S. 72, spricht daher von einer "Verdinglichung der Zustimmung".

III. Die Bedeutung der öffentlich-rechtlichen Dienstbarkeit für den Straßengebrauch

1. Der zweckgemäße Straßengebrauch

Was den der öffentlichen Zweckbestimmung entsprechenden Straßengebrauch
anlangt, so ist die öffentlich-rechtliche Dienstbarkeit unter zwei sich ergänzenden Gesichtspunkten von Bedeutung. Sie bietet einerseits dem Baulastträger
die Grundlage, den mit der öffentlichen Zweckbestimmung eingeräumten Benutzungsanspruch erfüllen zu können, und gewährleistet das zudem in einer Ma-
nier, daß durch das mit diesem Begriff umschriebene dingliche Sachherrschaftsrecht die öffentliche Zweckbestimmung gegenüber privatrechtlichen Verfügungen über die Sachsubstanz umfassend abgeschirmt ist.

Insofern ist die öffentlich-rechtliche Sachherrschaft des Straßenbaulastträgers
an der öffentlichen Zweckbestimmung orientiert. Auch wenn der Baulastträger
selbst Eigentümer des Straßengrundstücks ist, geht sie seiner eigentumsrechtlichen Sachherrschaft vor und verwehrt ihm, die Benutzungen abzuwehren, die
er nach Maßgabe der öffentlichen Zweckbestimmung zu dulden hat.

2. Benutzungen außerhalb der öffentlichen Zweckbestimmung

Das Straßengrundstück kann nach seiner tatsächlichen Beschaffenheit sich daneben für andere Benutzungen anbieten, als für die, die von seiner öffentlichen Zweckbestimmung abgedeckt werden. Diese zweckfremden[100] Benutzungen
scheinen auf den ersten Blick der Eigentümerherrschaft zu unterliegen, weil
diese ja nur soweit beschränkt ist, wie die öffentliche Zweckbestimmung
reicht.

Dies anzunehmen, wäre freilich ein Trugschluß. Denn bei genauerem Zusehen
ist festzustellen, daß gewisse Sachnutzungen außerhalb der öffentlichen
Zweckbestimmung selbst dem Eigentümer verwehrt bleiben. Es handelt sich dabei um solche, die mit der öffentlichen Zweckbestimmung nicht zu vereinbaren
sind.

Außerhalb der öffentlichen Zweckbestimmung des Straßengrundstücks sind danach zwei Nutzungsarten zu unterscheiden, nämlich einerseits solche, die der

---

100) Zum Begriffspaar widmungsgemäße und widmungsfremde Benutzungen vgl.
bereits Maunz, Hauptprobleme, S. 224.

öffentlichen Zweckbestimmung zuwiderlaufen und andererseits Benutzungen, die sich zu ihr neutral verhalten.

a) Zweckneutrale Benutzungen

Der Dispositionsbefugnis des Eigentümers können lediglich die zweckneutralen Benutzungen zugerechnet werden. Nur sie unterliegen seinem Rest-Eigentum am Straßengrundstück. Über die Einräumung zweckneutraler Benutzungen entscheidet daher allein der Eigentümer nach Maßgabe des Privatrechts[101].

b) Zweckwidrige Benutzungen

aa) Anders verhält es sich dagegen mit dem Rechtscharakter zweckwidriger Benutzungen. Insoweit ist zunächst festzustellen, daß der Eigentümer über sie jedenfalls nicht allein bestimmen darf. Denn andernfalls läge es in seiner Hand, über die öffentliche Zweckbestimmung des Straßengrundstücks zu verfügen. Dem für die öffentliche Zweckbestimmung verantwortlichen Verwaltungsträger muß hier also zumindest ein Mitbestimmungsrecht zustehen.

Als Verfügung über die öffentliche Zweckbestimmung muß die Einräumung zweckwidriger Benutzungen für den Verwaltungsträger öffentlich-rechtlicher Natur sein. Die immer nur begrenzt vorhandene Möglichkeit zweckentsprechender Benutzung wird durch die Zulassung von zweckwidrigen Benutzungen weiter reduziert. Inwieweit der Verwaltungsträger überhaupt befugt ist, dies zuzulassen, mag zunächst dahingestellt bleiben. Die Zulassung ist jedenfalls öffentlich-rechtlich zu beurteilen. Ist es dem Verwaltungsträger öffentlich-rechtlich aufgegeben, die zweckentsprechende Benutzung zu gewähren, so stellt sich auch das gegenläufige Handeln als öffentlich-rechtlich dar. Die zweckwidrige Benutzung teilt deshalb die Rechtsnatur der zweckentsprechenden Benutzung.

Für den Eigentümer kommt eine Beteiligung bei der Zulassung zweckwidriger Benutzungen lediglich in Gestalt eines Zustimmungsrechts in Betracht. Es wäre zu bejahen, wenn er aufgrund der öffentlich-rechtlichen Dienstbarkeit nur zweckentsprechende Benutzungen zu dulden hätte[102]. Dem steht jedoch entgegen, daß die zweckwidrigen Benutzungen in dem Bereich stattfinden, der den

---

101) Vgl. § 8 Abs. 10 FStrG.
102) Daraus leitet die frühere h.A. (vgl. etwa Maunz, Die Verwaltung, S. 20; Hardinghaus, S. 24; BGHZ 9, 373, 380) ein Zustimmungsrecht für den Eigentümer ab.

67

zweckentsprechenden Benutzungen vorbehalten ist. Gerade dort kommt es zur Kollision dieser Nutzungsformen. Es wird zum Teil die Möglichkeit einer zweckentsprechenden Benutzung verringert, wenn dafür die Möglichkeit zweckwidriger Benutzung gewährt wird. Die Rechtsposition des Eigentümers wird von den zweckwidrigen Benutzungen nicht betroffen. Über die ihm vorbehaltenen neutralen Nutzungen kann er weiterhin verfügen. Die Gewährung zweckwidriger Benutzungen hängt daher nicht von seiner Zustimmung ab[103].

bb) Es kommt also darauf an, unter welchen Voraussetzungen der öffentliche Rechtsträger zweckwidrige Nutzungen einräumen darf oder gar einräumen muß.

(1) Dabei zeigt sich zunächst, daß im Gegensatz zum zweckgemäßen Straßengebrauch bei den zweckwidrigen Benutzungen ein Anspruch auf ihre Einräumung nicht bestehen kann. Denn die sich aus der öffentlichen Zweckbestimmung ergebende Duldungspflicht des Baulastträgers beschränkt sich allein auf die zweckentsprechenden Benutzungen. Sie erstreckt sich dagegen nicht auf zweckwidrige Benutzungen. Das folgt daraus, daß diese Nutzungsformen sich gegenseitig ausschließen. Der große, vielschichtige Kreis von Interessenten an zweckwidrigen Benutzungen würde, müßte er zugelassen werden, die Möglichkeit eines zweckentsprechenden Straßengebrauchs verdrängen. Die öffentliche Straße würde so ihrer eigentlichen Zweckbestimmung tatsächlich nicht mehr zur Verfügung stehen.

(2) Daraus folgt wiederum, daß der Verwaltungsträger die zweckwidrige Benutzung allenfalls in dem Umfang gestatten kann, der den zweckgemäßen Straßengebrauch jedenfalls dem Grundsatz nach aufrecht erhält. Aus der Verpflichtung zur Gewährung des zweckgemäßen Straßengebrauchs ergibt sich für ihn die Pflicht, zweckwidrige Benutzungen jedenfalls insoweit zu unterbinden, als durch sie in einem wesentlichen Umfang die Möglichkeit des zweckentsprechenden Straßengebrauchs beschränkt wird. Ansonsten könnte auf "kaltem Wege", nämlich außerhalb der dafür vorgesehenen rechtlichen Bestimmungen, eine Umwidmung des Straßengrundstücks vollzogen werden. Das belegt, daß zweckwidrige Benutzungen nur ausnahmsweise zugelassen werden dürfen. Die Ent

---

103) Das ist heute allgemein anerkannt. Vgl.Kodal/Krämer, S. 601 Rdnr. 7; Pappermann/Löhr/Andriske, Öffentliche Sachen, S. 20; Wolff/Bachof, VerwR I, § 59 II c.

scheidung darüber muß dem verwaltungsbehördlichen Ermessen vorbehalten bleiben[104].

(3) Die öffentliche Zweckbestimmung überlagert somit – in Gestalt der öffentlich-rechtlichen Dienstbarkeit – nicht nur das Eigentum am Straßengrundstück, sondern ebenfalls die öffentlich-rechtliche Dienstbarkeit selbst. Die sich für den Baulastträger aus ihr ergebende Sachherrschaft ist insoweit eingeschränkt, wie die öffentliche Zweckbestimmung reicht. Da zweckwidrige Benutzungen auf Kosten des zweckgemäßen Straßengebrauchs und daher in dem durch die öffentliche Zweckbestimmung abgesteckten und ihnen vorbehaltenen Bereich stattfinden, unterfallen sie zwar der Sachherrschaft des Verwaltungsträgers. Sie ist aufgrund der öffentlichen Zweckbestimmung insoweit beschränkt, als zweckwidrige Benutzungen nur in einem engen Rahmen gewährt werden dürfen. Innerhalb dieses Rahmens besteht für den Verwaltungträger, was zweckwidrige Benutzungen anbelangt, aber keine sich aus der öffentlichen Zweckbestimmung ergebende Bindung. Hier gibt deshalb der Ausschlag, daß seine in der öffentlich-rechtlichen Dienstbarkeit begründete Sachherrschaft auf einem von Haus aus privatrechtlich dinglichen Sachnutzungsrecht beruht.

– Das bedeutet einerseits, daß sein Sachherrschaftsrecht sich in diesem Rahmen materiell nicht von einer privatrechtlichen Dienstbarkeit unterscheidet. Die öffentliche Zweckbestimmung auferlegt dem Verwaltungträger keine bestimmten Vorgaben dafür, auf welche Weise er im Hinblick auf zweckwidrige, aber noch tolerierbare Nutzungen von diesem Herrschaftsrecht Gebrauch macht, wie er es handhaben und verwirklichen will. Nicht anders als der Inhaber einer privatrechtlichen Dienstbarkeit ist der Verwaltungträger daher frei in der Entscheidung, ob und unter welchen Bedingungen er sein Sachherrschaftsrecht Dritten zur Ausübung überläßt. Das Straßenrecht stellt folglich in sein Ermessen, ob er den begrenzten Rahmen für die Einräumung zweckwidriger Benutzungen ausschöpfen will oder nicht.

– Andererseits muß dabei freilich in Rechnung gestellt werden, daß seine Entscheidung über die Zulassung zweckwidriger Benutzungen nach Maßgabe öffentlichen Rechts getroffen wird. Sie ist mithin den öffentlich-rechtlichen Bindungen hoheitlicher Verwaltungstätigkeit unterworfen. Damit können vor

---

104) Das Wasserrecht kennt zwar einen Anspruch auf Gewährung von Sondernutzungen. Es handelt sich aber hier nicht um zweckwidrige Benutzungen. Das schließt eine Parallele zum Straßenrecht aus.

allem die Grundrechte des Nutzungsinteressenten das Entscheidungsermessen reduzieren. Die Frage, ob und inwieweit Grundrechte dabei tangiert werden, muß daher gesondert untersucht werden[105].

Als Zwischenergebnis kann sonach folgendes festgehalten werden:
Die Gemeinde, die eine zweckwidrige Benutzung gestatten will, hat dabei zu prüfen, ob sie im Hinblick auf ihre Pflicht zur Gewährung des zweckgemäßen Straßengebrauchs die Zulassung erteilen *darf.* Tendiert sie dagegen auf eine ablehnende Entscheidung, so bleibt ihr zu untersuchen, ob sie die Erlaubnis im Hinblick auf die Grundrechte des Antragstellers erteilen *muß.*

---

105) Vgl. unten 4. Kapitel.

3. Kapitel

Die Formen der Straßenbenutzung

Die Straßengesetze des Bundes und der Länder unterscheiden zwischen drei Formen der Benutzung des zur öffentlichen Straße gewidmeten Grundstücks. Die erste Benutzungsform wird als Gemeingebrauch (§ 7 FStrG) bezeichnet. Ihm stellt das Straßenrecht die Sondernutzungen gegenüber, die als öffentlich-rechtliche (§ 8 Abs. 1 FStrG) und privatrechtliche Sondernutzung (§ 8 Abs. 10 FStrG) die zweite und dritte Benutzungskategorie abgeben[1].

Es ist nun zu prüfen, inwieweit sich diese Benutzungsformen mit den im vorigen Kapitel beschriebenen Kategorien der Nutzung einer öffentlichen Sache zur Deckung bringen lassen. Dazu muß zunächst auf das Verhältnis zwischen

---

1)   Ihre terminologische Unterscheidung ist uneinheitlich. Es wird teils von öffentlich-rechtlichen und privatrechtlichen Sondernutzungen gesprochen (so Böttcher, DÖV 1969, 491), teils ist der Begriff "Sondernutzungen" nur den dem öffentlichen Recht unterfallenden Straßenbenutzungen vorbehalten. Zur Unterscheidung davon werden in diesem Fall die Nutzungen des Straßeneigentums als "sonstige Benutzungen" bezeichnet (so Ziegler, DVBl 1976, 89). Ferner differenzieren manche zwischen "Sondernutzungen nach öffentlichem Recht" und "Sondernutzungen nach privatem Recht" (so Jahn, NJW 1961, 2196). Auch die Straßengesetze pflegen einen voneinander abweichenden Sprachgebrauch. Sie stellen den (öffentlich-rechtlichen) "Sondernutzungen" die (privatrechtlichen) "sonstigen Benutzungen" (so §§ 16, 21 BaWüStrG, 18, 23 NdsStrG, 18, 23 NRWStrWG, 41, 45 RhPfStrG, 18, 22 SaarlStrG) bzw. die "Nutzungen nach bürgerlichem Recht" (so §§ 18, 19 BremStrG, 16, 20 HessStrG, 21, 28 Schl-HolStrWG) gegenüber oder unterscheiden ausdrücklich zwischen "Sondernutzungen nach öffentlichem Recht" und "Sondernutzungen nach bürgerlichem Recht" (so Art. 18, 22 BayStrWG). (Das Hamburgische Straßen- und Wegegesetz unterwirft dagegen selbstverständlich auch alle außerhalb des Gemeingebrauchs liegenden Benutzung der in öffentliches Eigentum überführten Wege einheitlich dem öffentlichen Recht). Das macht es notwendig, Festlegungen zu treffen, die einheitlich für das gesamte Straßenrecht und unabhängig von der Terminologie der jeweils einschlägigen Kodifikation gelten. Für die hier vorliegende Arbeit soll für alle vom Gemeingebrauch nicht gedeckten Nutzungen der Begriff "Sondernutzung" verwendet werden. Für deren öffentlich-rechtliche Kategorie soll von öffentlich-rechtlichen, für den privatrechtlichen Bereich von privatrechtlichen Sondernutzung gesprochen werden. Maßgebend dafür ist die Erwägung, daß so ein Oberbegriff zur Verfügung gestellt werden kann, der sich auch in der Terminologie der Straßengesetze findet. Zwingend ist die vorgeschlagene Terminologie - entgegen Böttcher, DÖV 1969, 491 Fn. 5 - freilich nicht.

den straßenrechtlichen Benutzungsformen eingegangen werden, wobei den Ausgangspunkt der Erörterung die der öffentlichen Zweckbestimmung der Straße entsprechende Benutzung zu bilden hat. Denn je nach deren Inhalt und Umfang werden die verschiedenen Straßenbenutzungsinteressen entsprechend der im vorigen Kapitel dargestellten Grundsätze zu bewerten sein.

§ 7: Gemeingebrauch und öffentliche Zweckbestimmung

Die öffentlich-rechtlichen wie die privatrechtlichen Sondernutzungen werden als Straßenbenutzung "über den Gemeingebrauch hinaus" bezeichnet. Der Gemeingebrauch ist dagegen als Gebrauch der Straße "im Rahmen der Widmung" definiert. Bereits oben[2] wurde ausgeführt, daß die Zweckbestimmung öffentlicher Straßen darin besteht, einem Verkehr zu dienen. Der Verkehr bezeichnet den Zweck, zu dem die Straßen gebaut, gewidmet und unterhalten werden. Insoweit ist der Widmungsinhalt durch Gesetz vorgegeben. Zumindest der Gemeingebrauch deckt somit eine der Zweckbestimmung der öffentlichen Straßen entsprechende Benutzung ab. Nicht zuletzt spricht dafür die Erlaubnisfreiheit der gemeingebräuchlichen Straßenbenutzung. Sie ist "jedermann gestattet". Für zweckwidrige Benutzungen käme eine solche Regelung nicht in Betracht. Gleiches gilt für die zweckneutralen Benutzungen, weil sie in der Verfügungsmacht des Eigentümers verblieben sind.

Die Einstufung des Gemeingebrauchs als zweckgemäße Straßenbenutzung rechtfertigt indessen nicht notwendig die Annahme, daß andererseits die Sondernutzungen nicht nur über den Gemeingebrauch, sondern damit zugleich über den "Rahmen der Widmung hinaus"-gehen. Für die Sondernutzungen könnte die Überschreitung des Widmungsrahmens mit Hilfe eines Umkehrschlusses aus der Definition des Gemeingebrauchs vielmehr nur bejaht werden, wenn der Gemeingebrauch den von der Widmung vorgegebenen Rahmen vollständig ausfüllt und der Gemeingebrauch nicht bloß einen Ausschnitt zweckgemäßer Straßenbenutzungen abdeckt. Das wiederum setzt voraus, daß sich die Zweckbestimmung der öffentlichen Straßen in der Eröffnung eines verkehrsmäßigen Gebrauchs erschöpft.

---

2) § 4 II 1 b.

I. Die öffentliche Straße als "Mehrzweckinstitut"

Auf die gegenteilige Sichtweise stößt man indessen, wenn die öffentliche Straße als "Mehrzweckinstitut" beschrieben und daraus abgeleitet wird, ihre Zweckbestimmung beschränke sich nicht nur auf gemeingebräuchliche, sondern umfasse darüber hinaus weitere Benutzungen. Köttgen[3] hat das Wort geprägt, weil er die Begrenzung des modernen Weges auf den Gemeingebrauch "durch den tiefgreifenden Wandel des Wegewesens" für überholt hielt.

Wäre seiner Auffassung zu folgen, so hätte das für die Beurteilung der Sondernutzungen weittragende Bedeutung. Soweit auch diese Kategorie der Straßenbenutzung von der öffentlichen Zweckbestimmung abgedeckt ist, käme die Entscheidungsbehörde grundsätzlich nicht umhin, die für sie notwendige Erlaubnis zu erteilen. Nutzungen, für die eine öffentliche Sache widmungsgemäß zur Verfügung stehen soll, dürfen nämlich nur verweigert werden, wenn die Kapazität der Sache vollständig ausgeschöpft ist[4]. Deshalb ist zu prüfen, ob Köttgens Axiom vom Mehrzweckinstitut einer kritischen Prüfung standzuhalten vermag.

1. Im wegerechtlichen Teil seiner Abhandlung ging es Köttgen um den Nachweis, daß das gemeindliche Eigentum am Straßengrundstück[5] sich nicht als "Monopolbasis" gegenüber "gewerblicher Unternehmerinitiative" behaupten könne. Im Vordergrund standen dabei die Anlagen der Wasserversorgung und Abwasserbeseitigung[6]. Mit Blick auf die Zulassung[7] ihrer Einlegung in den

---

3) Daseinsvorsorge, S. 28 und 94. Aufgegriffen haben es in der neueren Literatur etwa W.Weber, VVDStRL 21 (1961), 145, 153; Hardinghaus, S. 53 f.; Bartlsperger, Werbenutzungsverträge, S. 15, 23, 82; Steinberg, NJW 1978, 1898, 1901; Kodal, S. 131 f. Rdnr. 2.2., Papier, öffentliche Sachen, 2. Aufl. 1984, S. 101.
4) Vgl. oben § 4 II 2.
5) Den (seltenen) Fall, daß das Eigentum am Straßengrundstück sich in privater Hand befindet, hatte Köttgen aus seiner Untersuchung ausgeklammert.
6) Daß gewerbliche Unternehmerinitiative für die kommunalen Versorgungsbetriebe freilich kaum eine Konkurrenz bei der Wasserversorgung der Allgemeinheit bedeutet, hat Köttgen klar herausgestrichen (S. 24). Mit Versorgungsanlagen, die gewerbliche Unternehmen unter eigener Regie errichten wollen, ist in der Praxis vor allem der Eigenbedarf ins Auge gefaßt, wenn dieser von der Gemeinde quantitativ oder qualitativ nur unzureichend befriedigt wird.
7) Die Verlegung von Leitungen im Straßenkörper ist ebenso wie deren Veränderung nicht durch den Gemeingebrauch abgedeckt. Sie setzt daher

Straßenkörper galt es Köttgen aufzuzeigen, daß dabei nicht eine "auf das Privatrecht gegründete Wirtschaftsmacht"[8], nämlich "ungebrochenes Eigentum der Gemeinde am Wegekörper"[9], sondern öffentliche Rechtsgrundsätze den Ausschlag zu geben hätten.

2. Zur Begründung dieser Ansicht stellt Köttgen zunächst zutreffend fest, daß die Beschränkungen der Verfügungsmacht des Eigentums sich aus der öffentlichen Zweckbestimmung des Wegegrundstück ergeben müssen. Die "ungebrochene" Verfügungsmacht des Grundstückseigentümers beginne erst dort, wo die Zweckbindung des Weges endet[10]. Er fährt fort: "Daher kommt es entscheidend darauf an, ob auch die für unser Thema in Betracht kommenden Sondernutzungen noch im Umkreis öffentlicher Zweckbindung liegen oder ob diese sich auf den Gemeingebrauch beschränkt"[11].

Köttgen übersieht dabei aufgrund des fast klassisch zu nennenden Fehlschlusses, daß auch über Nutzungen außerhalb der öffentlichen Zweckbestimmung kraft öffentlichen Rechts zu entscheiden ist, sofern sie nur mit der widmungsmäßigen Sachnutzung in Konflikt stehen. Wenn das Privateigentum an der öffentlichen Sache beschränkt ist, "soweit ihre öffentliche Zweckbestimmung reicht", so verwehrt das dem Eigentümer nicht nur die Entscheidung über widmungsmäßige Benutzungen. Für ihn bedeutet die als Folge der Widmung eintretende Eigentumsbeschränkung außerdem, daß es außerhalb der ihm verbliebenen Befugnisse steht, die öffentliche Sache durch die Einräumung widmungsfremder Nutzungen ihrer Zweckbestimmung zu entziehen[12].

Daher bedeutet es entgegen der Auffassung von Köttgen[13] keine "Privatisierung" *aller* außerhalb des Gemeingebrauchs stehender Straßenbenut-

---

grundsätzlich die Verleihung eines Sondernutzungsrechts voraus (vgl. BGH NJW 1962, 1816; BGHZ 36, 1, 6.
8) Köttgen, Daseinsvorsorge, S. 24.
9) Köttgen, Daseinsvorsorge, S. 26.
10) Köttgen, Daseinsvorsorge, S. 26.
11) Köttgen, Daseinsvorsorge, S. 26.
12) Vgl. oben § 8 II. Auch insoweit beruht also die Beschränkung der Eigentümerbefugnisse auf der öffentlichen Zweckbestimmung der Straße, nämlich auf der Erwägung, daß es dem Eigentümer ab dem Zeitpunkt der Widmung verwehrt sein muß, über die Bedingungen, unter denen die öffentliche Zweckbestimmung verwirklicht werden kann, zu entscheiden oder sonst auf sie Einfluß zu nehmen.
13) Köttgen, Daseinsvorsorge, S. 27.

zungen, wenn die Zweckbestimmung der öffentlichen Straße auf den Gemeingebrauch beschränkt bleibt.

Köttgens Annahme, die Sondernutzungen aus der Verfügungsmacht des Eigentümers nur herauslösen zu können, indem sie einer entsprechend erweiterten Zweckbestimmung der als Mehrzweckinstitut beschriebenen öffentlichen Straßen unterstellt werden, ist somit bereits in ihrem Ansatz nicht haltbar. Speziell die Verlegung von Versorgungsleitungen in den Wegekörper haben die Straßengesetze grundsätzlich[14] in der Verfügungsgewalt des Eigentümers belassen. Das beweist, daß entgegen Köttgen jedenfalls diese Form der Straßenbenutzung nicht von der öffentlichen Zweckbestimmung der Straße erfaßt wird.

Es macht sich bei Köttgen denn auch ein gewisses Unbehagen darüber bemerkbar, daß durch die entsprechende Erweiterung der öffentlichen Zweckbestimmung die Verlegung von Versorgungsleitungen dem öffentlichen Rechtsregime unterworfen wird. Denn insoweit muß Köttgen am Ende seiner Untersuchung nicht nur einräumen, die "neuere Gesetzgebung" habe seine Mehrzweck-Theorie "nicht immer genügend beachtet"[15]. Die Verlagerung der Dispositionsbefugnis über die Benutzung des Straßenkörpers für Versorgungsleitungen aus dem Bereich des Privatrechts in das öffentliche Recht wertet er als Unzulänglichkeit, weil der Antragsteller sich in Gestalt der Sondernutzungserlaubnis mit einer Erlaubnis nur auf Zeit oder Widerruf "begnügen" müsse[16]. Die öffentlich-rechtliche Sondernutzungserlaubnis gewähre im Unterschied zur wasserrechtlichen Bewilligung (§ 8 WHG) oder einem privatrechtlichen Titel keine "gesicherte Rechtsstellung". Aus diesem Grund will Köttgen dem Sondernutzungsinteressenten die Wahl einräumen, ob er sich unter "Verzicht auf eine gesicherte Rechtsstellung" mit einer öffentlich-rechtlichen Sondernutzungserlaubnis begnügen oder ob er sich zusätzlich um einen privatrechtlichen Titel, d.h. eine Nutzungsgestattung i.S. des § 8 Abs. 10 FStrG bemühen will[17]. Werde die Nutzungsgestattung begehrt, so dürfe die Gemeinde als Eigentümer des Straßengrundstücks darüber nicht anders entscheiden als über die öffentlich-rechtliche Sondernutzungserlaubnis. Der (zusätzliche) Antrag auf einen privatrechtlichen Titel könne nämlich "nicht bedeuten, daß damit der Wegeeigentümer ein die öffentliche Zweckbestimmung überspielendes Verfügungsrecht erhält und seine privaten Rechte gegen das öffentliche Wegerecht ausspielen kann"[18].

14) Vgl. § 10 Abs. 10 FStrG.
15) Köttgen, Daseinsvorsorge, S. 94.
16) Köttgen, Daseinsvorsorge, S. 29.
17) Köttgen, Daseinsvorsorge, S. 29.
18) Köttgen, Daseinsvorsorge, S. 29.

Auch diese Ausführungen Köttgens fordern zum Widerspruch heraus. Zunächst bedarf es dabei der Klarstellung, daß nach § 8 Abs. 1O FStrG eine privatrechtliche Nutzungsgestattung nur in Frage steht, wenn die begehrte Sondernutzung "den Gemeingebrauch nicht beeinträchtigt" oder die Beeinträchtigung unter den dort weiter genannten Voraussetzungen als unwesentlich gilt. Zur öffentlich-rechtlichen Sondernutzungserlaubnis steht die Nutzungsgestattung somit in einem Alternativverhältnis. Sie kann zur Festigung der Rechtsstellung des Inhabers einer öffentlich-rechtlichen Sondernutzungserlaubnis nicht zusätzlich begehrt werden und auch nichts beitragen, weil das Rest-Eigentum von öffentlich-rechtlichen Sondernutzung nicht betroffen ist. Es können mit der Nutzungsgestattung in diesem Fall keine "Rechte zur Benutzung des (Rest-)Eigentums an der Straße" eingeräumt werden.

Im übrigen geht es nicht darum, ob die Gemeinde als Wegeeigentümerin "ein die öffentliche Zweckbestimmung überspielendes Verfügungsrecht *erhält*". Es stellt sich vielmehr umgekehrt die Frage, inwieweit ihr Eigentum durch die öffentliche Zweckbestimmung beschränkt wird. Die Straßengesetze beantworten sie aber, ohne eine Unterscheidung zwischen kommunalem und privatem Eigentum am Straßengrundstück vorzunehmen, dahin, daß die eigentumsrechtliche Verfügungsbefugnis außerhalb des von der öffentlichen Zweckbestimmung beschnittenen Bereichs erhalten bleibt.

3. Abgesehen davon ist zweifelhaft, ob mit einer Mehrzweck-Eigenschaft der öffentlichen Straßen tatsächlich ihre widmungsmäßige (öffentlichen) Zweckbestimmung beschrieben ist. Denn jedenfalls daran ist nicht vorbeizukommen, daß es mit ihrer Zweckbestimmung für den Verkehr eine besondere Bewandtnis auf sich hat.

Würde der Verkehr infolge der Zulassung anderer Nutzungen nicht nur eingeschränkt, sondern völlig von der öffentlichen Straße verdrängt, so würde diese bereits die Bezeichnung als Straße nicht mehr verdienen. Mit einer Straße hätte sie dann allenfalls noch das Stück gewalzten Teers gemein. Deshalb kann der Verkehr insgesamt dauerhaft von einer öffentlichen Straße rechtmäßig erst verbannt werden, wenn eine förmliche Entwidmung stattgefunden hat[19].

---

19) Es ist daher ebensowenig zulässig, einem Privatunternehmer Straßenfläche zur Verfügung zu stellen, der dort gegen Entgelt für die Bewachung geparkter Fahrzeuge sorgt (vgl. dazu BVerwGE 34, 241 ff.). Denn damit ist sie außerhalb des dafür vorgesehenen förmlichen (Entwidmungs-)Verfah-

Anders verhält es sich dagegen mit den nicht verkehrsmäßigen Straßenbenutzungen. Von ihrer Zulassung hängt die Eigenschaft einer Straße als einer "öffentlichen" nicht ab. Zudem dürfen sie auch nur in einem Umfang eigeräumt
werden, der die Leistungsfähigkeit der öffentlichen Straße als Verkehrsträger
nicht grundsätzlich in Frage stellt. Der Verkehr braucht somit der Sondernutzung nicht zu weichen. Die Sondernutzung muß umgekehrt auf die Bedürfnisse
des Verkehrs Rücksicht nehmen[20]. Im Unterschied zum Gemeingebrauch ist sie
daher nicht nur erlaubnisbedürftig. Darüber hinaus sind auch ihrer Erlaubnisfähigkeit Grenzen gesteckt.

Das Interesse an Sondernutzungen beruht zudem überwiegend erst darauf,
daß auf der Straße ein Verkehr stattfindet. Allein in dem Publikum, das
der Verkehrszweck auf die Straße führt, vermögen die Straßenhändler ihre
Kunden, die Werbung und Meinungsäußerung ihre Adressaten und die
Straßenkünstler ihr Auditorium zu finden. Jedenfalls ihnen muß deshalb
daran gelegen sein, daß die Verkehrsfunktion der Straße erhalten bleibt.

Es bejahen so auch die Vertreter der Mehrzwecktheorie die Vorrangstellung
des Verkehrszwecks der Straße gegenüber den ihr zugeschriebenen sonstigen
(weiteren) Funktionen[21]. Die Zulassung der außerhalb des Gemeingebrauchs
stehenden Nutzungen behalten sie daher dem Ermessen der Erlaubnisbehörde
vor. Ein klagbarer Anspruch auf Erteilung der (Sondernutzungs-)Erlaubnis für
Straßenbenutzungen aus dem Bereich ihrer "vielfältigen Zweckbestimmung" wird
ausdrücklich ausgeschlossen[22]. Die Ermessensentscheidung sei freilich darauf
überprüfbar, ob die Kapazität der Straße an die verschiedenen Nutzungsinteressenten "optimal" verteilt worden sei[23].

---

rens dem Gemeingebrauch entzogen (vgl. Mußgnug, Vierteljahrhundert,
S. 81, 87 Fn. 14).
20) So Mußgnug, Vierteljahrhundert, S. 81, 88.
21) Vgl. Köttgen, Daseinsvorsorge, S. 35. Im Gegensatz dazu hat er freilich
    an vorhergehender Stelle (S. 30) noch ausgeführt, die Verlegung von
    Versorgungsleitungen gehöre "heute nicht anders als die Befriedigung von
    Verkehrsbedürfnissen zu den öffentlichen Funktionen eines Weges". Köttgen übergeht nicht nur diese Ungereimtheit, sondern vermag - was entscheidend ist - auch keine Begründung für die von ihm unvermittelt anerkannte "Priorität" des Verkehrszwecks zu geben.
22) Köttgen, Daseinsvorsorge, S. 37.
23) Köttgen, Daseinsvorsorge, S. 37.

Wenn allerdings, wie auch Köttgen einräumt[24], "bei der Entscheidung über Anträge auf Zulassung zu einer bestimmten Sondernutzung vor allem anderen die Priorität des Gemeingebrauchs zu beachten" ist, so ist das schlicht die Folge aus der Beschränkung der öffentlichen Zweckbestimmung der Straße auf den Gemeingebrauch. Es besteht ja gerade die Bedeutung der durch die Widmung ausgesprochenen öffentlichen Zweckbestimmung darin, daß sie aus der Vielzahl der Benutzungen, für die sich die Sache kraft ihrer Beschaffenheit an sich eignen könnte, eine bestimmte Nutzung auswählt, für deren Gewährleistung ein Träger öffentlicher Verwaltung nach Maßgabe öffentlichen Rechts die Verantwortung übernimmt. Insofern mag ihr Verhältnis zu den übrigen Benutzungen zwar mit dem Attribut der Priorität gekennzeichnet werden. Eine entsprechende Ausdehnung des Inhalts der öffentlichen Zweckbestimmung läßt sich indessen auch mit dieser einschränkenden Klausel nicht rechtfertigen.

Denn es erweist sich als Widerspruch in sich, wenn die Straße einerseits kraft ihrer öffentlichen Zweckbestimmung etwa zur Aufnahme von Versorgungsleitungen dienen soll, andererseits es aber in das Ermessen der Behörde gestellt bleibt, ob sie dieser Zweckbestimmung dann im Einzelfall tatsächlich zugeführt wird. Die Vertreter der Mehrzwecktheorie halten zwar den Ermessensrahmen eng begrenzt. Gleichwohl sind die Unterschiede zur Entscheidung über die Zulassung zu einer öffentlichen Anstalt unübersehbar[25]. Während auf die Zulassung zur *widmungsmäßigen* Benutzung einer öffentlichen Anstalt ein Anspruch besteht und eine Ermessensentscheidung über die Zulassung daher erst dann in Betracht kommen kann, wenn ihre Kapazität restlos ausgeschöpft ist, soll nämlich danach eine Sondernutzungserlaubnis selbst bei vorhandenen – freilich geringen – Kapazitätsreserven ermessensfehlerfrei verweigert werden dürfen[26]. Es wird auch von ihnen nicht verlangt, daß die Straße für sämtliche Nutzungsinteressenten zur Verfügung gestellt wird, denen sie Platz bieten und die – wenngleich mit gegenseitiger Reibung – dort nebeneinander stattfinden könnten. Die Aufgabe der Gemeinde wird nicht darin gesehen, die Straße als Rummelplatz vielfältigster Benutzungen freizugeben.

---

24) Köttgen, Daseinsvorsorge, S. 35.
25) Selbst Köttgen, Daseinsvorsorge, S. 36, hebt diese Unterschiede hervor.
26) So ausdrücklich Köttgen, Daseinsvorsorge, S. 36. Die Einlegung von Versorgungsleitungen in den Straßenkörper braucht demnach nicht gestattet werden, wenn zwar die gewünschten Leitungen vorerst im Wegekörper noch untergebracht werden könnten, die Gemeinde sich aber auf diese Weise eine angemessene Kapazitätsreserve vorbehalten möchte.

Wird aber ein Entscheidungsermessen bejaht (und es spricht alles dafür, daß davon nicht abgerückt werden kann), so beschränkt sich das Wort vom "Mehrzweckinstitut" seinem Inhalt nach im Grunde und zunächst nur darauf, was bereits die Straßengesetze positiv verlauten lassen, daß nämlich die öffentlichen Straßen neben dem Gemeingebrauch weiterern Benutzungen zur Verfügung gestellt werden *können*.

Die Straße ist somit in Wahrheit nicht kraft ihrer Widmung für Sondernutzungen bestimmt. Anders als die Widmung für den Gemeingebrauch müßte nämlich die weitere Zweckbestimmung für Sondernutzungen unter den Vorbehalt einer Ermessensentscheidung gestellt sein. Erst wenn sie positiv ausgefallen ist, mag davon gesprochen werden, daß die Straße der im Einzelfall gewährten Sondernutzung dient. Solange das nicht geschehen ist, besteht nur die Möglichkeit, daß sie dieser Bestimmung zugeführt wird. Die weitere "Zweckbestimmung" wäre daher bloß unter Vorbehalt getroffen[27]. Mit der öffentlichen Zweckbestimmung einer Sache, wie sie durch ihre Widmung ausgesprochen wird, hat das gerade nichts zu tun (schaffen). Vielmehr ist es allein Ausdruck dessen, daß das Straßenrecht es zugelassen hat, die Straße auch Benutzungen außerhalb ihrer öffentlichen Zweckbestimmung zur Verfügung zu stellen.

Andernfalls wäre jede öffentliche Sache als Mehrzweckinstitut zu bezeichnen[28]. Damit wäre jedoch in Kauf zu nehmen, daß der Unterschied zwischen den Benutzungen, um derentwillen sie geschaffen und unterhalten, denen sie nach ihrer Widmung zu dienen bestimmt ist und die daher gewährt werden *müssen* sowie andererseits weiteren Nutzungen, die daneben eingeräumt werden *können*, verwischt wird. Bereits deshalb wäre es gerechtfertigt, der Bezeich-

---

27) Das rückt die Mehrzwecktheorie in die Nähe der Erörterungen von Maunz, Hauptprobleme, S. 282, nämlich zu der von ihm letztlich verneinten Frage, ob die Widmung einen Vorbehalt enthält, aufgrund dessen widmungsfremde Benutzungen zugelassen werden können. Denn in der Sache macht es keinen Unterschied, wenn die Widmung als auch auf weitere Benutzungen bezogen gedacht und insoweit aber einem Vorbehalt unterworfen wird.

28) So Stern, VVDStRL 21 (1962), S. 182, 227 (Leitsatz 25). Er beruft sich hier zwar ausdrücklich auf Köttgen, dehnt aber nicht nur die Bezeichnung der öffentlichen Straße als Mehrzweckinstitut auf den gesamten Kreis öffentlicher Sachen aus, sondern entfernt sich dazuhin in einem weiteren Punkt von Köttgens Modell. Denn während Köttgen noch geschrieben hatte, die Straße diene den "individuellen Interessen eines jeden oder speziell zugelassenen Interessenten (Daseinsvorsorge, S. 34), spricht Stern (a.A.O.) bereits von den "speziell zuzulassenden Interessenten".

nung der öffentlichen Straßen als Mehrzweckinstitut eine entschiedene Absage
zu erteilen.

Auch in der höchstrichterlichen Rechtsprechung zur Enteignungsentschä-
digung für die von Straßenumbauarbeiten betroffenen Anlieger findet sich
·heute der Begriff vom Mehrzweckinstitut nicht mehr. Seine Anhänger[29]
können sich daher lediglich auf das Urteil des Bundesgerichtshofs vom
25.6.1962[30] berufen. Der Bundesgerichtshof hatte dort noch ausgesprochen, öffentliche Straßen und Wege dienten herkömmlich und üblich auch
der Aufnahme der verschiedensten, im Allgemeininteresse notwendigen
Leitungen. Insbesondere für die Kanalisation, für die Telegraphen- und
Fernsprechlinien[31], aber auch für eine Reihe von Versorgungsleitungen
(Wasser, Gas, Elektrizität) könne das unter den gegebenen Verhältnissen
bei einer den allgemeinen Bedürfnissen entsprechenden vernünftigen Planung nicht anders sein und gehöre mit zur Zweckbestimmung der öffentlichen Straße. Aus diesem Grund hat der Bundesgerichtshof die Entschädi-
gungsklage des Inhabers einer Tankstelle abgewiesen, der für die Dauer
von Kanalisationsarbeiten an der Straße von seiner Kundschaft abgeschnitten war[32]. Daß indessen eine erweiterte Zweckbestimmung der öffentlichen Straße nicht zugleich die Grenzen des durch Art. 14 Abs. 1 GG
eigentumsrechtlich geschützten Anliegergebrauchs abschließend zu markieren vermag, hat der Bundesgerichtshof bereits in seinem berühmten Urteil
zum Frankfurter U-Bahnbau[33] klargestellt. Den Ausschlag gibt hier vielmehr die Erwägung, daß die Straße in einem gewissen Umfang auch Nutzungen außerhalb ihrer öffentlichen Zweckbestimmung zur Verfügung gestellt werden darf. Dadurch ist die Rechtsposition des Straßenanliegers in
ihrem Inhalt vorbelastet (beschränkt). Es kommt somit nicht darauf an,
ob die Bauarbeiten an der Straße Nutzungen ermöglichen sollen, die von
der Zweckbestimmung der öffentlichen Straße abgedeckt sind. Der Bundesgerichtshof hat im Gegenteil festgestellt, daß "die Grenzziehung zwischen
der entschädigungslos hinzunehmenden Sozialbindung und der entschädigungspflichtigen Enteignung nicht allein danach erfolgen darf, welchem
Zweck die Straßenbauarbeiten dienen"[34].

---

29) Vgl. etwa Papier, Öffentliche Sachen, S. 101.
30) - III ZR 62/61 -, NJW 1962, 1816, 1817.
31) Im Hinblick auf sie verweist der Bundesgerichtshof auf das Telegraphen-
    wegegesetz vom 18.12.1899 (RGBl. S. 705).
32) Zur Frage, unter welchen Voraussetzungen dem Straßenanlieger Anspruch
    auf Enteignungsentschädigung wegen Beeinträchtigung seines Gewerbebe-
    triebs durch Straßenarbeiten zusteht, vgl. auch BGH MDR 1964, 656 f.
    (Bärenklause), BGHZ 57, 359 ff. (Frankfurter U-Bahn).
33) BGHZ 57, 359 ff.
34) BGHZ 57, 359, 365. Sogar ausdrücklich ist der Bundesgerichtshof damit
    von seiner früheren, noch im Urteil vom 5.7.1965 - III ZR 173/65 -,

Die Theorie kann aber auch im übrigen keinen Bestand haben. Ist nun klargestellt, daß Sondernutzungen als weitere Straßen-"Zwecke" nicht von der durch
die Widmung ausgesprochenen öffentlichen Zweckbestimmung abgedeckt werden,
so reduziert sich die Bedeutung der Mehrzwecktheorie allein auf die Steuerung
(Lenkung) des Entscheidungsermessens über Sondernutzungen. Indem sie vorträgt, die Straße habe den vielfältigsten Nutzungen zu dienen, determiniert sie
das kommunale Entscheidungsermessen zugunsten der Sondernutzungs-Interes-
senten. Denn ihrem Antrag soll danach, aufgrund der Berücksichtigung der
Vielzweckfunktion der öffentlichen Straßen, grundsätzlich stattzugeben sein.
Ermessensfehlerfrei verweigert werden könne er nur bei Vorliegen entgegenstehender öffentlicher oder noch enger: spezifisch wegerechtlicher Belange.

Im Grunde gibt die Mehrzwecktheorie so lediglich vor, den Zweck der straßenrechtlichen Ermächtigung gefunden zu haben, dementsprechend die Entscheidungsbehörde nach § 40 VwVfG ihr Ermessen auszuüben hat. So wie die Theorie Verwendung findet, bezeichnet sie darum nicht die öffentliche Zweckbestimmung der Straße, sondern allenfalls den "Zweck" des straßenrechtlichen
Ermessens i.S. des § 40 VwVfG.

Insoweit steht die Mehrzwecktheorie allerdings auf allzu tönernen Füßen. Der
Umstand, daß die öffentliche Straße in der Praxis für vielfältige Nutzungen
zur Verfügung gestellt wird, vermag allein die Annahme nicht zu begründen,
daß das Entscheidungsermessen sich an dieser Praxis zu orientieren hätte und
deshalb dafür zu sorgen wäre, daß die öffentliche Straße der Bezeichnung als
Mehrzweckinstitut möglichst gerecht wird.

II. Der Gemeingebrauch und seine Legaldefinition

Die widmungsmäßige Zweckbestimmung der öffentlichen Straße beschränkt sich
somit auf die Eröffnung eines Verkehrs. Straßenbenutzungen, die sich nicht
als Verkehr charakterisieren lassen, stehen außerhalb der Widmung. Folglich
muß nach den Grundsätzen des Rechts der öffentlichen Sachen im Hinblick auf

---

NJW 1965, 1970, vertretenen Auffassung abgerückt. Sie hatte dem
Straßenanlieger zugemutet, die mit Straßenarbeiten verbundenen Beeinträchtigungen entschädigungslos hinzunehmen, wenn durch die Straßenarbeiten Einrichtungen hergestellt werden sollen, die "mit einer Straße üb-
licherweise verbunden sind".

die Verwirklichung dieser Straßenbenützungen ein (Zulassungs-)Anspruch vorenthalten bleiben[35]. Zulassungsfrei ist allein die als Gemeingebrauch bezeichnete Benutzung der öffentlichen Straße.

1. **Der "Rahmen der Widmung"**

Die als Gemeingebrauch bezeichnete Form der Straßenbenutzung ist nach § 7
Abs. 1 Satz 1 FStrG in den "Rahmen der Widmung" hineingestellt. Damit ist
zunächst die Obergrenze des als Gemeingebrauch gestatteten Gebrauchs der
öffentlichen Straße abgesteckt. Nutzungen außerhalb der widmungsmäßigen
Zweckbestimmung der öffentlichen Straße werden nicht dem Gemeingebrauch
zugerechnet. Es ist aus dieser Nutzungskategorie all das ausgeklammert, was
nicht bereits von der Zweckbestimmung der öffentlichen Straße als Straßenbenutzung vorgesehen ist.

Indem § 7 Abs. 1 Satz 1 FStrG auf den "Rahmen der Widmung" Bezug nimmt,
verknüpft er ferner den Gemeingebrauch mit der für eine konkrete Straße spezifischen Zweckbestimmung. Welche Art von Verkehr auf ihr als Gemeingebrauch zulässig ist, hängt deshalb von dem Inhalt der gerade für sie verfüg-
ten Widmung ab. Es entspricht damit auch der Inhalt des Gemeingebrauchs der
widmungsmäßigen Klassifikation der Straße. Was sich auf einer bestimmten
Straße als Gemeingebrauch abspielen darf, läßt sich aus diesem Grund nur mit
Blick auf ihre konkrete Zweckbestimmung beurteilen[36].

So ist etwa ein Spaziergang, den das Straßenrecht als Gemeingebrauch
grundsätzlich auf allen Straßen gestattet[37], auf einer zur Autobahn gewidmeten Straße unzulässig. Denn die Widmung zur Autobahn darf eine
solche Straße "nur für den Schnellverkehr mit Kraftfahrzeugen" bestimmen
(vgl. § 1 Abs. 3 Satz 1 FStrG). Einen Verkehr zu Fuß deckt die Widmung
nicht ab. Er liegt dort außerhalb des für sie abgesteckten "Rahmens der
Widmung" und deshalb außerhalb des auf Autobahnen zugelassenen Gemeingebrauchs.

---

35) Vgl. oben § 8 III.
36) Papier, Öffentliche Sachen, S. 77, spricht daher zutreffend von einer den
    Gemeingebrauch bestimmenden und begrenzenden Funktion der Widmung.
37) Anders kann freilich, insbesondere für bestimmte Straßenflächen, wie z.B.
    die Fahrbahn, die Beurteilung nach dem Straßenverkehrsrecht ausfallen.
    Zur Frage, ob das Straßenverkehrsrecht darüber hinaus Bedeutung für die
    straßenrechtliche Gemeingebrauchsdefinition selbst besitzt, vgl. unten § ..

Es gibt daher keinen für sämtliche Straßen geltenden feststehenden Begriff des Gemeingebrauchs. Sein Inhalt orientiert sich vielmehr an der Maßgabe der für eine bestimmte Straße erklärten Widmung. Indem sie die Klassifizierung einer Straße festlegt, d.h. ihre "Einstufung" vollzieht (vgl. § 3 Abs. 1 Satz 1 BaWüStrG), und sie für die Straße so den Inhalt der jeweiligen "straßengesetzlich vorformulierten" Zweckbestimmung für verbindlich erklärt, bestimmt sie zugleich den Umfang der dort als Gemeingebrauch gestatteten Straßenbenutzungen. Die gleiche Wirkung hat es, wenn in der Einstufungsentscheidung zusätzlich von der etwa in § 3 Abs. 1 Satz 2 BaWüStrG ausdrücklich eröffneten Möglichkeit Gebrauch gemacht und der Widmungsrahmen "auf bestimmte Benutzungsarten, Benutzungszwecke, Benutzerkreise oder in sonstiger Weise beschränkt" wird[38].

2. "Zum Verkehr"

Daraus folgt, daß dem ergänzenden Zusatz, wonach die Benutzung "zum Verkehr" zu erfolgen hat[39], keine eigenständige Bedeutung zugemessen werden kann[40]. Eröffnet die Widmung die Straße allein für verkehrsmäßige Verhaltensweisen, so ist bereits damit ausgesprochen, daß als eine vom Rahmen der Widmung abgedeckte Straßenbenutzung überhaupt nur eine solche in Betracht kommt, deren Zweck durch den Verkehr bestimmt wird. Wer auf der Straße ein ausrangiertes oder jedenfalls zum Verkehr nicht mehr zugelassenes Kraftfahrzeug abstellt oder die Straße als Lagerplatz für sonstige Gegenstände in Anspruch nimmt, benutzt sie außerhalb des von ihrer Widmung abgesteckten Rahmens und schon aus diesem Grund nicht zum Verkehr.

---

38) Ebenso etwa Art. 6 Abs. 3 Satz 2 BayStrWG für die Beschränkung der Widmung auf bestimmte Benutzungsarten. Köttgen, Daseinsvorsorge, S. 26 Fn. 9, hat diese Bestimmung bereits unvollständig zitiert, wenn er zum Beleg für seine Mehrzweck-Theorie ausführte, es sei danach "eine Widmung für bestimmte Benutzungsarten - also offenbar nicht nur für den Gemeingebrauch -" vorgesehen.
39) Vgl. § 7 Abs. 1 Satz 1 FStrG; Art. 14 Abs. 1 Satz 1 BayStrWG ("für den Verkehr"); § 16 Abs. 1 Satz 2 HambWg; § 14 Abs. 1 Satz 1 NdsStrG; § 20 Abs. 1 Satz 1 SchlHolStrWG.
40) Ebenso Kodal/Krämer, S. 487 Rdnr. 19.5; Schröder, Die Verwaltung 10 (1977), S. 451, 455.

Die in die Definition des Gemeingebrauchs eingefügte Verkehrsklausel erweist sich damit als im Grunde entbehrlich[41]. Ihr kommt vor allem über den Widmungsrahmen hinaus keine einschränkende Funktion zu in dem Sinne, daß von der "im Rahmen der Widmung" angesiedelten Gruppe von Straßenbenutzungen nur ein Ausschnitt, nämlich allein diejenigen, die "zum Verkehr" stattfinden, als Gemeingebrauch erlaubnisfrei zugelassen wären. Dem entspricht, daß heute bereits die überwiegende Zahl der Straßengesetze in der Gemeingebrauchsdefinition ohne diesen tautologischen Zusatz auskommen[42].

Während nach der Intention des Straßengesetzgebers die Verkehrsklausel gerade als klarstellende Einschränkung des Gemeingebrauchs gedacht war, ist ihr wahrscheinlich zuzuschreiben, daß seit den 70er Jahren der Inhalt des straßenrechtlichen Verkehrsbegriffs zunehmend in Fluß geraten ist. Denn dieser Begriff ist Gegenstand verschiedenster Ansätze, die sämtlich darauf abzielen, die Straße vielfältigeren Benutzungen, vor allem etwa einem "kommunikativen Straßenverkehr" zu eröffnen[43]. Es wird so über den Verkehrsbegriff der Inhalt des Gemeingebrauchs selbst ausgedehnt. Über Köttgens Unternehmen, der den Ansatz für eine "zeitgemäße Auslegung" noch in der Zweckbestimmung

---

41) Abzulehnen ist auch die Rechtsprechung, die an der Verkehrsklausel eine" subjektive" Komponente des Gemeingebrauchs festmachen will (vgl. etwa VGH München, DVBl 1967, 920, 921; ihr folgend Dicke, DVBl 1969, 316; Pappermann, NJW 1976, 1341). Bereits die Frage, ob sich eine bestimmte Benutzung der öffentlichen Straße innerhalb des von ihrer Widmung vorgegebenen Rahmens hält, läßt sich erst beantworten, wenn Klarheit über den jeweiligen Benutzungszweck geschaffen ist. Es ist damit von vornherein ausgeschlossen, daß eine widmungsmäßige Straßenbenutzung nicht "zum Verkehr" stattfindet (ebenso Maurer, DÖV 1975, 217, 220).

42) § 15 Abs. 1 BremStrG; § 10 Abs. 2 Satz 1 BerlsTrg; § 14 Satz 1 HessStrG; § 14 Abs. 1 Satz 1 NRWStrWG; § 34 RhPfStrG; Die §§ 13 Satz 1 BaWüStrG und 14 Abs. 1 Satz 1 SaarlStrG, verorten den Gemeingebrauch dagegen "innerhalb der verkehrsüblichen Grenzen" (dazu unten IV 1 a), ohne dadurch freilich den auf die Zweckbestimmung zum Verkehr beschränkten Rahmen der Widmung zu erweitern (vgl. VGH Mannheim, ESVGH 22, 229, 230; BGHSt 28, 275, 280; Steinberg, NJW 1978, 1898, 1901; Brohm, JZ 1985, 501, 506).

43) Mit diesem Etikett versehen soll insbesondere das Verteilen politischer Flugblätter auf der öffentlichen Straße von der Erlaubnispflicht freigestellt werden (vgl. OVG Berlin, NJW 1973, 2044, 2046; Plähn, DVBl 1976, 112 f.; kritisch dazu Schröder, Die Verwaltung 10 (1977), S. 591 ff.; Steinberg, NJW 1978, 1898 ff.).

der öffentlichen Straße meinte gefunden zu haben, geht das weit hinaus[44].
Während Köttgen die öffentliche Zweckbestimmung der Straße auf als Sondernutzungen immerhin *erlaubnispflichtige* Straßenbenutzungen erstreckt hatte,
hält man heute zwar überwiegend an der widmungsmäßigen Beschränkung auf
den Verkehrszweck fest, um freilich im selben Augenblick mit dem Verkehrsbegriff den Kreis der als "kommunikativer Gemeingebrauch" deklarierten *erlaubnisfreien* Straßenbenutzung anschwellen zu lassen.

Mit Recht keinen weiteren Widerhall hat immerhin die Kreation einer sogenannten "erlaubnisfreien Sondernutzung" erfahren. Im Rahmen von Ord-
nungswidrigkeiten-Verfahren gegen Einzelpersonen, die ohne straßenrechtliche Erlaubnis Flugblätter verteilt und Zeitungen verkauft hatten,
waren die Oberlandesgerichte Düsseldorf[45] und Celle[46] damit zu einem
Freispruch gelangt. Es liege - so die Begründung - in dieser Tätigkeit
eine Sondernutzung der öffentlichen Straße. Im Hinblick auf die grundrechtlichen Freiheitsgewährleistungen, insbesondere dem Grundrecht der
Meinungsäußerungsfreiheit nach Art. 5 Abs. 1 GG, könne die Verteilung
und der Verkauf politischer Schriften keiner Erlaubnispflicht unterliegen.
- Was die obergerichtliche Rechtsprechung mit einer erlaubnisfreien Sondernutzung aus dem Grundgesetz zurechtkonstruiert hat, sprengt bei weitem die Grenzen einer verfassungskonformen Gesetzesinterpretation. Diese
Grenzen sind wegen der verfassungsrechtlich vorgegebenen Gewaltenteilung dort markiert, wo die *Auslegung* in die *Änderung* des Gesetzes umschlägt[47].Von einer die "Wechselwirkung zwischen Grundrecht und
schrankenziehendem Gesetz" berücksichtigenden *Auslegung* straßenrechtlicher Vorschriften kann daher nicht mehr gesprochen werden, wenn die
dort vorgegebene grundlegende Unterscheidung zwischen zulassungsfreiem
Gemeingebrauch und erlaubnispflichtiger Sondernutzung aufgebrochen
wird[48].

---

44) Köttgen, Daseinsvorsorge, S. 30, hatte es demgegenüber sogar ausdrücklich verneint, daß der Gemeingebrauch "zu einer gegenständlichen Ausweitung tendiert".
45) NJW 1975, 1288 f.
46) Beschluß des 2. Senats vom 4.4.1975 (NJW 1975, 1894). Der 1. Senat des
OLG Celle hat dagegen in seinem Beschluß vom 25.4.1975 (DVBl 1976, 111
f.) im Ergebnis unentschieden gelassen, ob zwischen Gemeingebrauch und
erlaubnispflichtiger Sondernutzung als weitere Kategorie eine erlaubnis-
freie Sondernutzung anzuerkennen sei oder ob möglicherweise bereits der
Gemeingebrauch eine entsprechende Ausweitung erfahren hat. In diesem
Sinne zustimmend Sigrist, DÖV 1976, 376, 377 und - gar für einen Informationsstand - OLG Saarbrücken, NJW 1976, 1362 f.
47) Vgl. BVerfGE 9, 83, 87; 20, 150, 160; 48, 40, 45.
48) So zutreffend Papier, Öffentliche Sachen, S. 86 f.; kritisch bereits OLG
Stuttgart, DVBl 1976, 113, 114 f.; OLG Frankfurt, NJW 1976, 203 f. und

Die Frage, ob der straßenrechtliche Verkehrsbegriff in einem weiteren Sinne die kommunikative Straßenbenutzung mitumfaßt und als "Straßenverkehr" auch den Austausch von Informationen und Meinungen gewährleistet[49], kann allerdings hier zunächst dahingestellt bleiben. Denn jedenfalls der Mindestinhalt des straßenrechtlichen Verkehrsbegriffs steht außer Streit. Es bedarf so denn auch keiner weiteren Erläuterung, daß die öffentlichen Straßen der Fortbewegung und Ortsveränderung dienen, der auf ihnen eröffnete Verkehr also ein darauf abzielendes Verhalten meint.[50] In Rechtsprechung und Literatur ist dieser Inhalt zumindest i.S. eines Grundgehalts des straßenrechtlichen Verkehrsbegriffs einhellig anerkannt[51]. Auf dieser Grundlage kann deshalb der Blick vorab auf die Fortführung der Gemeingebrauchsdefinition in § 7 Abs. 1 Satz 3 FStrG gerichtet werden.

3. "Vorwiegend zum Verkehr"

Durch § 7 Abs. 1 Satz 3 FStrG wird die Definition des Gemeingebrauch konkretisiert. Danach "liegt kein Gemeingebrauch vor, wenn jemand die Straße nicht vorwiegend zum Verkehr, sondern zu anderen Zwecken benutzt"[52]. Die Vorschrift trägt so dem Umstand Rechnung, daß die Benutzung der öffentlichen Straßen vielfältigen, auch mehreren gleichzeitig verfolgten Zwecken dienen kann.

OLG Bremen, NJW 1976, 1359, 1360, die freilich dazu neigen, die Flugblattverteilung als Gemeingebrauch einzustufen. Verworfen wird das Institut der erlaubnisfreien Sondernutzung ferner von Schröder, Die Verwaltung 10 (1977), S. 451, 455 f.; Pappermann, NJW 1976, 1341, 1344; Mußgnug, Vierteljahrhundert, S. 81, 90 Fn. 22 ("rechtsdogmatischer Wechselbalg"); Steinberg, NJW 1978, 1898, 1899; Meissner, JA 1980, 583, 591; Bairl-Vaslin, S. 40 f.; Brohm, JZ 1985, 501, 506; Pappermann/Löhr/Andriske, Recht der öffentlichen Sachen, S. 90.

49) So ausdrücklich OVG Berlin, NJW 1976, 2044, 2045. Vgl. ferner VGH Mannheim, NJW 1989, 1299, 1300; NJW 1987, 1839; OVG Lüneburg, DÖV 1985, 688; OLG Hamm, NJW 1980, 1702; Stock, S. 16.

50) So etwa BVerwG, VerwRspr 22, 852; VGH München, DVBl 1967, 920, 921.

51) Vgl. statt aller etwa Jahn, NJW 1961, 2196; BayObLG, DVBl 1967, 202; Schröder, DVBl 10 (1977), S. 451, 456 f.

52) Ebenso Art. 18 Abs. 1 Satz 2 BayStrWG; § 10 Abs. 2 Satz 3 BerlStrG; § 14 Abs. 1 Satz 3 NdsStrG; § 14 Abs. 3 NRWStrWG; § 34 Abs. 3 RhPfStrG; § 20 Abs. 1 Satz 2 SchlHolStrWG und - in der Formulierung ähnlich - § 16 Abs. 2 HambWg.

Dient die Inanspruchnahme der Straße nach den Vorstellungen des Straßenbenutzers der Verwirklichung mehrerer unterschiedlicher Zwecke, so ist ihre Einstufung als Gemeingebrauch nur unter zwei Voraussetzungen möglich: Zunächst
muß verlangt werden, daß die Straßenbenutzung zumindest *auch* durch den
Verkehrszweck bestimmt ist. Eine hinreichende Bedingung für ihre Einstufung
als Gemeingebrauch bedeutet das aber erst, wenn ferner der Verkehrszweck im
Verhältnis zu den daneben verwirklichten Straßenbenutzungszwecken der "vor-
wiegende" ist. Die Straßengesetze gestatten somit als Gemeingebrauch nicht
jedes mit einer Fortbewegung verbundene Verhalten. Vielmehr ist hier eine
Abwägung zwischen den Straßenbenutzungszwecken notwendig[53].

Im Hinblick darauf ist zunächst indessen zu bemerken, daß der Zweck der
Straßenbenutzung nicht mit deren Motiv oder "Endzweck" vermengt werden
darf[54]. Ob die Teilnahme am Verkehr aus beruflichen (Fahrt zur Arbeitsstät-
te), privaten (Einkauf, Besuch von Bekannten) oder irgendwelchen anderen
Gründen veranlaßt ist, spielt für ihre Qualifizierung als Gemeingebrauch keine
Rolle[55]. Auf den Anlaß, weshalb durch die Benutzung der Straße der jeweilige
Zielort erreicht, namentlich die Tätigkeit, die dort und damit außerhalb des
Straßenbereichs entfaltet werden soll, kommt es als bloßes Motiv der Straßenbenutzung nicht an[56]. Über den für die Eingrenzung des Gemeingebrauchs
maßgebenden Zweck der Straßenbenutzung kann allein die Straßenbenutzung
selbst, d.h. die dazu im Straßenbereich entfaltete Tätigkeit, Auskunft geben.
So ist etwa für die gewerbliche Beförderung von Personen und Gütern ent-

---

53) Kodal/Krämer, S. 492 Rdnr. 21.43; BayObLG, DVBl 1967, 201.
54) Die Unterscheidung zwischen Zweck und Motiv ist etwa auch dem Gesell-
    schaftsrecht geläufig. Dort bezeichnet der gemeinsame, vertraglich festge-
    legte Zweck der Gesellschaft den Gegenstand des Gesellschaftsverhältnis-
    ses. Der Zweck eines Zusammenschlusses zur Finanzierung und zum Bau
    eines Museums, eines Krankenhauses u.a. erschöpft sich deshalb in dieser
    durch die vertraglichen Förderungspflichten näher umschriebenen Tätig-
    keit, während die damit von den Beteiligten verfolgte, meist gemeinnützi-
    ge Absicht im Bereich der außervertraglichen Motive verbleibt (vgl. statt
    aller P. Ulmer, Die Gesellschaft bürgerlichen Rechts, 2. Aufl. 1986, § 705
    Rdnr. 11 ff. m.w.N.).
55) BVerwG, VerwRspr 22, 852; Kodal/Krämer, S. 491 f. Rdnr. 21.41.
56) Eine Ausnahme kann nach Kodal/Krämer, S. 492 Rdnr. 21.41, allenfalls
    für die beschränkt-öffentlichen Wege gelten, die nur für den Besuch etwa
    der Kirche, des Friedhofs oder der Schule gewidmet sind.

scheidend, daß das Gewerbe zwar mittels, aber nicht auf der öffentlichen Straße ausgeübt wird[57].

Besteht die Straßenbenutzung im Umherfahren oder -tragen von Werbeschildern, so gibt sich der damit angestrebte Zweck in der Werbung zu erkennen. Daß für ein so gekennzeichnetes Verhalten auch die Fortbewegung eine Rolle spielt[58], vermag es dem Gemeingebrauch deshalb nur zuzuschlagen, wenn der Verkehrszweck dabei als "vorwiegender" Zweck der Straßenbenutzung hervortritt. Zu verneinen ist das aber jedenfalls dann, wenn der Verkehrsgebrauch lediglich als *Folge* eines auf der Straße verwirklichten anderen Zwecks erscheint.

Deshalb rechnen die reinen Werbefahrten nicht zum Gemeingebrauch[59]. Bei ihnen wird die Straße nur aufgesucht, um sie als Forum der Werbung in Beschlag zu nehmen. Durch den Verkehrsgebrauch wird bereits auf der Straße selbst ein "anderer Zweck" verwirklicht.

Anders verhält es sich dagegen bei Geschäftsfahrzeugen, die zwar regelmäßig ebenfalls mit Werbeaufdrucken versehen sind, die aber, was letztlich entscheidend ist, auf der Straße zum Transport von Personen oder Gütern eingesetzt werden. Der Werbeeffekt wird bei ihnen umgekehrt aus Anlaß, nämlich als Folge des die Teilnahme am Verkehr bezweckenden Gebrauchs der Straße

---

57) Salzwedel, in: E/M, AllgVerwR, § 46 II 1 (S. 442). Daraus folgt, daß auch das Abstellen eines Wohnmobils auf der öffentlichen Straße zur Sondernutzung umschlägt, sobald es dort als Wohnraum genutzt wird. Das gilt jedenfalls bei längerdauernden Benutzungen dieser Art (OLG Braunschweig, NVwZ 1982, 63: 4 Tage).

58) Die Werbung unter Verwendung eigens dafür hergerichteter Kraftfahrzeuge wird durch die Teilnahme am fließenden Verkehr erst effektiv. Auf Parkplätzen abgestellt könnten sie die angestrebte (eine) breit gestreute Publikumswirkung kaum erzielen.

59) BVerwG, VerwRspr 22, 852, 853. (Der Kläger fuhr seinen Pkw mit einem als Werbeträger ausgestalteten Anhänger durch die Straßen der Stadt). Das Bundesverwaltungsgericht hielt dafür eine Erlaubnis nach § 5 Abs. 1 Nr. 1 StVO a.F. für erforderlich (Veranstaltung, die eine mehr als verkehrsübliche Inanspruchnahme der Straße bedeutet). Ein generelles und absolutes verkehrsrechtliches Verbot, dem die reinen Werbefahrten durch § 33 Abs. 1 Satz 3 StVO a.F. unterworfen werden sollten, hat das Bundesverfassungsgericht im Urteil vom 10.12.1975 (-1 BvR 118/71-, BVerfGE 40, 371 ff.) dagegen wegen Verstoßes gegen Art. 12 Abs. 1 für verfassungswidrig erklärt. Kritisch zu dieser Entscheidung Wagner, NJW 1976, 1083 f.

und damit im Rahmen des Gemeingebrauchs erzielt. Aus diesem Grunde schließt auch die Reklame an Taxis, Omnibussen und Straßenbahnen sowie Fahrzeugen der Post und der Bahn ihre Teilnahme am Gemeingebrauch nicht aus[60].

Gleiches gilt für Privatfahrzeuge, die häufig mit Kunststoffaufklebern am Heck fast gratis oder - "professioneller" - im Rahmen eigens abgeschlossener Werbeverträge gegen Vergütung den Bekanntheitsgrad gewerblich-industrieller Produkte und Leistungen erhöhen. Vor allem sind die Privatfahrzeuge von ihren Besitzern aber als Vehikel zur Äußerung politischer Meinungen entdeckt worden, die, auf einen entsprechenden Aufkleber reduziert und an mehr oder weniger auffälliger Stelle am Fahrzeug placiert, den anderen Verkehrsteilnehmern sichtbar gemacht werden. Die Teilnahme am Verkehr als dem erkennbaren vorwiegenden Zweck der Straßenbenutzung stellt das ebensowenig in Frage[61].

Überschlägt man nun die auf der Grundlage von § 7 Abs. 1 Satz 3 FStrG gewonnenen Ergebnisse, so wird man allerdings einräumen müssen, daß seine Bedeutung gerade nicht in einer Einschränkung der Gemeingebrauchsdefinition besteht, sie sich vielmehr in deren bloßen Klarstellung erschöpft. Indem sie für die Abgrenzung zwischen Gemeingebrauch und Sondernutzung darauf abstellt, zu welchem Zweck die Straßenbenutzung "vorwiegend" stattfindet, erklärt sie lediglich den Zweck für maßgebend, durch den die Straßenbenutzung gekennzeichnet ist. Allein dieser und nicht etwa die im Hintergrund bleibenden weiteren Benutzungszwecke entscheiden aber bereits nach § 7 Abs. 1

---

60) Vgl. BVerwG, VerwRspr 22, 852, 853. Anders verhält es sich dagegen, wenn Busse nicht im Personenverkehr, sondern - wie neuerdings die im kontinentalen Straßenbild recht auffälligen Veteranen der Londoner Doppeldecker - ausschließlich als Werbeträger in den Straßen umherfahren (ebenso Peine, JZ 1984, 869, 872).

61) Daher wäre es verfehlt, zur Begründung dieses Ergebnisses die grundrechtlich gewährleistete Meinungsäußerungsfreiheit zu bemühen. Art. 5 Abs. 1 Satz 1 GG kann erst Bedeutung erlangen, wenn mit einem solcherart gestalteten Fahrzeug die öffentliche Straße verlassen wird. So ist etwa auf dem Gelände der Bundeswehr die Berufung auf den jedermann gestatteten Gemeingebrauch nicht möglich. Deshalb wird hier erheblich, ob die Freiheit der Meinungsäußerung gewährleistet, daß ein Wehrpflichtiger auf dem Parkplatz seiner Kaserne ein mit einer Anti-Atomkraft-Plakette versehenes Kraftfahrzeug abstellen darf. Das Bundesverwaltungsgericht hat diese Frage im Urteil vom 6.8.1981 - 1 WB 89/90 -, DVBl 81, 1066, verneint: "Der Befehl eines zuständigen Vorgesetzten, der es Soldaten verbietet, innerhalb dienstlicher Unterkünfte und Anlagen an Kraftfahrzeugen sichtbar Aufkleber mit dem Text: "Atomkraft - Nein danke" zu führen, ist rechtmäßig.

Satz 1 FStrG darüber, ob die Straßenbenutzung der widmungsmäßigen Zweckbestimmung entspricht.

Die Straßengesetze von Baden-Württemberg, Bremen, Hamburg, Hessen und Nie-
dersachsen konnten daher mit Fug auf eine dem § 7 Abs. 1 Satz 3 FStrG
entsprechende Vorschrift verzichten, ohne daß für ihren Geltungsbereich der
Umfang des Gemeingebrauchs abweichend bestimmt werden müßte[62]. Auch die
Rechtsprechung zieht demgemäß die Vorschrift des § 7 Abs. 1 Satz 3 FStrG
lediglich zur Bestätigung der bereits mit der Anwendung des § 7 Abs. 1
Satz 1 FStrG gewonnenen Ergebnisse heran[63].

III. Der straßenrechtliche Verkehrsbegriff

Scheinen damit durch die straßengesetzlichen Legaldefinitionen die Grenzen
gemeingebräuchlicher, erlaubnisfreier Straßenbenutzung deutlich abgesteckt zu
sein, so gehen gleichwohl die Ansichten über ihren Umfang diametral auseinan-
der. Denn, wie oben bereits angesprochen, ist neuerdings der Verkehrsbegriff
als Angelpunkt dieser Legaldefinitionen zur Diskussion gestellt. Es geht dabei
um die Frage, ob der Gemeingebrauch sich auf ein die Fortbewegung und Ortsveränderung bezweckendes Verhalten beschränkt oder ob er darüber hinaus als
"Verkehr" auch Straßenbenutzungen gewährleistet, deren Zweck in der Kommunikation besteht.

1. Die Mehrdeutigkeit des Begriffs "Verkehr"

Der allgemeine Sprachgebrauch verbindet mit dem Wort Verkehr in der Tat
verschiedene Bedeutungsvarianten. Sie lassen sich im wesentlichen auf zwei
Grundformen zurückführen.

a) Als Verkehr werden zunächst alle Arten sozialer Kontakte bezeichnet[64]. In
diesem Sinne meint Verkehr vor allem den privaten Umgang. So spricht man,
was ihn anbelangt, beispielsweise von einem freundschaftlichen, geselligen

---

62) Ebenso Kodal, S. 492 Rdnr. 21.43, insoweit freilich im Widerspruch zu der
   von ihm zuvor (S. 491 Rdnr. 21.4) getroffenen Feststellung, wonach aus
   den am § 7 Abs. 1 Satz 3 FStrG angelehnten Vorschriften sich für den
   Gemeingebrauch "eine weitere Einschränkung" ergäbe.
63) Vgl. etwa BVerwG, VerwRspr 22, 852, 853.
64) Vgl. Brockhaus, Stichwort "Verkehr".

oder geschäftlichen Verkehr[65]. Unter Verkehr wird demnach der allgemein auf Gedankenaustausch gerichtete Umgang, die Kommunikation, verstanden.

Mit diesem Bedeutungsgehalt ist der Verkehrsbegriff bereits seit dem ausgehenden 19. Jahrhundert gebräuchlich. Hervorgegangen ist er aus einer Bedeutungsübertragung. Ursprünglich wurde nämlich mit dem Begriff Verkehr das Handelswesen bezeichnet[66]. In diesem Sinne kannte noch das deutsche Wörterbuch von 1891 vier Zusammensetzungen mit dem Bestimmungswort Verkehr: Verkehrsmittel, -straße, -verhältnis und -welt. Unter einer "Verkehrsstraße" verstand man dementsprechend einen "Handelsweg". Die Verbindung zum Handelswesen ist danach freilich im wesentlichen verloren gegangen.

b) Heute umschreibt der Ausdruck Verkehr aber nicht nur die Pflege sozialer Kontakte. Aus seinem ursprünglichen Bedeutungsgehalt ist daneben eine weitere Ableitung gebräuchlich geworden. Sie bezeichnet mit dem Begriff Verkehr das Hin- und Hergehen, die Fortbewegung, allgemein ein Verhalten, das durch das Streben nach Ortsveränderung gekennzeichnet ist. In diesem Sinne versteht man unter einer "Verkehrsstraße" eine Straße, die viel begangen und befahren wird.

2. Der Verkehrsbegriff in den straßenrechtlichen Vorschriften

Die Mehrdeutigkeit des Verkehrsbegriffs im allgemeinen Sprachgebrauch erklärt die Auseinandersetzungen, die um seinen straßenrechtlichen Bedeutungsgehalt geführt werden. Sie wirft die Frage auf, "ob der Begriff des Verkehrs nur die Fortbewegung mit ihren widmungskonformen Unterbrechungen (Anhalten, Parken) deckt oder die Benutzung der Straße zu Handel und Wandel, als politisches Forum, als Träger von Kommunikationsvorgängen, als Schauplatz des Lebens (umfaßt), auf dem jedermann seine Persönlichkeit frei entfalten kann"[67]. Denn vor allem diese Mehrdeutigkeit des Verkehrsbegriffs könnte seinen Inhalt

---

65) Vgl. Trübners, Deutsches Wörterbuch, 1956, Bd. 7, S. 471.
66) Vgl. L. Trisch, Teutsch-Lateinisches Wörterbuch, Bd. 1, 1741, S. 507: "Verkehr gebrauchen einige für commercium."
67) So Salzwedel, in: E/M, AllgVerwR, § 46 II 1 (S. 442).

einer Neubestimmung im Lichte der Grundrechte zugänglich machen, die sein Bedeutungsspektrum möglicherweise in ihrer gesamten Breite ausschöpft[68].

Zunächst ist allerdings zu untersuchen, in welchem Sinne ihn die einfachgesetzlichen Vorschriften des Straßenrechts verstanden wissen wollen, ob für sie der auf die Fortbewegung und Ortsveränderung beschränkte Bedeutungsgehalt maßgebend ist oder ob ihnen ein um die Kommunikation erweiterter Verkehrsbegriff zugrundegelegt werden muß. Denn der gesetzgeberische Wille, sofern er hier einen eindeutig erkennbaren Niederschlag erfahren hat, bildet die Grenze, über die hinwegzuschreiten auch einer grundrechtsorientierten Auslegung verwehrt ist[69].

Vorab soll an dieser Stelle lediglich betont werden, daß Grundrechte für die Interpretation des straßenrechtlichen Verkehrsbegriffs überhaupt nur Bedeutung erlangen können, wenn das Verhalten, das damit als "Verkehr" dem Gemeingebrauch unterstellt werden soll, nicht nur als solches den grundrechtlichen Schutz genießt. Das wird nämlich oft verkannt. So sind etwa Meinungsverbreitungen in Hydepark-Manier oder Musikdarbietungen durch Art. 5 Abs. 1 bzw. Abs. 3 vor staatlichen Eingriffen abgeschirmt. Ob für diese Betätigungen auch die öffentliche Straße zur Verfügung gestellt werden muß, ist mit dieser Feststellung aber noch keineswegs ausgemacht.

Aufschluß über den Bedeutungsgehalt des straßenrechtlichen Verkehrsbegriffs läßt sich möglicherweise aus dem Zusammenhang der Vorschriften gewinnen, in denen der Zweck der öffentlichen Straßen festgelegt ist.

a) **Bundesfernstraßengesetz**

Die Bundesstraßen des Fernverkehrs (Bundesfernstraßen) stellt § 1 Abs. 1 Satz 1 FStrG als öffentliche Straßen vor, die ein "zusammenhängendes Verkehrsnetz bilden und einem "weiträumigen Verkehr" dienen oder zu dienen bestimmt sind". In diesem Kontext geht es nicht an, den Begriff Verkehr im Sinne eines Kommunikationsverhaltens zu interpretieren. Das schließt bereits die Konzeption des Bundesfernstraßennetz aus, das als Träger "weiträumiger" Nachrichten nicht geeignet ist. Ebensowenig kommt es als Stätte einer "weit-

---

68) Der Wortlaut und der klar erkennbare Wille des Gesetzgebers bilden die Grenze jeder Auslegung (vgl. dazu BVerfGE 8, 28, 34; 18, 97, 11; 19, 1; 22, 254).
69) Vgl. BVerfGE 8, 28, 34; 18, 97, 111.

räumigen Kommunikation" in Betracht. Seine Aufgabe kann danach vielmehr allein darin gesehen werden, die Ortsveränderung über weite Entfernungen zu ermöglichen.

Allein in den engen, auf die Fortbewegung und Ortsveränderung beschränkten Bedeutungsgehalt fügt sich die Begriffsbestimmung der Bundesautobahnen ein. Sie sind nach § 1 Abs. 3 FStrG "nur für den Schnellverkehr mit Kraftfahrzeugen bestimmt". Die Bezugnahme auf das Kraftfahrzeug, als "Verkehrsmittel" ein Gegenstand zur motorisierten Fortbewegung, dem zur Ermöglichung eines "Schnellverkehrs" durch eine besondere bauliche Straßengestaltung ein besonderer Augenmerk zuteil wird, bliebe ungereimt, wenn der Verkehr die Kommunikation einschlösse[70].

Ferner belegen die den Begriff Verkehr enthaltenden Wortverbindungen, denen sich das Bundesfernstraßengesetz im folgenden bedient, daß es Verkehr lediglich im Sinne der Ortsveränderung versteht. So sollen etwa die Bundesautobahnen nach § 1 Abs. 3 Satz 2 getrennte Fahrbahnen für den "Richtungsverkehr" haben. Zudem spricht es von "Verkehrszeichen, Verkehrseinrichtungen und -anlagen aller Art, die der Sicherheit oder Leichtigkeit des Straßenverkehrs dienen" und die es zum Straßenzubehör rechnet (§ 1 Abs. 4 Nr. 3 FStrG).

Die Maßgeblichkeit dieses engen Verkehrsbegriffs auch für die als Gemeingebrauch erlaubnisfrei gestattete Straßenbenutzung ergibt sich aus der Bezugnahme seiner Definition auf den "Rahmen der Widmung", durch den er nach Inhalt und Umfang an die konkret für eine bestimmte Straße verfügte Zweckbestimmung gekoppelt wird. Bestätigt wird das durch die im Anschluß an die Gemeingebrauchsdefinition getroffene wertende Gegenüberstellung von "fließendem" und "ruhendem Verkehr"[71]. Sie ist nur verständlich, wenn der Verkehr in dem engeren Sinne des Transportwesens, nicht der Kommunikation oder des Wirtschaftslebens (Geschäfts- oder Wirtschaftsverkehr = Austausch von Gütern und Leistungen) verstanden wird[72].

70) Meissner, JA 1980, 583, 585.
71) Ebenso § 16 Abs. 1 Satz 2 HambWg; § 14 Abs. 1 Satz 2 NdsStrG; § 34 Abs. 2 RhPfStrG; § 20 Abs. 2 Satz 2 SchlHolStrWG.
72) OLG Hamm, NJW 1977, 687, 688 f.; BayObLG, DVBl 1967, 202; Kodal/Krämer, S. 487 Rdnr. 19.2.; Meissner, JA 1980, 583, 585; Schröder, Die Verwaltung 10 (1977), S. 451, 457. Soweit Schröder in diesem Zusammenhang ferner mit der Bezugnahme der Gemeingebrauchsdefinitionen auf

b) Landesstraßengesetze

Allein maßgeblich scheint der enge Verkehrsbegriff auch für die der Gesetzgebungskompetenz der Länder unterliegenden öffentlichen Straßen zu sein. Denn von den Bundesfernstraßen werden sie lediglich durch ihre geringer dimensionierte "Verkehrsbedeutung" unterschieden.

Die Verkehrsbedeutung einer Straße bestimmt sich in erster Linie nach der Ausdehnung des von ihr erschlossenen Raumes.[73]. Die landesgesetzlich erfaßten Straßen mögen daher zwar ein zusammenhängendes Verkehrsnetz bilden. Es fehlt ihnen aber jedenfalls die in § 1 Abs. 1 FStrG für Bundesfernstraßen geforderte Eigenschaft, daß sie einem *weiträumigen* Verkehr dienen oder zu dienen bestimmt sind. § 2 Abs. 4 FStrG trägt dem mit der Bestimmung Rechnung, wonach "eine Bundesfernstraße, bei der die Voraussetzungen des § 1 weggefallen sind, entsprechend ihrer Verkehrsbedeutung in die sich aus dem Landesrecht ergebende Straßenklasse *abzustufen*" ist[74].

Der Maßstab selbst, den die Straßengesetze der Länder an die Verkehrsbedeutung ihrer öffentlichen Straßen anlegen, verfügt über drei Stufen[75]. An er-

---

die Vorschriften des Straßenverkehrsrechts argumentiert, kann dem freilich nicht gefolgt werden. Denn der Regelungsbereich des Straßenverkehrsrechts ist keineswegs auf Verkehrsvorgänge beschränkt. Als Ordnungsrecht umfaßt es notwendigerweise auch die Abwehr von Gefahren, die von außen auf den Verkehr einwirken (vgl. BVerfGE 32, 319, 326 und 331; 40, 371, 379 f.; BVerwGE 28, 310, 311 f.; 56, 56, 58; Maunz/Dürig, Art. 74 Rdnr. 238.

73) Vgl. VGH München, VerwRspr 22, 595, 596 f. Danach bildet die an ihren Ausgangs- und Zielpunkten erkennbare räumliche Tragweite der auf der Straße stattfindenden Verkehrsvorgänge das "praktisch wichtigste Erkenntnismerkmal" ihrer Verkehrsbedeutung, während etwa den Verkehrsarten oder der Verkehrsdichte dabei nur untergeordnetes Gewicht zugemessen wird.

74) Vgl. dazu etwa das Urteil des VGH München, VerwRspr 22, 595 ff.

75) Außer Betracht können hier die öffentlichen Straßen von untergeordneter Verkehrsbedeutung bleiben. Sie rechnen, obwohl etwa das BayStrWG für sie (als "sonstige öffentliche Straßen" i.S. der Art. 3 Abs. 1 Nr. 4, 53 BayStrWG) eine eigene Kategorie vorgesehen hat, zu den Gemeindestraßen (vgl. § 3 Abs. 2 Nr. 3 und 4 BaWüStrG). Ferner gilt eine Besonderheit für die Stadtstaaten. Sie unterscheiden zwischen lediglich zwei systematisch selbständigen Straßenklassen (vgl. § 3 Abs. 1 BremStrG). Das Hamburgische Straßen- und Wegegesetz verzichtet dagegen völlig auf eine entsprechende Einteilung.

ster Stelle stehen die Landesstraßen, die zum Teil als Landesstraßen I. Ordnung bezeichnet werden[76]. Sie bilden ebenfalls entweder untereinander oder zusammen mit den Bundesfernstraßen ein Verkehrsnetz und eröffnen den "durchgehenden Verkehr innerhalb des Landes"[77]. Dem überörtlichen Verkehr innerhalb der Landkreise oder zwischen benachbarten Landkreisen dienen als nächste Straßengruppe die Kreisstraßen bzw. Landstraßen der II. Ordnung[78]. Die Gemeindestraßen schließlich sind entweder als Gemeindeverbindungsstraßen dem Verkehr zwischen benachbarten Gemeinden oder Gemeindeteilen oder als Ortsstraßen dem Verkehr innerhalb der geschlossenen Ortslage oder innerhalb eines im Bebauungsplan festgesetzten Baugebiets zu dienen bestimmt[79].

Die durch den geschlossenen Ortsbereich verlaufenden Abschnitte von Bundesfernstraßen, Landes- oder Kreisstraßen behalten bereits aufgrund ihrer Bestimmung für den überörtlichen, weiträumigen Verkehr die ihnen jeweils vorgegebene Klassifikation. Bloß klarstellende Bedeutung hat es daher, daß diese Abschnitte als "Ortsdurchfahrten"[80] von den Ortsstraßen ausdrücklich ausgeklammert werden[81].

Für den Bereich ihrer Ortsdurchfahrten unterliegen die im Rang über den Gemeindestraßen klassifizierten Straßengruppen allerdings zahlreichen Sonderregelungen. Das betrifft zunächst die Straßenbaulast für die Ortsdurchfahrten. Die Gemeinden sind daran zumindest beteiligt. Bis zu einer bestimmten Einwohnerzahl[82] obliegt ihnen die Baulast für die Gehwege und Parkplätze[83].

---

76) Das BayStrWG spricht von Staatsstraßen.

77) So § 3 Abs. 1 Nr. 1 BaWüStrG; Art. 3 Abs. 1 Nr. 1 BayStrWG: "Durchgangsverkehr".

78) Vgl. § 3 Abs. 1 Nr. 2 BaWüStrG; ebenso Art. 3 Abs. 1 Nr. 2 BayStrWG, der freilich mit besonderer Akribie vorgeht. Er erwähnt neben den Landkreisen nicht nur die kreisfreien Gemeinden, sondern stellt darüber hinaus klar, daß die Kreisstraßen auch den "erforderlichen Anschluß von Gemeinden an das überörtliche Verkehrsnetz" herstellen.

79) Vgl. § 3 Abs. 1 Nr. 3 i.V.m. Abs. 2 BaWüStrG.

80) Vgl. zum Begriff und zur räumlichen Umgrenzung der Ortsdurchfahrten § 5 Abs. 4 FStrG; § 8 BaWüStrG; Art. 4 BayStrWG; ferner BVerwG, DVBl 1967, 291 f.

81) Vgl. § 3 Abs. 2 Nr. 2 BaWüStrG; Art. 3 Abs. 1 Nr. 3 i.V.m. Art. 46 Buchst. b) BayStrWG. Auch die Gehwege an Ortsdurchfahrten von Bundesfernstraßen unterliegen den Vorschriften des Bundesferstraßengesetzes (BVerwGE 35, 326 f.).

82) Sie beträgt bei Bundesfernstraßen 80.000 (§ 5 Abs. 2 Satz 1 FStrG), während bei den Landes- und Kreisstraßen je nach Bundesland Einwohnerzahlen zwischen 20.000 (§ 12 Abs. 1 Satz 1 SchlHolStrWG) und

Gemeinden mit einer höheren Einwohnerzahl tragen dagegen die Baulast für ihre Ortsdurchfahrten in vollem Umfang.

Bereits mit der Baulast, d.h. entsprechend ihrer räumlichen Erstreckung auf die Ortsdurchfahrten, würde auf die Gemeinde als Straßenbehörde an sich die Zuständigkeit für die Erteilung der Sondernutzungserlaubnis übergehen[84]. Die straßengesetzlichen Vorschriften lösen sich hier indessen von dem Grundsatz, nach dem die Entscheidungskompetenz über Sondernutzungen an die Baulast gebunden ist. Denn ohne Rücksicht darauf und somit unabhängig von den Eigentumsverhältnissen am Straßengrundstück, verleihen sie den Gemeinden die Entscheidungszuständigkeit für den gesamten Bereich der Ortsdurchfahrten[85]. Deshalb verfügt über Sondernutzungen an sämtlichen öffentlichen Straßen innerhalb des Ortsbereichs in jedem Fall die davon betroffene Gemeinde selbst. Darauf wird, wie gesagt, noch zurückzukommen sein. Zunächst ist festzuhalten, daß die Einstufung sämtlicher öffentlicher Straßen nach ihrer Verkehrsbedeutung voraussetzt und somit aufzeigt, daß der enge Verkehrsbegriff des Bundesfernstraßengesetzes für das gesamte Straßenrecht den Ausschlag geben muß. Während die Bundesfernstraßen typischerweise für den "weiträumigen Verkehr" bestimmt sind, dienen die Ortsstraßen dem Verkehr innerhalb des örtlichen Gemeindebereichs. Sie unterscheiden sich allein in dieser ihnen jeweils zugewiesenen "Verkehrsbedeutung". Die gemeingebräuchliche Benutzung setzt deshalb bei sämtlichen Straßenklassen voraus, daß sie zum Zwecke der Fortbewegung stattfindet[86].

80.000 (§ 44 Abs. 1 Satz 1 NRWStrWG; § 12 Abs. 3 Satz 1 RhPfStrG) angesetzt sind.

83) Art. 48 Abs. 1 BayStrWG erstreckt die gemeindliche Straßenbaulast im Hinblick auf Ortsdurchfahrten darüber hinaus auf die Radwege.

84) Vgl. § 8 Abs. 1 Satz 2, Halbs. 1 FStrG; Art. 18 Abs. 1 Satz 1, Halbs. 1 BayStrWG; § 16 Abs. 2 Satz 1 BaWüStrG.

85) Vgl. § 8 Abs. 1 Satz 2, Halbs. 2 FStrG; § 17 Satz 1 BaWüStrG; Art. 18 Abs. 1 Satz 1, Halbs. 2 BayStrWG; § 17 Abs. 1 Satz 1 HessStrG; § 18 Abs. 1 Satz 2, Halbs. 2 NdssTrg; § 18 Abs. 1 Satz 3, Halbs. 1 NRWStrWG; § 42 Abs. 1 Satz 1 RhPfStrG; § 19 Abs. 1 Satz 1 SaarlStrG. Eine Ausnahme bildet das SchlHolStrWG. Siehe dazu unten S. ...

86) Das übersieht etwa das OVG Lüneburg, NJW 1977, 916 f., das die landes-gesetzliche Zweckbestimmung der Ortsstraßen mit keinem Wort erwähnt und statt dessen aus der Bestimmung der Bundesfernstraßen für den "weiträumigen Verkehr" den Umkehrschluß zieht, daß zwar nicht diese, wohl aber die innerörtlichen Straßen der Flugblattverteilung zur Verfügung stehen müssen.

3. Die Erschließungsfunktion öffentlicher Straßen

Für die Straßen innerhalb des Ortsbereichs, d.h. für die Ortsstraßen und in gewissem Umfang auch für die Ortsdurchfahrten, rückt allerdings die sog. Erschließungsfunktion in den Vordergrund. Nicht nur der (überörtliche) Kraftfahrzeugverkehr, sondern auch der übrige Verkehr findet vornehmlich in den Ortsbereichen seine Ausgangs- und Zielpunkte. Er ist hier vor allem auf die an die Straße angrenzenden oder ihr benachbarten Grundstücke bezogen. Die Stadt- und Dorfstraße hat daher im wesentlichen der Erreichbarkeit und damit der Nutzbarkeit der Grundstücke durch ihre Anbindung an das Straßennetz zu dienen.

Die Straße schafft im Ortsbereich die Voraussetzungen dafür, daß die Anliegergrundstücke über die Straße miteinander verbunden, d.h. verkehrsmäßig erschlossen werden. Erst das eröffnet dem Grundstückseigentümer die Möglichkeit, das Grundstück in weiterem Umfang zu nutzen. Zufahrt und Zugang gewähren ihm die Teilnahme am Straßenverkehr, den Transport von Waren (Gütern) an andere Bestimmungsorte sowie die für die Nutzung seines Grundstücks erforderliche und über die Teilnahme am Straßenverkehr zu bewältigende Versorgung (Belieferung) mit Gütern und Dienstleistungen. Für eine sinnvolle wirtschaftliche wie private Grundstücksnutzung ist der Anschluß an das Straßennetz unabdingbar. Er eröffnet dem Grundstückseigentümer zudem die Möglichkeit, aus dem Verkehrsgebrauch anderer für die wirtschaftliche Nutzung seines Grundstücks, insbesondere eines dort betriebenen Gewerbes, Vorteile zu ziehen, indem er auf den vorbeiflutenden Verkehr (etwa durch Schaufenster und Firmenschilder) werbend einwirkt oder aus ihm unmittelbar seine Kunden gewinnt[87].

Damit geht einher, daß der im Ortsbereich in der Hauptsache grundstücksbezogene Verkehr sich von dem auf den überörtlichen Straßen stattfindenden Verkehr unterscheidet. Für die Bewältigung der Wegstrecken auf den den Ortsstraßen übergeordneten Straßen findet im wesentlichen allein das Kraftfahrzeug Verwendung. Es genießt dort die Priorität, was nicht zuletzt in der baulichen Gestaltung dieser Straßen zum Ausdruck kommt. Ihre vornehmliche Bestimmung für den Kraftfahrzeugverkehr und dessen Bedürfnisse an Sicherheit und Leichtigkeit schließen die Konkurrenz mit anderen Verkehrsarten und Ver-

---

87) Vgl. Kodal/Krämer, S. 548 Rdnr. 3. Man spricht insoweit vom "Kontakt nach außen".

kehrsmitteln weitgehend aus. Auf diesen Straßen sind daher Verhaltensweisen verboten, die auf anderen Straßen erlaubt und selbstverständlich sind.

Ein anderes Bild zeigt sich dagegen in den Ortsbereichen. Hier lassen sich nicht nur Bestrebungen erkennen, die darauf abzielen, den überörtlichen Verkehr durch Umgehungsstraßen (Tangenten) in die Außenbereiche zu verbannen. Probleme bereitet hier auch der sog. "ruhende Verkehr". Durch das Parken sowie das Be- und Entladen von Kraftfahrzeugen, für die in den Ortsbereichen die Ausgangs- und Zielpunkte liegen, wird - verstärkt durch die damit verbundenen Ein- und Ausfädelvorgänge - der Verkehrsfluß in seiner Geschwindigkeit erheblich gehemmt. Hinzu kommt, daß die Entfernungen, die hier zurückgelegt werden müssen, auch mit öffentlichen Nahverkehrsmitteln wie Bussen und Straßenbahnen, per Fahrrad oder zu Fuß bewältigt werden können. Die Verkehrsarten sind deshalb intensiv durchmischt, was insbesondere für den Kraftfahrzeugverkehr weitere Einschränkungen bedeutet.

Während man früher trotz dieser Gegebenheiten eine möglichst "autogerechte" Stadt- und Straßengestaltung anstrebte, heißt heute das Ziel Verkehrsberuhigung. Sie beruht auf der Erkenntnis, daß ein einseitig am motorisierten Verkehr orientierter Straßenbau den vielfältigen Verkehrsbedürfnissen in Städten und Dörfern nicht gerecht werden kann. So wird insbesondere geltend gemacht, die Fahrbahnen für den Kraftfahrzeugverkehr seien überproportioniert, weshalb die daneben verbleibenden "Resträume nicht annähernd Aufenthaltsqualität bieten" könnten[88]. Durch eine besondere Gestaltung des Straßenraums sollen deshalb die Sicherheitsvoraussetzungen geschaffen bzw. verbessert werden, welche die Konkurrenz der vielfältigen Verkehrsbedürfnisse in den Städten erfordert[89].

Es soll dadurch insbesondere zum Ausdruck gebracht werden, daß der Kraftfahrzeugverkehr nur eine von vielen Nutzungen ist, denen die Straße dient. So werden etwa die Fahrbahnen verengt, um durch zusätzlich begrenzte Sichtmöglichkeiten die Fahrgeschwindigkeiten zu drosseln. Daneben sorgen besondere Markierungen und Hindernisse, mit denen die Straßen "möbliert" werden, für eine verschlungene Verkehrsführung. Die Straße soll außerdem durch die ver-

---

88) So Koch, Dorfgerechter Straßenraum, der landkreis 1986, 547.
89) Zum Aspekt der Verkehrssicherheit durch Verkehrsberuhigung vgl. etwa Topp, Der Städtetag 1986, 793.

stärkte Anpflanzung von Bäumen und Sträuchern und die Anlage unversiegelter Flächen begrünt werden[90].

Es kann indessen nicht angehen, durch eine aufgelockerte Gestaltung der Straße die ihr straßengesetzlich vorgegebene Zweckbestimmung zu modifizieren oder das auch nur als Beleg für die Geltung eines um die Kommunikation erweiterten Verkehrsbegriffs heranzuziehen[91]. Denn in diesem Zusammenhang muß zunächst berücksichtigt werden, daß die Zweckbestimmung der Straße für die Fortbewegung und Ortsveränderung keinesfalls ihre bauliche Umgestaltung zu sterilen Verkehrsadern erfordert. Es kann sogar umgekehrt eine aufgelockerte Straßengestaltung sich als weit günstiger (angemessener) darstellen, um den vielfältigen Verkehrsbedürfnissen in den Ortsbereichen angemessen gerecht werden zu können.

Außerdem ist zu beachten, daß die Straßen im Ortsbereich den Wohn- und Lebensbereich durchschneiden, in die sie mit dem Verkehr Lärm- und Abgasemissionen hineintragen. Das verlangt Maßnahmen, die die störenden Auswirkungen des Verkehrs nach Möglichkeit dämpfen und entschärfen. Die Straßengestaltung ist ein Faktor, der die Lebensqualität in Stadt und Dorf mitbeeinflußt und deshalb als Mittel anerkannt werden muß, das - in der richtigen Dosierung - hier für bedeutende Verbesserungen sorgen kann. Gleichwohl wäre es ein Fehlschluß anzunehmen, daß damit auch der straßengesetzliche Verkehrsbegriff inhaltlich umgestaltet werden könnte, um die Straße im Ortsbereich so für alle möglichen Verhaltensweisen nutzbar zu machen[92].

4. Die "Aufenthaltsfunktion"

Das letzte Wort scheint damit freilich nicht gesprochen zu sein. Denn es wird dem eine weitere Entdeckung entgegengehalten, die man in einer sog. Aufenthaltsfunktion der Straße gefunden haben will. Diese Funktion zeige sich in Phänomenen, die für die Straßen in Stadt und Dorf typisch seien: "man sieht

---

90) Vgl. dazu etwa den Beitrag von Koch, Dorfgerechter Straßenraum, Der Landkreis 1986, 547 ff., der Überlegungen und Vorschläge für die Gestaltung eines "dorfgerechten" Straßenraums unterbreitet. Die Frage, ob mit der Verkehrsberuhigung nicht eine "neue Art der Stadtzerstörung" verbunden sei, stellen dagegen Müller/Topp, Der Städtetag, 1986, 327 ff.

91) So aber etwa Plähn, DVBl 1976, 112, 113.

92) So aber Koch, der Landkreis 1986, 547, 549: "als erweiterter Hofraum, als Spielelegenheit und als Feierabendplatz".

und trifft sich, grüßt sich und spricht miteinander, man flaniert, beobachtet
und besichtigt, nimmt teil am Stadtleben, erlebt Stadträume und Menschen"[93].
Aus dem Umstand, daß diese Verhaltensweisen sich in ihrer Mehrzahl nicht
unter den engen, auf die Fortbewegung und Ortsveränderung beschränkten
Verkehrsbegriff subsumieren lassen und gleichwohl von keiner straßenrechtlichen Erlaubnis abhängig sind[94], müsse gefolgert werden, daß jedenfalls für
die innerörtlichen[95] Straßen als Verkehr auch die Kommunikation anzuerkennen sei.

Untersucht man diese These näher, so fällt zunächst auf, daß einer Aufenthaltsfunktion der Straße sich bereits keine sicheren Aussagen über die Grenzen eines erweiterten Verkehrsbegriffs abgewinnen lassen. Denn selbst seine
Verfechter stufen nicht jeglichen Aufenthalt auf der Straße in die Kategorie
eines kommunikativen Verkehrs ein. So kann auch ihnen zufolge z.B. der
Händler, der eine bestimmte Straßenfläche zu seinem Warenlager und Verkaufs-
raum erkoren hat, nicht geltend machen, sein Verhalten bedürfe keiner Erlaubnis, weil er sich lediglich auf der Straße aufhalte und von ihrer Aufenthaltsfunktion Gebrauch mache.

Diese Ungereimtheit könnte darauf hindeuten, daß der Aufenthalt und die
Kommunikation auf der Straße sich allein als Folgeerscheinungen einer die
Fortbewegung und Ortsveränderung bezweckenden Straßenbenutzung in den von
der Widmung gezogenen Rahmen einfügen lassen. Ist das zu bejahen, so müßte
der Berufung auf derartige den öffentlichen Straßen zugeschriebene Funktionen
die straßenrechtliche Relevanz abgesprochen werden müßte.

---

93) Koch, der Landkreis 1986, 547.
94) Ihre Einstufung als Gemeingebrauch wird sogar als "Selbstverständlich-
keit" (Plähn, DVBl 1976, 112, 113) bezeichnet. Vgl. dazu ferner Schröder,
Die Verwaltung 10 (1977), S. 451, 457; OLG Stuttgart, DVBl 1976, 113,
115; AG Frankfurt, NJW 1976, 1363; Sigrist, DÖV 1976, 376, 378; Pappermann, NJW 1976, 1341, 1344; Schmidt, NVwZ 1985, 167, 168.
95) Es ist bemerkenswert, daß von einem solcherart "erweiterten" Verkehrsbegriff nur bei innerörtlichen Straßen gesprochen wird, auf denen ein
Fußgängerverkehr stattfindet. Für Straßen oder überhaupt Straßenflächen,
die primär dem Kraftfahrzeugverkehr dienen, hält man dagegen nahezu
allgemein an dem engen, auf Fortbewegung und Ortsveränderung beschränkten Verkehrsbegriff fest. Damit wird immerhin anerkannt, daß
kommunikative Betätigungen auf öffentlichen Straßen nur zugelassen sind,
wenn sie den Fortbewegungszweck nicht beeinträchtigen (vgl. Schröder,
Die Verwaltung 10 (1977), S. 451, 459).

a) Dafür spricht zunächst, daß die Verkehrsbestimmung der Straße es keineswegs ausschließt, daß sie dabei auch zur Kommunikation und als Aufenthaltsbereich in Anspruch genommen wird[96]. Wer sich ohne festes Ziel auf der Straße "aufhält", um dort die Umgebung, Gebäude oder Geschäftsauslagen zu beschauen oder um sich gar "nur die Beine zu vertreten", benutzt die Straße zur Fortbewegung und Ortsveränderung und somit innerhalb ihres Verkehrszwecks[97]. Dieses Verhalten ist als Gemeingebrauch gestattet. Zur Rechtfertigung dessen bedarf es keiner Berufung auf eine Aufenthaltsfunktion der Straße.

b) Zum Fußgängerverkehr gehört ferner nicht nur die Fortbewegung in dem Sinne eines andauernden, rastlosen Hin- und Hergehens. Vielmehr läßt sich hier nicht anders als beim Kraftfahrzeugverkehr ebenfalls von einem "ruhenden Verkehr" sprechen. Der allgemeine Sprachgebrauch mag diesen Begriff zwar dem Bereich des motorisierten Verkehrs vorbehalten. In den Straßengesetzen findet er bei der Normierung (Regelung) des Gemeingebrauchs jedoch uneingeschränkte, generelle Verwendung. Es bestehen daneben keinerlei Anhaltspunkte dafür, daß ihn die Straßengesetze auf den motorisierten Verkehr hätten beschränkt wissen wollen.

Ist somit auch bei der Straßenbenutzung zu Fuß ein ruhender Verkehr anzuerkennen, so lassen sich Unterbrechungen, das Stehenbleiben und Verweilen, etwa zum Gespräch mit Bekannten, zwanglos dem widmungsgemäßen Gebrauch der Straße zum Verkehr zurechnen. Der enge Verkehrsbegriff muß dazu - was oft übersehen wird[98] - nicht um eine besondere kommunikative Komponente erweitert werden.

Aus dem Umstand, daß dieses Verhalten als Gemeingebrauch gestattet ist, darf andererseits nicht gefolgert werden, die Straße hätte allgemein der Kommunikation zu dienen, um im Anschluß daran jegliche auf Kommunikation angelegte Betätigung als Gemeingebrauch einzustufen. Diese Sichtweise vermengt die straßenrechtlichen Vorgaben. Nur soweit der Aufenthalt und die Kommunikation als Gemeingebrauch auf der Straße deshalb gestattet sind, weil sie mit dem auf Fortbewegung und Ortsveränderung gerichteten Verhalten in engem Zusam-

---

96) Vgl.Schröder, Die Verwaltung 10 (1977), S. 451, 457.
97) Abzulehnen Fuchs, BWVPr 1980, 250, 252, der dem Passanten innerhalb des Fußgängerbereichs die Teilnahme am Verkehr abspricht.
98) So etwa OLG Stuttgart, DVBl 1976, 113 f.; Sigrist, DÖV 1976, 376, 378.

menhang einhergehen, kann von einer Aufenthalts- und Kommunikationsfunktion der Straße gesprochen werden. Unzulässig bleibt dagegen, wenn unter Berufung auf derartige Funktionen umgekehrt der Verkehrsbegriff und der Inhalt des Gemeingebrauchs bestimmt wird[99].

c) Möglicherweise gerät der enge Verkehrsbegriff jedoch ins Wanken, wenn man die Fälle betrachtet, in denen die Straße allein mit dem Ziel aufgesucht wird, um dort Bekannte oder Passanten zu einem Gespräch zu treffen. Bei ihnen steht der kommunikative Zweck eindeutig im Vordergrund. Die Straße wird hier nicht, jedenfalls nicht "vorwiegend" zur Fortbewegung benutzt. Gleiches gilt, wenn der Aufenthalt auf der Straße allein dazu dient, um von hier aus etwa ein Bauwerk zu bewundern[100]. Gleichwohl wird auch ein solches Verhalten noch dem Gemeingebrauch zugerechnet. Das scheint im Widerspruch zur Beurteilung der Werbefahrten als Überschreitung des Gemeingebrauchs zu stehen. Es könnte so den Schluß nahelegen, zumindest für die Straßenbenutzung zu Fuß sei ein anderer, weiterer Verkehrsbegriff zugrunde zu legen als für die Fälle, in denen die Straße mit Fahrzeugen in Anspruch genommen wird.

Ob damit die Geltung des engen Verkehrsbegriffs erschüttert ist, bedarf freilich einer genaueren Prüfung. Denn möglicherweise ergibt sie, daß das für die genannten Fälle allgemein anerkannte Ergebnis sich auch bereits dann nachweisen läßt, wenn die als Gemeingebrauch gestattete Straßenbenutzung auf der Grundlage des auf die Fortbewegung und Ortsveränderung beschränkten Verkehrsbegriffs definiert wird.

Hält sich jemand im Gespräch mit anderen auf der Straße auf, so ist von außen nicht erkennbar, ob das anläßlich einer Teilnahme am Verkehr oder allein bzw. "überwiegend" zum Zwecke der Kommunikation geschieht. Ganz anders verhält es sich dagegen bei den Werbefahrten. Dort zeigt die besondere Gestaltung der Fahrzeuge, daß diese nicht dem Transport dienen, sondern die

---

99) Das verkennt etwa Plähn, DVBl 1976, 112, 113, der aufgrund der Erlaubnisfreiheit des gesprächsweisen Verweilens die öffentlichen Straße als "Zentren sozialer Kontakte" erscheinen und der so den Bogen bis zur "freien Verbreitung politischer Zeitungen und Flugblätter" schlägt.

100) Hier liegt ebenfalls Gemeingebrauch vor. Anders ist es dagegen, wenn eine Mal-Staffellage aufgestellt und die Straße damit zum Atelier umfunktioniert wird.

Aufmerksamkeit des Straßenpublikums auf die Werbeaussage lenken wollen[101].
Auch das Verteilen von Flugblättern und Handzetteln unterscheidet sich nach
außen erkennbar von einer Straßenbenutzung, die "vorwiegend" der Ortsveränderung und Fortbewegung dient. Das gilt selbst dann, wenn sich die Verteiler
im übrigen wie die Straßenpassanten im Verkehrsstrom bewegen[102]. Der von
ihnen verfolgte Straßenbenutzungszweck tritt in ihrem besonderen Verhalten
nach außen in Erscheinung.

Daß hier der Gemeingebrauch überschritten ist, bestätigt insbesondere
§ 18 Abs. 2 BremStrG. Zwar bestimmt Satz 1 dieser Vorschrift, daß "die
nichtgewerbliche Werbung durch das Verteilen von Handzetteln oder Wer-
bemitteln und durch den Handverkauf von Zeitungen (...) keine Sondernutzung darstellen" soll. Als Einstufung dieser Tätigkeiten in den Bereich
eines (erweiterten) Gemeingebrauchs kann dies freilich nicht verstanden
werden[103]. Was damit gemeint ist, wird bereits aus dem gesetzessyste-
matischen Standort dieser Vorschrift klar. Denn sie ergänzt nicht etwa
den in § 15 BremStrG definierten Inhalt des Gemeingebrauchs. Sie ist
vielmehr dem Paragraphen über "Sondernutzungen" zugeordnet und soll
daher nicht die Grenzziehung zwischen Gemeingebrauch und Sondernutzung
verschieben. Das wäre ihr vor allem aus dem Gesichtspunkt der Gesetzgebungskompetenz verwehrt. Vom Geltungsbereich der Regelung werden nämlich solche Gebiete ausgenommen, "in denen die Ausübung der genannten
Tätigkeiten mit besonderen Gefahren verbunden ist" (Satz 2). Das Bremi-
sche Landesstraßengesetz legt somit einen ordnungsrechtlichen Maßstab

---

101) So hatte in dem vom BVerwG, VerwRspr 22, 852 entschiedenen Fall der
     Kläger mit seinem Pkw einen als Werbeträger besonders hergerichteten
     Anhänger durch die Straßen seiner Stadt gefahren.
102) BVerwGE 35, 326, 329. Abzulehnen ist daher die Ansicht von Kodal/Krä-
     mer, S. 539 Rdnr. 100, wonach der Verteiler von Flugblättern und der
     von Straße zu Straße wandernde Straßenmusikant sich im Rahmen des
     Gemeingebrauchs hielten, weil sie die Straße nicht anders benutzten "als
     mancher umherstehende oder schlendernde Verkehrsteilnehmer" (ebenso
     OLG Hamm, NJW 1980, 1702 f.; Schmidt, NVwZ 1985, 267, 168). Dem
     sog. Sandwich-Mann, der auf Brust und Rücken Schilder mit politischer
     oder gewerblicher Werbung umherträgt, kommt es sogar darauf an, die
     Aufmerksamkeit darauf zu lenken, daß er die Straße nicht "vorwiegend
     zum Verkehr", sondern zu dem eigentlichen Zweck der Werbung benutzt.
     Darum fehlt es auch hier am Gemeingebrauch. Der von Kodal/Krämer,
     a.a.O., ferner erwähnte Hausierer gehört dagegen nicht in diesen Zusam-
     menhang. Denn dieser tätigt seine Geschäfte - anders als der Straßen-
     händler - gerade nicht auf der Straße, sondern an den Wohnungstüren
     und somit im Bereich der Anliegergrundstücke. Die Straße selbst benutzt
     er lediglich zur Fortbewegung. Zur Einstufung als Sondernutzung vgl.
     H. Schneider, FS Ipsen, S. 353, 355.
103) So aber OLG Bremen, NJW 1976, 1359 f. und Schröder, Die Verwal-
     tung 10 (1977), S. 451, 460.

an, der für die Unterscheidung zwischen Gemeingebrauch und Sondernutzung deshalb nicht in Betracht kommen kann, weil dann eine dem
bundesrechtlichen Straßenverkehrsrecht vorbehaltene Verkehrsregelung
vorläge. Wegerechtlich bedeutsam können die mit einer Straßenbenutzung
verbundenen "besonderen Gefahren" dagegen für die Erteilung der Sondernutzungserlaubnis sein[104]. Wenn mit ihnen nicht gerechnet werden
muß, kann die Erlaubnis auch generell durch Rechtssatz erteilt werden[105]. Allein das ist mit § 18 Abs. 2 BremStrG geschehen. Daß die von
ihm umschriebene Straßenbenutzung "keine Sondernutzung" darstellt, bedeutet somit lediglich, daß für die Sondernutzung grundsätzlich keine individuelle Erlaubnis eingeholt werden muß[106].

Allein an den Bereich des Subjektiven, an Vorstellungen, Ziele und Absichten,
die sich selbst nicht erkennbar in einem bestimmten, sich auch objektiv von
einem verkehrsmäßigen Straßengebrauch unterscheidenden Verhalten niedergeschlagen haben, kann aber das Straßenrecht - wie das Recht überhaupt -
keinerlei Rechtsfolgen knüpfen. Stellt man das bei der Interpretation von § 7
Abs. 1 Satz 3 FStrG in Rechnung, so ergibt sich, daß der Gemeingebrauch wegen eines (vorwiegend) verkehrsfremden Zwecks allein noch nicht entfällt.
Überschritten ist der Gemeingebrauch vielmehr erst dann, wenn sich ein vorwiegender, verkehrsfremder Zweck bei der Straßenbenutzung *nach außen mani-
festiert*. Es muß nach dem Verhalten des Straßenbenutzers *erkennbar* in Erscheinung treten, daß es ihm vorwiegend um andere als verkehrliche Zwecke
geht. Fehlt es daran, so muß es bei der Einstufung als Gemeingebrauch bleiben.

---

104) Vgl. Menger, VerwArch 62 (1971), 188, 190.
105) An dem Charakter der Straßenbenutzung als Sondernutzung ändert das
    selbstverständlich ebensowenig wie im Falle ihrer individuellen Gestat-
    tung durch die Sondernutzungserlaubnis. Das OLG Bremen, NJW 1976,
    1359, hatte das allerdings übersehen.
106) Ebenso H. Schneider, FS Ipsen, S. 353, 357; Steinberg, NJW 1978, 1898,
    1901 Fn. 45. § 18 Abs. 2 BremStrG entspricht daher § 8 Abs. 1 Satz 4
    FStrG, wonach die Gemeinden "durch Satzung bestimmte Sondernutzungen
    von der Erlaubnis befreien und die Ausübung regeln" können. Rechts-
    technisch unterscheidet er sich von dieser Vorschrift allein darin, daß
    bereits straßengesetzlich bestimmte Sondernutzungen von der an sich
    erforderlichen (individuellen) Erlaubnis freigestellt sind und es insoweit
    umgekehrt den Gemeinden nach § 18 Abs. 2 Satz 3 BremStrG vorbehal-
    ten ist, diese Erlaubnispflicht zu restatuieren. Der von § 18 Abs. 2
    BremStrG ersetzte und dem Beschluß des OLG Bremen, NJW 1976, 1359
    f., zugrundeliegende § 2 Abs. 1 Satz 2 BremStrO v. 1.9.1969 (GBl. S.
    119) bestimmte so denn auch noch ausdrücklich, daß die nichtgewerbli-
    che Werbung lediglich "keiner Gebrauchserlaubnis bedarf".

Auf dieser Grundlage läßt sich ferner das oben unter a) gefundene Ergebnis absichern. Der Einstufung des Spazierengehens, aber auch -fahrens als Gemeingebrauch kann danach nicht entgegengehalten werden, die Straße werde hier vorwiegend zum Zwecke der Erholung oder Erbauung, dem Vergnügen, aufgesucht. Denn ein solcher Zweck tritt bei dem äußerlich verkehrsmäßigen Verhalten nicht in Erscheinung. Er hat deshalb außer Betracht zu bleiben[107].

Allein das ist aber der Grund, weshalb der Aufenthalt von Personen, die die Straße zu Fuß zum vorwiegenden oder gar ausschließlichen Zwecke der Kommunikation aufsuchen, dem Gemeingebrauch unterfallen kann. Die Kommunikation als solche bleibt hingegen außerhalb des Gemeingebrauchs angesiedelt. Daher wäre es verfehlt, dieses Ergebnis als Argument für die Behauptung heranzuziehen, die Zweckbestimmung der öffentlichen Straße umfasse als Verkehrsgebrauch unabhängig von der Fortbewegung auch die Kommunikation.

d) Komplizierter verhält es sich dagegen, wenn man sich schließlich den sogenannten "verkehrsberuhigten Bereichen" zuwendet, wie sie vor allem in den Wohngebieten unserer Städte in den letzten Jahren zunehmend ausgewiesen werden. Nach § 42 Abs. 4 a Nr. 1, Halbs. 2 StVO sind hier innerhalb des durch die Zeichen 325 und 326 eingegrenzten Bereichs auf der gesamten Straßenfläche ("überall") "Kinderspiele" erlaubt[108]. Bei Kinderspielen handelt es sich um einen Gebrauch der Straße, der äußerlich erkennbar nicht, jedenfalls nicht "vorwiegend" durch die Absicht einer Ortsveränderung gekennzeichnet ist. Legt man den engeren Verkehrsbegriff zugrunde, so ergibt sich, daß

---

107) Im Ergebnis ebenso BVerwG, VerwRspr 22, 852: "Auch derjenige, der spazierenfährt oder abends planlos seinen Wagen durch die Straßen der Stadt lenkt, strebt diese Ortsveränderung zum Zwecke des Personentransports an". Im Ausgangspunkt zuzustimmen daher ferner dem OVG Hamburg, MDR 1967, 74 f., wenn es auch bei reinen Werbefahrten in den Vordergrund rückt, ob die Fahrt mit einem nach seiner Beschaffenheit "gebrauchsüblichen" Fahrzeug durchgeführt wird und den Gemeingebrauch verneint, wenn es sich dabei lediglich um eine "rollende Werbefläche" handelt. - Ob diese Voraussetzungen bei einem Fahrzeug, auf dessen Dach Plakatständer angebracht waren, tatsächlich verneint werden konnten, mag indessen bezweifelt werden (vgl. Schröder, Die Verwaltung 10 (1977), S. 451, 459; Pappermann, NJW 1976, 1341).

108) Insoweit normiert die Vorschrift eine Ausnahme von dem in § 31 StVO aufgestellten Verbot für Sport und Spiele auf der Fahrbahn und den Seitenstreifen. (Zum Begriff des Seitenstreifens siehe Kodal, S. 173 Rdnr. 9.24.).

die Straße hier zu anderen Zwecken benutzt wird. Kinderspiele auf der Straße müßten somit über den Gemeingebrauch hinausgehen.

Gerade in der straßenverkehrsrechtlich erklärten Freigabe der öffentlichen Straße für Kinderspiele könnte allerdings ein Beleg dafür gefunden werden, daß der enge Verkehrsbegriff jedenfalls bei den innerörtlichen Straßen seine Maßgeblichkeit verloren hat. Denn möglicherweise ist diese Annahme durch den Grundsatz vom *Vorbehalt des Straßenrechts* sogar zwingend vorgegeben.

Der Grundsatz vom Vorbehalt des Straßenrechts beschreibt zusammen mit dem Grundsatz vom *Vorrang des Straßenverkehrsrechts* das Verhältnis beider Rechtsmaterien. Während der Vorrang des Straßenverkehrsrechts ausschließt, daß auf der Grundlage des Straßenrechts eine Regelung des Verkehrs getroffen wird[109], bringt der Vorbehalt des Straßenrechts zum Ausdruck, daß das Straßenrecht mit der Widmung den Nutzungsrahmen festlegt, innerhalb dessen die Straßenverkehrsvorschriften zum Zuge kommen und unter dem Gesichtspunkt der Sicherheit und Ordnung des Verkehrs das Verhältnis der (widmungsrechtlich zugelassenen) Verkehrsteilnehmer untereinander regeln oder zu regeln die Straßenverkehrsbehörden ermächtigen können[110]. Insofern setzt das Straßenverkehrsrecht das Straßenrecht voraus[111].

---

109) Bedeutung hat dies insbesondere für das (Dauer-) Parken (vgl. dazu Papier, Öffentliche Sachen, S. 83 f. und Steiner, JuS 1984, 1, 4, 6 ff., jeweils m.w.N. aus der Rechtsprechung). Als Teil des (ruhenden) Verkehrs rechnet es zum Gemeingebrauch, der weder durch eine von vornherein begrenzte Widmung noch durch (nachträgliche) Teileinziehung auf den fließenden Verkehr unter Ausschluß des Parkens oder Dauerparkens beschränkt werden kann. Fließender und ruhender Verkehr sind widmungsrechtlich nicht aufspaltbar (Papier, Öffentliche Sachen, S. 83). Dem Straßengesetzgeber ist eine entsprechende Ausgestaltung des Gemeingebrauchs, wie sie das Hamburgische Wegegesetz in seinem § 16 Abs. 2 Satz 1 vorgesehen hatte, ebenfalls verwehrt. Das Bundesverfassungsgericht hat diese Bestimmung für nichtig erklärt (E 67, 299 ff.). Sie verstößt gegen Art. 72 Abs. 1 i.V.m. Art. 74 Nr. 22 GG, weil das Parken vom Bundesgesetzgeber im Recht des Straßenverkehrs abschließend geregelt ist (so bereits Salzwedel, DÖV 1963, 251). Ferner ist danach erst recht die straßenrechtliche Regelung des fließenden Verkehrs unzulässig. Die Widmung kann deshalb weder einen Richtungsverkehr (Einbahnstraße) vorsehen noch dürfen auf diesem Wege Busspuren für den öffentlichen Nahverkehr eingerichtet werden (Papier, Öffentliche Sachen, S. 96; Wolff/Bachof, VerwR I, § 58 b).
110) Steiner, JuS 1984, 1, 4 ff.; Papier, Öffentliche Sachen, S. 92). Insofern charakterisiert Salzwedel, in: v.Münch, Bes.VerwR, S. 618 f., das Straßenverkehrsrecht zutreffend als "Recht der Nutzungs*ausübung* innerhalb des Widmungsrahmens".
111) So BVerfGE 40, 371, 378.

So verwehrt das Vorbehaltsprinzip dem Straßenverkehrsrecht, Art und Ausmaß der widmungsgemäßen Nutzungen zu erweitern[112][113]. Ist beispielsweise durch die Widmung einer Straße als Fußgängerbereich der Kraftfahrzeugverkehr ausgeschlossen, so kann die Straßenverkehrsbehörde nicht einer einzelnen Person oder einem bestimmten Personenkreis die Benutzung des Fußgängerbereichs mit Kraftfahrzeugen gestatten[114]. Das Straßenverkehrsrecht berechtigt nicht zu verkehrsregelnden Maßnahmen, die die wegerechtliche Widmungsbeschränkung oder partielle Entwidmung teilweise "faktisch" wieder aufheben und damit einer Widmungserweiterung gleichkommen[115]. Wenn § 42 Abs. 4a StVO in den verkehrsberuhigten Bereichen Kinderspiele erlaubt, so muß diese Form der Straßenbenutzung deshalb auch wegerechtlich zugelassen sein.

Indessen muß die wegerechtliche Freigabe der Straße für Kinderspiele als Vorbedingung ihrer verkehrsrechtlichen Erlaubnis nicht notwendig auf der Geltung eines erweiterten Verkehrsbegriffs beruhen. Das ist zwar der Ausgangspunkt der Ansichten in der Literatur, die die Einrichtung verkehrsberuhigter Berei-

---

112) Als Fälle einer ausnahmsweise zulässigen verkehrsrechtlichen "Erweiterung der straßenrechtlichen Widmung" (so Steiner, JuS 1984, 1, 4 Fn. 47) bezeichnet Wendrich, DVBl 1973, 475, 477, etwa die Umwandlung eines Gehweges in einen Radweg und die Zulassung des Parkens auf Gehwegen (vgl. dazu ferner Kodal/Krämer, S. 529 ff. und Peine, Rechtsfragen, S. 67 ff.). Ob das Straßenverkehrsrecht hier tatsächlich den Widmungsrahmen sprengt, erscheint jedoch zweifelhaft, wenn man bedenkt, daß die Tragfähigkeit der Gehwege regelmäßig so ausgelegt wird, daß sie von Müllfahrzeugen befahren werden können. Das spricht dafür, daß sie bereits nach ihrer Widmung (stillschweigend) auch dafür bestimmt sind.

113) Zu den dem Straßenverkehrsrecht durch das Vorbehaltsprinzip ebenfalls "nach unten" gezogenen wegerechtlichen Grenzen vgl. Steiner, JuS 1984, 1, 5. Danach sind verkehrsrechtliche Maßnahmen ausgeschlossen, die im Ergebnis auf eine *dauernde* Entwidmung der Straße oder eine *dauernde* Beschränkung ihrer Widmung hinauslaufen (vgl. dazu auch Peine, Rechtsfragen, S. 66 f.; VG Ansbach, BayVBl 1979, 345, 346). Beispielsweise kann deshalb durch ein verkehrsrechtliches Verbot für Kraftfahrzeuge ein Fußgängerbereich nicht geschaffen werden. - Zulässig ist dagegen ein in Kurzonen verkehrsrechtliches, lediglich saisonbegrenztes Verbot für Kraftfahrzeuge (vgl. dazu BVerwG, NJW 1980, 354;).

114) BVerwGE 62, 376 ff. (Hochzeitsfotographen-Fall); Steiner, JuS 1984, 1, 4; Cosson, DÖV 1983, 532 f.. Zur Frage, ob dies mit Zustimmung der Straßenbaubehörde geschehen könnte, vgl. Wendrich, DVBl 1973, 477. (Von einer "Widmungsausdehnung" kann hier - entgegen Steiner, JuS 1984, 1, 4 FN. 50 - jedenfalls nicht gesprochen werden.)

115) BVerwGE 62, 376, 379; Steiner, JuS 1984, 1, 4.

che als ausschließlich verkehrsrechtliche Maßnahme beurteilen[116]. Es steht
dem aber bereits der Wortlaut von § 45 Abs. 1 b Satz 1 Nr. 3 StVO entgegen.
Er begrenzt die Zuständigkeit der Straßenverkehrsbehörden auf "die notwendigen Anordnungen zur *Kennzeichnung* von Fußgängerbereichen und verkehrsberuhigter Bereiche"[117]. Der Umkehrschluß aus Satz 1 Nr. 1 dieser Vorschrift
bestätigt dieses Ergebnis. Denn dort ist von den "notwendigen Anordnungen im
Zusammenhang mit der *Einrichtung* von gebührenpflichtigen Parkplätzen für
Großveranstaltungen" die Rede, einer anerkanntermaßen rein verkehrsrechtlichen Maßnahme[118]. Daraus ergibt sich eindeutig, daß die Einrichtung verkehrsberuhigter Bereiche als wegerechtliche Maßnahme zu erfolgen hat.

Die Entscheidungszuständigkeit der Gemeinde ergibt sich hier vor allem aus
dem Umstand, daß sie den verkehrsberuhigten Bereich "planerisch-städtebau-
lich vorzubereiten und vorzuentscheiden" hat[119]. Einer Widmungsbeschränkung
bedarf es dagegen nicht. In verkehrsberuhigten Bereichen werden nämlich keine widmungsmäßige Nutzungen ausgeklammert; es gelten hier lediglich spezielle
Regeln für das Verhältnis der Verkehrsteilnehmer untereinander[120].

Auf der anderen Seite ist dann aber ebensowenig erforderlich, daß zur Begründung der Zulässigkeit von Kinderspielen ein erweiterter Verkehrsbegriff
konstruiert wird. Statt dessen ist hier vielmehr von einer mit der Einrichtung
des verkehrsberuhigten Bereichs *generell erlaubten Sondernutzung* auszugehen.
Die generelle Erlaubnis hierfür kann nämlich zunächst in dem Bebauungsplan
gesehen werden, in dem die Gemeinde den verkehrsberuhigten Bereich als Ver-

---

116) So Steiner, JuS 1984, 1, 5 f. (der das als die "überwiegende Auffassung"
bezeichnet); ders. NVwZ 1984, (Heft 4, nachlesen); ders. NJW 1980,
2339, 2340. A.A. aber Kodal/Krämer, S. 517 Rdnr. 62.2.: "planerische
Entscheidung der Gemeinde" und S. 521 f. Rdnr. 68; Berr, DAR 1982,
141: "Teileinziehung mit Widmungsbeschränkung für den Fußgängerverkehr" unter Berufung auf Fickert, Aktuelle Fragen des Straßenrechts,
RWS-Seminarskript 1980, S. 32; Bouska, Verkehrsdienst 1980, 221. Zur
Notwendigkeit eines Bebauungsplans bei der Einrichtung verkehrsberuhigter Bereiche siehe Berr, DAR 1982, 141 f.; Bielenberg, in: Zinkhahn/Bie-
lenberg, BBauG, 1981, § 9 Rdnr. 49 a.
117) Was die Fußgängerbereiche anlangt, wird das auch von Steiner, JuS
1984, 1, 5, ausdrücklich anerkannt. In seinen Erörterungen über die
verkehrsberuhigten Bereiche aber nicht aufgegriffen. Die Berufung auf
BVerwGE 62, 376, 379 f. kann diese unterschiedliche Auslegung jedenfalls nicht rechtfertigen.
118) Vgl. dazu oben Fn. 108.
119) So Steiner, JuS 1984, 1, 6.
120) So zutreffend Steiner, JuS 1984, 1, 6.

kehrsfläche mit besonderer Zweckbestimmung (vgl. § 9 Abs. a Nr. 11 BauGB)
ausgewiesen hat[121]. Der Bebauungsplan ist damit eine Satzung i.S. des § 8
Abs. 1 Satz 3 FStrG.

Unabhängig davon folgt aus der Entscheidung der Gemeinde über die Einrichtung verkehrsberuhigter Bereiche, daß Kinderspiele als generell erlaubte Sondernutzungen gestattet sind. Die im Anschluß an die gemeindliche Entscheidung erfolgende verkehrsrechtliche Freigabe der Straße für Kinderspiele ersetzt nämlich nach § 8 Abs. 4 Satz 1 FStrG die straßenrechtliche Sondernutzungserlaubnis. Es ist in dieser Vorschrift zwar nur von der verkehrsbehördlichen Erlaubnis oder Ausnahmegenehmigung die Rede[122] In seinem Wortlaut
hat sich allein § 18 Abs. 1 Satz 2 BaWüStrG a.F. auch auf die generelle Zulassung der Benutzung durch die Straßenverkehrsordnung bezogen, während die
Neufassung des Straßengesetzes für Baden-Württemberg[123] dies nicht mehr
eigens erwähnt. Eine sachliche Änderung ist damit aber nicht erfolgt. Dem
Sinn dieser Regelungen und – entscheidend – dem richtigen Verständnis der
Abgrenzung zwischen Wege- und Straßenverkehrsrecht entspricht es, davon
auszugehen, daß *alle* sich auf das Straßenverkehrsrecht stützenden Freigaben
der dem Sondergebrauch zuzurechnenden Straßenbenutzungen, ob sie nun in
Gestalt einer Erlaubnis, einer Ausnahme, einer Vereinbarung ergehen oder sich
unmittelbar aus der Straßenverkehrsordnung ergeben, die nach Straßenrecht
notwendige Sondernutzungserlaubnis ersetzen[124].

IV. Insbesondere: Die Problematik eines "kommunikativen Gemeingebrauchs"

Es ist bisher zweierlei deutlich geworden: Zum einen ist festgestellt, daß den
straßenrechtlichen Vorschriften ein Verkehrsbegriff zugrunde liegt, der seinem
Inhalt nach allein Verhaltensweisen umfaßt, die auf Fortbewegung und Ortsveränderung abzielen. Des weiteren hat sich gezeigt, daß mit diesem (engen)
Verkehrsbegriff sich Gemeingebrauch und Sondernutzung sachgerecht abgrenzen

---

121) Vgl. dazu Kodal/Krämer, S. 517 Rdnr. 62.2.
122) Vgl. die Zusammenstellung des Wortlauts der entsprechenden straßenge-
     setzlichen Vorschriften bei Kodal/ Krämer, S. 616 Rdnr. 47.
123) Vom 15.6.1987 (GBl. S. 178).
124) So zutreffend Kodal/Krämer, S. 616 f. Rdnr. 48. Soweit er freilich zur
     Begründung darauf abstellt, das Straßenrecht lasse im Rahmen der Wid-
     mung alles zu, was nach den verkehrsrechtlichen Vorschriften zum Ver-
     kehr gehört und von diesem nach ordnungsrechtlichen Belangen geregelt
     wird, kann dem nicht gefolgt werden. Denn um eine verkehrsrechtliche
     Regelung des *Verkehrs* geht es ja hier gerade nicht.

lassen. Denn damit ist einerseits nicht nur gewährleistet, daß die öffentliche Straße ihrer Zweckbestimmung, der Fortbewegung und Ortsveränderung zu dienen, erhalten bleibt. Es können mit dem inhaltlich auf die Fortbewegung und Ortsveränderung beschränkten Verkehrsbegriff andererseits auch Straßenbenutzungen, die nach natürlicher Lebensauffassung oder verkehrsrechtlicher Regelung schlechterdings keiner Erlaubnispflicht unterliegen dürfen, widerspruchsfrei als Gemeingebrauch qualifiziert werden.

Demgegenüber scheint zweifelhaft, ob im Straßenrecht kommunikative Verhaltensweisen als Verkehr und deshalb letztlich als Gemeingebrauch anerkannt werden können. Denn dabei gilt zunächst zu bedenken, daß die unter dem Etikett eines "kommunikativen Gemeingebrauchs" erlaubnisfrei zugelassenen Straßenbenutzungen die nur begrenzte Kapazität der Straße für ihre gesetzliche Zweckbestimmung, den Gebrauch zur Fortbewegung, zusätzlich vermindern. Der Straßengebrauch zum Zwecke der Fortbewegung ist aber zumindest in seinem Kern durch Art. 2 Abs. 1 GG verfassungsrechtlich gewährleistet[125]. Eine Ausdehnung des Verkehrsbegriffs auf kommunikative Verhaltensweisen stößt deshalb rasch auf die Grenzen, die den grundrechtlich geschützten Freiheitsbereich anderer markieren.

Gerade aus kommunikativen Verhaltensweisen, die darauf angelegt sind, auf die Verkehrsteilnehmer einzuwirken, können aber vor allem für den Straßenverkehr Gefahren und Behinderungen erwachsen. Auch das verlangt, dem unter einem kommunikativen Verkehrsbegriff erweiterten Gemeingebrauch zum Schutze der Fortbewegungsfreiheit anderer bestimmte Grenzen zu setzen. So ist man sich denn auch darüber einig, daß nicht jegliche Straßenbenutzung, die sich als kommunikativer Verkehr einstufen läßt, vom Gemeingebrauch abgedeckt sein soll. Als Gemeingebrauch kommen danach lediglich solche Tätigkeiten in Betracht, die weitere, besondere Anforderungen erfüllen. Auf die Frage, welche Anforderungen und Kriterien das sind, ist allerdings keine befriedigende Antwort zu finden.

1. Die wegerechtliche Bedeutung des Gebots der Gemeinverträglichkeit

Straßenbenutzungen, die allein der Kommunikation dienen, sollen dann nicht mehr von einem kommunikativen Gemeingebrauch erfaßt sein, wenn sie die so-

---

125) BVerwGE 30, 235, 238; 32, 222, 224; Salzwedel, in: v.Münch, Bes.VerwR, S. 634; Schröder, Die Verwaltung 10 (1977), 451, 464.

genannte "Gemeinverträglichkeit" überschreiten. Diese "allgemeine" Schranke des Gemeingebrauchs soll nicht nur bei einer Kollision mit dem Straßenverkehrsrecht tangiert sein. Als Sondernutzung wird die kommunikative Straßenbenutzung auch dann eingestuft, wenn sie entweder über das "Orts- oder Verkehrsübliche" hinausgeht oder "den Gemeingebrauch anderer unzumutbar beeinträchtigt"[126].

a) Die Orts- oder Verkehrsüblichkeit

Die Verkehrsüblichkeit der Benutzung einer öffentlichen Straße ist in § 13 Abs. 1 Satz 1 BaWüStrG als Merkmal des Gemeingebrauchs bezeichnet. Eine entsprechende Vorschrift enthält § 14 Abs. 1 Satz 1 SaarlStrG. Es wird das vereinzelt in dem Sinne verstanden, daß als Gemeingebrauch auch eine Benutzung einzustufen sei, die über eine gewisse Zeit hinweg auf einer bestimmten Straße bereits "ortsüblich" geworden ist[127]. Nach dieser Auffassung kann ferner selbst das, was "an dem betroffenen Ort faktisch bisher nicht üblich war", noch zum Gemeingebrauch zu rechnen sein, weil "zumindest auch die Verkehrs- und die Nutzungsgepflogenheiten in Orten vergleichbarer Größe und Struktur mit zu berücksichtigen" seien[128].

Ob der Gemeingebrauch auf baden-württembergischen und saarländischen Straßen mit dem Merkmal der Verkehrsüblichkeit einer faktischen Ausdehnung eröffnet werden kann, ist allerdings fraglich. Allein aus dem Umstand, daß eine bestimmte Straßenbenutzung über einen längeren Zeitraum unbeanstandet geblieben ist, läßt sich für ihre Einstufung in die straßenrechtlichen Benutzungskategorien nichts ableiten[129]. Dem stünden bereits die Vorschriften entgegen, die den Ortsgesetzgeber ermächtigen, bestimmte Sondernutzungen von der damit verbundenen Pflicht zur Einholung einer individuellen Erlaubnis

---

126) Vgl. OLG Stuttgart, DVBl 1976, 113, 116; OLG Frankfurt, NJW 1976, 203, 204; OLG Bremen, NJW 1976, 1359, 1360; OLG Saarbrücken, NJW 1976, 1362; Papier, öffentliche Sachen, S. 88; Hammes, DVBl 1950, 71, 75; Schmidt, NVwZ 1985, 167, 168.

127) So OLG Stuttgart, DVBl 1976, 113, 116.

128) OLG Stuttgart, DVBl 1976, 113, 116. Vgl. im übrigen Otto Mayer, VerwR, Bd. 2, 2. Aufl. 1917, S. 143 ff.; ferner Forsthoff, VerwR, 8.Aufl. 1961, § 19, 3; Zippelius, DÖV 1958, 838 f.; Eisenhardt-Rothe, BB 1959, 1192 f.; Evers, NJW 1962, 1033 ff.; Mayer, JuS 1963, 206.

129) Das ist bereits in RGZ 132, 398, 401, zutreffend betont worden: "Gemeingebräuchlich ist eine Straßenbenutzung nicht bereits, wenn sie "allgemein gebräuchlich", sondern erst, wenn sie sich in den Grenzen des Gemeingebrauchs der Straße hält."

freizustellen[130]. Sie belegen, daß zwar die Ausübung der Sondernutzung ver-
fahrensrechtlich erleichtert werden kann, daß aber der Rechtscharakter der
Sondernutzung selbst einer Satzungsregelung verschlossen bleiben muß.

Im übrigen ist zu beachten, daß nach dem Wortlaut der betreffenden Straßengesetze die "verkehrsüblichen Grenzen" gerade nicht außerhalb des "Rahmens
der Widmung" aufgestellt sein können. Vielmehr muß sich die als Gemeingebrauch definierte Straßenbenutzung zunächst im Rahmen der Widmung halten.
Erst wenn das bejaht ist, können die verkehrsüblichen Grenzen Bedeutung gewinnen. Als "verkehrsüblich" kommt deshalb entsprechend der Zweckbestimmung der öffentlichen Straße nur eine Benutzung in Betracht, die der Fortbewegung und Ortsveränderung dient[131].

In diesem Sinne stellt die Beschränkung des Gemeingebrauchs auf den
"üblichen Verkehr" auch keine sachliche Abweichung gegenüber den übrigen Straßengesetzen dar. Daß die Straße nicht für jedweden, innerhalb
der technischen Möglichkeiten vorstellbaren, sondern nur für den typischen, d.h. allgemein und regelmäßig vorkommenden Straßenverkehr bestimmt ist[132], zeigen bereits die Vorschriften über den Inhalt der
Straßenbaulast. Denn danach sind die Straßen "in einem dem *regelmäßigen*
Verkehrsbedürfnis entsprechenden Zustand zu bauen, zu unterhalten, zu
erweitern oder sonst zu verbessern"[133].

b) Der Mitgebrauch Dritter

Bei dem Erfordernis der Gemeinverträglichkeit des Gemeingebrauchs geht es dagegen um den Schutz des Mitgebrauchs der öffentlichen Straße durch Dritte. Es
wird beachtlich, wenn der Gemeingebrauch auf der öffentlichen Straße von zu
vielen Verkehrsteilnehmern zur gleichen Zeit ausgeübt wird. Dem Gemeinver-
träglichkeitsgebot kommt dann die Aufgabe zu, die Voraussetzungen für einen
geordneten, möglichst störungsfreien Mitgebrauch sicherzustellen. Ebenfalls

---

130) Dem § 8 Abs. 1 Satz 3 FStrG entsprechen die §§ 16 Abs. 7 BaWüStrG
      und 19 Abs. 3 SaarlStrG.
131) Ebenso Kodal, S. 487 Rdnr. 19.5; Meissner, JA 1980, 583, 590, 585 f.
      Es mag deshalb auch bezweifelt werden, ob in dem Merkmal der Ver-
      kehrsüblichkeit ein Anknüpfungspunkt für die Zulassung des erweiterten
      Anliegergebrauchs gefunden werden kann. In diesem Sinne freilich
      BGHZ 60, 365, 367 f. Kummer, GewArch 1970, 268, 269, will als "ver-
      kehrsüblich" gar das Anbringen von Warenautomaten im Verkehrsraum
      einstufen.
132) Vgl. dazu Kodal, S. 488 f. Rdnr. 21.2.
133) Vgl. § 3 Abs. 1 Satz 2 FStrG.

nach den jeweiligen örtlichen Verhältnissen bestimmt sich dabei, was als "orts-, gemein- oder verkehrsüblicher Straßengebrauch" zulässigerweise stattfinden darf.

Für das heute geltende Straßenrecht kann dem Merkmal der Gemeinverträglichkeit bei der Abgrenzung von Gemeingebrauch und Sondernutzung jedoch keine Bedeutung zukommen. Es stammt aus einer Zeit, in der das Straßenrecht noch als Gewohnheitsrecht festere Konturen anzunehmen begann. Spätestens seit der Kodifikation des Wegerechts hat es seine Berechtigung verloren[134].

Mit der Abwehr der im Straßenverkehr drohenden Gefahren befaßt sich heute ausschließlich das Straßenverkehrsrecht. Mit ihm hat sich nach einer um die Jahrhundertwende beginnenden Entwicklung die "Benutzungsordnung" für öffentliche Straßen vom Wegerecht abgespalten und als eigenes Rechtsgebiet unter einem besonderen Gesetzgebungstitel (vgl. Art. 74 Nr. 22 GG) verselbständigt. Was in diesem Sinne "gemeinverträglich" ist, bestimmen daher die detaillierten Ge- und Verbotsvorschriften des Straßenverkehrsrechts. Sie sind an die Stelle des ursprünglich wegerechtlichen Gebots der Gemeinverträglichkeit getreten[135]. § 1 Abs. 2 StVO hat das Gebot der Gemeinverträglichkeit überdies als Generalklausel übernommen und insofern bestimmt, daß "jeder Verkehrsteilnehmer sich so zu verhalten hat, daß kein anderer geschädigt, gefährdet oder mehr, als nach den Umständen unvermeidbar, behindert oder belästigt wird"[136].

Dementsprechend findet der Begriff der Gemeinverträglichkeit in den heutigen Straßengesetzen keine Verwendung[137]. Als Schranke des Gemeingebrauchs verweisen sie vielmehr auf die "verkehrsbehördlichen Vorschriften"[138]. Nach

---

134) Vgl. Menger, VerwArch 62 (1971), 188, 189; Evers, NJW 1962, 1033, 1034.
135) So Papier, öffentliche Sachen, 2. Aufl. 1984, S. 92; Wolff/Bachof, VerwR I, § 58 II c 2; Salzwedel, DÖV 1963, 241, 251; ders., ZfW 1962/63, 73, 88 f.
136) Art. 25 II 15 PrALR hatte das noch bildhafter formuliert: "Den nach § 7 einem jeden freistehenden Gebrauch der Landstraßen muß ein jeder so ausüben, daß der andere in dem gleichmäßigen Gebrauch des Weges nicht gehindert, noch zu Zänkereien oder gar Tätlichkeiten über das Ausweichen Anlaß gegeben werde."
137) Dagegen war etwa noch in der ersten Fassung des BayStrWG v. 11.7.1958 (GVBl. S. 147) bestimmt, es liege kein Gemeingebrauch vor, "wenn der Gemeingebrauch anderer ausgeschlossen oder mehr als unvermeidbar beschränkt wird" (Art. 14 Abs. 3 Satz 1).
138) So § 7 Abs. 1 Satz 1 FStrG.

ihnen bestimmt sich, wie der Gemeingebrauch im Interesse der Sicherheit und Leichtigkeit des Verkehrs ausgeübt werden muß. Das bundesrechtliche Straßenverkehrsrecht normiert somit die Ausübungsschranken des Gemeingebrauchs.

Von den durch die Widmung abgesteckten Inhaltsschranken des Gemeingebrauchs sind die Ausübungsschranken freilich streng zu unterscheiden[139]. Eine Benutzung der öffentlichen Straße, die den Rahmen der Widmung überschreitet, ist als Sondernutzung zu qualifizieren. Ist der Straßengebrauch dagegen von der Widmung abgedeckt und wird er lediglich verkehrsrechtswidrig ausgeübt, so ändert das nichts an der Einstufung als Gemeingebrauch. Es läßt sich dann allenfalls von einem "unzulässigen Gemeingebrauch" sprechen[140].

Wer etwa das Rechtsfahrgebot des § 2 StVO verletzt, überschreitet damit nicht den Rahmen der Widmung. Sein Straßengebrauch ist ebenso vom vom straßenrechtlichen Gemeingebrauch abgedeckt wie dies - um einen weiteres Beispiel zu nennen - in dem Fall gilt, in dem eine Einbahnstraße in der Gegenrichtung befahren wird[141]. Grundsätzlich nicht anders verhält es sich ferner bei einem Spaziergang auf der Autobahn. Als Sondernutzung erweist er sich nicht wegen des verkehrsrechtlichen Verbots in § 18 Abs. 10 StVO, sondern allein deshalb, weil die Autobahn nach ihrer Widmung "nur für den Schnellverkehr mit Kraftfahrzeugen bestimmt" ist (vgl. § 1 Abs. 3 FStrG).

Nach den straßengesetzlichen Vorschriften ist somit die Frage, ob eine bestimmte Straßenbenutzung als Gemeingebrauch oder Sondernutzung zu qualifizieren ist, ausschließlich nach dem Inhalt der Widmung zu entscheiden, wie sie für die jeweiligige Straße verfügt ist. Alle Benutzungen, die sich in den von ihr abgesteckten Rahmen einfügen, sind Gemeingebrauch. Als Sondernutzung ist dagegen der Gebrauch der öffentlichen Straße eingestuft, der den Widmungsrahmen überschreitet und daher "über den Gemeingebrauch hinaus" (so § 8 Abs. 1 FStrG) stattfindet. Benutzungen, die der Zweckbestimmung der öffentlichen Straße entsprechen, vermag das Verkehrsrecht deshalb nicht aus dem als

---

139) Vgl. Kodal, S. 481 ff. Rdnr. 10 ff.; Papier, Öffentliche Sachen, S. 92. Ebenso bereits Hammes, DVBl 1950, 71, 75.
140) So Schröder, Die Verwaltung 10 (1977), 451, 460; Papier, öffentliche Sachen, S. 92; Salzwedel, in: v.Münch, Bes.VerwR, S. 618 f.
141) M/S/K, FStrG, § 7 Rdnr. 2.3; Kodal, S. 482 Rdnr. 12.

Gemeingebrauch Gewährleisteten herauszulösen[142]. Das Straßenverkehrsrecht regelt allein die Ausübung des straßenrechtlich eröffneten Gemeingebrauchs.

Die Frage, ob eine Beeinträchtigung des Gemeingebrauchs vorliegt, wird nach der straßengesetzlichen Regelung daher nicht bei der Unterscheidung zwischen Gemeingebrauch und Sondernutzung bedeutsam. Sie ist vielmehr erst gestellt, wenn feststeht, daß es sich um eine widmungsfremde und bereits dadurch als Sondernutzung ausgewiesene Straßenbenutzung handelt. Erst dann muß nach § 8 Abs. 1 i.V.m. Abs. 10 FStrG mit dem Kriterium der Gemeingebrauchsbeeinträchtigung entschieden werden, ob die Sondernutzung sich in ihrer öffentlich-rechtlichen oder privatrechtlichen Form qualifiziert.

Straßenrechtlich wirken sich dementsprechend weder die konkreten Verkehrsverhältnisse noch die jeweiligen räumlichen Gegebenheiten aus[143]. Das gilt selbst dann, wenn man in Betracht zieht, daß diese zu vorübergehenden Zeiten vom Verkehrsaufkommen überlastet sein können. Ausschließlich nach Maßgabe der Widmung bestimmt sich, welche Art von Verkehr auf der jeweiligen Straße als Gemeingebrauch zugelassen ist. Daß die widmungsmäßige Inanspruchnahme der Straße möglicherweise in einem Ausmaß und Umfang erfolgt, der durch Verkehrsstörungen die Grenzen der räumlichen Kapazität aufzeigt, vermag an der Zweckbestimmung der öffentlichen Straße und dem Inhalt der ihr als Gemeingebrauch korrespondierenden Straßenbenutzung nichts zu ändern. Straßenbenutzer, die an dem von der Widmung eröffneten Verkehr teilnehmen wollen, dann aber wegen der bereits erreichten Auslastung der Straße Verkehrsstörungen verursachen, überschreiten nicht den Gemeingebrauch. Wer etwa auch in den Stoßzeiten des Berufsverkehrs oder in der Feriensaison nicht auf seinen Wagen verzichten möchte, bedarf für seine Teilnahme am Verkehr wegen damit verbundener Stau- und erhöhter Unfallgefahr keiner straßenrechtlichen Sondernutzungserlaubnis.

---

142) In diesem Sinne bereits BVerwGE 4, 342, 343 f. Hier ging es um die einem Privatunternehmen erteilte Sondernutzungserlaubnis, mit der ihm für die gewerbliche Bewachung von Kraftfahrzeugen ein Teil der Verkehrsfläche zur Verfügung gestellt worden war. Das Bundesverwaltungsgericht sah darin zutreffend eine "Verkehrsregelung". Deshalb habe "die Gestattung ebensowenig einen Einfluß auf die Widmung wie ihn echte verkehrspolizeiliche Maßnahmen haben" (S. 344).

143) Daß, wie immer betont, der Umfang des Gemeingebrauchs "örtlich verschieden" ist (so BGHZ 23, 157, 166; Hammes, DVBl 1950, 71, 73 und 75), liegt somit allein darin begründet, daß die Widmung für verschiedene Straßen mit einem jeweils anderen Inhalt verfügt ist.

Das wird allerdings oft übersehen. So will etwa auch der Bundesgerichtshof[144] den Gemeingebrauch von der erlaubnispflichtigen Sondernutzung
nicht nur nach der "jeweiligen Art der Wegebenutzung" unterscheiden,
sondern dabei vor allem "das Ausmaß der in Anspruch genommenen Wege-
fläche und die sonstigen räumlichen Gegebenheiten berücksichtigen."

Umgekehrt bleibt die widmungsfremde, die den Rahmen der Widmung überstei-
gende Straßenbenutzung selbst dann Sondernutzung, wenn nach dem Ausmaß
der in Anspruch genommenen Verkehrsfläche und den sonstigen räumlichen Gegebenheiten mit Verkehrsstörungen nicht gerechnet werden muß.

Es können dann allenfalls die Aussichten günstiger sein, daß die erforderliche Sondernutzungserlaubnis erteilt werden wird.

Das Kriterium der Gemeinverträglichkeit könnte lediglich den Kreis weiter ver-
engen, der von der Widmung um die als Gemeingebrauch gestatteten Straßenbenutzungen gezogen ist. Dagegen vermag es widmungsfremde Benutzungen
nicht dem Gemeingebrauch zuzuschlagen. Als Gemeingebrauch kann nur das
gewährt sein, was der widmungsmäßigen Zweckbestimmung der öffentlichen
Straße entspricht.

Nach der straßengesetzlichen Regelung kann das Straßenverkehrsrecht für die
Abgrenzung zwischen Gemeingebrauch und Sondernutzung somit nicht herangezogen werden. Erst recht kann hierbei ein allgemeines Gemeinverträglichkeits-
gebot keine Berücksichtigung finden. Das Straßenverkehrsrecht bestimmt allein,
in welcher Art und Weise der straßenrechtlich eröffnete Gemeingebrauch zur
individuellen Ausübung steht. Der widmungsmäßig bestimmte Umfang des Gemeingebrauch bleibt davon unberührt.

Der Straßengesetzgeber sollte daher künftig auf eine Zitierung der
straßenverkehrsrechtlichen Vorschriften in der Legaldefinition des Gemeingebrauchs verzichten. Denn auch die Bindung der Verkehrsteilnehmer
an die Verkehrsvorschriften ergibt sich bereits aus der Normativität der
Straßenverkehrsordnung. Einer zusätzlichen Begründung ist sie weder zugänglich noch bedürftig[145]. Das Bayerische Straßen- und Wegegesetz hat
dem bereits früh Rechnung getragen. In seiner Neufassung vom

---

144) BGHSt 28, 165, 167.
145) So Kodal, S. 498 Rdnr. 29; ihm folgend Papier, öffentliche Sachen,
S. 92.

25.4.1968[146] wurde der Verweis auf das Straßenverkehrsrecht gestrichen[147].

Für die Einstufung der Tätigkeit von Flugblattverteilern muß daher außer Betracht bleiben, daß sie möglicherweise "die Bewegungsfreiheit der Passanten kaum nennenswert beeinträchtigt"[148]. Als Sondernutzung erweist sie sich vielmehr deshalb, weil diese Tätigkeit erkennbar nicht (vorwiegend) der Fortbewegung dient und deshalb mit dem Rahmen der Widmung auch den Gemeingebrauch überschreitet.

Die Richtigkeit der hier vertretenen Sichtweise erweist sich schließlich in den Fällen, in denen sich ein Bürger verwaltungsgerichtlich gegen verkehrsbehördliche Maßnahmen wie Straßensperrungen und Parkverbote zur Wehr setzen will[149]. Würde durch verkehrsrechtliche Verbote der Umfang des Gemeingebrauchs beschränkt, so wäre nach Feststellung der Rechtswidrigkeit der Maßnahme ein Rückgriff auf das Verfassungsrecht erforderlich, um aus der Kerngewährleistung des Gemeingebrauchs durch das Grundrecht aus Art. 2 Abs. 1 GG eine der Klage erst zum Erfolg verhelfenden Rechtsverletzung begründen zu können. Denn einen einfachgesetzlichen Anspruch auf die Aufrechterhaltung des (ungeschmälerten) Gemeingebrauchs schließt das Straßenrecht gerade aus[150] Das Verfassungsrecht muß dagegen nicht bemüht werden, wenn der Umfang des Gemeingebrauchs von den Regelungen des Straßenverkehrsrechts unberührt bleibt. Erweisen sie sich als rechtswidrig, so wird dem Bürger sein ungeschmälert fortbe-

---

146) GBL. S. 64.
147) Vgl. dazu die Begründung zum "Entwurf eines Gesetzes zur Änderung des BayStrWG" in: Verhandlungen des Bayerischen Landtags, VI. Legislaturperiode, Beilagenband II/447 zu § 1 Nr. 12 (Art. 14): "Wenn der Hinweis auf die Verkehrsvorschriften in der nunmehrigen Definition des Gemeingebrauchs fehlt, *weil sie nämlich den Inhalt des Gemeingebrauchs nicht bestimmen können*, so bedeutet das keine sachliche Änderung gegenüber dem bisherigen Recht".
148) Abzulehnen daher Crombach, DVBl 1977, 277, 279 Fn. 25, der mit dieser These für Gemeingebrauch plädiert.
149) Vgl. etwa VGH München, BayVBl 1986, 754 f., zur Zulässigkeit einer auf das Wochenende begrenzten Sperrung einer zur Rennstrecke mißbrauchten Bergstraße für Motoradfahrer.
150) Vgl. etwa § 13 Abs. 2 BaWüStrG.

stehender Anspruch auf Teilhabe am Gemeingebrauch vorenthalten[151]. Daraus ergibt sich dann zwanglos die Klagebefugnis.

2. Der verfassungsrechtlich begrenzte Regelungsbereich des Straßenrechts

Über die Kriterien der "Gemeinverträglichkeit" bzw. "Orts-, Verkehrs- oder Gemeinüblichkeit" wird der Gemeingebrauchsbegriff mit Ordnungsvorstellungen verkehrspolizeilicher Art befrachtet[152]. Insoweit stößt es aber gerade auch auf verfassungsrechtliche Bedenken, wenn ein kommunikativer Verkehr einerseits dem von der Widmung abgesteckten Rahmen untergeschoben, andererseits aber als Sondernutzung eingestuft wird, sobald er sich auf andere Straßenbenutzungen, nämlich solche, für die wiederum der engere Verkehrsbegriff gelten soll, störend auswirkt. In dieser Auslegung der Straßengesetze könnte ein Widerspruch zur grundgesetzlichen Verteilung der Gesetzgebungskompetenz zwischen Bund und Ländern zu sehen sein.

a) Der kommunikative Verkehrsbegriff im Straßenverkehrsrecht

So ist bereits fraglich, ob eine Erweiterung des straßenrechtlichen Verkehrsbegriffs auf den dem Straßenverkehrsrecht zugrundeliegenden Verkehrsbegriff ohne Einfluß bleiben könnte. Dieser ist zwar bisher auf die Fortbewegung und Ortsveränderung beschränkt geblieben[153]. Zu berücksichtigen ist jedoch, daß die Bedeutung des Straßenverkehrsrechts ja gerade darin besteht, eine störungsfreie Ausübung des Gemeingebrauchs zu gewährleisten. Mit dieser Aufgabe hat sich das Straßenverkehrsrecht durch den mit dem aufkommenden Kraftfahrzeugverkehr eingetretenen Wandel der Verkehrsverhältnisse vom Wegerecht verselbständigt. Ließe sich daher, nun im Hinblick auf die Grundrechte, ein

---

151) Anders dagegen der VGH München, BayVBl 1986, 754 f. Ihn hat die Auffassung, daß der Gemeingebrauch durch verkehrsrechtliche Maßnahmen nicht nur in seiner Ausübung, sondern bereits in seinem Umfang beschränkt werde, darüber hinaus auf einen weiteren Umweg gebracht. Es hat sich für ihn nämlich die Frage erhoben, ob bei der verkehrsrechtlichen Beschränkung des Gemeingebrauchs polizeirechtliche Grundsätze wie etwa das Verhältnismäßigkeitsprinzip und das Übermaßverbot und die Unterscheidung nach Störern und Nichtstörern zu beachten sind. Er hat dies zwar bejaht. Doch ist ihm nur im Ergebnis zuzustimmen. Denn polizeirechtliche Grundsätze sind nicht etwa deshalb einzuhalten, weil "straßenrechtlich bedeutsame Maßnahmen" vorgelegen hätten. Es ergibt sich der Grund dafür vielmehr bereits aus dem Umstand, daß es sich um verkehrsregelnde und damit um Maßnahmen der Gefahrenabwehr gehandelt hat.
152) So Menger, VerwArch 62 (1971), 188, 190.
153) Vgl. BVerfGE 40, 371, 380.

Bedeutungswandel des Verkehrsbegriffs konstatieren, so müßte mit dem Gemeingebrauch auch der Kernbereich des Straßenverkehrsrechts entsprechend
erweitert werden. Nach seiner Aufgabenbestimmung könnte sich das Straßenverkehrsrecht einem derartigen Bedeutungswandel kaum verschließen. Als
"Verkehr" hätte es somit auch die Ausübung eines "kommunikativen Gemeingebrauchs" zu normieren.

In diesem Falle wäre aber die Unterscheidung von Gemeingebrauch und Sondernutzung nach den Auswirkungen auf den "übrigen" Straßenverkehr von
vornherein unzulässig. Die Regelung des "kommunikativen Verkehrs" unterschiede sich dann in nichts von einer Regelung des "ruhenden Verkehrs". Wird
aber das mit einer Gefährdung für den fließenden Verkehr verbundene Parken
zur Sondernutzung erklärt, so liegt darin nach ganz h.A.[154] ein Eingriff in
den dem Straßenverkehrsrecht ausschließlich vorbehaltenen Kernbereich.

b) Der verkehrspolizeiliche Maßstab im Straßenrecht

Nur wenn sich unterstellen ließe, daß das Straßenverkehrsrecht dem Verkehrsbegriff des Straßenrechts nicht zu folgen hat, könnte die verfassungsrechtliche
Prüfung fortgesetzt werden. Es wäre dann davon auszugehen, daß das Straßenrecht mit dem kommunikativen Straßenverkehr ein *von außen* auf den
verkehrsrechtlichen Straßenverkehr einwirkendes Verhalten regelt.

aa) Als im Sinne des Straßenverkehrsrechts "verkehrsfremde" Benutzung könnte der kommunikative Straßengebrauch insoweit Gegenstand der *landesrechtlichen* Eingriffsbefugnisse des allgemeinen Polizei- und Ordnungsrechts sein.
Denn insofern bleibt Landesrecht auch im Interesse der Sicherheit und Leichtigkeit des Verkehrs anwendbar, weil das bundesgesetzliche Straßenverkehrsrecht die Abwehr von Gefahren, die nicht durch Verkehrsvorgänge, sondern
von außen auf den Verkehr einwirken, nicht abschließend regelt[155].

Aus diesem Grunde ist etwa unter dem Gesichtspunkt der Verteilung der Gesetzgebungskompetenz unbedenklich, wenn bei der Ermessensentscheidung über
die als Sondernutzung eingestuften verkehrsfremden Straßenbenutzungen Belange der Sicherheit und Leichtigkeit des Verkehrs Berücksichtigung finden.

---

154) BVerwGE 67, 299 ff.
155) BVerwGE 56, 56, 58 m.w.N.

Das Straßenverkehrsrecht hindert ferner "nicht den Erlaß solcher landesgesetzlichen Vorschriften, die ein Einschreiten aus anderen, z.b. straßenbenutzungsrechtlichen Gründen ermöglichen, also zum Ziel haben, den bestimmungsgemäßen Widmungszweck der Straßen, dem Verkehr zu dienen, sicherzustellen"[156].

bb) Bei der *Einteilung* kommunikativer Straßenbenutzungen geht es aber nicht, jedenfalls nicht in erster Linie um den Schutz des widmungsmäßigen Straßengebrauchs. Was als kommunikativer Verkehr dem zulassungsfreien Gemeingebrauch zugeschlagen wird, soll vielmehr erst mit Hilfe eines an verkehrsrechtlichen Gesichtspunkten orientierten Maßstabs fixiert werden. Das Straßenrecht würde daher mit derselben Zielrichtung wie das Verkehrsrecht, nämlich im Interesse der Sicherheit und Leichtigkeit des Verkehrs, die Straßenbenutzungsverhältnisse ordnen.

Eine Differenzierung nach dem Gesichtspunkt der Gefahrenabwehr bedeutet der Sache nach aber nichts anderes als die Aufstellung einer Benutzungsordnung, die die Art und Weise betrifft, in der eine (kommunikative) Benutzung stattfinden darf. Gerade das ist jedoch ausschließlich dem Straßenverkehrsrecht vorbehalten. Dem Bund ist insoweit eine *umfassende* Regelungskompetenz zur Gefahrenabwehr im Straßenverkehr zugewiesen[157].Die Regelung des kommunikativen Straßengebrauchs würde somit überspielen, daß das Grundgesetz das Straßenrecht vom Straßenverkehrsrecht als Gesetzgebungsmaterien mit unterschiedlichem Regelungszweck[158] streng voneinander geschieden und dementsprechend als selbständig erfaßt hat. Daraus folgt, daß das wegerechtliche Institut der Sondernutzung ausschließlich mit der Bestimmung, damit Gefahren für den Straßenverkehr abzuwehren, aus verfassungsrechtlichen Gründen keinen Bestand haben könnte.

Mithin erweist es sich als Irrtum anzunehmen, daß die mit Hilfe eines um die Kommunikation erweiterten Verkehrsbegriffs zum Gemeingebrauch hochstilisierten Straßenbenutzungen bei einer Gefährdung für den Straßenverkehr wege-

---

156) BVerwGE 56, 56, 58; 28, 310, 312; BVerfGE 32, 319, 331; 40, 371, 380; OLG Bremen, NJW 1976, 1359; OLG Hamm, NJW 1977, 687, 688; Drews/Wacke/Vogel/Martens, Gefahrenabwehr, 9. Aufl.1986, S. 167.
157) Vgl. BVerWGE 32, 319, 326; 40, 371, 380; BVerwGE 28, 310, 311 f.
158) Vgl. dazu BVerfGE 40, 371, 378 ff.

rechtlich durch ihre Einstufung als Sondernutzung in den Griff zu bekommen wären.

Die Erkenntnis, daß ein mit ordnungsrechtlichen Zielvorstellungen befrachtetes Straßenrecht in den dem Straßenverkehrsrecht ausschließlich vorbehaltenen Regelungsbereich hinübergreift, soll nach Crombach[159] freilich zu einer anderen Schlußfolgerung führen. Denn er will daraus umgekehrt ableiten, es dürfe die politische Werbung auf innerörtlichen Straßen gerade nicht als Sondernutzung eingestuft werden. Crombach beruft sich dazu auf die Reichweite des in § 33 Abs. 1 StVO aufgestellten Verbots. Es betrifft außerhalb geschlossener Ortschaften "jede Werbung und Propaganda durch Bild, Schrift und Ton, wenn dadurch Verkehrsteilnehmer in einer den Verkehr gefährdenden oder erschwerenden Weise abgelenkt oder belästigt werden können" (Satz 1 Nr. 3), ferner die innerörtliche Werbung und Propaganda, durch die "der Verkehr außerhalb geschlossener Ortschaften *in solcher Weise* gestört" wird (Satz 2). Das verkehrsrechtliche Verbot greift damit bereits Platz, wenn die Werbung geeignet ist, die Verkehrssicherheit zu gefährden, und nicht erst dann, wenn sie eine konkrete Gefahr darstellt. Im übrigen unterliegt die Werbung im innerörtlichen Bereich den landesrechtlichen Eingriffsbefugnissen des allgemeinen Polizei- und Ordnungsrechts, vor allem aber auch des Bauordnungsrechts[160]. Das Bundesverwaltungsgericht hat allerdings beiläufig erwogen, daß das verkehrsrechtliche Verbot, soweit es bereits bei einer abstrakten Gefährdung eingreift, gegenüber gleichartigen landesrechtlichen Eingriffsmöglichkeiten auch für den innerörtlichen Bereich eine abschließende Regelung darstelle[161]. Zutreffend bringt Crombach dies auf die Formel: "Was nach Straßenverkehrsrecht nicht grundsätzlich verboten ist, kann *unter straßenverkehrsrechtlichen Gesichtspunkten* nicht durch die Gemeingebrauchsregelungen der Straßengesetze untersagt werden"[162]. Wer aber, wie Crombach, das Institut der Sondernutzung als ein im Interesse der Verkehrssicherheit aufgestelltes "generelles Verbot für gemeingebrauchsüberschreitende Tätigkeiten" begreift, müßte dann in der Tat zur Verfassungswidrigkeit der landesgesetzlichen Abgrenzung zwischen Gemeingebrauch und Sondernutzung gelangen. – Der Regelungsgehalt des Straßen- und Wegerechts ist jedoch ein anderer. Indem die Straßengesetze den Inhalt der Widmung abstecken, legen sie die der Zweckbestimmung der öffentlichen Straße entsprechenden Benutzungsarten fest.

---

159) DVBl 1977, 277, 278 f.
160) So BVerfGE 32, 319, 328 ff.; BVerwGE 28, 310, 313 ff.
161) BVerwGE 28, 310, 316. Das Bundesverfassungsgericht, auf dessen Entscheidung in BVerfGE 32, 320, 329 ff. sich Crombach, DVBl 1977, 277, 278 Fn. 17, ebenfalls beruft, hat sich dazu allerdings nicht geäußert.
162) DVBl 1977, 277, 279.

Soweit die Widmung danach auf den Verkehr im Sinne der Fortbewegung
und Ortsveränderung beschränkt bleibt, handelt es sich um die Regelung
der Rechtsverhältnisse an öffentlichen Straßen in sachenrechtlicher und
damit originär wegerechtlicher Hinsicht. Eine Regelung des Verkehrs ist
damit bereits deshalb nicht getroffen, weil dem Straßenverkehrsrecht dieser enge Verkehrsbegriff ebenfalls zugrunde liegt und die Werbung "als
solche - auch wenn sie an und auf Straßen betrieben wird - keinen
Verkehrsvorgang" darstellt[163]. Das Straßenrecht betrifft die Werbung
nur, soweit sie auf der öffentlichen Straße stattfinden soll. Damit unterscheidet es sich aber grundlegend von den ordnungsrechtlichen Vorschriften der Länder. Diese beschränken die Nutzung des privaten Eigentums
an (bebauten) Grundstücken[164] oder sonstigen Gegenständen (wie Fahrzeugen, Plakatständern und Stellflächen) als Werbeträger. Sie können inhaltlich in der Tat nur eingreifen, wenn daraus eine konkrete Gefahr für
die öffentliche Sicherheit oder Ordnung erwächst. Um die Benutzung einer
öffentlichen Sache geht es dagegen, wenn über das eigene Eigentum hinaus die öffentliche Straße selbst für Werbezwecke in Anspruch genommen
und somit auf der Grundlage des Straßenrechts die Frage zu beantworten
ist, ob sie dafür erlaubnisfrei zur Verfügung stehen soll. Insoweit spielen
ordnungsrechtliche Gesichtspunkte überhaupt keine Rolle.

3. Die Sonderstellung der ortsfest betriebenen politischen Werbung

An dem um kommunikative Straßenbenutzungen erweiterten Verkehrsbegriff
wird allerdings nicht mehr uneingeschränkt festgehalten. Inzwischen herrscht
unter seinen Vertretern die Auffassung vor, die beim Aufstellen von Gegenständen auf der Straße eine Sondernutzung unabhängig davon bejaht, ob im
konkreten Fall die Sicherheit oder Leichtigkeit des Verkehrs beeinträchtigt
wird[165]. Informations- und Werbestände oder Plakatständer werden daher

---

163) So BVerfGE 32, 371, 380.
164) Allein darum ging es in BVerfGE 32, 319 ff., somit nicht um die auf der
Straße selbst ausgeübte, sondern um die in den Straßenbereich lediglich
hineinwirkende Werbung mit Reklametafeln, die an Gebäuden auf den der
öffentlichen Straße benachbarten Grundstücken angebracht waren. (Bei
dem Bf. handelte es sich um ein Unternehmen, das sich mit dem Plakat-
anschlag auf Werbetafeln befaßt, die auf privatem Grund und Boden angebracht werden.)
165) So ausdrücklich Papier, öffentliche Sachen, 2. Aufl. 1984, S. 98; Pappermann, NJW 1976, 1341, 1342; Kodal/Krämer, S. 622 f. Rdnr. 59.3;
Sigrist, DöV 1976, 376, 378 f.; Thiele, DVBl 1980, 977, 979 f. Aus der
Rechtsprechung zum kommunikativen Verkehrsbegriff vgl. OLG Frankfurt,
NJW 1976, 203, 204; OLG Celle, NJW 1976, 204; OLG Bremen, NJW 1976,
1359, 1360; OLG Karlsruhe, NJW 1976, 1360, 1361.

selbst dann als Sondernutzung eingestuft, wenn sie politischen Zwecken dienen[166].

Die wegerechtliche Unterscheidung zwischen Gemeingebrauch und Sondernutzung ist für diese Benutzungsformen von den verkehrsrechtlichen Maßstäben befreit. Soweit jedoch im übrigen, etwa für das Verteilen von Flugblättern, an dem weiten Verkehrsbegriff festgehalten wird, treten in seiner Begründung bezeichnende Widersprüche hervor.

Wenn behauptet wird, die wertsetzende Bedeutung von Art. 5 Abs. 1 GG für den freiheitlich-demokratischen Staat erfordere, daß die politische Meinungsäußerung grundsätzlich als Gemeingebrauch erlaubnisfrei stattfinden dürfe, so mag insoweit, d.h. abgesehen von der verfassungsrechtlichen Verteilung der Gesetzgebungskompetenz, es noch gerechtfertigt erscheinen, daß im Falle einer Gefährdung den Belangen des Verkehrs der Vorrang eingeräumt und die politische Kommunikation als Sondernutzung eingestuft wird. Soll aber nun im Gegensatz dazu das Aufstellen von Gegenständen auf der Straße unabhängig von einer Verkehrsbeeinträchtigung stets als Sondernutzung qualifiziert werden, so knüpft die Differenzierung allein an dem Mittel der (politischen) Kommunikation an. Mit Art. 5 Abs. 1 GG ist das nicht vereinbar. Denn dieses Grundrecht gewährleistet mit der Meinungsäußerungsfreiheit auch die Freiheit zur Wahl des Mittels der Meinungsäußerung. Wer daher die Flugblattverteilung wegen Art. 5 Abs. 1 GG dem Gemeingebrauch unterstellen will, dürfte dieses Grundrecht nicht unberücksichtigt lassen, wenn zur politischen Meinungsverbreitung Informationsstände eingesetzt werden[167].

---

166) Das ist so auch in der höchstrichterlichen Rechtsprechung entschieden. Vgl. BVerwGE 56, 63, 68. Ebenso der 1. Strafsenat des Bundesgerichtshofs (BGHSt 28, 275, 284 f.), während sein 5. Strafsenat (BGHSt 28, 165, 167 f.) noch gemeint hatte, es komme hier "auf die tatsächlichen Umstände des einzelnen Falles" an.

167) Konsequent daher OLG Saarbrücken, NJW 1976, 1362 f., das den von einem "kleineren Tisch" vorgenommenen Verkauf von Zeitungen und politischen Broschüren noch als Gemeingebrauch einstuft, "wenn die Behinderung des Fußgängerverkehrs durch den Verkaufsstand nur unwesentlich größer ist als beim Handverkauf". Ebenso AG Frankfurt, NJW 1976, 1363 f. und – für das Aufstellen von politischen Werbeständern – OLG Hamburg, NJW 1977, 1704, in seinem, freilich vom Bundesgerichtshof (BGHSt 28, 165 ff.) nicht zur Entscheidung angenommenen Vorlagebeschluß.

Die Ungereimtheit, die hier in der Anwendung eines erweiterten Verkehrsbegriffs offenbar wird, vermag schließlich nicht mit der Feststellung überspielt
werden, bei der Aufstellung von Gegenständen auf der öffentlichen Straße
fehle es an einem "objektiv verkehrsmäßigen Verhalten"[168]. Es ist wohl zu-
zugeben, daß sich etwa Flugblattverteiler zur Ausübung ihrer Tätigkeit auf
der Straße fortbewegen und dabei ihren Standort immerhin häufiger wechseln
können. Für den engen Verkehrsbegriff vermag aber einerseits ein bloß "objektiv verkehrsmäßiges Verhalten" nicht genügen, während unter der Annahme
eines die Kommunikation umfassenden Verkehrsbegriffs die Aufstellung von Informationsständen andererseits nicht nur objektiv, sondern vor allem auch
subjektiv einem solchen "Verkehr" dienen würde.

Mit den Attributen "objektiv" bzw. "subjektiv" läßt sich daher eine in sich
schlüssige Differenzierung nicht finden. Ein Informationsstand ist lediglich
Hilfsmittel der in erster Linie, "vorwiegend" bezweckten Kommunikation. Wer
deshalb bereits die Kommunikation als solche straßenrechtlich als "verkehrsmäßiges Verhalten" einstuft, müßte sich an dieser Beurteilung festhalten lassen, wenn die Verbreitung von Information nicht von Hand, sondern von Ti-
schen und Ständen aus erfolgt.

4. Die Untauglichkeit eines kommunikativen Verkehrsbegriffs für die Erweite-
rung grundrechtlich gewährleisteter Freiheit

Die Maßstäbe, mit denen ein kommunikativer Gemeingebrauch von der Sondernutzung abgegrenzt werden soll, erweisen sich aber nicht allein aus verfassungsrechtlichen und rechtsdogmatischen Gründen als unhaltbar. Sie sind darüber hinaus schließlich allzu unbestimmt, als daß sich mit ihnen eine allge-
meingültige und klare Unterscheidung der straßenrechtlichen Benutzungskategorien erreichen ließe[169]. Die in ihrer Anwendung entstehenden "erheblichen
Unsicherheiten" gaben so denn auch für den Bundesgerichtshof[170] den Ausschlag, das Aufstellen von Informationsständen unabhängig davon als Sonder-

---

168) In diesem Sinne Papier, öffentliche Sachen, S. 88; ebenso Pappermann,
NJW 1976, 1341, 1342; Salzwedel, in: E/M, AllgVerwR, § 46 II 1 (S. 442
f.).
169) Darauf vor allem konzentriert sich die gegen die Anerkennung eines
kommunikativen Gemeingebrauch vorgebrachte Kritik. Vgl. etwa Menger,
VerwArch 62, (1971), 188, 189; Pappermann, NJW 1976, 1341, 1344;
Sigrist, DÖV 1976, 376, 377; Schröder, Die Verwaltung 10 (1977), 451,
455 und 457 ff.
170) BGHSt 28, 275, 284 f.

nutzung einzustufen, ob andere Verkehrsteilnehmer dadurch in ihrem Fortkommen behindert werden. Denn sie könnten - so die Begründung - dazu führen, daß "derjenige, der seinen Tisch aufstellen möchte, bei der Störung des Verkehrsflusses zu ganz anderen Ergebnissen kommen kann als die zuständige Behörde und (er) möglicherweise davon absieht, eine Erlaubnis einzuholen."

Nicht wesentlich anders verhält es sich aber bei den sonstigen kommunikativen Straßenbenutzungen. Auch für einen Verteiler politischer Flugblätter dürfte kaum vorhersehbar sein, wie sich die Passanten gegenüber der ihnen angebotenen Information verhalten. Ob sie sich davon "bedrängt" fühlen oder zum Stehenbleiben veranlaßt sehen und deshalb mit der Bildung eines "Verkehrsstaus mit an Sicherheit grenzender Wahrscheinlichkeit zu rechnen ist"[171], wird sich für den einzelnen Verteiler i.d.R. erst nach dem Beginn seiner Tätigkeit herausstellen[172].

Abgesehen davon, daß nach diesen Maßstäben selbst der Inhalt der politischen Meinungsäußerung zu berücksichtigen und je nach seiner Brisanz zu entscheiden wäre, ob eine Sondernutzung vorliegt, würde eine einigermaßen zuverlässige Prognose die Kenntnis darüber voraussetzen, ob zu dem vorgesehenen Termin bereits andere Sondernutzungen stattfinden oder gar weitere Flugblattverteiler auf der Straße erscheinen werden[173]. Um darüber sichere Informationen zu erhalten, wird deshalb nichts anderes übrig bleiben, als die entsprechende Auskunft der Erlaubnisbehörde einzuholen. Nur auf diese Weise könnte die Gefahr verringert werden, die bei einer Fehlbeurteilung der örtlichen Verkehrsverhältnisse in Gestalt eines Ordnungswidrigkeiten-Verfahrens wegen unerlaubter Sondernutzung droht.

---

171) So etwa die Kriterien des OLG Stuttgart, DVBl 1976, 103, 106. Vgl. ferner VGH München, DVBl 1967, 920, 921.
172) Pappermann, NJW 1976, 1341, 1344, meint gar, daß in jedem Einzelfall erst im nachhinein festgestellt werden könnte, ob Gemeingebrauch oder eine erlaubnispflichtige Sondernutzung vorgelegen hat.
173) So ausdrücklich der 5. Strafsenat des Bundesgerichtshofs (BGHSt 28, 165, 167 f.) zur Frage, ob beim Aufstellen politischer Werbeschilder nach den "tatsächlichen Umständen des einzelnen Falles" eine erlaubnispflichtige Sondernutzung oder Gemeingebrauch vorliegt. Denn zu berücksichtigen seien dabei nicht nur die Größe des Schildes, die Art und der Ort seiner Aufstellung, die Belebtheit der Straße und der mögliche Kreis der Interessenten, sondern darüber hinaus, ob "solche Stellschilder ohne Erlaubnisverfahren in größerer Zahl aufgestellt werden und (sie) dadurch den Verkehr behindern würden."

Wenn man einen "kommunikativen" Gemeingebrauch nach seiner Gemeinverträglichkeit von der Sondernutzung abgrenzt, ergeben sich auch im Bereich der
Kunstfreiheitsgarantie (Art. 5 Abs. 3 GG) bedenkliche Wertungswidersprüche.
Eine "verfassungskonforme" Abgrenzung will etwa der VGH Mannheim dadurch
erzielen, daß "jeweils im Einzelfall geprüft wird, ob durch die Kunstausübung
auf der Straße die Grenze der Gemeinverträglichkeit deshalb überschritten ist,
weil grundrechtlich geschützte Positionen Dritter in unverhältnismäßiger Weise
beeinträchtigt werden"[174]. Das bedeutet, daß ein einzelner Straßentroubadour
regelmäßig ohne Sondernutzungserlaubnis auskäme. Würden dagegen die Berliner Philharmoniker mit einem Konzert in einem Fußgängerbereich für Aufsehen
sorgen, so hätten sie zuvor die Sondernutzungserlaubnis einzuholen. Die Differenzierung würde damit im "Wirkbereich" der Kunst getroffen, von einer verfassungskonformen Auslegung der Kunstfreiheitsgarantie kann aber bei diesem
Ansatz keine Rede sein. Denn Art. 5 Abs. 3 GG eröffnet eben keine Wertungen
nach dem Motto: "Kunst ist erlaubnisfrei, solange sie nicht stört"[175].

Praktisch erweist sich somit der Gewinn, der mit der "grundrechtlichen" Ausdehnung des Gemeingebrauchs erzielt werden soll, als letztlich unbedeutend.
Soll die erstrebte Spontanität der Meinungsäußerung oder Kunstausübung nicht
mit dem Risiko einer Ordnungswidrigkeit erkauft werden, so wird es selbst
nach dieser Auffassung notwendig bleiben, daß wegen des geplanten Vorhabens
mit der Erlaubnisbehörde möglichst frühzeitig Verbindung aufgenommen wird.
Mehr verlangt aber auch die Auffassung nicht, die zwar an dem Erfordernis
einer Sondernutzungserlaubnis festhält, im Hinblick auf grundrechtliche
Freiheitsgewährleistungen jedoch einen Anspruch auf die Sondernutzung bejaht.

Dagegen kann schließlich auch der Einwand nicht verfangen, es sei nicht sicher, wie die Behörde in diesen Fällen von ihrem Ermessen Gebrauch
macht[176]. Dieser Einwand unterstellt nämlich, daß die Behörde, die eine im

---

174) NJW 1989, 1299, 1301. Der VGH Mannheim hat mit diesem Ansatz das
     Herstellen und den Verkauf von Schattenbildern auf der öffentlichen
     Straße durch eine einzelne Person dem Gemeingebrauch zugerechnet.
175) Auch in einem weiteren Punkt ist die Entscheidung des VGH Mannheims
     zu beanstanden. Denn der Senat hat, obwohl im fraglichen Fall eine
     Staffelei und ein Stuhl aufgestellt worden waren, es offenbar nicht für
     erforderlich gehalten, eine Begründung für seine Privilegierung der
     Kunstausübung gegenüber der ortsfest betriebenen politischen Werbung
     zu geben.
176) So Bairl-Vaslin, S. 165.

Hinblick auf Grundrechte eingetretene Ermessensreduzierung übersieht, den Inhalt der Grundrechte bei der Qualifizierung einer Straßenbenutzung als Gemeingebrauch oder Sondernutzung "zutreffend" in Rechnung stellen würde.

§ 8: Die Sondernutzungen

I. Der Begriff

§ 8 Abs. 1 Satz 1 FStrG definiert die Sondernutzungen als Straßenbenutzung "über den Gemeingebrauch hinaus"[177]. Die Sondernutzungen überschreiten demnach den von der Widmung der öffentlichen Straße abgesteckten Rahmen. Darum handelt es sich bei ihnen um Benutzungen *außerhalb* der öffentlichen Zweckbestimmung der Straße.

Entsprechend der eingangs getroffenen Feststellungen[178] über die von der Zweckbestimmung einer öffentlichen Sache nicht abgedeckten Benutzungsformen unterscheidet das Straßenrecht zwischen zwei Sondernutzungskategorien: der öffentlich-rechtlichen und der privatrechtlichen Sondernutzung. Sie werden nach ihrer Wirkung auf den Gemeingebrauch voneinander abgeschichtet. Die privatrechtliche Sondernutzung stellt § 8 Abs. 1O FStrG als Straßenbenutzung dar, die den Gemeingebrauch nicht oder, sofern sie "zu Zwecken der öffentlichen Versorgung" dient, für "nur kurze Dauer" beeinträchtigt. Im Umkehrschluß folgt daraus, daß mit der der Regelung des § 8 Abs. 1 FStrG unterstellten öffentlich-rechtlichen Sondernutzung eine Beeinträchtigung des Gemeingebrauchs verbunden ist. Die öffentlich-rechtliche Sondernutzung bezeichnet somit einen Straßengebrauch, der nicht nur außerhalb der öffentlichen Zweckbestimmung angesiedelt ist, sondern darüber hinaus den Gemeingebrauch beeinträchtigt.

II. Die Beeinträchtigung des Gemeingebrauchs

Worin genau der Gegenstand besteht, der durch eine widmungsfremde Straßenbenutzung beeinträchtigt wird, ist allerdings fraglich. Denn unter "Gemeingebrauch" könnte sowohl der im Rahmen der Widmung stattfindende Benutzungsvorgang, als auch das jedermann eingeräumte *Recht* zum widmungsgemäßen Gebrauch der öffentlichen Straße zu verstehen sein[179].

---

177) Ebenso § 16 Abs. 1 Satz 1 BaWüStrG; Art. 18 Abs. 1 Satz 1 BayStrWG; § 18 Abs. 1 BremStrG; § 16 Abs. 1 Satz 1 HessStrG; § 18 Abs. 1 Satz 1 NdsStrG; § 18 Abs. 1 Satz 1 NRWStrWG; § 18 Abs. 1 Satz 1 SaarlStrG; § 21 Abs. 1 Satz 1 SchlHolStrWG.
178) Vgl. oben § ..
179) Insofern bezeichnet Lorenz, VBlBW 1984, 329, 334, den Begriff des Gemeingebrauchs als "ambivalent".

1. Gemeingebrauch als Bezeichnung einer Straßenbenutzung

Faßt man den Begriff "Gemeingebrauch" als Umschreibung für eine im Rahmen der Widmung ausgeübte Straßen*benutzung* auf[180], so wäre das Vorliegen einer öffentlich-rechtlichen Sondernutzung von zwei Kriterien abhängig: Vorausset- zen würde sie zunächst, daß auf der von ihr beanspruchten Straßenfläche tat- sächlich ein Verkehrsgebrauch Dritter stattfindet. Ferner müßte die Sonder- nutzung diese Verkehrsvorgänge in ihrem Ablauf stören oder dazu zumindest geeignet sein.

a) Nach diesen Kriterien wird das die öffentlich-rechtliche von der privat- rechtlichen Sondernutzung unterscheidende Merkmal allgemein bestimmt. Dem- entsprechend bedarf die widmungsfremde Tätigkeit dann einer öffentlich- rechtlichen Sondernutzungserlaubnis, wenn "dadurch für andere die *Ausübung* des Gemeingebrauchs beeinträchtigt wird oder wenigstens beeinträchtigt wer- den kann"[181]. Als öffentlich-rechtliche Sondernutzung wird sie eingestuft wenn sie sich für den Verkehrsfluß als "abstrakter Gefährdungstatbestand" darstellt[182].

In diesem Sinne bewertet auch das Bundesverwaltungsgericht[183] die Tätigkeit von Flugblattverteilern deshalb als öffentlich-rechtliche Sondernutzung , "weil durch das Verteilen der Zettel die Fußgänger beeinträchtigt und zum Teil auch belästigt werden". Der VGH München[184] hatte als Vorinstanz zu dieser Beein- trächtigung ausgeführt, es würden die "Fußgänger, denen Handzettel angeboten werden, zur Entgegennahme der Zettel ihren Gang verlangsamen oder ihre Gangrichtung ändern, vielleicht auch zur Stellung von Rückfragen an den Ver- teiler stehenbleiben oder sich aus Neugier um den Verteiler scharen."

In dem gleichen Fall war dagegen das BayObLG[185] zu dem entgegengesetzten Ergebnis gelangt. Denn es hatte darin nur "die ganz entfernte Möglichkeit einer Beeinträchtigung des Gemeingebrauchs" gesehen. Dieser Bewertung hat

180) So etwa Mayer, JuS 1963, 205; M/S/K, FStrG, § 7 Rdnr. 1.3: "Gemeinge- brauch ist allgemeiner oder gemeinsamer Gebrauch".
181) So BayObLG, DVBl 1967, 202, 203.
182) VGH München, DVBl 1967, 920, 921.
183) BVerwGE 35, 326, 330.
184) DVBl 1967, 920, 921.
185) DVBl 1967, 202, 203.

sich der VGH München letzlich angeschlossen. In seinem Urteil vom 30.5.1987[186] stellt er darauf ab, daß es eine einzelne Person war, die "in einer 10 bis 15 m breiten Fußgängerzone" Flugblätter verteilt hatte. Dadurch könne der Gemeingebrauch nicht beeinträchtigt werden, so daß hier eine "nicht gebührenpflichtige privatrechtliche Sondernutzung vorläge".

b) Wenn für die Einstufung einer widmungsfremden Straßenbenutzung als öffentlich-rechtliche Sondernutzung die (Eignung zur) Beeinträchtigung widmungsmäßiger Verkehrsabläufe verlangt wird, so birgt das ganz erhebliche Unsicherheiten in sich. Es bedarf nicht nur der Feststellung, daß eine bestimmte Tätigkeit nicht zum Zwecke des Verkehrs ausgeübt wird. Darüber hinaus müssen für ihre Bewertung auch die auf der öffentlichen Straße jeweils herrschenden Verkehrsverhältnisse, die Beanspruchung und Auslastung der Straße in Betracht gezogen werden[187].

Da bei dem Auftreten "sehr zahlreicher Flugblattverteiler" auf der öffentlichen Straße "die Möglichkeit, daß der Gemeingebrauch beeinträchtigt wird, je nach Sachlage nicht ausgeschlossen" werden kann[188], würde die Sondernutzung zum Roulettspiel. Nicht nur für eine Verteilergruppe vermag mit derartigen Kriterien nicht zuverlässig bestimmt werden, ob für ihre Aktion eine Sondernutzungserlaubnis oder eine zivilrechtliche Gestattung erforderlich ist. Um in der Lage zu sein, die für ihre Werbetätigkeit "je nach Sachlage" adäquate Erlaubnis zu beantragen, müßte selbst eine einzelne Person sich zuvor Klarheit über die gerade herrschenden Verkehrsverhältnisse verschaffen und u.U. zudem ermitteln, ob nicht bereits andere Verteiler "sehr zahlreich" auf der vorgesehenen Straße tätig sind.

Unter Zugrundelegung dieser Kriterien könnte gar eine auf verschiedenen Straßen gleichermaßen widmungsfremde Straßenbenutzung bei der einen (verkehrsreichen) als öffentlich-rechtliche Sondernutzung, bei der anderen (verkehrsärmeren) Straße dagegen als privatrechtliche Sondernutzung zu qualifizieren sein. Je nach den für den Verkehr und die Sondernutzung zur Verfügung stehenden Straßenfläche könnten Sondernutzungen wie das Verteilen von Flugblättern oder das Aufstellen von Gegenständen auf der Straße in einer Weise gehandhabt werden, daß dabei jegliches Verkehrshemmnis ausgeschlossen

---

186) NJW 1987, 1940, 1941.
187) Vgl. dazu Peine, JZ 1984, 869, 873.
188) So VGH München, NJW 1978, 1940, 1941.

ist. Eine Partei, die im Wahlkampf ihre Plakatständer so geschickt am Gehweg-
rand placiert, daß Fußgänger in ihrem Fortkommen nicht behindert werden
können, wäre demnach auf eine zivilrechtliche Gestattung angewiesen, damit
aber auch von der politischen Couleur eines – möglicherweise – privaten
Eigentümers des Straßengrundstücks abhängig.

Selbst auf derselben Straßenfläche wäre nicht auszuschließen, daß eine Sondernutzung je nach der Tageszeit entweder dem öffentlichen oder dem Privatrecht unterliegt. Beispielsweise der Plakatständer, aber auch die vor einem
Lokal aufgestellten Tische und Stühle müßten jedenfalls in den späten Nacht-
stunden, wenn kein oder nur wenig Verkehr stattfindet, nach Privatrecht beurteilt werden. Auch bei Eingriffen in die Straßensubstanz, welche die h.M.
stets als öffentlich-rechtliche Sondernutzung einstuft[189], käme es konsequenterweise darauf an, ob die Straßenoberfläche gerade an einer Stelle und
auf eine Weise aufgebrochen wird, daß der Verkehr nicht oder nur noch unter
erschwerten Bedingungen stattfinden kann.

2. Gemeingebrauch als *Recht*

Allein diese merkwürdigen und letztlich auch kaum praktikablen Ergebnisse
lassen es mehr als zweifelhaft erscheinen, ob mit der jeweils stattfindenden
verkehrsmäßigen Straßenbenutzung der die öffentlich-rechtliche Eigenschaft
einer Sondernutzung begründende Gegenstand zutreffend beschrieben ist. So
könnte unter dem der Beeinträchtigung ausgesetzten Gemeingebrauch statt des
tatsächlich ablaufenden Verkehrsvorgangs auch das zur widmungsgemäßen Benutzung der öffentlichen Straße jedermann gewährte Benutzungs*recht* zu verstehen sein. Das Recht auf den Gebrauch der Straße zum Verkehr wäre durch
eine widmungsfremde Tätigkeit bereits beeinträchtigt, wenn diese die zur Ausübung des Gemeingebrauchs bestimmte Verkehrsfläche in Beschlag nimmt und
sie dadurch ihrer Bestimmung entzieht.

a) Bereits sprachlich ist der Ausdruck "Beeinträchtigung" eher bei einer Berechtigung als bei einer ausgeübten (Benutzungs-) Tätigkeit angebracht. Im
Hinblick auf die Ausübung einer Straßenbenutzung wäre in diesem Sinne besser davon zu reden, daß sie "gehemmt", "behindert" oder "erschwert" wird.

---

189) Vgl. Papier, Öffentliche Sachen, S. 78 m.w.Nachw.

So tritt denn auch an anderer Stelle noch deutlicher hervor, daß die Straßen-gesetze den Begriff "Gemeingebrauch" im Sinne eines Benutzungs*rechts* verste-hen. Beispielsweise spricht § 2 Abs. 7 FStrG davon, daß mit der Einziehung der Gemeingebrauch "entfällt"[190]. "Entfallen" kann aber nicht ein Benut-zungsvorgang, sondern allein die jedermann eingeräumte Gestattung, die Straße zum Verkehr zu benutzen. Die Gestattung wird durch die Einziehung der öf-fentlichen Straße obsolet. Es "entfällt" damit die Pflicht zur Duldung der wid-mungsmäßigen Straßenbenutzung und das korrespondierende, durch § 7 Abs. 1 FStrG jedermann eingeräumte Benutzungsrecht. Dem entspricht, wenn § 7 Abs. 7 BaWüStrG diese Rechtsfolgen lediglich mit der Feststellung umschreibt, wonach "die Straße mit der Einziehung ihre Eigenschaft als öffentliche Straße verliert".

In § 7 Abs. 2 und Abs. 2a FStrG ist ferner von einer "Beschränkung des Ge-meingebrauchs" die Rede. Damit kann ebenfalls der Gemeingebrauch allein als Benutzungsrecht gemeint sein. Als Gegenstand der Beschränkung geht es es hier in verkürzter Umschreibung um die Ausübung der Gemeingebrauchsberech-tigung. Sie ist es, die nach diesen Vorschriften im Interesse der Erhaltung der Straßensubstanz oder der Sicherheit und Leichtigkeit des Verkehrs im Hinblick auf einen besonderen baulichen Zustand der öffentlichen Straße beschränkt wird.

b) Die straßengesetzlichen Legaldefinitionen schließlich beschreiben den Ge-meingebrauch nicht als den auf öffentlichen Straßen stattfindenden widmungs-mäßigen Benutzungsvorgang, sondern ebenfalls in dem weiteren Sinne einer Benutzungsberechtigung. Aus der Stellung des in Parenthese gesetzten, auf diese Weise als definiert ausgewiesenen Begriffs des Gemeingebrauchs in § 7 Abs. 1 FStrG[191] ergibt sich, daß zu den Definitionsmerkmalen des Gemeinge-brauchs die dem dort beschriebenen Gebrauch entsprechende Berechtigung ge-hört. Wäre unter Gemeingebrauch allein ein Gebrauch öffentlicher Straßen im

---

190) Ebenso Art. 8 Abs. 4 BayStrWG.
191) Ebenso § 13 Abs. 1 Satz 1 BaWüStrG; § 10 Abs. 2 Satz 1 BerlStrWG; § 15 Abs. 1 BremStrG; § 14 Abs. 1 Satz 1 HessStrG; § 14 Abs. 1 Satz 1 NdsStrG; § 14 Abs. 1 Satz 1 NRWStrWG; § 34 Abs. 1 Satz 1 RhPfStrG; § 14 Abs. 1 Satz 1 SaarlStrG; § 20 Abs. 1 Satz 1 SchlHolStrWG. Eine Ausnahme könnte allein für Art. 14 Abs. 1 Satz 1 BayStrWG anzunehem sein, während der Wortlaut von § 16 Abs. 1 HambWG eher die von den übrigen Straßengesetzen geforderte Auslegung nahelegt.

Rahmen der Widmung (zum Verkehr) zu verstehen, so müßte die Klammerdefinition vor die Bestimmung gesetzt sein, die einen derartigen Gebrauch jedermann
gestattet. Die Klammerdefinition soll jedoch das zuvor im Text Gesagte zu
einem juristischen Begriff zusammenfassen[192]. In der vorliegenden Umschreibung umfaßt die Definition des Gemeingebrauchs daher auch die entsprechende
Gestattung.

c) In diesem Sinne wird der Gemeingebrauch sogar überwiegend interpretiert.
So bezeichnet ihn etwa das Bundesverfassungsgericht[193] als "die jedermann
gewährte öffentliche Berechtigung, die Straße ohne besondere Zulassung gemäß
der hoheitlichen Zweckbestimmung und in der üblichen Weise zum Verkehr zu
benutzen."

Dennoch wird die Konsequenz aus der straßengesetzlichen Begriffsbestimmung
gerade dann übersehen, wenn es um die Abgrenzung zwischen öffentlich-
rechtlicher und privatrechtlicher Sondernutzung geht. Als Gegenstand der mit
der öffentlich-rechtlichen Sondernutzung bewirkten Beeinträchtigung muß sich
dann nämlich der Gemeingebrauch auch in seiner eigentlichen Bedeutung als
Benutzungsberechtigung darstellen. Beeinträchtigt wird das individuelle, jedermann gewährte Recht auf den Gebrauch der öffentlichen Straße im Rahmen ihrer Widmung.

Eine Beeinträchtigung des Gemeingebrauch liegt mithin nicht erst vor, wenn
Dritte in der Ausübung des Gemeingebrauchs beeinträchtigt oder zumindest
beeinträchtigt werden können. Für die Bejahung einer öffentlich-rechtlichen
Sondernutzung ist nicht notwendig, daß andere Straßenbenutzer, die den Rahmen der Widmung beachten, von ihr behindert oder gar gefährdet werden können. Es reicht vielmehr aus, wenn die widmungsfremde Tätigkeit die für den
Verkehr gewidmete Straßenfläche oder allgemein dafür bestimmte Straßenbe-
standteile mit Beschlag belegt und damit für den Bereich, auf dem sie ausgeübt wird, die sonst eröffnete Gelegenheit zur Ausübung des Gemeingebrauchs
ausschließt. Die öffentlich-rechtliche Sondernutzung entkleidet damit die von

---

192) Vgl. H. Schneider, Gesetzgebungslehre, 1982, Rdnr. 358, mit weiteren
    Beispielen für diese Technik der Gesetzgebung.
193) BVerfGE 40, 371, 378.

ihr beanspruchte Verkehrsfläche der ihr zugedachten Möglichkeit, dem Gemeingebrauch zu dienen[194]

d) Bei einem auf der Straße aufgestellten Gegenstand ist das stets der Fall. Unabhängig davon, ob z.B. ein Plakatständer am Straßenrand oder gar in einer Straßennische placiert ist, an der der Verkehrsfluß ohnehin vorüberziehen würde, entzieht er zumindest dort die Verkehrsfläche ihrer Zweckbestimmung. Selbst wenn deshalb Behinderungen für den Kraftfahrzeug- oder Fußgängerverkehr ausgeschlossen sind, kann das für die Einstufung als öffentlich-rechtliche Sondernutzung keine Rolle spielen. Das mit der Widmung begründete Recht, auch an dem Aufstellungsort den Gemeingebrauch auszuüben, ist bereits damit beeinträchtigt. Denn eine Rechtsbeeinträchtigung liegt selbst dann vor, wenn von den Verkehrsteilnehmern an eine Ausübung des verliehenen Rechts auf diesem Teil der Verkehrsfläche nicht einmal gedacht ist.

Entsprechendes gilt für den Flugblattverteiler. Er beeinträchtigt bereits durch seine bloße, einer widmungsfremden Tätigkeit dienende Anwesenheit im Verkehrsraum das hier bestehende Recht zur Ausübung des Gemeingebrauchs. Ob der Gehweg so breit ist, daß der Fußgängerstrom ungehindert vorüberziehen kann, muß daher ebenfalls außer Betracht bleiben.

Selbst die Benutzung der Straße zum Verkehr muß darum den Gemeingebrauch beeinträchtigen. Wer die öffentliche Straße zum Verkehr benutzt, nimmt dabei einen Teil der Straßenfläche ausschließlich für sich selbst in Anspruch und schließt zumindest hier einen Dritten von der Ausübung des Gemeingebrauchs aus. Folglich ist die Beeinträchtigung des Gemeingebrauchs notwendige Folge der Ausübung des Gemeingebrauchs. Von der öffentlich-rechtlichen Sondernutzung vermag er sich deshalb allein durch den Zweck der Straßenbenutzung "zum Verkehr" abheben. Das bestätigt, daß die Abgrenzung zwischen Gemeingebrauch und Sondernutzung nicht danach vorgenommen werden kann, *ob* mit der jeweiligen Straßenbenutzung eine Beeinträchtigung des Gemeingebrauchs verbunden ist oder nicht. Erst recht kann es für die Abgrenzung dann aber auch nicht auf das Ausmaß der konkreten Beeinträchtigung ankommen. Am Vorliegen des Gemeingebrauchs ändert sich darum selbst in den Fällen nichts, in denen bei der

---

194) Darauf stellt auch BGHZ 23, 157, 167, ab.

verkehrsmäßigen Straßenbenutzung andere in der Ausübung des Gemeingebrauchs "bedrängt"[195] oder gar "unzumutbar" beeinträchtigt werden.

Für die Frage, ob eine widmungsfremde Straßenbenutzung den Gemeingebrauch
beeinträchtigt, ist somit ausschlaggebend, daß es sich beim Gemeingebrauch
nicht (nur) um einen bestimmten Benutzungsvorgang, sondern um ein darauf
gerichtetes Recht handelt. Dieses Recht wird von einer *erlaubten* öffentlich-
rechtlichen Sondernutzung nicht nur faktisch, sondern auch *de iure* beschränkt. Darum kann gegen Personen, die unter Berufung auf den Gemeingebrauch die Ausübung einer erlaubten Sondernutzung stören, mit den Mitteln
des Polizeirechts eingeschritten werden[196].

e) Mit dieser von der Legaldefinition des Gemeingebrauchs vorgegebenen Abgrenzung zwischen öffentlich-rechtlicher und privatrechtlicher Sondernutzung
sind der Praxis aber vor allem Kriterien in die Hand gegeben, die unabhängig
von zum Teil aufwendigen Feststellungen über örtlich und zeitlich veränder-
bare Verkehrsverhältnisse eine präzisere Einstufung der zweckfremden
Straßenbenutzungen ermöglichen.

Es mag ihr zwar entgegengehalten werden, sie weite im Gegensatz zur h.A. den
Bereich der öffentlich-rechtlichen Sondernutzung aus, so daß vor allem Ord-
nungswidrigkeiten-Verfahren wegen unerlaubter Sondernutzung auch dann in
Betracht kommen, wenn die zweckfremde Inanspruchnahme der Verkehrsfläche
sich auf den dort ausgeübten Gemeingebrauch nicht nachteilig ausgewirkt hat.
Aber ungeachtet dessen, daß derartige (Ausnahme-) Fälle im Rahmen der Bemessung der Geldbuße ausreichend Berücksichtigung finden können[197], gilt es
hier vor allem zu erkennen, daß mit einer restriktiven Interpretation in Wahrheit ein Danaer-Geschenk präsentiert wird. Ist für eine Straßenbenutzung die

---

195) So OlG Stuttgart, DVBl 1976, 113 f. (im Hinblick auf das Verteilen von
Flugblättern).
196) Vgl. dazu OVG Koblenz, NVwZ 1987, 1099 f. Daß die Sondernutzungserlaubnis dem Gemeingebrauch anderer rechtliche Schranken zieht ist im
übrigen in § 16 Abs. 1 Satz 1 HambWG ausdrücklich bestimmt.
197) Vgl. § 17 Abs. 3 Satz 1 OWiG. Danach sind Grundlage der Zumessung
der Geldbuße die Bedeutung der Ordnungswidrigkeit und der Vorwurf,
der den Täter trifft. Schließlich würden in diesen Fällen auch die wirtschaftlichen Verhältnisse des Täters den Ausspruch einer höheren Geldbuße nicht rechtfertigen. Denn die wirtschaftlichen Verhältnisse haben
bei geringfügigen Ordnungswidrigkeiten "in der Regel unberücksichtigt"
zu bleiben (§ 17 Abs. 3 Satz 2 OWiG).

Überschreitung des von der Widmung abgesteckten Rahmens bejaht, so steht das Vorliegen einer Sondernutzung außer Diskussion. Die Ansicht, die eine Beeinträchtigung des Gemeingebrauchs erst im Falle ihrer nachteiligen Auswirkung auf den Verkehr bejaht, ist folglich gezwungen, die auf der öffentlichen Straße ausgeübte Tätigkeit als Benutzung des *Eigentums* an der Straße (vgl. § 8 Abs. 10 FStrG) dem Privatrechtsregime und dem Belieben des Eigentümers (§ 903 BGB) zu unterwerfen. Mit dieser "Flucht ins Privatrecht" wäre jedoch ein Anspruch auf die auch hier erforderliche Erlaubnis schon von vornherein ausgeschlossen. Bei der öffentlich-rechtlichen Sondernutzung könnte sich dagegen im Einzelfall ein Anspruch auf Erteilung der Sondernutzungserlaubnis aus den Grundrechten des Nutzungsinteressenten ergeben[198]

---

198) Vgl. dazu das 4. Kapitel.

§ 11: Die privatrechtliche Sondernutzung

I. **Das Eigentum am Straßengrundstück als Grundlage der privatrechtlichen Sondernutzung**

1. **Die zivilrechtliche Gestattung**

Der Gemeingebrauch wird von solchen Benutzungen nicht beeinträchtigt, die sich räumlich nicht auf die Verkehrsfläche der öffentlichen Straße erstrecken. Das gilt vor allem für die im Straßenuntergrund verlegten Rohrleitungen und Stromkabel. Auch der Luftraum über der öffentlichen Straße kommt für entsprechende Nutzungen in Betracht. Sind Stromkabel oder Leitungsbrücken so hoch[199] über der Verkehrsfläche angebracht, daß Kollisionen mit dem Kraftfahrzeug- und Fußgängerverkehr ausgeschlossen sind, so bleibt der widmungsmäßig eröffnete Gemeingebrauch davon unberührt.

a) In den genannten Beispielen[200] handelt es sich um Straßenbenutzungen, denen ein Verkehrszweck abgeht. Zwar dienen die verlegten Leitungen dem Transport von Flüssigkeiten, gasförmigen Stoffen oder elektrischer Energie. Insoweit sind aber die Leitungen selbst Verkehrsmittler. Von den Rohr- und Kabelleitungen wird die öffentliche Straße gerade nicht in ihrer spezifischen Verkehrsfunktion, sondern nicht anders als ein gewöhnliches Grundstück in Anspruch genommen. Die Verlegung der Leitungen im räumlichen Bereich der öffentlichen Straße geht darum "über den Gemeingebrauch hinaus". Dementsprechend stuft sie § 8 Abs. 1 FStrG und das gleichlautende Landesstraßenrecht in die Kategorie der Sondernutzungen ein.

---

199) Nach VGH Mannheim, VBlBW 1988, 140, 141, liegt jedenfalls bei der Nutzung (durch eine Werbeanlage) in einer lichten Höhe von 4,50 m noch eine Beeinträchtigung des Gemeingebrauchs vor. Denn die Höhenbegrenzung für Fahrzeuge auf 4 m gilt nicht für die zu land- und forstwirtschaftlichen Zwecken eingesetzten Fahrzeuge (vgl. § 22 Abs. 2 StVO). Abweichend Ganschezian-Finck, DVBl 1976, 305 f.

200) In der Literatur wird als Beispiel für eine privatrechtliche Sondernutzung ferner der Antennendraht genannt, der hoch über der Straße ausgespannt ist (Jahn, NJW 1961, 2196). Infolge der rundfunktechnischen Entwicklung kommt dem aber keine praktische Bedeutung mehr zu. Auch eine sinnvolle Gras- und Obstbaumnutzung entlang am Seitenstreifen der öffentlichen Straße (Jahn, NJW 1961, 2196; siehe dazu auch Kodal/Krämer, S. 633 Rdnr. 11 ff.) kommt angesichts der hier auftretenden besonderen Schadstoffbelastung kaum noch in Betracht.

Soweit diese Sondernutzungen im Straßengrundstück oder im Luftraum in einer
solchen Höhe darüber stattfinden, daß der Gemeingebrauch nicht beeinträchtigt
werden kann, lassen sie auch die auf dem Straßengrundstück lastende öffentlich-rechtliche Dienstbarkeit unberührt. Denn für derartige Benutzungen bildet
die öffentlich-rechtliche Dienstbarkeit nicht die Grundlage, auf der der öffentliche Sachherr – wie im Hinblick auf den Gemeingebrauch – das Straßengrundstück widmungsmäßigen Benutzungen zur Verfügung stellt oder – wie bei
der öffentlich-rechtlichen Sondernutzung – über dessen Nutzung auf Kosten
des Gemeingebrauchs verfügt. Die den Gemeingebrauch nicht beeinträchtigenden Sondernutzungen finden somit *außerhalb* der öffentlich-rechtlichen Dienstbarkeit statt[201]. § 8 Abs. 10 FStrG und die entsprechenden Bestimmungen
der Landesstraßengesetze[202] sprechen darum übereinstimmend von einer Benutzung des *Eigentums* an der Straße.

Das Straßenrecht stellt mit den dem § 8 Abs. 10 FstrG entsprechenden Regelungen zunächst zweierlei klar:

Zum einen bestimmen die genannten Vorschriften, daß das Benutzungsrecht auf
der Grundlage des "bürgerlichen Rechts" eingeräumt wird. Die Handlungsformen
hoheitlicher Verwaltung sind hier ausgeschlossen[203]. An die Stelle des Sondernutzungserlaubnis und des öffentlich-rechtlichen Vertrags treten Leih-,

---

201) Papier, Öffentliche Sachen, S. 70.
202) Anders freilich das HambWG, welches das Straßengrundstück in öffentliches Eigentum überführt hat Für seinen Geltungsbereich haben die
nachfolgenden Ausführungen jedoch insoweit Bedeutung, als das
Straßengrundstück (ausnahmsweise) im Eigentum einer Privatperson verblieben ist und deshalb öffentliches Eigentum nicht zur Entstehung gelangt (vgl. § 3 Abs. 2 Satz 1 HambWG). Eine Sonderregelung besteht
ferner nach § 11 BerlStrG. Danach bedarf jede Benutzung der Straße für
Zwecke der öffentlichen Versorgung neben der privatrechtlichen Gestattung des Straßeneigentümers einer Erlaubnis "im Wege der Straßenaufsicht".
203) Der Gesetzgeber hat in § 8 Abs. 10 FStrG die straßenbehördliche Mitwirkung auch nicht etwa deshalb für entbehrlich erklärt, weil er vom
Regelfall der Identität zwischen Eigentümer und Baulastträger ausgegangen ist. Um ein solches Verständnis der Regelung von vornherein auszuschließen, hat der Bundesrat eine Änderung der Formulierung des § 8
Abs. 10 FStrG durchgesetzt und zur Begründung erklärt: "*Durch diese
Änderung soll der Anschein vermieden werden, daß behördliche Regelungen Platz greifen könnten. Für die Einräumung der Rechte sind ausschließlich (!) die Bestimmungen des bürgerlichen Rechts maßgebend.*"
(BT-Drs 1/4248, S. 30).

Miet- und Pachtverträge oder privatrechtliche Grunddienstbarkeiten[204]. Die Rechtsbeziehungen werden somit durch die in den *Konzessionsvertrag* eingebettete *zivilrechtliche Gestattung* begründet und insgesamt dem bürgerlichen Recht unterstellt[205].

Die Vorschriften über privatrechtliche Sondernutzungen zeigen ferner auf, daß die öffentlich-rechtliche Sachherrschaft nur die Nutzungen umspannt, die entweder der öffentlichen Zweckbestimmung positiv entsprechen oder aber ihr zuwiderlaufen. Nutzungen, welche die öffentliche Zweckbestimmung nicht tangieren, betreffen dagegen das Eigentum am Straßengrundstück außerhalb seiner öffentlichen Zweckbestimmung. Über diese Nutzungskategorie verfügt daher allein der Eigentümer auf der Grundlage des ihm nach der Widmung seines Grundstücks verbliebenen *Rest-Eigentums*[206].

Daraus folgt: Über die Gestattung privatrechtlicher Sondernutzungen entscheidet der Eigentümer des Straßengrundstücks auf der Grundlage privatrechtlicher Verfügungsbefugnis, nämlich seines von der öffentlichen Zweckbestimmung nicht erfaßten Rest-Eigentums. Der Eigentümer ist deshalb frei, ob er sein Rest-Eigentum Dritten zur Nutzung zur Verfügung stellen will. Er kann dies insbesondere von einem Entgelt abhängig machen[207]. Soweit die Widmung nicht (ausnahmsweise) allein mit der Zustimmung des privaten Grundstückseigentümers erfolgt ist, steht ebenso der Gemeinde diese privatrechtliche Sachherrschaftsbefugnis über alle ihrer Baulast unterliegenden öffentlichen Straßen zu[208]. Auch für sie gilt darum § 903 BGB, d.h. grundsätzlich in ihrem Belieben liegt es, ob und in welchem Umfang sie die Nutzung ihres Eigentums am Straßengrundstück Dritten zur Verfügung stellen will. Allerdings erfährt dieser Grundsatz zahlreiche Durchbrechungen, auf die nachfolgend einzugehen sein wird.

---

204) Papier, Öffentliche Sachen, S. 110; Wolff/Bachof, VerwR I, § 59 III b 2; Salzwedel, in: v.Münch, Bes.VerwR, S. 640.

205) Das hat etwa zur Folge, daß der ordentliche Rechtsweg auch bei Streitigkeiten über die Tragung der Kosten einer Verlegung von Versorgungsleitungen einzuschlagen ist, die durch einen Straßenausbau erforderlich werden (BGHZ 37, 353 ff.; ferner Kodal/Krämer, S. 680 Rdnr. 70).

206) Vgl. dazu etwa Ziegler, DVBl 1976, 89, 91.

207) Papier, Öffentliche Sachen, S. 110; Wolff/Bachof, VerwR I, § 59 III b 2.

208) Vgl. insoweit § 5 Abs. 2-3a FstrG; § 43 Abs. 2-4 BaWüStrG;

Eine gesetzgeberische Fehlleistung stellen dagegen Art. 13 Abs. 1
BayStrWG und der wortgleiche § 11 Abs. SaarlStrG dar. Sie lauten: "*Ist
der Träger der Straßenbaulast für eine Straße nicht Eigentümer der
Grundstücke, die für die Straße in Anspruch genommen sind, so steht ihm
einschließlich der Befugnisse aus Art. 22 (Sondernutzungen nach bürgerlichen Recht) die Ausübung der Rechte und Pflichten des Eigentümers in
dem Umfange zu, wie es die Aufrechterhaltung des Gemeingebrauchs erfordert*". Zweck der Vorschriften ist es klarzustellen, daß der Eigentümer
des Straßengrundstücks nach der Widmung des Gemeingebrauch zu dulden
hat. Unter Berufung auf sein Eigentum soll er sich gegen die Realisierung
der öffentlichen Zweckbestimmung nicht zur Wehr setzen können. Insofern
sind die Vorschriften überflüssig, weil sich die Duldungspflicht bereits
aus der Widmung des Straßengrundstücks ergibt. Mißverständlich sind die
Vorschriften, weil sie den Anschein erwecken, es seien die auf dem Rest-
Eigentum beruhenden Nutzungsbefugnisse des Art. 22 BayStrWG "der Ausübung nach" dem Straßenbaulastträger zugewiesen. Diese Interpretation
stützen Sieder/Zeitler[209] auf die ausdrückliche Zitierung von Art. 22
BayStrWG und die Amtliche Begründung zu Art. 13 BayStrWG. Dem kann
allerdings nicht gefolgt werden. Denn die einschränkende Klausel, die dem
Straßenbaulastträger die Nutzungsbefugnisse nur "in dem Umfange, wie es
die Aufrechterhaltung des Gemeingebrauchs erfordert", zuordnet, bezieht
sich nach dem eindeutigen Wortlaut der Vorschrift auch auf die Befugnisse nach Art. 22 BayStrWG. Vom Gesetzgeber wurde hier lediglich übersehen, daß die Einschränkung in dieser Beziehung ins Leere gehen muß.
Denn das Recht, privatrechtliche Sondernutzungen einzuräumen, besteht
nach Art. 22 BayStrWG gerade nur in dem Umfang, wie dadurch "der Gemeingebrauch nicht beeinträchtigt werden kann". Zu Recht führen daher
Kodal/ Krämer[210] aus, die Regelung des Art. 13 Abs. 1 BayStrWG beruhe
"auf einer unzulänglichen dogmatischen Beurteilung der Rechtslage". Die
Amtliche Begründung zu Art. 13 Abs. 1 BayStrWG[211] läßt auch keinen
Zweifel daran, daß die - fälschlich als eigentumsrechtlich angesehenen -
Nutzungsbefugnisse dem Straßenbaulastträger nur insoweit zustehen sollen, "wie es der Widmungszweck - also insbesondere die Wahrung des Gemeingebrauchs - der Straße erfordert". Dementsprechend wurde Art. 22
BayStrWG allein deshalb besonders erwähnt, weil darin "auf das bürgerli-
che Recht verwiesen wird". Aus alledem folgt aber, daß Art. 13 Abs. 1
BayStrWG und § 11 SaarlStrG dem privaten Eigentümer nicht das Recht
entziehen, über privatrechtliche Sondernutzungen zu verfügen.

---

209) BayStrWG, 2. Aufl. 1972, Art. 13 Rdnr. 6; ihnen folgen Papier, Öffentliche Sachen, S. 76 f.
210) S. 143 Rdnr. 26.4.
211) Abgedruckt bei Sieder/Zeitler, BayStrWG, 2. Aufl. 1972, Art. 13 Rdnr. 4.

b) Nach der straßengesetzlichen Regelung muß zu der aus dem Rest-Eigentum abgeleiteten Rechtseinräumung keine öffentlich-rechtliche Erlaubnis oder Zustimmung hinzutreten. Der Eigentümer des Straßengrundstücks ist von keiner (straßen-)behördlichen Genehmigung abhängig, wenn er sein Rest-Eigentum einer Nutzung durch Dritte zur Verfügung stellen möchte. Das Motiv für diese Regelung wird überwiegend in einem Entgegenkommen des Gesetzgebers gegenüber den von der Versorgungswirtschaft erhobenen Forderung gesehen, es bei dem bisherigen Rechtszustand zu belassen[212].

Diese Ansicht kann sich vor allem auf die Amtliche Begründung zum FStrG berufen[213]. Gleichwohl ist zu betonen daß mit der Bestimmung des § 8 Abs. 10 FStrG ein grundlegend neuer Weg beschritten worden ist[214].

Das FStrG hat zwar den Dualismus des öffentlichen und privaten Rechts im Bereich der wegerechtlichen Sondernutzungen beibehalten. Die Unterscheidung zwischen Sondernutzungen nach ihren Auswirkungen auf den Gemeingebrauch haben aber erst das FStrG und die ihm nachfolgenden Straßengesetze der Länder vollzogen. Vor ihrem Inkrafttreten wurden von der in Rechtsprechung und Schrifttum h.M.[215] für die Einräumung von Nutzungsrechten die (unbeschadet der Rechte Dritter zu erteilende) Genehmigung der Polizeibehörde, die Einwilligung des Wegeunterhaltungspflichtigen[216] und schließlich die Gestattung des Wegeeigentümers verlangt[217]. Versorgungsleitungen, bedurften genau wie jede andere den Gemeingebrauch überschreitende Benutzung der behördlichen Erlaubnis[218]. Als eine in die Substanz eingreifende und dauernde Benutzung

---

212) Schack, VerwArch 54 (1963), 43, 58; Fischerhof, ElWi 1956, 675; Engert, NJW 1964, 1300.
213) BT-Drs. 1/4248. Darin heißt es: "*Rechte zur Benutzung des Eigentums der Straße sollen, wie bisher, dann auf bürgerlich-rechtlicher Grundlage eingeräumt werden, wenn durch sie der Gemeingebrauch an der Straße nicht beeinträchtigt wird, somit eine öffentlich-rechtliche Regelung nicht geboten ist. Dies gilt insbesondere für die Versorgungsleitungen, die über dem Verkehrsraum oder in dem Straßenkörper liegen. In diesen Fällen finden also die Vorschriften über die Sondernutzung keine Anwendung, vielmehr verbleibt die Regelung einer freien Vereinbarung zwischen Eigentümer (Träger der Straßenbaulast) und dem Benutzer (Unternehmer) vorbehalten*".
214) So bereits Marschall, FStrG, 1. Aufl. 1954, S. 154; Jahn, NJW 1961, 2196. Vgl. dazu Schack, VerwArch 54 (1963), 43 ff.; ders., NJW 1963, 1905, 1906 f.
215) Vgl. Germershausen/Seydel, S. 96 f.; Maunz, Die Verwaltung, S. 9.
216) Dessen Wegebaulast durch die Benutzung erschwert werden könnte.
217) Vgl. dazu Ziegler, DVBl 1976, 89.
218) PrOVG 59, 305, 308; 60, 360, 361; 73, 325, 328; Forsthoff, VerwR, S. 344 ff.; Wolff, VerwR, 2. Aufl., S. 292; Fleiner, VerwR, 8. Aufl.,

wurde gar eine sog. Nutzungsverleihung verlangt[219]. Wenn von einem dualistischen Charakter der Sondernutzung gesprochen wurde, so meinte man damit, daß Sondernutzungen nur unter Beteiligung sowohl der Straßenbehörden als auch des Straßeneigentümers eingeräumt werden konnten.

§ 8 Abs. 1O FStrG hat den Rechtsdualismus bei der *Einräumung* von Sondernutzungen beseitigt. Er hat statt dessen den Bereich der Sondernutzungen "dualisiert", d.h. in zwei Kategorien aufgespalten, die entweder nur dem öffentlichen oder allein dem privaten Recht unterfallen[220]. Das entspricht dem im Recht der öffentlichen Sachen allgemein anerkannten Grundsatz, daß das öffentliche Recht nur in dem Bereich Geltung entfaltet, der von der öffentlichen Zweckbestimmung abgedeckt wird.

c) Die Verdrängung der straßenbehördlichen Mitwirkung und Mitentscheidung aus dem Bereich der den Gemeingebrauch nicht beeinträchtigenden Sondernutzungen ist immer wieder auf Kritik gestoßen. Sie wird mit rechtsdogmatischen[221], vor allem aber rechtspolitischen Erwägungen vorgetragen.

So versteht etwa Bartlsperger[222] die öffentliche Sache institutionell als eine mit der Sachnutzung zu gewährende "Verwaltungsleistung", für die das privatrechtliche Eigentum am Straßengrundstück keine Bedeutung besitze. Mit dem System der Leistungsgewährung sei die Vorstellung einer im privaten Eigentum wurzelnden Sachherrschaft nicht vereinbar. Bartlsperger verlangt daher die "volle Staatlichkeit" öffentlicher Straßen. Diese Auffassung übersieht freilich, daß das Grundgesetz kein allgemeines Gebot kennt, nach dem die Rechtsbeziehungen im Bereich der Leistungsverwaltung allein auf öffentlich-rechtlicher Grundlage ausgeformt werden müßten. Der vom Straßengesetzgeber beschrittene Weg läßt sich darum verfassungsrechtlich nicht beanstanden.

S. 355 ff.; Jellinek, VerwR, 3. Aufl., S. 509. Schack, VerwArch 54 (1963), 43, 60.

219) Fleiner, VerwR, 8. Aufl. S. 379; Hatschek, VerwR, 5. Aufl. S. 438; Jellinek, VerwR, 3. Aufl. S. 512; Forsthoff, VerwR, 8. Aufl. S. 448; siehe auch E.R. Huber, Wirtschaftsverwaltungsrecht I, S. 565.
220) Kodal/Krämer, S. 601 Rdnr. 8.
221) Vgl. etwa Stern, VVDStRL 21 (1962), 183, 214. Danach soll "das Gebot juristischer Stilreinheit und die Adäquanz von Sachstrukturen und Sachfunktionen" einen einheitlichen öffentlich-rechtlichen Benutzungsstatus erfordern. Ihm zustimmend Hardinghaus, S. 117.
222) DVBl 1980, 249, 250 f., 257 ff.; ders., Vierteljahrhundert, S. 57 ff.; ders., in: Bonner Kommentar, Art. 90 Rdnr. 36; ders., Werbenutzungsverträge, S. 81 ff.

Auch Wolff/Bachof[223] melden gegen die Anerkennung eines Rest-Eigentums ebenfalls systematische Bedenken an. Sie machen geltend, "daß Straßen nicht nur um des Gemeingebrauchs willen öffentliche Sachen" seien. Gerade diese These ist jedoch nicht haltbar. Sie verkennt, daß nicht alle Sachen, die öffentlichen Zwecken dienen, bereits darum zur öffentlichen Sache im Rechtssinne werden. Hinzutreten muß vielmehr der Widmungsakt. Nach seinem Inhalt bestimmt sich, welchen öffentlichen Zwecken die Sache zu dienen hat. Das Straßenrecht hat diese öffentliche Zweckbestimmung auf den Verkehr beschränkt. Das ist zwar keineswegs zwingend vorgegeben. Die Nutzung des Straßengrundstücks durch die leitungsabhängige Versorgungswirtschaft hätte den Straßen ebenfalls als weitere öffentliche Zweckbestimmung zugeschrieben werden können. Da dies indessen nicht geschehen ist, muß die von *Wolff/ Bachof* vorgetragene Kritik letztlich ebenfalls fehlgehen.

2. Doppelbödige Straßenbenutzungen

a) Die Erschließung des Straßeneigentums

Um den Straßenuntergrund einer Nutzung durch Rohr- und Kabelleitungen zuführen zu können, ist in aller Regel erforderlich, daß die Verkehrsfläche zumindest für die Dauer der Einlegearbeiten zerstört wird. Die baulichen Maßnahmen, die zur Nutzung des Rest-Eigentums erforderlich sind, beeinträchtigen in diesen Fällen den Gemeingebrauch und stellen sich darum als öffentlich-rechtliche Sondernutzung dar. Mit den Bauarbeiten an der Verkehrsfläche darf somit erst begonnen werden, wenn dafür die erforderliche Sondernutzungserlaubnis erteilt ist. Der Eigentümer kann insofern zwar nicht bei der Nutzung seines Eigentums am Straßengrundstück, wohl aber zur technischen Eröffnung dieser Nutzung auf eine Sondernutzungserlaubnis angewiesen sein.

b) Die in den Straßenuntergrund hinabreichenden Oberflächennutzungen

Sondernutzungserlaubnis und privatrechtliche Gestattung können allerdings auch für ein und dieselbe Straßenbenutzung erforderlich sein. Ein Kioskgebäude, Fahnenmast oder sonstiger Gegenstand, der sowohl auf der Straßenoberfläche den Verkehrsraum schmälert als auch - etwa mit seiner Verankerung - so weit in den Straßenuntergrund hinabreicht, daß er das Nutzungsrecht des

---

223) VerwR I, § 49 III b 2.

Eigentümers beeinträchtigt, bedarf der öffentlich-rechtlichen Sondernutzungserlaubnis ebenso wie der privatrechtlichen Gestattung. Denn eine derartige
Benutzung betrifft gleichzeitig die öffentlich-rechtliche Zweckbestimmung und
das Rest-Eigentum am Straßengrundstück. Dementsprechend basiert sie sowohl
auf der öffentlich-rechtlichen Dienstbarkeit als auch auf der von dieser nicht
beschränkten privaten Eigentumsherrschaft.

Das wird zum Teil übersehen. Aus dem Umstand, daß eine öffentlich-rechtliche
Sondernutzung nicht der Zustimmung des Eigentümers bedarf und umgekehrt
für die von diesem angestrebte Nutzung des Rest-Eigentums keine öffentlich-
rechtliche Sondernutzungserlaubnis nach § 8 Abs. 1 FStrG erforderlich ist,
wird abgeleitet, es seien bei der Straßenbenutzung "Mischverhältnisse" überhaupt ausgeschlossen[224]. Ob für eine im Straßenuntergrund verlegte Wasser-
rohrleitung eine zivilrechtliche Gestattung erforderlich ist, soll etwa nach der
Auffassung des Bundesverwaltungsgerichts[225] davon abhängen, ob der Gemeingebrauch nur für kurze Dauer beeinträchtigt wird. Darauf kommt es aber
nicht an. Denn die Inanspruchnahme des Straßengrundstücks beeinträchtigt
zwar nicht in jedem Fall den Gemeingebrauch, stets aber das Rest-Eigentum
am Straßengrundstück. Es kann also hier nur die Frage sein, ob es *zusätzlich*
zur zivilrechtlichen Gestattung deshalb einer Sondernutzungserlaubnis bedarf,
weil die erforderlichen Bauarbeiten eine Straßensperrung notwendig machen
oder etwa ein sog. Überflurhydrant gesetzt werden soll, der über die Verkehrsfläche hinausragt[226]. Denn in diesen Fällen kann mit der Nutzung des
Rest-Eigentums auch eine Beeinträchtigung des Gemeingebrauchs verbunden
sein.

Die öffentlich-rechtliche Sondernutzungserlaubnis beschränkt sich in ihrem
Regelungsgehalt auf den Bereich der öffentlichen Zweckbestimmung der Straße.

---

224) So ausdrücklich etwa Schack, DVBl 1969, 314 f.
225) Vgl. BVerwGE 29, 248, 250 ff. und dazu die Anmerkung von Schack,
     DVBl 1969, 314 f. In diesem Sinne auch BayObLG, BayVBl 1980, 630.
     Der mit der Verfassungsbeschwerde gegen dieses Urteil befaßte
     BayVerfGH, BayVBl 1982, 238, hat es dagegen letztlich offengelassen, ob
     nicht zusätzlich eine privatrechtliche Nutzungsgestattung zu erteilen ge-
     wesen wäre.
226) Anders bei einer ebenerdig angelegten Schieberklappe (BVerwGE "9, 249,
     254). Abzulehnen dagegen die Auffassung von Kodal/Krämer, S. 639
     Rdnr. 26, wonach das Zubehör eine im Straßenuntergrund verlegten Lei-
     tung stets einer zivilrechtlichen Gestattung unterstellt sei. Wie hier
     Evers, Vierteljahrhundert, S. 181, 190, (für eine Transformatorensta-
     tion).

Nur soweit die öffentliche Zweckbestimmung der Straße reicht, kann die Sondernutzungserlaubnis daher Wirkung entfalten. Einen Zugriff auf das verbliebene Rest-Eigentum läßt sie nicht zu. Die Sondernutzungserlaubnis, die allein
mit Rücksicht auf den tangierten Gemeingebrauch erforderlich ist, vermag daher die Gestattung des in seinen Rechten tangierten Eigentümers nicht zu ersetzen oder zu "konsumieren"[227].

Allein dieses Ergebnis ist auch sachgerecht. Die Frage, ob gegen den privaten
Rest-Eigentümer ein Enteignungsverfahren eingeleitet werden muß, kann nicht
danach entschieden werden, ob die Einleitung der Leitungen in den Straßenuntergrund mit einer (vorübergehenden) Beeinträchtigung des Gemeingebrauchs
verbunden ist oder ob die Leitungen mit ihrem Zubehör auch die Straßenoberfläche in Anspruch nehmen. Den Ausschlag dafür gibt vielmehr der von der
jeweiligen Nutzung betroffene Gegenstand. Soweit dieser Gegenstand im Rest-
Eigentum verkörpert ist, entscheidet allein der Eigentümer; soweit die öffentliche Zweckbestimmung berührt ist, kann allein die für die Sondernutzungserlaubnis zuständige Gemeinde die Nutzung zulassen. Nur dann, aber auch immer
dann, wenn die Benutzung der öffentlichen Straße sowohl die öffentlich-rechtliche als auch die eigentumsrechtliche (Rest-)Herrschaft tangiert, sind Sondernutzungserlaubnis und zivilrechtliche Gestattung nebeneinander erforderlich[228].

II. Die öffentliche Zweckbestimmung als Schranke einer extensiven Nutzung des Rest-Eigentums

Die Nutzung des Straßenuntergrundes macht es trotz modernster Technik re-
gelmäßig unumgänglich, daß die Straßenoberfläche durch Aufgrabungsarbeiten
zerstört und infolgedessen für den Verkehr nicht mehr zur Verfügung steht.
Nach Abschluß dieser Arbeiten muß ferner damit gerechnet werden, daß die im
Straßenuntergrund verlegten Anlagen erneuert werden müssen. Auch diese
Maßnahmen können es notwendig machen, daß die öffentliche Straße für den
Verkehr ganz oder zumindest teilweise gesperrt wird.

---

227) So auch Zippelius, DÖV 1980, 923, 924; H. Schneider, FS Ipsen, 1977,
      S. 360 f.
228) Salzwedel, in: v.Münch, Bes.VerwR, S. 640, macht dafür zutreffend gel-
      ten, daß die entgegenstehende Auffassung auf eine "kalte Sozialisie-
      rung" des Eigentums hinauslaufen würde.

145

Das Straßenrecht schließt auch eine durch derartige Bauarbeiten veranlaßte Sperrung der öffentlichen Straße für den Verkehr nicht aus. Das ergibt sich aus dem von ihm anerkannten Nebeneinander zwischen privatrechtlicher Eigentums- und öffentlich-rechtlicher Sachherrschaft. Auch soweit die öffentliche Zweckbestimmung das Eigentum am Straßengrundstück auf ein Rest-Eigentum verkürzt, kann es den Namen Eigentum nämlich nur verdienen, wenn damit überhaupt Sachnutzungsbefugnisse verbunden bleiben. Wenn aber andererseits die dem Rest-Eigentümer verbliebene Möglichkeit, im Straßenuntergrund vor allem Rohr- und Kabelleitungen unterzubringen, sich nur über die Inanspruchnahme der Verkehrsfläche verwirklichen läßt, so folgt daraus, daß dem die öffentliche Zweckbestimmung der Straße nicht schlichtweg entgegengehalten werden kann. Dieses Ergebnis ist denn auch allgemein anerkannt[229].

Andererseits besteht Einigkeit darüber, daß die öffentliche Straße nicht zur Dauerbaustelle umfunktioniert werden darf[230]. Drohen die erforderlichen Straßensperrungen zu einem Dauerzustand zu werden, so schiebt das Straßenrecht auch der Nutzung des Rest-Eigentums am Straßengrundstück einen Riegel vor. Denn damit würde die öffentliche Zweckbestimmung der Straße für den Verkehr faktisch aufgehoben. Jedenfalls hier ist darum die Grenze gezogen, jenseits derer privatrechtliche Gestattungen mit dem öffentlichen Recht in Widerspruch geraten. Es verwehrt das der Gemeinde, den Straßenuntergrund Nutzungen zur Verfügung zu stellen, neben denen die öffentliche Zweckbestimmung ihrer Geltung beraubt würde.

Die Gemeinde darf also ihr Eigentum am Straßengrundstück nicht in einem solchen Umfang Nutzungen zuführen, daß von den dafür erforderlichen Bau- und Instandhaltungsmaßnahmen die Verkehrsfunktion der öffentlichen Straße über einen untragbar langen Zeitraum faktisch aufgehoben wird.

Entsprechende Benutzungen darf die Gemeinde auch dann nicht zulassen, wenn sie von dem privaten Eigentümer des Straßengrundstücks erstrebt werden[231]. Denn die Bauarbeiten an der öffentlichen Verkehrsfläche beeinträchtigen den Gemeingebrauch. Sie qualifizieren sich als öffentlich-rechtliche Sondernutzungen, deren Erlaubnis die Gemeinde unter diesen Umständen zu versagen hat.

---

229) Vgl. etwa Kodal/Krämer, S. 640 Rdnr. 28.
230) Mußgnug, Vierteljahrhundert, S. 81, 88.
231) Vgl. dazu unten III.2.

III.   Die der öffentlichen Versorgung dienenden Straßenbenutzungen

Das Rest-Eigentum am Straßengrundstück wird vornehmlich von Nutzungen in
Anspruch genommen, die der leitungsgebundenen öffentlichen Versorgung dienen. Sachgerecht kann sie nur realisiert werden, wenn ihr der Straßenuntergrund zur Verfügung steht[232]. Das gibt ihr nicht nur die Möglichkeit, mit den
Leitungen der Trassenführung zu folgen, die die Anliegergrundstücke auch
verkehrsmäßig erschließt. Darüber hinaus bedeutet es einen entscheidenden
Vorteil, daß das Eigentum am Straßengrundstück sich regelmäßig in der Hand
der Gemeinde befindet, so daß ein Zugriff auf privates Eigentum weitgehend
vermieden werden kann. Dementsprechend befinden sich im Straßenuntergrund
vor allem Wasser-, Abwasser-, Elektrizitäts-, Gas- und zunehmend auch
Fernwärmeleitungen.

1.   Die Sonderregelung für kurzfristige Gemeingebrauchsbeeinträchtigungen

Für die unter der Straßenoberfläche eingezogenen Leitungen trifft das
Straßenrecht eine besondere Regelung. Nach § 8 Abs. 10 FStrG vollzieht sich
die Straßenbenutzung "für Zwecke öffentlicher Versorgung" selbst dann ausschließlich auf privatrechtlicher Grundlage, wenn dabei der Gemeingebrauch
beeinträchtigt wird. Voraussetzung dafür ist freilich, daß es sich um eine Beeinträchtigung "nur von kurzer Dauer" handelt[233]. In Abweichung von § 8
Abs. 1 FStrG ist die Versorgungswirtschaft in diesen Fällen von dem Erfordernis einer (zusätzlichen) Sondernutzungserlaubnis freigestellt.

Regelmäßig nur kurzfristig wird der Gemeingebrauch von den Bauarbeiten beeinträchtigt, durch die die Rohre und Leitungen in das Straßengrundstück ein-
gelegt werden[234]. Das gilt insbesondere bei kreuzenden Versorgungsleitun-

---

232)   Evers, Vierteljahrhundert, S. 181; Mußgnug, Vierteljahrhundert, S. 81,
       83.
233)   Ebenso Art. 22 Abs. 2 BayStrWG; § 19 BremStrG; § 20 Abs. 1 HessStrG;
       § 22 Satz 1 SaarlStrG. In § 23 Abs. 1 NdsStrG und § 23 Abs. 1
       NRWStrWG ist von einer "vorübergehenden", in § 45 Abs. 1 RhPfStrG
       von einer "kurzfristigen" Beeinträchtigung des Gemeingebrauchs die
       Rede. § 21 Abs. 1 BaWüStrG und § 28 Abs. 1 Nr. 2 SchlHolStrWG neh-
       men Straßenbenutzungen, die der öffentlichen Versorgung dienen, sogar
       insgesamt aus dem Bereich öffentlich-rechtlicher Sondernutzungen her-
       aus.
234)   Vgl. BVerwGE 29, 248, 251.

gen[235]. Allerdings kann auch die Längsverlegung von Leitungen unter diese
Klausel zu fassen sein. Es läßt sich nämlich keine Regel des Inhalts aufstellen, wonach Querverlegungen stets, Längsleitungen dagegen niemals den Gemeingebrauch nur kurzfristig beeinträchtigen[236]. Vielmehr wird es von der
Lage des Einzelfalles abhängen, inwieweit mit der Verlegung oder Reparatur
von Versorgungsleitungen Verkehrsbehinderungen verbunden sind.

Deshalb läßt sich die Frage, ob eine Maßnahme den Gemeingebrauch nur kurzfristig beeinträchtigt, nicht nach einem allgemeingültigen, festen Zeitmaß beantworten. Es wird hier vielmehr auf die Klassifizierung der Straße und die
jeweiligen Verkehrsbedürfnisse ankommen. Danach ist zu entscheiden, ob sich
die Beeinträchtigung des Gemeingebrauch "in vertretbaren Grenzen hält"[237].
Auf einer abgelegenen Seitenstraße können Verkehrsbeschränkungen durch
Einlegearbeiten eher und länger hingenommen werden als auf einer stark be-
fahrenen Durchgangsstraße. Bei einer Hauptverkehrsstraße kann eine Sperrung
bereits nach wenigen Tagen das Maß des Vertretbaren überschreiten, jedenfalls
dann, wenn es außerdem an zumutbaren Umleitungsmöglichkeiten fehlt.

2. Die Begründung des Konzessionsvertrages

Die Nutzung der öffentlichen Straße für Zwecke der öffentlichen Versorgung
dient der sog. Daseinsvorsorge. Mit diesem von Forsthoff[238] geprägten Begriff
wird die den Trägern öffentlicher Verwaltung obliegende Aufgabe umschrieben,
die für ein sinnvolles menschliches Dasein notwendigen Güter und Leistungen
bereitzustellen.

Die auf den örtlichen Wirkungskreis beschränkte Daseinsvorsorge zählt mit zu
den bedeutendsten Selbstverwaltungsangelegenheiten der Gemeinde. Es ist ihr
daher nicht nur die Art und Weise überlassen, wie, insbesondere in welcher
Rechtsform sie in diesem Bereich tätig wird. Auch die Frage, ob und inwieweit
sie sich der Daseinsvorsorge überhaupt annehmen will, liegt grundsätzlich im
Ermessen der Gemeinde. Gesetzliche Vorschriften, die ihr die Versorgung ihrer

---

235) M/S/K, FStrG, § 8 Rdnr. 12.2.
236) Vgl. BVerwGE 29, 248, 253.
237) So BVerwGE 29, 248, 251. Zustimmend Kodal/Krämer, S. 639 f. Rdnr. 27.
238) Die Verwaltung als Leistungsträger, 1938. Vgl. auch Forsthoff, VerwR,
     S. 378 ff., 567 ff.

Einwohner mit Wasser und Energie *ausdrücklich* als Pflichtaufgabe auferlegen würden, gibt es nicht.

Daraus darf freilich nicht abgeleitet werden, die Gemeinde könne überhaupt offenlassen, ob in diesem Bereich die Versorgung ihrer Einwohner sicherge- stellt ist. Mag es sich dabei auch grundsätzlich um eine freiwillige Aufgabe handeln, so ist doch nach den heutigen Lebensbedürfnissen die Wasser- und Energieversorgung unverzichtbar geworden. Wie oben bereits ausgeführt, ist damit das Entschließungsermessen der Gemeinde zur Handlungspflicht reduziert. Sie würde ihr Ermessen verfehlen, wenn sie sich diesem Bereich der Daseins- vorsorge nicht annähme. Das begründet die für die Gemeinde die Verpflichtung zu gewährleisten, daß ihre Einwohner in ausreichendem Umfang mit Wasser und Energie versorgt werden[239].

Die Gemeinde hat dabei allein die Wahl, ob sie die Versorgung mit einem eige- nen Betrieb selbst durchführen, oder ob sie für diesen Zweck ein gemeindeun- abhängiges, privates Versorgungsunternehmen einschalten will. Soweit sie zum Betrieb eines eigenen Unternehmens nicht bereit oder nach ihrer Verwaltungs- kraft und finanziellen Leistungsfähigkeit nicht in der Lage ist[240], *muß* sie die Versorgung ihrer Einwohner mit Wasser und Energie anderweitig, nämlich mit Hilfe eines Privatunternehmens gewährleisten.

Daraus folgt, daß die Gemeinde in diesem Fall dem privaten Versorgungsunter- nehmen die Verlegung der erforderlichen Leitungen ermöglichen und ihm darum vor allem auch die Benutzung des Rest-Eigentums ihrer öffentlichen Straßen zu gestatten hat. Auf den Abschluß eines Konzessionsvertrags hat das private Versorgungsunternehmen somit zwar keinen Anspruch. Immerhin gelangt es aber in den Genuß eines begünstigenden Rechtsreflexes, der sich aus der ge- meindlichen Verpflichtung ableitet, die Wasser- und Energieversorgung der

---

239) Vgl. dazu auch BGH, BB 1986, 1456, 1457. Danach sind die Gemeinden im Rahmen der ihnen nach Art. 28 Abs. 2 GG obliegenden Daseinsvor- sorge nicht nur berechtigt, sondern auch verpflichtet, die Versorgung ihrer Gemeindegebiete mit Energie zu regeln (zust. Cronauge, Der Städte- und Gemeindebund 1986, 517, 521).

240) Zu den ca. 600 (von insgesamt knapp 8.500) Gemeinden, die über eige- ne Versorgungsunternehmen (Eigen- oder Regiebetriebe bzw. Eigengesell- schaften) verfügen, gehören nahezu ausschließlich die Großstädte. Bei ihnen geht der Trend zum sog. Querverbundunternehmen, das die Ver- sorgung mit Strom, Gas, Wasser und eventuell Fernwärme zusammenfaßt (vgl. dazu Mombaur, Städte- und Gemeindebund 1986, 437 ff.).

Einwohner zu garantieren. Denn aufgrund dieser Verpflichtung ist die Gemeinde bei der Verfügung über ihr Eigentum am Straßengrundstück einer entsprechenden Beschränkung unterworfen.

Soweit der Gemeinde für die im Ortsbereich verlaufenden öffentlichen Straßen die Baulast und damit auch das Rest-Eigentum am Straßengrundstück nicht zusteht, bliebe sie ihrerseits an sich auf die zivilrechtliche Gestattung der staatlichen Baulastträger angewiesen. Um die Versorgung ihrer Einwohner gewährleisten zu können, muß ihr aber auf die Erteilung dieser Gestattung ein Rechtsanspruch zugestanden werden. In einigen Straßengesetzen ist das denn auch ausdrücklich festgeschrieben[241] .

3. Der Inhalt des Konzessionsvertrages

Der Umstand, daß es bei der Wasser- und Energieversorgung um eine Aufgabe kommunaler Daseinsvorsorge handelt, prägt auch den Inhalt des Konzessionsvertrages. Er erschöpft sich nicht in der bloßen privatrechtlichen Gestattung der Straßenbenutzung. Der Konzessionsvertrag muß die Grundlage für eine dauerhafte, wirtschaftlich krisenfeste und ungestörte Versorgung der Einwohner mit Wasser und Energie bereiten. Darüber hinaus hat die Gemeinde in dem Konzessionsvertrag sicherzustellen, daß das private Unternehmen bei der Versorgung des Gemeindegebiets diejenigen Rechtsgrundsätze einhält, die bei der Erbringung von Verwaltungsleistungen durch eine kommunale Einrichtung zu beachten sind[242].

a) Die Betriebs- und Kontrahierungsklausel

Zu diesem Zweck werden in den Konzessionsvertrag sog. Betriebs- und Kontrahierungsklauseln aufgenommen[243]. Sie verpflichten das Unternehmen zur ordnungsgemäßen Versorgung des Gemeindegebiets zu gleichen und sozial gerecht-

---

241) Vgl. § 21 Abs. 2 BaWüStrG; § 23 Abs. 2 NRWStrG; § 45 Abs. 3 RhPfStrG; § 28 Abs. 2 SchlHolStrWG. Wechselt mit der Straßenbaulast das Eigentum am Straßengrundstück, so bleibt davon das Wegebenutzungsrecht für Zwecke der öffentlichen Versorgung unberührt (§ 6 Abs. 1 FStrG; § 9 Abs. 4 BaWüStrG; Art. 11 Abs. 2 BayStrWG; § 11 Abs. 1, 2 HessStrG; § 11 Abs. 1 NdsStrG; § 10 Abs. 1 NRWStrG; § 31 Abs. 1 RhPfStrG; § 10 Abs. 1 SaarlStrG; § 17 Abs. 1 SchlHolStrWG). Kritisch dazu Kodal/Krämer, S. 681 Rdnr. 72
242) Vgl. zu diesen an den Konzessionsvertrag gestellten Anforderungen etwa § 107 BaWüGemO.
243) Dazu Bartlsperger, DVBl 1980, 249, 251.

fertigten Lieferbedingungen[244]. In den Konzessionsvertrag müssen der Gemeinde, vor allem bei der Tarifgestaltung und der Festlegung der Lieferbedingungen, möglichst dauernde, angemessene Einflußrecht und Mitsprachemöglichkeiten gesichert werden. Ferner ist zu regeln, welche Vertragspartei bei einem Ausbau oder einer Änderung in der Trassenführung der öffentlichen Straße die Kosten für die erforderliche Neuverlegung der Leitungen zu tragen hat (sog. Folgekosten)[245]. Als Gegenleistung muß dem Versorgungsunternehmen durch eine sog. Gebiets- oder Demarkationsklausel garantiert werden, daß in seinem Versorgungsbereich konkurrierende Unternehmen von der Straßenbenutzung ausgeschlossen bleiben.

Gegen das damit begründete Versorgungsmonopol bestehen keine rechtlichen Bedenken. Es ist erforderlich, weil die Erzeugung und vor allem die Verteilung von Energie und Wasser an kapitalintensive, langlebige Anlagen gebunden ist[246]. Einem Monopolmißbrauch wirken andererseits der Kontrahierungszwang und die staatlich kontrollierte Gestaltung der Tarife und Allgemeinen Versorgungsbedingungen[247] entgegen. Das Gesetz gegen Wettbewerbsbeschränkungen (GWB) hat deshalb wegen der Besonderheiten der Versorgungswirtschaft in seinem § 103 die Gebietsklauseln von den Kartellverboten nach §§ 1, 15, 18 GWB freigestellt[248], die Versorgungswirtschaft aber gerade im Hinblick auf ihre Monopolstellung andererseits der besonderen Mißbrauchsaufsicht nach §§ 104, 104a GWB unterworfen.

b) Die Konzessionsabgabe

Die Benutzung ihres Rest-Eigentums am Straßengrundstück durch ein privates Versorgungsunternehmen kann die Gemeinde grundsätzlich von einem Entgelt, der sog. Konzessionsabgabe abhängig machen. Den aus der Benutzung ihrer

---

244) Für einen Teilbereich, nämlich die Elektrizitäts- und Gasversorgung, ist den Unternehmen die allgemeine Anschluß- und Versorgungspflicht bereits durch § 6 Abs. 1 EnergiewirtschaftsG auferlegt.

245) Nach st. Rspr. des BGH kann die Kostenlast dem privaten Versorgungsunternehmen auferlegt werden (vgl. auch BVerwGE 29, 314, 315 m. zust. Anm. Schack, DVBl 1969, 314, 315).

246) Vgl. BVerwGE 22, 203, 206; Evers, Vierteljahrhundert, S. 181, 182. Grundsätzlich ablehnend Hardinghaus; S. 128.

247) Vgl. die Verordnung über die Allgemeinen Bedingungen für die Elektrizitätsversorgung von Tarifkunden v. 21.6.1979 (BGBl. I S. 684) und die Verordnung über die Allgemeinen Bedingungen für die Gasversorgung von Tarifkunden v. 21.6.1979 (BGBl. I S. 676), beide abgedruckt bei Eiser/-Riederer/Obernolte, Energiewirtschaftsrecht, Bd. I, Nr. IV B und C.

248) Vgl. dazu BGH, BB 1986, 1456 ff., betreffend die auf 20 Jahre begrenzte Laufzeit von Konzessionsverträgen (m. Anm. Cronauge, Städte- und Gemeindebund 1986, 517 ff.).

Straßen fließenden wirtschaftlichen Ertrag braucht sie dem durch ihre Gestattung Begünstigten nicht ungeschmälert überlassen.

Bei der Bemessung der Konzessionsabgabe ist aber zweierlei zu beachten:

Zum einen fällt ins Gewicht, daß das Versorgungsunternehmen durch die Nutzung der öffentlichen Straßen eine an sich der Gemeinde im Rahmen der Daseinsvorsorge obliegende Aufgabe wahrnimmt. Dieser Aufgabe darf sich die Gemeinde nicht entziehen. Sie muß die Versorgung ihrer Einwohner mit Wasser und Energie zumindest durch ein privates Unternehmen sicherstellen. Bereits das verwehrt es ihr, die geforderte Konzessionsabgabe in eine von dem privaten Versorgungsunternehmen wirtschaftlich nicht akzeptable Höhe zu schrauben, weil in diesem Fall die Erfüllung der gemeindlichen Daseinsvorsorge gerade nicht gewährleistet wäre.

Hinzu kommt die Überlegung, daß das Versorgungsunternehmen gezwungen wäre, die Konzessionsabgabe über den Tarif auf ihre Verbraucher abzuwälzen. Den Einwohnern würden auf diese Weise Belastungen auferlegt, die ihnen die Gemeinde, wenn sie die Versorgung mit kommunalen Betrieben selbst erledigen würde, nicht abverlangen könnte.

Dementsprechend hat die Konzessionsabgabenanordnung (KAE)[249] den Gemeinden gewisse Beschränkungen auferlegt. Im Interesse der Verbraucher, auf die die Konzessionsabgabe über den Tarif des Versorgungsunternehmens letztlich umgelegt wird, dürfen nach § 1 Abs. 1 KAE vom 8.3.1941 ab Konzessionsabgaben nicht neu eingeführt oder erhöht werden[250]. Nach dem als Übergangsregelung gedachten § 3 Abs. 2 KAE hätten die bisherigen Konzessionsabgaben in den folgenden Jahren herabgesetzt und in angemessener Frist vollständig beseitigt werden sollen. Bislang ist es dazu freilich nicht gekommen[251]. Gebracht hat die KAE daher allein eine Regelung der Preisbildung und einen

249) v. 4.3.1941, RAnz. Nr. 57 und 120, i.d.F. des ÄndG v. 24.12.1956, BGBl. I S. 1076).
250) Das gleiche gilt für sog. Anerkennungsgebühren (vgl. dazu BVerwGE 22, 203, 207 f.). Entgegen der Terminologie handelt es sich auch dabei um ein privatrechtliches Entgelt für die Benutzung des Rest-Eigentums an der Straße (vgl. Kodal/Krämer, S. 680 Rdnr. 70).
251) Durch ÄndG-KAE v. 24.12.1956 wurde im Gegenteil das für Kleinstgemeinden mit weniger als 3000 Einwohnern ursprünglich in § 2 Abs. 1b KAE vorgesehene uneingeschränkte Verbot zur Erhebung von Konzessionsabgaben als verfassungswidrig wieder beseitigt.

Preisstop[252]). Im Gemeindehaushalt stellen die Konzessionsabgaben nach wie vor einen nicht unbedeutenden Posten dar[253]). Immerhin bewegen sie sich heute in einem Rahmen, der der Gemeinde für die Überlassung der Nutzung ihrer Straßen nur den Ertrag zuweist, den sie auch mit dem Betrieb eines eigenen Versorgungsunternehmens erwirtschaften könnte. Bewirkt die Konzessionsabgabe für den Verbraucher somit keine stärkere Tarifbelastung, so entfällt aber auch das gewichtigste gegen sie erhobene Bedenken[254]).

VI. Straßenbenutzungen auf der Grundlage des Telegraphenwege-Gesetzes

Nach § 1 des Telegraphenwege-Gesetzes (TWG) vom 18.12. 1899[255]) ist die Bundespost[256]) "befugt, die Verkehrswege für ihre zu öffentlichen Zwecken dienenden Telegraphenlinien zu benutzen".

1. Die Einwirkung auf die Verkehrsfläche

a) Die Entbehrlichkeit der Sondernutzungserlaubnis

Das bedeutet zunächst, daß die den Gemeingebrauch beeinträchtigenden Baumaßnahmen an der Verkehrsfläche von dem Erfordernis einer straßenrechtlichen Sondernutzungserlaubnis freigestellt sind. Das Wegebenutzungsrecht besteht kraft Gesetzes, ohne daß es im Einzelfall der Sondernutzungserlaubnis bedarf[257]).

Die Bundespost kann darum auf der Verkehrsfläche etwa Schaltkästen aufstellen oder Kontrollschächte für die im Straßenuntergrund verlegten Fernmeldeleitungen anlegen. Die öffentliche Straße steht ihr ferner für die Einrichtung

---

252) Evers, Vierteljahrhundert, S. 181, 185.
253) Jährlich belaufen sie sich auf insgesamt 2,5 Mrd. DM. Die Konzessionsabgabe berechnet sich nach den Roheinnahmen der Versorgungsunternehmen und darf nach der KAE für Tarifabnehmer bis zu 20%, für Sonderabnehmer bis zu 1,5% der Stromrechnung (o. MWSt.) betragen.
254) Vgl. im übrigen Evers, Vierteljahrhundert, S. 181, 195. Er spricht sich zwar für ein Verbot der Konzessionsabgaben aus, fordert aber gleichzeitig, daß die Gemeinden für die Inanspruchnahme des Wegenetzes ein Entgelt erhalten müssen.
255) RGBl. S. 705, zuletzt (zum Zwecke des bundesrechtlichen Denkmalschutzes) geändert durch Gesetz vom 1.6.1980 (BGBl. I, S. 649).
256) Sie ist an die Stelle der ehemaligen "Telegraphenverwaltung" getreten.
257) Kodal/Krämer, S. 684 Rdnr. 90.1; Papier, Öffentliche Sachen, S. 110 und Pappermann/Löhr/Andriske, Öffentliche Sachen, S. 94, sprechen von einem "gesetzlichen Sondernutzungsrecht".

öffentlicher Fernsprechstellen (Telefonzellen) zur Verfügung[258]. Eine Schranke besteht freilich auch dort, wo die öffentliche Zweckbestimmung der Straße in ihrem Grundbestand gefährdet wird. Wird der Gemeingebrauch nicht nur beeinträchtigt, sondern "dauernd beschränkt", so kann die Benutzungsbefugnis nach ausdrücklicher Bestimmung des § 1 TWG nicht entstehen. Das TWG stellt damit klar, daß die öffentliche Zweckbestimmung für den Verkehr Vorrang vor allen sonstigen Benutzungen genießt[259]. Was die Gemeinde mit der Sondernutzungserlaubnis nicht zulassen darf, kann daher auch der Bundespost auf der Grundlage des TWG nicht gestattet sein.

Ob der Gemeingebrauch "dauernd beschränkt" wird, hängt vor allem von den Auswirkungen der fernmeldetechnischen Straßenbenutzungen auf den Verkehr ab. Eine Telefonzelle oder ein Verteilerkasten *beeinträchtigen* zwar den Gemeingebrauch dauerhaft. Auf Dauer *beschränken* sie ihn jedoch nur, wenn sie auf der Verkehrsfläche so placiert werden, daß sie den Verkehrsfluß nachhaltig stören. Als Beispiel dafür nennen Kodal/Krämer[260] den Leitungsmasten, der mitten auf dem Gehweg aufgestellt wird. Bei Schnellstraßen kann aber selbst der Leitungsmast am Straßenrand von dem Benutzungsrecht dann nicht gedeckt sein, wenn er so an einer Kurve steht, daß mit einer erhöhten Kollisionsgefahr gerechnet werden muß.

b) Die Sonderbenutzung der Fernmeldeanlagen

Soweit die von der Bundespost auf der Verkehrsfläche aufgestellten Telefonzellen und Verteilerkästen über ihre unmittelbare fernmeldetechnische Funktion hinaus für andere Zwecke genutzt werden, stellt sich die Frage, ob nicht zumindest für diese Nutzungen eine straßenrechtliche Sondernutzungserlaubnis erforderlich ist. Anlaß zu dieser Frage gibt vor allem die mögliche werbemäßige Nutzung dieser Anlagen, die die Bundespost durch die Deutsche Postreklame GmbH vornehmen läßt.

Bei der Entscheidung dieser Frage ist davon auszugehen, daß § 1 TWG der Bundespost lediglich ein funktional beschränktes Straßenbenutzungsrecht gewährt[261]. Die Bundespost darf danach nicht zu beliebigen Zwecken, sondern

---

258) Aubert/Klingler, Fernmelderecht II, S. 47; Kodal/Krämer, S. 684 Rdnr. 90.1; M/S/K, FStrG, § 8 Rdnr. 13; a.A. noch Ganschezian-Finck, NJW 1957, 285, 286.
259) Ebenso BVerwG, DVBl 1987, 910, 911.
260) S. 686 Rdnr. 92.
261) Vgl. Bartlsperger, FS Faller, S. 81, 105 f.

ausschließlich zur Erfüllung ihrer spezifischen Verwaltungsaufgaben, nämlich der Ausübung der Fernmeldehoheit[262], die öffentliche Straße in Anspruch nehmen.

Vorerst folgt daraus freilich nur, daß die Bundespost unter Berufung auf § 1 TWG keinen reinen Werbeanlagen errichten darf. Steht ihr aber die öffentliche Straße für ihre Telegraphenanlagen zur Verfügung, so könnte daraus im Umkehrschluß abzuleiten sein, daß sie diese zulässig errichteten Anlagen auch für Werbezwecke einsetzten darf. Insoweit könnte man den Standpunkt vertreten, daß es sich bei ihrer äußeren Gestaltung als Werbeanlagen nicht um die Benutzung der öffentlichen Straße, sondern um die Sonderbenutzung allein der Fernmeldeanlage als einer eigenständigen öffentlichen Sache handelt. Ferner ließe sich für diese Auffassung ins Feld führen, daß die bereits durch die Fernmeldeanlage als solche bewirkte Beeinträchtigung des Gemeingebrauchs nicht gesteigert wird. Auch bei ihrer Mitbenutzung als Werbeanlage wird nämlich die Verkehrsfläche nicht in einem weiteren Umfang in Anspruch genommen, als bei der rein fernmeldetechnischen Nutzung.

Bei dieser Sichtweise würde allerdings zweierlei übersehen: Ihre besondere Effektivität gewinnt die werbemäßige Nutzung von Fernmeldeanlagen gerade durch den Bezug zur öffentlichen Straße. Sie findet im Straßenbereich statt und wirkt hier auf die Verkehrsteilnehmer ein. Deshalb liegt nicht nur eine Sonderbenutzung der Fernmeldeanlage als solcher, sondern vor allem eine Benutzung der öffentlichen Straße vor, die u.U. auch das Straßen- und Stadtbild störend beeinflussen kann.

Gerade diesem Gesichtspunkt soll aber der Regelungsgehalt der straßenrechtlichen Sondernutzungserlaubnis ebenfalls Rechnung tragen. Er beschränkt sich nicht darauf, dem Begünstigten einen bestimmten Teil der Verkehrsfläche zur ausschließlichen und beliebigen Sondernutzung zur Verfügung zu stellen. Nicht minder wesentlich als der Umfang der Gemeingebrauchsbeeinträchtigung ist für die gemeindliche Ermessensentscheidung der Inhalt der jeweils erstrebten Sondernutzung. So kann etwa die Erlaubnis, auf einer bestimmten Straßenfläche einen Informationsstand aufstellen zu dürfen, es nicht rechtfertigen, daß stattdessen ein Verkaufsstand für Blumen, Obst oder sonstige Waren einge-

---

262) § 1 FernmeldeanlagenG.

richtet wird. Daß die Beeinträchtigung des Gemeingebrauchs möglicherweise die
gleiche ist, spielt dabei keine Rolle.

Dementsprechend beschränkt sich auch das statt der Sondernutzungserlaubnis
unmittelbar auf § 1 TWG beruhende Straßenbenutzungsrecht inhaltlich allein
auf die fernmeldetechnische Nutzung der öffentlichen Straße. Insoweit liegt es
in der Kompetenz der Bundespost zu bestimmen, wie die Anlage entsprechend
der technischen Erfordernisse äußerlich zu gestalten ist. Bei einer davon inhaltlich nicht abgedeckten, das äußere Erscheinungsbild der Anlage betreffenden werbemäßigen Nutzung bleibt es dagegen bei dem straßenrechtlichen Erfordernis einer Sondernutzungserlaubnis[263]. Im Ergebnis ist daher festzuhalten, daß die Bundespost auf eine Sondernutzungserlaubnis der Gemeinde angewiesen ist, wenn sie ihre öffentlichen Fernsprechzellen oder Verteilerkästen
für die Straßensichtwerbung nutzt oder zur Nutzung Dritter freigibt.

2. Die Bedeutung des Telegraphenwege-Gesetzes für das Rest-Eigentum am Straßengrundstück

Unberührt bleibt der Gemeingebrauch von den Fernmeldeleitungen, die die
Bundespost unterhalb der Verkehrsfläche im Straßengrundstück verlegt. Nach
der straßenrechtlichen Regelung müßten sie das Rest-Eigentum in Anspruch
nehmen. Soweit § 1 TWG die Nutzungsbefugnisse der Bundespost ausdrücklich
auf den "Erdkörper" und den "Luftraum" über der öffentlichen Straße erstreckt, könnte die Bedeutung dieser Regelung darin gesehen werden, daß sie
auch die an sich erforderliche zivilrechtliche Gestattung des Rest-Eigentümers
ersetzt.

---

263) In diesem Sinne auch Bartlsperger, FS Faller, S. 81, 106. Abzulehnen
freilich die von ihm ferner vertretene Auffassung, wonach die Bundespost einen Benutzungstitel auch über einen sogenannten Anerkennungs-
vertrag unmittelbar zwischen der Postreklame und den Anschlagunter-
nehmen des gemeindlichen Bereichs erlangen könne (S. 107). Denn ihren
Werbeunternehmen kann die Gemeinde ein entsprechendes Nutzungsrecht
nicht einräumen, weil es in der Entscheidung der Bundespost als dem
öffentlichen Sachherrrn liegt, ob eine werbemäßige Nutzung der Fernmeldeanlagen überhaupt stattfinden soll. Die Gemeinde kann ihr mit der
Sondernutzungserlaubnis allein die Genehmigung dazu erteilen, nicht
aber von sich aus bestimmen, daß eine solche Benutzung zu erfolgen
hat.

Bei näherem Zusehen zeigt sich allerdings, daß es mit den Vorschriften des TWG eine besondere Bewandtnis hat. Die von ihm gestatteten Straßenbenutzungen lassen sich nicht nach den straßenrechtlichen Kategorien in öffentlich-rechtliche und privatrechtliche Sondernutzungen aufteilen[264]. Denn das TWG könnte die Bundespost allein von der gemeindlichen oder der Gestattung eines sonstigen Hoheitsträgers freistellen. Eingriffe in die eigentumsrechtliche Restherrschaft einer Privatperson könnte es dagegen nicht rechtfertigen, weil dem TWG insoweit die für Maßnahmen mit enteignender Wirkung nach Art. 14 Abs. 3 GG erforderliche Entschädigungsregelung fehlt.

Das TWG hat so denn auch einen besonderen Weg beschritten. Abweichend von der straßengesetzlichen Klassifizierung der Sondernutzungen knüpft das TWG das der Bundespost eingeräumte Straßenbenutzungsrecht nämlich insgesamt und ausschließlich an den Bestand der öffentlichen Zweckbestimmung der Straße. Zur Entstehung gelangt es nach § 1 TWG nur bei den zu "öffentlichen Wegen"[265] gewidmeten Verkehrswegen[266]. Dagegen bleibt die Bundespost bei sonstigen Grundstücken darauf angewiesen, mit dem Eigentümer einen besonderen Gestattungsvertrag abzuschließen[267]. § 12 TWG räumt ihr insoweit allein ein (beschränktes) "Luftraumkreuzungsrecht" ein[268]. Wird die öffentliche Straße eingezogen, so erlischt das Benutzungsrecht (§ 3 Abs. 2 TWG). Will die Bundespost das Grundstück weiterhin nutzen, so muß sie einen entsprechenden Gestattungsvertrag eingehen[269]. Andernfalls hat sie die Leitungen auf ihre Kosten zu entfernen (§ 3 Abs. 3 TWG).

---

264) Ebenso Bartlsperger, FS Faller, S. 81, 91, 96; Aubert/Klingler, Fernmelderecht II, S. 59.
265) Ferner bei "öffentlichen Gewässern nebst deren dem öffentlichen Gebrauch dienenden Ufern".
266) An einem bloß tatsächlich-öffentlichen Weg entsteht die Benutzungsbefugnis der Bundespost nicht (Aubert/Klingler, Fernmelderecht II, S. 55 m.w.Nachw.; Kodal/Krämer, S. 685, Rdnr. 90.3).
267) Vgl. dazu Aubert/Klingler, Fernmelderecht II, S. 124 ff.
268) Es kommt nur für die im Luftraum über ein Grundstück geführten Leitungen in Betracht und setzt insoweit voraus, daß die Benutzbarkeit des Grundstücks dadurch nicht wesentlich beeinträchtigt wird (vgl. Aubert/-Klingler, Fernmelderecht II, S. 109 f.; Kempfer, Vierteljahrhundert, S. 197, 198).
269) Ihren Interessen kommt freilich eine Entschließung des Bundesverkehrsministers v. 15.5.1984 (ARS Nr. 14/84) entgegen. Danach soll das Eigentum an ehemaligen Bundesfernstraßen erst dann auf einen Dritten übertragen werden, wenn das Leitungsrecht der Bundespost durch eine beschränkt persönliche Dienstbarkeit gesichert ist (vgl. dazu Kodal/Krämer, S. 685 Rdnr. 90.3).

Das Straßenbenutzungsrecht der Bundespost unterscheidet sich damit wesentlich von den im Wege einer zivilrechtlichen Gestattung begründeten Benutzungen. Denn die zivilrechtliche Gestattung wird gerade *außerhalb* der öffentlichen Zweckbestimmung des Grundstücks erteilt. Die auf ihr basierenden Nutzung des Rest-Eigentums darf deshalb bei einer Entwidmung des Grundstücks ohne weiteres fortgesetzt werden. Sie ist somit von dem Fortbestand der öffentlichen Zweckbestimmung unabhängig.

Aus diesem Vergleich folgt: Das TWG ersetzt nicht die für eine Benutzung des Rest-Eigentums erforderliche zivilrechtliche Gestattung. Die nach diesem Gesetz der Bundespost gestatteten Benutzungen sind vielmehr Ausfluß der öffentlichen Zweckbestimmung der Straße. § 1 TWG erhebt die Benutzungsbefugnis zur Rechtsfolge der Widmung[270].

Das bedeutet, daß die Bundespost mit der Nutzung des Straßenuntergrundes das Rest-Eigentum unberührt läßt[271]. Ist ihr Benutzungsrecht an die Widmung geknüpft, so hat sich der private Eigentümer des Straßengrundstücks mit der Zustimmung zur Widmung der entsprechenden Herrschaftsbefugnis begeben. Eine eigentumsfähige Rechtsposition steht ihm insoweit, als es um die Benutzungen nach § 1 TWG geht, nicht mehr zu.

Bei der Bemessung des finanziellen Ausgleichs, den die Gemeinde für die Zustimmungserklärung an den Eigentümer zu zahlen hat, kann das nicht unberücksichtigt bleiben. Wenn der Eigentümer mit der Erklärung nach § 2 Abs. 2 FStrG nicht nur der Widmung zum Gemeingebrauch zustimmt, sondern als Rechtsfolge der Widmung auch Benutzungen des Straßenuntergrundes zu dulden hat, so wird er das schon deshalb eigens in Rechnung stellen, weil durch die im Straßengrundstück verlegten Fernmeldekabel die Nutzbarkeit des ihm ver-

---

270) So Kodal/Krämer, S. 685 Rdnr. 90.4. Vgl. ferner Kempfer, Vierteljahrhundert, S. 197, 199 f., 205; Bartlsperger, FS Faller, S. 81, 92.

271) Deshalb begründet § 1 TWG keine "Inhalt und Grenzen des Eigentums am Straßengrund bestimmende Regelung" (so aber VGH München, BayVBl 1983, 534; zutreffend dagegen Bartlsperger, FS Faller, S. 81, 91). Das TWG hat sich bewußt gegen ein eigentums- und enteignungsrechtliches Regelungsmodell entschieden. In der Amtlichen Begründung ist dazu ausgeführt, daß es "den Interessen sowohl der Telegraphenwegeverwaltung als auch der Straßenbauverwaltung besser entspreche, der ersteren an den öffentlichen Wegen nur ein beschränktes, sich dem jeweiligen Bedürfnisse der Telegraphenlinien und den übrigen Zwecken der Wege anpassendes Mitbenutzungsrecht einzuräumen". (RTDrs. X/170, S. 1258; vgl. auch Bartlsperger, FS Faller, S. 81, 95).

bliebenen Rest-Eigentums bedeutend geschmälert wird. Im Ergebnis hat die Gemeinde als Straßenbaulastträger gerade auch dafür einen besonderen finanziellen Ausgleich zu leisten, damit die von ihr gebauten und dem Verkehr eröffneten öffentlichen Straßen von der Bundespost für deren Zwecke unentgeltlich in Anspruch genommen werden können.

Eine derart weitreichende Privilegierung hat das Straßenrecht nirgendwo sonst vorgesehen. Sie erhält vor allem dadurch besonderes Gewicht, daß die technische Entwicklung bei den im Jahre 1899 bekannten "Telegraphen- und Fernsprechlinien" nicht stehengeblieben ist. Heute ist die Bundespost im Begriff, in den öffentlichen Straße Breitband- und in naher Zukunft Glasfaserkabel zu verlegen. Nach bisher schon überwiegender[272] und schließlich im März 1987 vom Bundesverwaltungsgericht[273] bestätigter Auffassung gibt das TWG auch dafür die Benutzungsbefugnis her[274]. Die Gemeinden müssen ihre öffentlichen Straßen somit dem jeweiligen Stand der "Telegraphen"-Technik zur Verfügung halten.

3. Kritische Würdigung

Die Regelung des § 1 TWG ist zumindest rechtspolitischen Bedenken ausgesetzt[275]. Es leuchtet zwar ein, daß die Gemeinden ihre Straßen der Bundespost unentgeltlich zur Verfügung stellen müssen, zumal sie andererseits von den Folgekosten dieser besonderen Straßenbenutzungen freigestellt sind[276]. Den Unmut, den die Gemeinden gegen das TWG hegen, lösen aber die ihnen obendrein auferlegten Postgebühren aus. Denn die Bundespost stellt sie den Gemeinden wie jedem Dritten in Rechnung, ohne dabei im entferntesten zu be-

---

272) Vgl. Kodal/Krämer, S. 684 f. Rdnr. 90.2 und die in BVerwGE 77, 128, 131 zitierten weiteren Schrifttumsnachw.; a.A. Vieweg, DÖV 1986, 909, 911, 916.

273) BVerwGE 77, 128 ff. Es handelte sich um einen Musterprozeß, den die Stadt Bergisch Gladbach mit Unterstützung des Deutschen Städte- und Gemeindebundes gegen die Deutsche Bundespost angestrengt hatte (vgl. dazu Wichmann/Maier, DVBl 1987, 814 f. und Vieweg, DÖV 1986, 909 f.).

274) Das Bundesverwaltungsgericht konnte sich dabei vor allem auf den Beschluß des Bundesverfassungsgerichts zur Direktrufverordnung (BVerfGE 46, 120 ff.) stützen

275) Vgl. dazu auch Mußgnug, Neue Medien S. 86 f.; ders., VBlBW 1982, 410, 414 Fn. 23.

276) Vgl. § 2 Abs. 2, 3; § 3 Abs. 3; § 4 Abs. 3; § 5 Abs. 1 Satz 2, Abs. 2; § 6 Abs. 2, 3 TWG und dazu BVerwG, DVBl 1987, 910 ff.

rücksichtigen, daß es die unentgeltliche Nutzung *gemeindlicher* Straßen ist, aus der die Gebührengewinne erzielt werden.

Diese Regelung ist nur aus der Entstehungszeit des TWG heraus verständlich. Damals ging es allein um die Errichtung der in seinem § 1 als solche genannten "Telegraphen- und Fernsprechlinien", in deren Genuß die Gemeinden nur kommen konnten, wenn sie ihre öffentlichen Straßen dafür unentgeltlich zur Verfügung stellten.

Mit dem Aufkommen der modernen Kabeltechnologie haben sich die Verhältnisse allerdings entscheidend gewandelt. Die Kabeltechnologie eröffnet der Bundespost nicht nur Gewinnmöglichkeiten in einem früher nicht absehbaren Umfang. Die Bundespost nimmt für diese Zwecke die öffentliche Straße auch verstärkt in Anspruch. Vor allem aber die Möglichkeiten der neuen Medientechnik werfen die Frage auf, ob nicht gerade sie selbst bewirken, daß dem grundgesetzlich garantierten kommunalen Selbstverwaltungsrecht gegenüber dem Fernmeldeleitungsrecht der Post ein stärkeres Gewicht zugemessen werden muß.

Das Breitbandkabel und die in den nächsten Jahren verwendete Glasfaser schaffen die Voraussetzungen für eine weitere Programmvermehrung. Neben die traditionellen überregionalen Programme tritt dann in einem weiteren Umfang die lokale Berichterstattung. Die Information über das Lokalgeschehen ist aber eine Angelegenheit der örtlichen Gemeinschaft. Ebenfalls im Bereich der auf den kommunalen Wirkungskreis beschränkten Daseinsvorsorge wird die Gemeinde tätig, wenn sie ihre Bürger mit Hilfe des Bildschirmtextes über die Sprechstunden ihrer Ämter, den Nachtdienst ihrer Apotheken und ähnliches mehr informiert, oder sie die Dienste ihrer Bibliotheken durch ein kommunales Pay-TV erweitert[277]. Schließlich kann sich die Gemeinde etwa zur Alarmierung der örtlichen Feuerwehr[278] oder zum Ein- und Ausschalten der Straßenbeleuchtung der kabelgebundenen Fernwirkdienste bedienen.

---

277) Vgl. dazu im einzelnen Mußgnug, Neue Medien, S. 82 f.; Dombert, NVwZ 1986, 277, 278. Das Konzept der Bundespost beim Ausbau des Breitbandverteilnetzes beschreibt Ehrnsperger, ZFP 1986, 22 ff.
278) Vgl. in diesem Zusammenhang die von Breithaupt/Piel, DÖV 1982, 271 ff., unter Berufung auf die kommunale Selbstverwaltungsgarantie vorgetragene Kritik an dem Bestreben der Bundespost, die Städte beim Betrieb von Feueralarmschleifen auf posteigene Wege zu verweisen.

a) Für die Gemeinde kann das freilich nicht das Recht begründen, darüber mitzubestimmen, ob und in welchem Umfang die Post ihre Kabel und sonstigen Fernmeldeeinrichtungen verlegt[279]. Denn die *Einrichtung* von Fernmeldelinien ist keine Angelegenheit des gemeindeeigenen, durch Art. 28 Abs. 2 GG geschützten Wirkungskreises. Sie gehört vielmehr zu den staatlichen Aufgaben[280].

Ein Mitentscheidungsrecht der Gemeinde ließe die Gefahr entstehen, daß gerade das überregionale Kabelnetz in seiner Funktion beeinträchtigt wird. Das von der Post in den örtlichen Straßen verlegte Fernmeldekabel dient auch der überregionalen Nachrichtenübermittlung. Ihr überregionales Kabelnetz wäre daher nur eingeschränkt nutzbar, wenn die Gemeinden nach ihrem Belieben verhindern könnten, daß über die örtlichen Straßen das Gemeindegebiet daran angeschlossen und das Netz entsprechend erweitert wird. Ein Mitentscheidungsrecht der Gemeinde bei der Einrichtung von Fernmeldelinien hätte wegen dieser technischen Gegebenheiten Bedeutung weit über den gemeindlichen Wirkungskreis hinaus. Es kann daher von Art. 28 Abs. 2 GG nicht garantiert sein[281].

b) Art. 28 Abs. 2 GG garantiert den Gemeinden ebensowenig das Recht, ein Kabelnetz in eigener Trägerschaft zu errichten. Die Gemeinde ist vielmehr auf die "Verleihung"[282] dieses Rechts durch eine Ermessensentscheidung[283] der zuständigen Bundesbehörden angewiesen (vgl. § 2 Abs. 1 FernmeldeanlagenG). Ein Nebeneinander ihres Kabelnetzes mit gemeindlichen Leitungen braucht die Bundespost aber nicht zu zuzulassen. Auch hier vermag sie vor allem techni-

---

279) Dagegen ist die Gemeinde gemäß § 7 Abs. 2 Satz TWG am fernmelderechtlichen Planfeststellungsverfahren zu beteiligen. Sie kann verlangen, daß ihre sich auf das Selbstverwaltungsrecht stützenden Interessen mitberücksichtigt werden (vgl. BVerwGE 77, 128, 132 ff. und BVerwGE 77, 134 ff., wo es um die aus Gründen des Landschaftsschutzes und der Auswirkungen auf das Ortsbild erhobenen Einwendungen der Gemeinde gegen die oberirdische Verlegung von Telefonleitungen ging).
280) BVerwGE 77, 128, 132.
281) Im Ergebnis ebenso Wichmann/Maier, DVBl 1987, 814, 818; kritisch dazu freilich Dombert, NVwZ 1986, 277, 278 f.
282) Eine Verleihung im technischen Sinne liegt hier nicht vor, weil das Fernmeldehoheitsrecht nicht auf den Begünstigten übertragen werden soll. Es geht schlicht um eine Genehmigung oder Erlaubnis (vgl. Aubert, Fernmelderecht I, S. 105 f.; ferner F. Kirchhof, DVBl 1984, 657, 658 m.w.Nachw.).
283) Vgl. BVerwGE 28, 278, 279 f.

sche Gründe für die Beibehaltung ihres Leitungsmonopols ins Feld zu führen[284].

c) Soweit die Gegebenheiten der modernen Kommunikationstechnologien dazu zwingen, daß die Bundespost mit Anlagen der örtlichen Daseinsvorsorge den gemeindlichen Wirkungskreis verstärkt beschneidet, ist freilich auf der Ebene des Gebührenrechts ein Ausgleich nicht nur möglich, sondern auch geboten.

Die neue Medientechnik führt nicht nur zu einer erweiterten (gesteigerten) Inanspruchnahme des gemeindlichen Eigentums am Straßengrundstück. Die Bundespost kann daraus auch erhebliche Gewinne schöpfen. Zu alledem kommt hinzu, daß sie mit Hilfe der modernen Kommunikationstechnik auch Aufgaben des örtlich-kommunalen Wirkungskreises in ihr Sachgebiet zieht. Es kann daher nicht angehen, daß die Bundespost bei der Erledigung ihrer Aufgaben einerseits unentgeltlich die gemeindlichen Straßen nutzt und andererseits gegenüber der Gemeinde daraus das gleiche Kapital schlägt wie gegenüber ihren sonstigen Kunden.

Wenn der Gesetzgeber des ausgehenden 19. Jahrhunderts auch den Begriff der "Telegraphenanlage" der technischen Entwicklung offenhalten wollte[285], so kann es nicht in seiner Absicht gelegen haben, daß die technische Entwicklung ebenso wie über das gemeindliche Eigentum am Straßengrundstück auch über einen in Zukunft entstehenden Konflikt mit dem gemeindlichen Selbstverwaltungsbereich ohne weiteres hinwegschreiten sollte. Ein solcher Konflikt war damals weder absehbar noch mangels einer verfassungsrechtlichen Gewährleistung des gemeindlichen Selbstverwaltungsrechts als solcher erkennbar. Heute haben sich Tätigkeitsfelder eröffnet, die von Rechts wegen an sich der Gemeinde vorbehalten wären und die allein infolge der technischen Gegebenheiten von der Bundespost miterledigt werden können.

§ 1 TWG ist damit einer verfassungskonformen Interpretation zu unterziehen. Sie hat zu ergeben, daß die Bundespost den Gemeinden die Leitungen zur kommunalen Daseinsvorsorge zu den um ihren Gewinnanteil verminderten Gebühren gewähren muß.

---

284) Vgl. dazu ausführlich Mußgnug, Neue Medien, S. 69, 86; Aubert, Fernmelderecht I, S. 123.
285) So BVerwGE 77, 128, 129 f. m.w.Nachw.

V. Sonstige Rohr- und Kabelleitungen

Außerhalb des Bereichs der öffentlichen Versorgung und des TWG besteht ebenfalls ein gewichtiges Interesse an der Nutzung des Straßenuntergrundes. Denn er eignet sich für die Verlegung von Ölpipelines oder Rohrleitungen, durch die etwa Brauereien oder sonstige Betriebe ihren besonderen Wasserbedarf aus einer eigenen Quelle beziehen können[286]. An der Nutzung des Straßenuntergrundes ist vor allem solchen Unternehmen gelegen, deren Betriebsgrundstücke durch eine öffentliche Straße durchschnitten werden. Ihnen bieten die im Straßenuntergrund verlegten Leitungen die Möglichkeit, um Rohstoffe rasch und kostengünstig zu den verschiedenen Produktionsanlagen zu transportieren. Außerdem ist daran zu denken, daß über ein entsprechendes Rohrsystem die im Produktionsprozeß entstehende Abwärme zur Beheizung der gegenüberliegenden oder gar an einer anderen Straße befindlichen Verwaltungsgebäude genutzt wird. Schließlich kommt in Betracht, die auf verschiedenen Betriebsgrundstücken installierten Datenverarbeitungsanlagen mit Kabelsträngen unter der öffentlichen Straße zu vernetzen.

1. Das gemeindliche Eigentum am Straßengrundstück

Um die zivilrechtliche Gestattung derartiger Benutzungen ist bei der Gemeinde nachzusuchen, soweit ihr das Rest-Eigentum am Straßengrundstück zusteht. Die Gemeinde entscheidet auch über die Erteilung der Sondernutzungserlaubnis bei eventuell an der Verkehrsfläche erforderlichen Grabungsarbeiten. Denn die Sonderregelung des § 8 Abs. 10 FStrG, die insoweit Anlagen der öffentlichen Versorgung von der öffentlich-rechtlichen Erlaubnis freistellt, kann in diesen Fällen nicht eingreifen.

Über ihr privatrechtliches Eigentum kann die Gemeinde im Grundsatz frei verfügen. Verwehrt ist ihr zunächst nur die Erteilung der zivilrechtlichen Gestattung, wenn mit Bau- und Unterhaltungsarbeiten gerechnet werden muß, die den Gemeingebrauch über einen so langen Zeitraum ausschließen, daß dafür auch eine Sondernutzungserlaubnis nicht erteilt werden dürfte (vgl. oben II.). Unter diesem Gesichtspunkt kann somit vor allem die Längsverlegung von Leitungen im Straßenuntergrund problematisch sein. Je nach den Umständen wird ein solches Vorhaben nur in den weniger verkehrsreichen Nebenstraßen ge-

---

286) Vgl. zu diesen Fällen Köttgen, Daseinsvorsorge, S. 24.

stattet werden dürfen, weil die Leitungen die Hauptverkehrsstraßen dann lediglich kreuzen.

Ferner darf durch eine inflatorische Vergabe zivilrechtlicher Gestattungen der Straßenuntergrund nicht in einem Umfang ausgelastet werden, daß für die zur öffentlichen Versorgung erforderlichen Leitungen kein Raum bleibt. Ihnen hat die Gemeinde entsprechend ihrer Verpflichtung zur Daseinsvorsorge vielmehr den Vorrang einzuräumen. Schließlich muß das Straßengrundstück für die fernmeldetechnischen Nutzungen und deren Ausbau freigehalten werden.

Das zwingt die Gemeinde zu weit vorausschauenden Entscheidungen. Denn die mit der zivilrechtlichen Gestattung begründeten Nutzungsrechte sind aufgrund der hohen Investitionskosten regelmäßig auf Zeiträume von Jahren bis Jahrzehnten angelegt. Deshalb muß hier besonders darauf Bedacht genommen werden, daß das Straßengrundstück auch den in der Zukunft steigenden Bedürfnissen der öffentlichen Versorgung und der Fernmeldetechnik zur Verfügung gestellt werden kann.

Soweit die Gemeinde danach weitere Nutzungsgestattungen überhaupt erteilen *darf*, bleibt es ihr unbenommen, die Inanspruchnahme ihres Rest-Eigentums von einem Entgelt abhängig zu machen. Sie kann die an die Erteilung ihrer zivilrechtlichen Gestattung geknüpften Bedingungen mit dem Bewerber frei aushandeln.

Es soll das nach der von Kodal/Krämer vertretenen Auffassung freilich nur dem Grundsatz nach gelten. Beschränkt sei die eigentumsrechtliche Verfügungsbefugnis der Gemeinde zumindest durch das Willkürverbot[287]. Daneben wird eine weitere Grenze in dem Umstand gesehen, daß der Gemeinde mit den öffentlichen Straßen ein "faktisches Monopol" zukomme[288]. Auch das könne hier zu einem Kontrahierungszwang führen[289]. Diese Thesen sind allerdings nicht unproblematisch. Sie bedürfen daher einer genaueren Untersuchung.

---

287) Kodal/Krämer, S. 630 Rdnr. 6.1.
288) Kodal/Krämer, S. 630 Rdnr. 6.2.
289) Kodal/Krämer, S. 630 f. Rdnr. 6.3.

a) Die Bedeutung des Willkürverbots

Der Gleichheitsgrundsatz (Art. 3 Abs. 1 GG) würde es der Gemeinde verbieten, über ihr Rest-Eigentum am Straßengrundstück *willkürlich* zu verfügen. Das Willkürverbot wäre verletzt, wenn sie dem einen Bewerber die Gestattung erteilt, dem anderen dagegen *ohne sachlichen Grund* die Nutzung ihres Rest-Eigentums versagt.

aa) Die Grundrechtsgeltung bei der Entscheidung über die zivilrechtlichen Gestattung

Fraglich ist indessen, ob die Gemeinde bei der Verfügung über ihr Straßeneigentum überhaupt an die Grundrechte gebunden ist. Soweit ein Hoheitsträger in den Formen des Privatrechts handelt, hat er zwar nahezu unbestritten dann die Grundrechte zu beachten, wenn seine Tätigkeit materiell dem Bereich der öffentlichen Verwaltung zuzurechnen ist[290]. Man spricht in diesem Fall von einem sog. Verwaltungsprivatrecht, d.h. der Wahrnehmung von Verwaltungsaufgaben in den Formen des Privatrechts. Das hat vor allem für den Bereich der Daseinsvorsorge Bedeutung. Hier steht der Gemeinde in aller Regel die Wahlfreiheit zu, sich öffentlich-rechtlicher oder privatrechtlicher Rechtsformen zu bedienen. Konsequenz dieser Wahlfreiheit ist darum die Grundrechtsgeltung auch bei der privatrechtlich ausgestalteten Verwaltungstätigkeit.

Wie bereits ausgeführt, handelt die Gemeinde im Bereich der Daseinsvorsorge, wenn sie das Eigentum am Straßengrundstück für die der öffentlichen Versorgung dienenden Leitungen zur Verfügung stellt. Mit dem Abschluß entsprechender Konzessionsverträge erfüllt sie darum eine Aufgabe öffentlicher Verwaltung. Bei der Vergabe sonstiger Nutzungen kann indessen von einer materiellen Verwaltungstätigkeit keine Rede sein. Vielmehr wird die Gemeinde hier im sog. Fiskalbereich tätig, in dem die Grundrechtsbindung heftig umstritten ist[291].

---

290) Vgl. BGHZ 65, 284, 287 (Wasserversorgung); 52, 325, 327 (Tarifgestaltung einer Straßenbahn-AG); 37, 1, 27; 29, 76, 80 (Vergabe von Siedlungsland); Dürig, in: Maunz/Dürig, Art. 3 Abs. 1 Rdnrn. 486 ff.; Badura, in: v.Münch, Bes.VerwR, S. 310; Schmidt-Aßmann, in: v.Münch, Bes.VerwR, S. 164; Pieroth/Schlink, Staatsrecht II: Grundrechte, Rdnrn. 222 f.
291) Für eine Grundrechtsgeltung: Hesse, Rdnr. 48, Dürig, in: Maunz/Dürig, Art. 3 Abs. 1 Rdnr. 480; Maurer, Allg.VerwR, Rdnr. 10; Pieroth/Schlink, Staatsrecht II: Grundrechte, Rdnrn. 223 f. A.A.: BGHZ 36, 91; Badura,

Es kann bei dieser Problematik freilich nicht um die Frage gehen, ob ein Träger öffentlicher Verwaltung im Fiskalbereich überhaupt öffentlich-rechtlicher
Bindungen enthoben ist. Denn zumindest der haushaltsrechtlich zu beachtende
Grundsatz der Wirtschaftlichkeit und Sparsamkeit[292] verwehrt es ihm, sich
etwa bei der Beschaffung der für seine Verwaltungstätigkeit erforderlichen
Sachgüter (Büromaterial, Kraftfahrzeuge, Grundstücke etc.) an persönlichen Beziehungen zu bestimmten Lieferanten zu orientieren. Die Gemeinde ist insbesondere gehalten, ihre Vermögensgegenstände *wirtschaftlich* zu verwalten[293].

Ob und inwieweit sie aus der Überlassung der Nutzung ihres Straßeneigentums
Erträge erwirtschaften will, ist danach weitgehend nach Gesichtspunkten der
von der Gemeinde bestimmten Zweckmäßigkeit zu entscheiden. Hätte die Gemeinde somit auch im fiskalischen Bereich den Gleichheitsgrundsatz des Art. 3
Abs. 1 GG zu beachten, so würde das bedeuten, daß sie ihre privatrechtlichen
Beziehungen zumindest nach den am Wirtschaftlichkeitsgedanken orientierten
Zweckmäßigkeitsüberlegungen differenzierend gestalten darf. Wie zu zeigen sein
wird, verbleibt ihr aber gerade damit ein beachtliches Maß an Entscheidungsfreiheit. Letztlich kann darum der Streit um die Fiskalgeltung der Grundrechte
unentschieden bleiben.

bb) Die maßgeblichen Entscheidungsgesichtspunkte

Anders als bei der öffentlich-rechtlichen Sondernutzung, die jeweils zeitlich
knapp befristet von mehreren Bewerbern nacheinander auf derselben Straßenfläche ausgeübt werden kann, geht es bei der privatrechtlichen Sondernutzung
in aller Regel um eine dauerhafte Nutzung. Wird sie im Hinblick auf verschiedene Straßen begehrt, so kann bereits deren jeweils unterschiedliche Auslas-
stung eine differenzierende Entscheidung rechtfertigen. Denn es macht nicht
nur einen Unterschied, ob es sich bei dem jeweiligen Vorhaben um eine Längs-
oder um eine Querverlegung handelt. Darüber hinaus fehlt es an vergleichbaren Sachverhalten, wenn die Leitungen im einen Fall unter einer Hauptverkehrsstraße, in dem anderen Fall dagegen unter einer Nebenstraße verlegt
werden sollen. Selbst die Nutzung eines Straßengrundstücks, das die Gemeinde

---

in: v.Münch, Bes.VerwR, S. 311; Wolff/Bachof, VerwR I, § 23 II a 1;
Emmerich, JuS 1970, 332, 334 f.
292) Vgl. § 77 Abs. 2 BaWüGemO.
293) § 91 Abs. 2 BaWüGemO.

privatrechtlichen Sondernutzungen zur Verfügung gestellt hat, darf dem gleichartigen Begehren eines nachfolgenden Bewerbers versagt werden, wenn weitere Leitungen darin nicht mehr aufgenommen werden können oder die Gemeinde eine Rest-Kapazität als erforderliche "Manövriermasse" für Leitungen der öffentlichen Versorgung aufsparen möchte.

Das kehrt hervor, daß die Bedeutung des Willkürverbots bei der Vergabe privatrechtlicher Sondernutzungen nicht überschätzt werden darf. Mit der Berufung auf den Gleichheitssatz ist für den Bewerber im Grunde nur wenig gewonnen. Denn Art. 3 Abs. 1 GG unterwirft die Gemeinde bei der Verfügung über ihr Rest-Eigentum keinen weiterreichenden als den bereits vom Straßen- und Kommunalrecht gesteckten Beschränkungen.

Eine Ausnahme könnte dagegen für die Mineralölleitungen gelten. Sie können zwar bereits aus technisch-finanziellen Gründen den Ortsbereich von Gemeinden nicht durchqueren, sondern berühren den Ortsbereich allenfalls in den Industriegebieten, in denen die Raffinerie- und Umschlaganlagen betrieben werden. Soweit bei der Verlegung einer Mineralölleitung der Gemeingebrauch kurzfristig beeinträchtigt wird, muß dafür eine öffentlich-rechtliche Sondernutzungserlaubnis eingeholt werden. Denn mit den der öffentlichen Versorgung dienenden Leitungen können die Mineralölleitungen nicht gleichgestellt werden[294]. Allerdings besteht ein gewichtiges öffentliches Interesse, den Mineralöltransport von der Straße, wo er mit besonderen Gefahren verbunden ist, auf Pipelines zu verlagern. Das bedeutet, daß die Gemeinde in diesen Fällen zumindest für eine Querverlegung nicht nur die Sondernutzungserlaubnis zu erteilen hat, sondern daß sie darüber hinaus wegen des besonderen öffentlichen Interesses auch die erforderliche zivilrechtliche Gestattung nicht verweigern darf.

b) **Die "Monopol"-Stellung des Straßeneigentümers**

Die Argumentation, die aus einem faktischen Monopol am Straßeneigentum einen Kontrahierungszwang herleiten will, steht ebenfalls auf tönernen Füßen. Insoweit ist freilich klarzustellen, daß ein sog. mittelbarer Abschlußzwang[295] hier nicht in Frage gestellt werden soll. Als Schadensersatz erlegt ihn § 826 BGB demjenigen auf, der willkürlich einen Vertragsschluß deshalb verweigert,

---

294) So aber Kodal/Krämer, S. 638 Rdnr. 22, unter Berufung auf das Rundschreiben des Bundesverkehrsministers v. 8.2.1972.
295) So Jauernig, BGB, vor § 145 Anm. 4 a cc.

weil er dadurch einem bestimmten Dritten Schaden zufügen und sich selbst ungerechtfertigte Vorteile sichern will[296]. Für die Gemeinde folgt daraus, daß sie einen Fall, in dem ein Privater auf die leitungsmäßige Nutzung ihres Straßeneigentums in besonderem Maße angewiesen ist, nicht zum Anlaß nehmen darf, um aus ihrem Rest-Eigentum weit über Gebühr Kapital zu schlagen. Aber das liegt nicht etwa in einer spezifischen Eigenschaft des Straßeneigentums begründet. Das Verbot sittenwidriger Schädigung hat die Gemeinde vielmehr ebenso zu beachten, wenn sie Bauplätze verkauft oder sonst am am Privatrechtsverkehr teilnimmt. Es bedarf deshalb an dieser Stelle keiner besonderen Hervorhebung.

aa) Anders als die mittelbare Beschränkung der Vertragsfreiheit betrifft ein unmittelbarer Kontrahierungszwang praktisch nur Unternehmer, d.h. die Frage, ob ein Produzent oder Händler sich die Abnehmer für die von ihm angebotenen Waren oder Dienstleistungen frei aussuchen kann[297]. Soweit die Gemeinde als Anbieter tätig wird, unterliegt sie mit ihren Versorgungsleistungen bereits nach Kommunalrecht oder Satzungsrecht einem weitreichenden Abschlußzwang[298]. Darüber hinaus wird in der Literatur das Postulat erheben, es sei ihr, soweit sie Aufgaben wahrnimmt, "für deren Erfüllung nach heutiger Auffassung die Allgemeinheit zu sorgen hat", stets verwehrt, die Vertragsfreiheit in Anspruch zu nehmen[299].

---

296) Vgl. BGHZ 63, 283, 284 f. (Aufnahmezwang eines Vereins mit Monopolstellung); Kilian, AcP 180 (1980), 47, 57; Mertens, in: Münchener Kommentar, § 826 BGB, Rdnr. 160, jeweils m.w.Nachw.

297) Vgl. Bydlinski, AcP 180 (1980), 1, 38 (m.w.Nachw.). Er hält einen Unternehmer, der die Leistung bestimmter, zum "Normal- oder Notbedarf" rechnender Sachen oder Dienste öffentlich in Aussicht gestellt hat, vorbehaltlich "sachlich gerechtfertigter Gründe" zum Vertragsschluß mit einem zum angesprochenen Personenkreis gehörenden Interessenten für verpflichtet, wenn diesem zumutbare Ausweichmöglichkeiten fehlen (S. 41). Kritisch dazu Larenz, SchuldR I, 14. Aufl. 1987, § 4 I a.

298) Zu den weiteren Fällen, in denen kraft Gesetzes ein Kontrahierungszwang besteht, siehe die Zusammenstellung bei Kilian, AcP 180 (1980), 47, 53 f.

299) Larenz, SchuldR I, § 4 I a (m.w.Nachw). Jauernig, BGB, vor § 145, Anm. 4 a bb, will dagegen den nicht unmittelbar durch Gesetz oder Satzung begründeten Kontrahierungszwang auf "lebensnotwendige Leistungen" begrenzen. Deshalb lehnt er unter Berufung auf den ausdrücklich allein die Gemeindeeinwohner begünstigenden kommunalrechtlichen Zulassungsanspruch ein allgemeines Recht zum Besuch städtischer Museen, Theater, Bibliotheken etc. ab.

Mit alledem hat die Vergabe zivilrechtlicher Gestattungen jedoch nichts zu
tun. Denn die Gemeinde erfüllt damit keine Versorgungsaufgabe. Vor allem
fehlt es aber an einer öffentlichen Zweckbestimmung, nach der das Rest-Eigentum am Straßengrundstück generell der Nutzung durch Privatpersonen zu
dienen hätte. Die Eigenschaft des Straßengrundstücks als öffentliche Sache
läßt im Gegenteil derartige Benutzungen ausdrücklich ausgeklammert. Darum ist
die Gemeinde, über ihre Abschlußpflicht im Hinblick auf die (privatrechtliche)
Vorhaltung der dem Wohl der Allgemeinheit bestimmten Leistungen hinaus,
nicht gezwungen, an ihren Vermögensgegenständen zugunsten Privater besondere Nutzungsrechte einzuräumen.

bb) Zudem fragt sich, ob der auf ein faktisches Monopol am Straßengrundstück
gestützte Kontrahierungszwang bereits nach seiner Grundannahme die wirkli-
chen Gegebenheiten zutreffend widerspiegelt. Es ist dabei hervorzuheben, daß
diese These im Dunkeln läßt, ob die Beschränkung in der privatrechtlichen
Sachherrschaftsbefugnis allein die Gemeinde oder darüber hinaus auch einen
privaten Eigentümer des Straßengrundstücks erfassen soll. Nach ihrem Ausgangspunkt wäre er aber ebenso "Monopolist" wie die Gemeinde. Denn für den
Anlieger, für den es bei einer Querverlegung sinnvollerweise nur um die Nutzung des in der Hand eines privaten Dritten befindlichen Rest-Eigentums geht,
spielt keine Rolle, ob diesem Dritten oder der Gemeinde die übrigen Straßengrundstücke gehören.

Gerade die vom Straßenrecht anerkannte Möglichkeit, nach der das Eigentum
am Straßengrundstück in privater Hand belassen werden kann, macht aber
deutlich, was es mit dem behaupteten Monopol auf sich hat. Es soll hier zunächst der Normalfall einer Querverlegung betrachtet werden, in dem es darum
geht, zwei Grundstücke, zwischen denen eine öffentliche Straße verläuft, durch
Rohr- oder Kabelleitungen miteinander zu verbinden. Das Straßengrundstück
bildet dabei die Barriere, die es durch den Erwerb des erforderlichen Nutzungsrechts zu überwinden gilt. Insoweit unterscheidet es sich von einem ge-
wöhnlichen Privatgrundstück aber nur in der Beziehung, daß das Rechtsge-
schäft in dem einen Fall mit der Gemeinde, in dem anderen Fall mit einem
privaten Eigentümer abgeschlossen werden muß.

Im übrigen kommt die Inanspruchnahme des öffentlichen Straße sogar dem
Sachverhalt gleich, in dem die zu verbindenden Grundstücke auf derselben

Straßenseite liegen und die Leitungen über das dazwischen liegende Grundstück eines Dritten geführt werden müssen. Das Bedürfnis danach, daß dieser
sein Eigentum für die Verlegung von Leitungen zur Verfügung stellt, kann
ebenso beträchtlich sein, wie das Interesse an der Nutzung des Straßengrundstücks. Die Inanspruchnahme des Privatgrundstücks hat, wenn es, wie in der
Regel, nicht über seine gesamte Fläche bebaut ist, möglicherweise zudem den
Vorteil, daß sich die nicht unbeträchtlichen Kosten für das Aufgraben und
Schließen der Fahrbahnbefestigung einsparen lassen.

Gleichwohl kann im Hinblick auf die Position dieses Dritten von einem faktischen Monopol nicht die Rede sein. Er hat darum – gegen eine Geldrente –
ein fremdes Leitungsrecht nach § 917 BGB nur zu gewähren, soweit sein
Grundstück einem sog. "Hinterlieger" die "notwendige Verbindung *mit einem*
öffentlichen Weg" abschneidet[300]. Dagegen räumt § 917 BGB kein Recht ein,
um zur Verbindung von Privatgrundstücken fremdes Eigentum in Anspruch zu
nehmen. Insofern bedarf es vielmehr der Gestattung des Verfügungsberechtig-
ten. Ob und zu welchen Bedingungen dieser die Verlegung von Leitungen in
seinem Grundstück zulassen will, bleibt daher seinem Belieben überlassen. Ein
Kontrahierungszwang kommt hier nicht in Betracht.

Anders als eine Privatperson darf die Gemeinde ihre Entscheidung über den
Abschluß eines Gestattungsvertrages zwar nicht etwa von der Konfession oder
der politischen Anschauung des Nutzungsinteressenten abhängig machen[301].
Denn das wäre unter keinem denkbaren Gesichtspunkt mit den Erfordernissen
einer wirtschaftlichen und sachgemäßen Verwaltung ihrer Vermögensgegenstände vereinbar. Im übrigen findet es jedoch im Verhältnis zur Gemeinde bei der
dargestellten Rechtslage sein Bewenden, wenn das Zwischengrundstück in ihrem
Eigentum steht und sie dort ein Verwaltungsgebäude errichtet hat oder eine
Stadthalle, ein Museum oder Theater bzw. eine sonstige öffentliche Einrichtung
betreibt. Obwohl es sich in diesen Fällen bei dem Grundstück um eine öffentliche Sache handelt, bedeutet das nicht, daß die Gemeinde, weil eine Verbindung durch Leitungen andernfalls nicht hergestellt werden könnte, das Grundstück auch für eine derartige, jeweils außerhalb der öffentlichen Zweckbestimmung liegenden Nutzung zur Verfügung stellen müßte.

---

300) Im Rahmen eines "Notleitungsrechts" können etwa Abwässer über ein
     fremdes Grundstück der öffentlichen Kanalisation zugeführt werden (vgl.
     dazu BGHZ 79, 307, 309).
301) Vgl. oben a); ferner Hesse, Rdnr. 347.

Daraus folgt ohne weiteres, daß es sich auch dann nicht anders verhält, wenn die Leitungen durch das Straßengrundstück geführt werden sollen. Gar erst recht hat es dabei zu bleiben, wenn es darum geht, die Leitungen in Längsrichtung den gesamten Straßenzug hindurch zu verlegen. Im Rahmen ihrer auf das Rest-Eigentum gestützten Sachherrschaft kann die Gemeinde eine derartige Nutzung gestatten; gezwungen ist sie dazu nicht. Es bleibt vielmehr ihrer Zweckmäßigkeitsentscheidung überlassen, ob und inwieweit sie ihr Straßengrundstück einer wirtschaftlichen Nutzung überlassen und damit vor allem den Belangen der örtlichen Industrie- und Gewerbeunternehmen entgegenkommen will. Das ist eine Frage umsichtiger Kommunalpolitik. Mit Hilfe des hier verfehlten Monopolgedankens kann sie aber nicht zur Rechtsfrage hochstilisiert und damit der Verantwortung des Gemeindeparlaments vorenthalten werden.

2. Der private Eigentümer des Straßengrundstücks

a) Die eigentumsrechtliche Sachherrschaft

Befindet sich das Rest-Eigentum in der Hand einer Privatperson, so ist dieser die Entscheidung über eine den Gemeingebrauch nicht beeinträchtigende Nutzung des Straßengrundstücks vorbehalten. Ihr ist damit eröffnet, sofern ein eigenes Nutzungsinteresse nicht besteht, einem Dritten das Recht zur Verlegung von Leitungen einzuräumen.

Ebenso wie die Gemeinde kann sich der private Eigentümer des Straßengrundstücks in dem Gestattungsvertrag ein Entgelt, etwa regelmäßige Miet- oder Pachtzahlungen, ausbedingen. Das gilt selbst gegenüber der Gemeinde, die vor allem mit ihren der öffentlichen Versorgung dienenden Längsleitungen auf die Nutzung sämtlicher Straßengrundstücke im Ortsbereich angewiesen ist. Im Vergleich zu privaten Nutzungsinteressenten genießt sie jedenfalls zunächst keine Vorzugsstellung. Vielmehr ist sie gehalten, eine entsprechende Vereinbarung mit dem privaten Grundstückseigentümer herbeizuführen. Durch die energie-, wasser- oder baurechtliche Genehmigung einer Versorgungsleitung erhält das öffentliche Versorgungsunternehmen keinen Rechtsanspruch auf die Nutzung des Straßengrundstücks[302]. Erst wenn der private Eigentümer sich weigert, die zivilrechtliche Gestattung zu angemessenen Bedingungen zu erteilen,

---

302) Kodal/Krämer, S. 656 Rdnr. 45.

kommt nach § 11 EnergiewirtschaftsG zugunsten der öffentlichen Energiever-
sorgungsunternehmen eine Enteignung in Betracht[303].

Die Verlegung von Wasser- und Abwasserleitungen kann dagegen nicht
mit der Enteignung erzwungen werden[304]. Entscheidet sich die Gemeinde,
bei der Widmung einer Straße das Eigentum in der Hand einer (der Widmung zustimmenden) Privatperson zu belassen, so hat sie darum durch
eine privatrechtliche Dienstbarkeit sicherzustellen, daß das Rest-Eigentum ihren Versorgungsleitungen zur Verfügung steht.

b) Die Sondernutzungserlaubnis als Voraussetzung der Nutzung des Rest-Eigentums

Es wurde bereits darauf hingewiesen, daß die Nutzung des Rest-Eigentums in
aller Regel vorbereitende Baumaßnahmen erfordert, bei denen die Verkehrsfläche (vorübergehend) zerstört und insoweit der Gemeingebrauch beeinträchtigt
wird. Darum bedarf der Eigentümer zwar nicht für die Nutzung des Straßenuntergrundes, wohl aber für den Eingriff in den Straßenkörper einer öffentlich-
rechtlichen Sondernutzungserlaubnis. Eine Ausnahme davon besteht nur in den
Fällen, in denen sich seine Gestattung auf Leitungen der öffentlichen Versorgung bezieht. Die mit ihrer Einlegung in den Straßenuntergrund verbundene
kurzfristige Beeinträchtigung des Gemeingebrauchs hat das Straßenrecht von
dem Erfordernis der Sondernutzungserlaubnis freigestellt[305]. Im übrigen bleibt
der Straßeneigentümer, wenn er über die Verkehrsfläche zur Nutzung seines
Rest-Eigentums vordringen will, auf die Sondernutzungserlaubnis angewiesen.

Der wirtschaftliche Wert des Rest-Eigentums wäre allerdings nur gering zu
veranschlagen, wenn dessen Nutzung von einer nach Ermessen zu erteilenden
Erlaubnis abhinge. In der Hand einer Privatperson käme das Eigentum am
Straßengrundstück dann in der Tat einem "nundum ius" höchst nahe. Der Inhalt seiner Rechtsposition hängt daher maßgeblich von der Frage ab, ob er allein den vom Straßenrecht vorgesehenen Anspruch auf ermessensfehlerfreie

---

303) Vgl. dazu im einzelnen BVerwGE 29, 248, 254 ff.; Kodal/Krämer,
     S. 657 f. Rdnrn. 47 ff.
304) Nach der Rechtsprechung des Bundesverfassungsgerichts (E 56, 249, 261;
     74, 264, 286 ff.) bedürfte es dazu eines Gesetzes, welches dieses Vor-
     haben benennt und festlegt, unter welchen Voraussetzungen die Enteig-
     nung zulässig sein soll.
305) Vgl. oben III. 1.

Entscheidung geltend machen kann, oder ob ihm im Hinblick auf Art. 14 Abs. 1 GG ein Recht auf die Sondernutzungserlaubnis zusteht.

Praktische Bedeutung hat die Frage freilich im wesentlichen allein bei den Querverlegungen. Da das Eigentum am Straßengrundstück sich nur in Ausnahmefällen in privater Hand befindet, wird sich bei einer Längsverlegungen auch die Gemeinde beteiligen müssen. Sperrt sie sich gegen eine Beteiligung, so ist das Vorhaben technisch undurchführbar, das Interesse des privaten Rest-Eigentümers an der Sondernutzungserlaubnis damit hinfällig. Ist die Gemeinde dagegen selbst an einer Längsverlegung von bestimmten Leitungen interessiert, so kommt sie nicht umhin, die Sondernutzungserlaubnis zu erteilen.

aa) Bei der Lösung dieses Problems muß Berücksichtigung finden, daß das Straßenrecht privates Eigentum an der öffentlichen Straße ausdrücklich anerkennt. Es beläßt das Eigentum am Straßengrundstück sogar in Ausnahmefällen unter der Voraussetzung in privater Hand, daß der Verfügungsbefugte der Widmung zustimmt. Das private Straßeneigentum ist zwar mit einer öffentlich-rechtlichen Dienstbarkeit belegt. Es erlaubt keinen Gebrauch, der sich mit der öffentlichen Zweckbestimmung nicht verträgt. Nach der Widmung sind dem Eigentümer allein die Nutzungsbefugnisse verblieben, die die Eigenschaft seines Grundstücks als öffentliche Sache unberührt lassen.

Zu diesen zum Rest-Eigentum rechnenden Befugnissen gehört grundsätzlich die Nutzung des Straßenuntergrundes durch Leitungen. Das folgt aus den dem § 8 Abs. 10 FstrG entsprechenden Vorschriften der Straßengesetze, die für Leitungen zur öffentlichen Versorgung eine Sonderregelung treffen und damit voraussetzen, daß durch sonstige Leitungen, soweit der Gemeingebrauch von ihnen nicht beeinträchtigt wird, eine "Benutzung des Eigentums" verwirklicht wird.

bb) Was nun die erforderlichen, den Gemeingebrauch beeinträchtigenden Einlegearbeiten betrifft, so ergibt sich eine im Vergleich zur Rechtsposition des Straßenanlieger[306] umgekehrte Situation: während der Gemeingebrauch dem Anlieger den Zugang zu seinem Grundstück gewährleisten muß, versperrt der Gemeingebrauch hier gerade den Zugang zum Rest-Eigtum. In beiden Fällen geht es jedoch um eigentumsrechtliche und darum von Art. 14 Abs. 1 GG ge-

---

306) Vgl. dazu unten § 12 I 2

schützte Nutzungen. Der Straßenanlieger hat deshalb auf die gesteigerte Benutzung der öffentlichen Straße einen unmittelbar grundrechtlich abgeleiteten Anspruch. Er kann etwa Baugerüste und Bauzäune, Fahrradständer, Mülltonnen oder sonstige Gegenstände aufstellen, ohne daß dies von einer gemeindlichen Ermessensentscheidung abhinge[307]. Denn die Nutzung verfassungsrechtlich garantierten Eigentums darf nicht einer nach Ermessen zu erteilenden Erlaubnis unterworfen werden[308].

cc) Aus diesem Grunde muß aber auch dem Eigentümer des Straßengrundstücks ein Anspruch auf die öffentlich-rechtliche Sondernutzungserlaubnis zuerkannt werden. Bei der Inanspruchnahme der öffentlichen Straße geht es ihm nicht anders als dem Anlieger letztlich darum, das *eigene*, ihm verbliebene Rest-Eigentum einer angemessenen Nutzung zuzuführen. Das bedeutet, daß ihm die Sondernutzungserlaubnis nur verweigert werden darf, wenn die mit dem Zugang zur Nutzung des Rest-Eigentums verbundene Beeinträchtigung des Gemeingebrauchs nicht hingenommen werden kann.

Allein im Falle einer übermäßigen Beeinträchtigung des Gemeingebrauchs geht es bei der Entscheidung über die Sondernutzungserlaubnis nicht mehr um Gesichtspunkte der Zweckmäßigkeit. Vielmehr ist die Gemeinde dann aus Rechtsgründen zur Versagung der Sondernutzungserlaubnis gezwungen.

Gerade bei Querverlegungen kann, vor allem wenn die Bauarbeiten an der Verkehrsfläche in Etappen durchgeführt werden, die Beeinträchtigung des Gemeingebrauchs auch zeitlich in Grenzen gehalten werden. Deshalb wird dem Eigentümer des Straßengrundstücks die erforderliche Sondernutzungserlaubnis hier kaum verweigert werden können. Andererseits ist freilich entsprechend der Grundlagen der Anliegerrechte zu verlangen, daß der Rest-Eigentümer auf die Inanspruchnahme der den Gemeingebrauch beeinträchtigenden Straßenbe-

---

307) Zur Frage, ob diese den Gemeingebrauch beeinträchtigenden Nutzungen als "Anlieger*gemeingebrauch*" eingestuft werden können oder ob hier nicht von einer öffentlich-rechtlichen Sondernutzung gesprochen werden muß, auf deren Erlaubnis Art. 14 Abs. 1 GG einen Anspruch gewährt, vgl. unten § 12 II 1 c.

308) Dementsprechend steht dem Eigentümer ein verfassungsrechtlich gesicherter Anspruch etwa auf die Baugenehmigung zu, wenn die baurechtliche Nutzung seines Grundstücks mit dem geltenden öffentlichen Recht vereinbar ist. Die rechtswidrige Nicht- oder Spätererfüllung des Anspruchs bedeutet darum einen Eingriff in das Grundrecht aus Art. 14 Abs. 1 GG (vgl. statt aller Papier, in: Maunz/Dürig, Art. 14 Rdnr. 92).

nutzung in besonderer Weise angewiesen ist. Daran fehlt es etwa dann, wenn ohne Zerstörung der Fahrbahnoberfläche ein Durchstich sowohl technisch möglich als auch finanziell zumutbar ist. In diesem Fall liegt es wiederum im Ermessen der Gemeinde, ob dem Eigentümer des Straßengrundstücks eine Sondernutzungserlaubnis erteilt wird.

§ 12: Die öffentlich-rechtliche Sondernutzung und die Voraussetzungen ihrer Zulassung

Die öffentlich-rechtliche Sondernutzung ist dadurch gekennzeichnet, daß sie den Gemeingebrauch, d.h. das jedermann gewährte subjektiv-öffentliche Recht zur zweckgemäßen Benutzung der öffentlichen Straße *beeinträchtigt*. Bei der Ermessensentscheidung über die Zulassung einer Sondernutzung hat dieser Gesichtspunkt somit die Richtung zu weisen.

I. Die Grundgewährleistung des Gemeingebrauchs

1. Die Beziehung zwischen öffentlich-rechtlicher Sondernutzung und (Teil-) Einziehung

Wird durch eine öffentlich-rechtliche Sondernutzung der Verkehrsgebrauch auf Dauer ausgeschlossen, so wirkt sich das wie eine Entwidmung der öffentlichen Straße aus. Eine Einziehung darf aber allein in dem von den Straßengesetzen dafür besonders vorgesehenen Verfahren stattfinden[309]. Ihre tatsächlichen Folgen im Wege der Zulassung öffentlich-rechtlicher Sondernutzungen herbeizuführen, kann ferner deshalb nicht angehen, weil die Entscheidung über eine Entwidmung dem Straßenbaulastträger vorbehalten ist und die Gemeinde im Ortsbereich unabhängig von der Verteilung der Straßenbaulast über öffentlich-rechtliche Sondernutzungen befindet.

Materiell-rechtlich setzt die Einziehung einer öffentlichen Straße voraus, daß sie "jede *Verkehrs*bedeutung verloren hat"[310]. Dementsprechend hat auch die Entscheidung über öffentlich-rechtliche Sondernutzungen in erster Linie auf verkehrliche Belange Rücksicht zu nehmen. Allein die Beeinträchtigung des

---

309) Vgl. § 2 Abs. 4-6 FStrG.
310) § 8 Abs. 4 FStrG.

Gemeingebrauchs, des *Rechts* auf Ausübung des Verkehrsgebrauchs, steht der Einräumung einer öffentlich-rechtlichen Sondernutzung nicht entgegen. Erst dann und soweit dieses Recht von Dritten in Anspruch genommen wird, auf der öffentlichen Straße also ein Verkehr stattfindet, und die öffentlich-rechtliche Sondernutzung mit diesem in Konflikt gerät, stellt sich die Frage nach ihrer Erlaubnisfähigkeit.

a) Von Bedeutung ist dabei zunächst der Gesichtspunkt der Sicherheit des Verkehrs. Er schließt regelmäßig aus, daß auf der Fahrbahn Gegenstände aufgestellt werden, wenn dort gleichzeitig Kraftfahrzeuge verkehren. Wegen der daraus entstehenden Gefahren die Erteilung einer Sondernutzungserlaubnis in diesen Fällen unzulässig.

b) Gründe der Verkehrssicherheit stehen einer öffentlich-rechtlichen Sondernutzung allerdings dann nicht entgegen, wenn die Fahrbahn für den Kraftfahrzeugverkehr abgesperrt wird. Die Gemeinden veranlassen das etwa bei den Straßenfesten der örtlichen Vereine. Weitere Beispiele bilden die Weihnachtsmärkte und vor allem die von der Gemeinde ausgerichteten Wochen- und Jahrmärkte[311].

Derartige Sondernutzungen schließen den nach der Widmung eröffneten Verkehr entweder insgesamt oder zumindest im Hinblick auf den Kraftfahrzeugverkehr aus. Deshalb sind sie nur zulässig, soweit sie nach ihren tatsächlichen Wirkungen nicht die öffentliche Zweckbestimmung aufheben oder modifizieren und damit die Schwelle zu einer (Teil-) Einziehung überschreiten.

Das zieht den genannten Sondernutzungen zunächst eine zeitliche Schranke. Jedenfalls als dauerhafte Veranstaltung darf ihnen die öffentliche Straße nicht zur Verfügung gestellt werden. Mit der durch die Widmung begründeten Verpflichtung des öffentlichen Sachherrn stünde im Widerspruch, wenn er den

---

311) Die Gemeinde nimmt hier selbst die Sondernutzung in Anspruch. Von den Marktbeschickern und Marktbesuchern wird die öffentliche Straße weder auf der Grundlage des Gemeingebrauchs noch einer öffentlich-rechtlichen Sondernutzung, vielmehr im Rahmen des gewerberechtlich gewährleisteten freien Marktverkehrs benutzt (Kodal/Krämer, S. 539 f. Rdnr. 102).

widmungsmäßigen Straßengebrauch auf Dauer zum Nebenzweck der Straße de-
gradierte.

Im übrigen hängt es vom jeweiligen Einzelfall ab, über welchen Zeitraum derartige Sondernutzungen zugelassen werden können. Eine für alle Straßen geltende Grenze läßt sich hier nicht bestimmen. Zu berücksichtigen ist hier jedenfalls die Klassifizierung[312) der öffentlichen Straße sowie ihre verkehrsmäßige Auslastung. Auf den Ortsdurchfahrten von Bundes- und Landesstraßen
wird der Verkehr hinter öffentlich-rechtlichen Sondernutzung allenfalls über
einen äußerst eng bemessenen Zeitraum zurückgestellt werden dürfen. Auf den
Gemeindestraßen stehen dagegen verkehrliche Belange nur in geringerem Umfang entgegen. Hier kommt es vor allem darauf an, in welchem Maße der Verkehr auf die für die Sondernutzung vorgesehene Straßenfläche angewiesen ist
und ob bei einer Straßensperrung zumutbare Umleitungsmöglichkeiten bestehen.

Darüber hinaus muß in Betracht gezogen werden, in welchen zeitlichen Abständen entsprechende Sondernutzungen stattfinden sollen. Als wöchentlich
wiederkehrende Veranstaltungen können sie lediglich auf größeren Straßen-
plätzen zugelassen werden, die entweder durch den widmungsmäßigen Verkehr
nur teilweise ausgelastet werden oder die für die Verkehrsabwicklung innerhalb der Gemeinde nur eine Randbedeutung haben

Fehlt es an den genannten Voraussetzungen, so ist der Gemeinde aufgrund des
Straßenrechts die Einräumung der öffentlich-rechtlichen Sondernutzung verwehrt. Ein Ermessen steht ihr insoweit nicht zu. Vielmehr ist sie hier verpflichtet, ein entsprechendes Sondernutzungsbegehren zurückzuweisen.

2. Die grundrechtliche Garantie für den Gemeingebrauch

Soweit durch öffentlich-rechtliche Sondernutzungen der Gemeingebrauch nicht
nur beeinträchtigt, sondern die Ausübung dieses Rechts verhindert wird,
könnte ihre Zulassung ferner einen Eingriff in die Grundrechte der betroffenen
Verkehrsteilnehmer bedeuten.

Auf die Verwirklichung des Gemeingebrauchs besteht nicht allein ein straßen-
gesetzlicher Anspruch. Die Teilhabe am Gemeingebrauch, d.h. das Recht, die

---

312) In diesem Sinne Löhr, NVwZ 1983, 20.

öffentliche Straße im Rahmen ihrer Widmung zum Verkehr zu benutzen, ist darüber hinaus durch Art. 2 Abs. 1, 3 Abs. 1 GG grundrechtlich abgesichert. Das ist heute allgemein anerkannt[313]. Denn die mit den öffentlichen Straßen geschaffene Möglichkeit zur Ortsveränderung läßt sich als "Ausfluß einer natürlichen, gesetzlich anerkannten Freiheit"[314] begreifen, der für die freie Entfaltung der Persönlichkeit grundlegende Bedeutung zukommt[315].

Art. 2 Abs. 1 GG begründet für den Einzelnen zwar kein Abwehrrecht gegen die Einziehung einer bestimmten öffentlichen Straße. Ein verfassungsrechtlich gesichertes Teilhaberecht besteht erst dann und nur solange, wie eine öffentliche Straße vorhanden und entsprechend ihrer Widmung der Gemeingebrauch eröffnet ist[316]. Allein im Rahmen des jeweils Gebotenen darf der Einzelne vom Gebrauch der öffentlichen Straße nicht willkürlich ausgeschlossen werden[317]. Die Zulassung öffentlich-rechtlicher Sondernutzungen bedeutet aber gerade keine (Teil-)Einziehung. Sie mag ihr wohl in den Auswirkungen faktisch gleichkommen. Die Eigenschaft als öffentliche Straße bleibt jedoch von öffentlich-rechtlichen Sondernutzungen unberührt. Daraus folgt, daß die übermäßige Zulassung öffentlich-rechtlicher Sondernutzungen zugleich die grundrechtliche Gewährleistung des Gemeingebrauchs verletzt.

---

313) BVerwGE 4, 342, 346; 27, 181, 185; 30, 235, 238; 32, 222, 224 f.; Stern, VVDStRL 21 (1964), 219; Martens, VVDStRL 30 (1971), 7, 25; Schröder, Die Verwaltung 10 (1977), 451, 464; Salzwedel, in: v.Münch, Bes.VerwR, S. 634; Kodal, S. 480 Rdnr. 5 ff. Kritisch dazu freilich Krebs, VerwArch 67 (1967), 329, 332 ff.

314) So BVerwGE 4, 342, 346. Vgl. ferner BVerwGE 27, 181, 185, wonach in einem unzulässigen Parkverbot ein Eingriff in das Grundrecht aus Art. 2 Abs. 1 GG zu sehen ist.

315) Vgl. BVerwGE 30, 235, 238.

316) Dementsprechend ist in den meisten Straßengesetzen ausdrücklich bestimmt, daß auf die Aufrechterhaltung des Gemeingebrauchs kein Rechtsanspruch besteht. Vgl. Art. 14 Abs. 3 BayStrWG; § 13 Abs. 2 BaWüStrG; § 14 Abs. 2 NdsStrG; § 14 Abs. 1 Satz 2 NRWStrWG; § 34 Abs. 1 Satz 2 RhPfStrG; § 14 Abs. 2 SaarlStrG; § 20 Abs. 4 SchlHolStrWG. Kritisch zum Ausschluß des Klagerechts des Gemeingebrauchsberechtigten gegen eine Einziehung aber Lorenz, VBlBW 1984, 329, 334.

317) Erst wenn der Bestand der öffentlichen Straßen insgesamt gefährdet wäre, müßte auch das Verfassungs-recht der Entwidmung einen Riegel vorschieben. Denn es verbürgt dem Grundrechtsträger immerhin ein ausreichend dichtes Netz an öffentlichen Straßen, auf denen sich das subjektive Gemeingebrauchsrecht verwirklichen kann. (Salzwedel, in: v.Münch, Bes.VerwR, S. 634; ders. in: E/M, AllgVerwR, S. 445; Papier, Öffentliche Sachen, S. 97 f.; Kodal/Krämer, S. 507 f. Rdnrn. 44 f.; Pappermann/Löhr/Andriske, Öffentliche Sachen, S. 77.).

II. Der Anliegergebrauch

Über Art. 14 Abs. 1 GG genießt ferner der Straßengebrauch des Anliegers[318] grundrechtlichen Schutz. Es stellt sich deshalb die Frage, in welchem Umfang die Rechtsposition des Straßenanliegers der Sondernutzung der öffentlichen Straße entgegensteht.

1. Der Inhalt des grundrechtlich gewährleisteten Anliegergebrauchs

Der grundrechtliche Schutz des Anliegergebrauchs trägt der Tatsache, daß der Straßenanlieger sowohl existentiell auf den Zugang zur öffentlichen Straße, den sog. "Kontakt nach außen", angewiesen ist, und er auch darüber hinaus ein gesteigertes tatsächliches und wirtschaftliches Bedürfnis an der Benutzung des öffentlichen Verkehrsraums vorweisen kann[319]. Dem entspricht, daß für den Anlieger die Beziehung zur öffentlichen Straße auf der anderen Seite mit einer Reihe von Einwirkungen und Lasten verbunden ist[320]. Er ist nämlich nicht nur dem Verkehrslärm ausgesetzt. Darüber hinaus hat der Anlieger die öffentliche Straße über Erschließungs- und sonstige Beiträge teilweise zu finanzieren[321].

a) Die Beziehung zum Grundeigentum

Das Recht zum Anliegergebrauch bildet einen Bestandteil ("Ausstrahlung") des Grundeigentums[322]. Denn der Vermögenswert des Eigentums bestimmt sich maßgeblich nach der jeweiligen Benutzbarkeit. Die Benutzbarkeit eines Grundstücks hängt aber wesentlich davon ab, daß es über den öffentlichen Verkehrsraum erreichbar ist. Die Beeinträchtigung des Kontakts nach außen wirkt

---

318) Zum Begriff des Anliegers vgl. Kodal/Krämer, S. 548 Rdnrn. 1 f.

319) Ossenbühl, Staatshaftungsrecht, S. 108.

320) Vgl. Maurer, DÖV 1975, 217, 225 f.

321) Auf diesen Zusammenhang verweist BVerwGE 30, 235, 239: "Gerade den Anliegergebrauch kennzeichnet, daß ihm in Gestalt der Erschließungsbeiträge eine rechtfertigende Leistung des Begünstigten gegenübersteht, ebenso wie umgekehrt die Belastung mit Erschließungsbeiträgen ihrerseits einen Eingriff in das Eigentum deshalb nicht darstellt, weil sie mit der Gewährung eines entsprechenden Anliegergebrauchs verbunden ist. Ebenso OVG Koblenz, GewArch 1965, 236, 238.

322) BGHZ 30, 241, 245; 57, 362; NJW 1976, 1312; 1977, 1817; 1979, 1043, 1044: "Zum Eigentum von Grundstücken an öffentlichen Straßen gehört die Verbindung mit der Straße, die Benutzbarkeit des Grundstücks derart, daß der Eigentümer über die Grenzen seines Grundstücks auf die vorbeiführende öffentliche Straße gelangen kann."

sich somit unmittelbar auf das Grundeigentum selbst nachhaltig aus[323]. Deshalb kann dem Anliegergebrauch der Eigentumsschutz des Grundgesetzes nicht vorenthalten werden. Eine Verkürzung des Anliegergebrauchs bedeutet dementsprechend ein "Eingriff" in den Gewährleistungsbereich von Art. 14 Abs. 1 GG[324].

Nach seinem Umfang reicht der eigentumsrechtlich geschützte Anliegergebrauch freilich nur so weit, wie eine *angemessene* Nutzung des Grundeigentums die Benutzung der öffentlichen Straße erfordert[325]. Angemessen in diesem Sinne ist somit nicht schon jede Benutzung, zu der das Grundeigentum nur die Gelegenheit bietet, sondern ausschließlich das, was aus dem Grundstück von seiner sowohl der Rechtslage als auch den tatsächlichen Gegebenheiten entsprechenden Nutzung als Bedürfnis hervorgeht[326]. Der Straßenanlieger kann daher zwar die *Erhaltung* des rechtlichen Status und der tatsächlichen Beschaffenheit und Eignung des Verkehrswegs verlangen, nicht dagegen dessen Anpassung an die von ihm vorgesehene gesteigerte Grundstücksnutzung einfordern.

Wer etwa auf einen Schwerlastverkehr angewiesen ist, weil er sein Grundstück als Steinbruch nutzen möchte, kann sich dementsprechend zwar gegen eine rechtswidrige (Teil-)Einziehung der öffentlichen Straße wehren. Läßt die Straße jedoch schon von vornherein einen Schwerlastverkehr nicht zu, so hat auch der Straßenanlieger sich damit abzufinden[327].

b) Die Bedeutung für den Anlieger-Gewerbebetrieb

Für einen auf dem Anliegergrundstück gelegenen Gewerbebetrieb ist die Beziehung zur öffentlichen Straße dem Rechtsgut des eingerichteten und ausgeübten Gewerbebetriebs und damit ebenfalls dem Schutz des Art. 14 Abs. 1 GG unterstellt[328]. Das gewährleistet dem Gewerbebetrieb den Kontakt nach außen,

---

323) BGHZ 30, 241, 242.
324) BVerwGE 30, 235, 238 f.; BGHZ 30, 241, 245; Kodal/Krämer, S. 556 ff. Rdnrn. 17 ff.; Papier, Öffentliche Sachen, S. 99; Steinbauer, S. 79.
325) BVerwGE 32, 222, 225.
326) BVerwGE 54, 1, 3; BVerwG, NJW 1975, 357, NJW 1980, 354; DVBl 1982, 1098 f..
327) So VGH Mannheim, NJW 1982, 402 f. Zustimmend Krämer, NVwZ 1983, 336, 337; Peine, JZ 1984, 869, 873.
328) BVerwGE 30, 235, 239; BGHZ 48, 65, 66: "Bei einem Gewerbebetrieb von Straßenanliegern gehört zu dem Bestand des Betriebs auch die besondere Lage an der Straße, der sog. Kontakt nach außen, der dem Inhaber des Betriebs eine Einwirkung auf den vorbeiflutenden Verkehr und die Lauf-

die Möglichkeit des Zugangs zur öffentlichen Straße sowie die Zugänglichkeit
von der Straße her und damit die Möglichkeit, auf den vorbeifließenden Verkehr und die Laufkundschaft einzuwirken. Der Anliegergebrauch ist daher
nicht nur dem Eigentümer eines Grundstücks, sondern auch demjenigen garantiert, der dort ein Gewerbe betreibt[329].

c) Die grundrechtlich gewährleistete Straßenbenutzung

Der Anliegergebrauch begründet ferner das Recht, Gegenstände in den öffentlichen Straßenraum einzubringen. Dazu rechnen etwa Werbeanlagen wie die sog.
"Nasenschilder"[330] oder ein für die Geschäftsbesucher aufgestellter Fahrradständer[331]. Ferner darf der Anlieger bei Bauarbeiten auf seinem Grundstück
vorübergehend und in einem angemessenen Umfang die öffentliche Straße zum
Aufstellen von Bauzäunen, Baugeräten und -gerüsten sowie zur Lagerung von
Baumaterial in Anspruch nehmen[332].

Von der Gewährleistung des Art. 14 Abs. 1 GG wird dagegen eine (völlige oder
teilweise) Verlagerung des Gewerbes auf die öffentliche Straße hinaus nicht
abgedeckt[333]. Denn in diesem Fall geht es nicht mehr nur um den Kontakt
zum öffentlichen Straßennetz, sondern um eine gewerbliche Straßenbenutzung,
wie sie außer von Straßenanliegern ebenso von jedem anderen begehrt werden
könnte. Ebensowenig wie diesem ist darum dem Anlieger gestattet, im Straßenraum Ware zum Verkauf auszulegen, für Gaststättenbesucher Tische und Stühle
aufzustellen oder etwa Warenautomaten anzubringen[334].

---

kundschaft (BGHZ 23, 157, 162) oder dem Betrieb einen Zugang von der
Straße ermöglicht."

329) Ossenbühl, Staatshaftungsrecht, S. 108. In seinem Umfang kann der dem
Gewerbebetrieb zuteil werdende Schutz freilich von dem Schutz des
Grundeigentums abweichen (vgl. dazu BGHZ 30, 241, 246; 48, 65 ff.).
330) Vgl. dazu Kodal/Krämer, S. 459 Rdnr. 104 m.w.Nachw.; Ganschezian-
Finck, DÖV 1976, 305 ff.; Schwab, NVwZ 1983, 495. Der öffentliche
Straßenraum kann dem Anlieger dabei freilich nur für die Eigenwerbung
offenstehen. Die Fremdwerbung überschreitet den Anliegergebrauch
(BVerwG, DVBl 1979, 74, 75; Papier, Öffentliche Sachen, S. 81).
331) OVG Lüneburg, DVBl 1963, 223.
332) BGHZ 23, 157, 166; BGH, NJW 1965, 1907, 1909.
333) So ausdrücklich § 16 Abs. 2 HambWG.
334) BVerwG, NJW 1975, 357 f.; Kodal/Krämer, S. 595 Rdnr. 105 f.
m.w.Nachw.; M/S/K, FStrG, § 7 Rdnr. 2.1; Papier, Öffentliche Sachen,
S. 81. Weitergehend jedoch Salzwedel, in: v.Münch, Bes.VerwR, S. 637;
Kummer, GewArch 1970, 269, 269 (Warenautomaten).

Ob dem Anlieger in dem von Art. 14 Abs. 1 GG abgesteckten Rahmen die öffentliche Straße auch zu einer *erlaubnisfreien* Nutzung zur Verfügung steht, ist allerdings zweifelhaft[335]. Denn vor allem mit der Aufstellung von Gegenständen auf der öffentlichen Straße können für den Verkehr erhebliche Gefahren verbunden sein. Ihnen kann aber ebenso wie bei öffentlich-rechtlichen Sondernutzungen nur durch ein vorgeschaltetes Erlaubnisverfahren wirksam begegnet werden. Daß in der Gemeingebrauchsdefinition der Anliegergebrauch unberücksichtigt geblieben ist[336], bedeutet darum keine Fehlleistung des Straßengesetzgebers. Dies kommt im Gegenteil einem praktischen Bedürfnis entgegen. Folglich steht aber nichts entgegen, das Straßengesetz beim Wort zu nehmen und die gesteigerte Straßenbenutzung des Anliegers als öffentlich-rechtliche Sondernutzung einzustufen[337]. Mit Art. 14 Abs. 1 GG ist das vereinbar, wenn dem Anlieger ein Anspruch auf die Erlaubnis gewährt wird. Die Gemeinde, die auf die dadurch eröffnete präventive Kontrolle insgesamt oder zumindest in Bagatellfällen verzichten will, kann nach § 8 Abs. 1 Satz 4 FStrG entsprechende Benutzungen durch Satzung von der Erlaubnispflicht frei-

---

335) In diesem Sinne aber die überwiegende Auffassung, die das Anliegerrecht als Bestandteil eines (gesteigerten) Gemeingebrauchs einstuft (so BGHZ 22, 395, 396 f.; 45, 150, 157; BVerwGE 30, 235, 238; 32, 222, 225; BVerwG, DÖV 1971, 100; DVBl 1973, 496; VGH Mannheim, VBlBW 1988, 140, 141) und dementsprechend auch von einem Anlieger*gemein*gebrauch spricht. Vgl. ferner Peine, JZ 1984, 869, 872.
336) Vgl. dazu Maurer, Vierteljahrhundert, S. 115, 118 ff.
337) Ebenso die Begründung des Regierungsentwurfs zum Bundesfernstraßengesetz (v. 10.4.1953, BT-Drs 4248, S. 19) und die in § 17 HambWG getroffene Regelung, die den Anliegergebrauch ausdrücklich als Benutzung "über den Gemeingebrauch hinaus" qualifiziert, diese Benutzungsform aber gleichzeitig von der erforderlichen Sondernutzungserlaubnis entbindet. Vgl. ferner Wagner, NJW 1976, 1083; Kodal, DÖV 1960, 444, 447, 452 f.

stellen[338]. Erst dann läßt sich beim Anliegergebrauch von einer "unmittelbar durch Gesetz eingeräumten Sondernutzung" sprechen[339].

2. **Der Anliegergebrauch als Abwehrrecht gegen öffentlich-rechtliche Sondernutzungen**

Nach seinem Inhalt schließt der verfassungsrechtlich garantierte Anliegergebrauch somit die Erteilung der Sondernutzungserlaubnis zumindest in den Fällen aus, in denen die öffentlich-rechtliche Sondernutzung die Verbindung des Anliegergrundstücks zum öffentlichen Straßennetz dauerhaft blockieren würde. Vor allem das Aufstellen von Gegenständen darf dort nicht gestattet werden, wo dem Anlieger der Zugang und gegebenenfalls auch die Zufahrt zu seinem Grundstück ganz und gar abgeschnitten wäre. Aus diesem Bereich müssen darum ortsfeste Reklametafeln, -tische oder gar Litfaßsäulen verbannt bleiben.

a) **Der Schutz des Anliegergebrauchs vor "Kontakt-Störungen"**

Als problematisch kann sich dagegen die Beurteilung von "Kontakt-Störungen" erweisen. Denn jedenfalls bis zu einem gewissen Grad hat auch der Anlieger eine Beeinträchtigung seines Kontakts nach außen hinzunehmen. Die Schwelle, an der die Beeinträchtigung des Anliegerrechts in einen enteignungsgleich wirkenden Eingriff umschlagen kann, vermag jedoch mit allgemeingültigen Regeln nicht bestimmt zu werden.

aa) Soweit die Zugänglichkeit seines Grundstücks in Frage steht, kann es dem Anlieger allein darum gehen, daß der dafür vorgesehene Straßenbereich von

---

338) So ausdrücklich § 42 Abs. 2 RhPfStrG. Umgekehrt soll nach BVerwG, DVBl 1979, 74. 75, eine gemeindliche Satzungsregelung bestimmte Anliegernutzungen (Werbeanlagen) dem Bereich der öffentlich-rechtlichen Sondernutzungen zuschlagen können (ebenso VGH Mannheim, VBlBW 1988, 140, 141). Das steht nicht nur im Widerspruch zu der straßen*gesetzlichen* Abgrenzung zwischen Gemeingebrauch und Sondernutzung. Es ist darüber hinaus auch von der straßengesetzlichen Satzungsermächtigung nicht abgedeckt. Danach können durch Satzung "bestimmte Sondernutzungen" lediglich von der Sondernutzungserlaubnis freigestellt (vgl. § 8 Abs. 1 Satz 4 FStrG; § 16 Abs. 7 BaWüStrG; § 18 Abs. 1 Satz 4 NdsStrG; § 22 Abs. 3 SchlHolStrWG), nicht aber gemeingebräuchliche Straßenbenutzungen zu Sondernutzungen erklärt werden. Das gilt ebenfalls für die in ihrem Wortlaut insoweit offene Satzungsermächtigung des Art. 22a BayStrWG.
339) So Salzwedel, ZfW 1962/63, S. 73, 85; ders., in: v.Münch, Bes.VerwR, S. 637.

störenden öffentlich-rechtlichen Sondernutzungen freigehalten wird. Anders verhält es sich dagegen, wenn auf dem Anliegergrundstück ein Gewerbe betrieben wird. Dessen Inhaber kann ein Interesse daran haben, daß er in der – etwa mit einer Schaufensterzeile geschaffenen – Möglichkeit, auf den vorüberziehenden Verkehrsstrom werbend einzuwirken, nicht behindert wird. Inwieweit diese Interessen gegen Kontaktstörungen rechtlich geschützt sind, ist insbesondere im Hinblick auf Baumaßnahmen an der öffentlichen Straße untersucht worden. Dabei hat sich abgezeichnet, daß hier vor allem auf den Zweck abgestellt werden muß, dem die sich für den Anlieger störend auswirkende Inanspruchnahme der Straße dient. Dementsprechend sind für den eigentumsrechtlichen Schutz des Anliegergebrauchs unterschiedliche Maßstäbe anzulegen.

(1) Für den Fall, daß eine Straße höhergelegt wird, hängt das Vorliegen eines (entschädigungspflichtigen) Eingriffs in das Grundeigentum davon ab, ob dessen Benutzbarkeit "wesentlich erschwert und sein Vermögenswert gemindert wird"[340]. Denn dabei handelt es sich um eine Maßnahme, durch die die öffentliche Straße gestiegenen Verkehrsbedürfnissen angepaßt werden soll. Sie entspricht dem Zweck der öffentlichen Straße, so daß sich der Anlieger auf derartige Störungen von vornherein einstellen muß. Behinderungen durch Ausbesserungs- und Verbesserungsarbeiten hat er daher grundsätzlich entschädigungslos hinzunehmen[341]. Für den Inhaber eines Gewerbebetriebs führen selbst ungewöhnlich schwere Ertragsrückgänge, die den Betrieb an den Rand der Existenzgefährdung geraten lassen, dann nicht zu einer Überschreitung der Schwelle von der Sozialbindung zum enteignenden Eingriff, wenn die den Anliegergewerbebetrieb behindernden Arbeiten entscheidend der Anpassung der Straße an die modernen Verkehrsbedürfnisse dienen[342].

---

340) BGHZ 30, 241, 247; 48, 58, 63; 48, 65, 68. Im Hinblick auf diese Rechtsprechung (vgl. BT-Drs III Nr. 2159 S. 9) wurde bei der Änderung des Fernstraßengesetzes v. 10.7.1961 (BGBl. I S. 877) in dessen § 8 ein entsprechender Abs. 4a eingefügt (heute: § 8a Abs. 4 Satz 1; vgl. dazu BGH, NJW 1979, 1043 ff.). Der Anlieger in seiner Stellung als Betriebsinhaber hat dagegen "auch erhebliche Erschwernisse in der Zufahrt entschädigungslos hinzunehmen" (BGHZ 48, 65, 67).
341) BGHZ 48, 65, 67; 57, 359, 364; BGH, NJW 1977, 1817. Ein entschädigungspflichtiger Eingriff kommt hier erst in Betracht, wenn derartige Straßenarbeiten nach Art und Dauer nicht unerheblich über das hinausgehen, was bei ordnungsmäßiger Planung und Durchführung der Arbeiten mit möglichen und zumutbaren Mitteln sächlicher und persönlicher Art notwendig ist (BGHZ 57, 359, 362). Es liegt dann ein rechtswidriger enteignungsgleicher Eingriff vor (BGH, NJW 1976, 1312).
342) BGHZ 57, 359, 365; BGH, NJW 1976, 1312, 1313.

(2) Bereits bei den Straßenarbeiten zum Bau einer U-Bahn setzt der Bundesgerichtshof jedoch die Opfergrenze niedriger an. Er stellt hier darauf ab, ob die Folgen des Eingriff für den Anlieger nach Dauer, Intensität und Auswirkungen so erheblich sind, daß eine entschädigungslose Hinnahme ihm nicht mehr zuzumuten ist[343].

(3) Die von einer Privatperson begehrte öffentlich-rechtliche Sondernutzung steht dagegen nicht nur außerhalb der Zweckbestimmung der öffentlichen Straße. Sie liegt darüber hinaus in der Regel auch nicht im öffentlichen Interesse[344]. Ihr gegenüber muß sich das Anliegerrecht daher in vollem Umfang durchsetzen. Denn das grundrechtlich geschützte Interesse des Anliegers an der ungehinderten Zugänglichkeit seines Grundstücks überwiegt das Interesse eines Dritten, den dafür erforderlichen Straßenbereich für eigene, private Zwecke in Anspruch zu nehmen. Deshalb darf das gesteigerte Straßengebrauchsrecht des Anliegers durch die Zulassung privatnütziger öffentlich-rechtlicher Sondernutzungen nicht beschränkt werden.

bb) Soweit ein Gewerbebetrieb zur Erhaltung des Kontakts nach außen darauf angewiesen ist, auf die Verkehrsteilnehmer werbend einzuwirken, müssen dementsprechend öffentlich-rechtliche Sondernutzungen versagt bleiben, die entsprechende Werbeeinrichtungen auf dem Anliegergrundstück in ihrer Wirkungskraft beeinträchtigen würden. Je nach den tatsächlichen Verhältnissen kann das erfordern, daß die gesamte Straßenfront des Anliegergrundstücks von störenden öffentlich-rechtlichen Sondernutzungen freizubleiben hat.

Mit einem Fall, in dem das nicht berücksichtigt worden war, hatte sich der Bundesgerichtshof schon im Jahre 1957 zu befassen. Es ging hier um eine vornehmlich auf Laufkundschaft angewiesene Gaststätte, die einen bedeutenden Umsatzrückgang zu verzeichnen hatte, nachdem am Straßenrand die Aufstellung von Verkaufsbaracken erlaubt worden und die Gaststätte nun von der Straße aus nicht mehr sichtbar war[345]. Der Bundesgerichtshof bewertete die Zulassung der Verkaufsbaracken als entschädigungspflichtigen enteignungsglei-

---

343) BGHZ 57, 359, 365; BGH, NJW 1976, 1312, 1313; NJW 1977, 1817.
344) Deshalb kann sich die Abwägung in einem eventuellen Planfeststellungsverfahren (vgl. § 17 FStrG) von vornherein nicht auf die nachteiligen Auswirkungen öffentlich-rechtlicher Sondernutzungen erstrecken, so daß auch ihnen auch die Präklusionswirkung des Planfeststellungsbeschlusses nicht zuteil wird.
345) BGHZ 23, 157 ff.

chen Eingriff in den Anliegergewerbebetrieb[346]. Den Ausschlag gaben dafür nicht Zumutbarkeitserwägungen, sondern allein die Frage, ob die mit der Aufstellung von Verkaufsbaracken einem Dritten gestattete Straßenbenutzung von einem entsprechenden Benutzungsrecht abgedeckt ist. Das hat der Bundesgerichtshof für die hier vorliegende gewerbliche Straßenbenutzung verneint.

cc) Die genannte Entscheidung des Bundesgerichtshofs gibt ferner Aufschluß über die Grenzen der Rechtsposition des Anliegers gegenüber konkurrierenden öffentlich-rechtlichen Sondernutzungen. Bei dem Dritten, dem die Sondernutzungserlaubnis für die Verkaufsbaracken erteilt worden war, handelte es sich um den benachbarten Straßenanlieger, der in dieser Eigenschaft ebenfalls zur gesteigerten Inanspruchnahme der Straße berechtigt ist. Die hier in Frage stehende Straßenbenutzung ging freilich über das, was auch ihm als Anliegergebrauch zusteht, weit hinaus.

Anders kann es sich dagegen verhalten, wenn bei Bauarbeiten auf dem Anliegergrundstück die öffentliche Straße für die Aufstellung von Baugeräten, -gerüsten oder -zäunen bzw. für die Lagerung von Baumaterial in Anspruch genommen werden muß. Soweit diese Nutzung zum Anliegergebrauch rechnet, hat der benachbarte Straßenanlieger die damit für ihn möglicherweise verbundenen Kontaktstörungen hinzunehmen[347]. Jedenfalls gilt das in dem Umfang und für die Dauer, wie eine derartige Straßenbenutzung bei planvoller und sachgerechter Durchführung der Bauarbeiten auf dem Anliegergrundstück notwendig ist.

b) Abwehrrechte des Anlieger-Gewerbebetriebs gegen Konkurrenz von der öffentlichen Straße?

Es hat sich gezeigt, daß im Ausstrahlungsbereich des Anliegergebrauchs öffentlich-rechtliche Sondernutzungen grundsätzlich nicht zugelassen werden dürfen. Für den Anlieger-Gewerbebetrieb bedeutet das, daß er in seinem Kontakt nach außen unabhängig davon geschützt ist, ob Störungen von einem auf der öffentlichen Straße betriebenen Konkurrenzgewerbe oder einer sonstigen öffentlich-rechtlichen Sondernutzung ausgehen. Darüber hinaus fragt sich, ob der Gewerbebetrieb des Straßenanliegers überhaupt einer Konkurrenz ausgesetzt werden darf, wie sie ihm von Dritten droht, denen die öffentliche Straße als erweiterter Geschäftsraum zur Verfügung gestellt werden soll. Dabei geht

---

346) Vgl. dazu ferner BGH, MDR 1985, 587, 588; MDR 1964, 656.
347) BGHZ 23, 157, 165 f.; BGH, NJW 1965, 1907, 1909.

es nicht nur um gewerbliche Straßenbenutzungen, die im weiteren Umkreis des
Anliegerbetriebs stattfinden sollen. Bedeutung hat die Fragestellung ebenso
für die unmittelbar vor dem Anliegergrundstück gelegene Straßenfläche in den
Fällen, in denen die mit dem Konkurrenzgewerbe ausgeübte Sondernutzung
nicht schon deshalb unzulässig ist, weil sie die Zugänglichkeit des Grundstücks und die Wirksamkeit eventueller Werbeeinrichtungen beeinträchtigt.

Ein Abwehrrecht des Straßenanliegers gegen öffentlich-rechtliche Sondernutzung, die seinen Kontakt nach außen unberührt lassen, setzt voraus, daß ihm
Art. 14 Abs. 1 GG nicht nur den Bestand der Widmung in ihrem jeweiligen
Umfang, sondern zudem gewährleistet, daß der von der Widmung eröffnete Gemeingebrauch nicht beeinträchtigt wird. Dazu ist folgendes zu sagen:

Der Anlieger hat keinen Anspruch darauf, daß die Verkehrsbedeutung oder die
Linienführung einer Straße, die ihm geschäftlich zugute kommt, erhalten
bleibt[348]. Insofern ist er "mit dem Schicksal der Straße verbunden"[349]. Auch
eine Widmungsbeschränkung vermag der Anlieger jedenfalls solange, als die öffentliche Straße für die Verkehrsvermittlung erhalten bleibt, nicht zu verhindern. Freilich gilt das nur unter der Voraussetzung, daß die Widmungsbeschränkung rechtmäßig ist. Gegen eine rechtswidrige Teileinziehung steht dem
Straßenanlieger dagegen ein unmittelbar in Art. 14 Abs. 1 GG verankertes
Abwehrrecht zu[350]. Er kann darum verlangen, daß insbesondere die nach den
Straßengesetzen an die Teileinziehung gestellten materiell-rechtlichen Anforderungen beachtet werden, die straßenbaubehördliche Maßnahme also einer
veränderten Verkehrsbedeutung der öffentlichen Straße entspricht oder durch
ein "überwiegendes öffentliches Interesse" gerechtfertigt ist[351].

Dementsprechend muß dem Anlieger aber auch ein Abwehrrecht gegen die
rechtswidrige Einräumung öffentlich-rechtlicher Sondernutzungen zugestanden
werden, zumal sie nach ihren tatsächlichen Auswirkung einer (Teil-)Einzie-
hung gleichkommt. Nach Maßgabe der oben aufgezeigten Grundsätze ist der

---

348) BGHZ 48, 58, 60 f.; 55, 261, 264 f.; BGH, NJW 1979, 1043, 1044 (danach stellt die Verengung der Straße, die Großfahrzeugen den erforderlichen Radius zur Einfahrt in ein Anlieger-Gewerbegrundstück abschneidet, keine enteignende Maßnahme dar.
349) BGHZ 57, 359, 361; BGH, NJW 1980, 2703.
350) BVerwGE 22, 222, 225; NJW 1975, 1528 f.; Krämer, NVwZ 1983, 336,
337.
351) Vgl. dazu OVG Lüneburg, NJW 1979, 1422.

Anlieger somit gegen eine übermäßige, die öffentliche Zweckbestimmung der Straße faktisch abändernde Zulassung öffentlich-rechtlicher Sondernutzungen geschützt.

Im übrigen kann der Straßenanlieger ebensowenig wie eine rechtmäßige Widmungsbeschränkung die Beeinträchtigung des Gemeingebrauchs durch öffentlich-rechtliche Sondernutzungen verhindern. Unerheblich ist, ob dadurch der Verkehrsstrom von seinem Einwirkungsbereich abgelenkt wird oder er aufgrund einer als Sondernutzung gestatteten gewerblichen Konkurrenzbetätigung einen Umsatzrückgang erleidet. Denn in diesen Fällen verliert der Anlieger durch die Zulassung entsprechender öffentlich-rechtlicher Sondernutzungen nicht mehr als den eigentumsrechtlich irrelevanten Lagevorteil.

In dem Umfang, wie Art. 14 Abs. 1 GG den Interessen des Straßenanliegers (grund-)rechtlichen Schutz verleiht, müssen diese Interessen bei der Ermessensentscheidung über die von einem Dritten begehrte öffentlich-rechtliche Sondernutzung Berücksichtigung finden. Mehr als das kann der Straßenanlieger nicht verlangen. Insbesondere sein Interesse daran, daß vor seinem Grundstück nicht ein Konkurrenzgewerbe betrieben wird, zwingt die Wegebehörde nur unter den genannten Voraussetzungen zur Versagung der Sondernutzungserlaubnis. Eine andere Frage bleibt freilich, ob im Hinblick auf diese Anliegerinteressen die Sondernutzungserlaubnis versagt werden *kann*. Darauf wird noch zurückzukommen sein.

c) **Die den Weg zur Nutzung des Rest-Eigentums eröffnende öffentlich-rechtliche Sondernutzung**

Um in den Straßenuntergrund Versorgungsleitungen einbringen zu können, läßt es sich technisch regelmäßig nicht vermeiden, daß die Straßenoberfläche zerstört und die Verkehrsfunktion der öffentlichen Straße für die Dauer der Bauarbeiten aufgehoben wird. Auch davon ist in erster Linie der Straßenanlieger betroffen, für den die Zugänglichkeit seines Grundstücks erschwert oder gar völlig abgeschnitten wird. Deshalb ist zu prüfen, inwieweit ihm die mit dem Anliegergebrauch zustehende eigentumsfähige Rechtsposition ein Abwehrrecht gegen derartige Maßnahmen verschaffen kann.

aa) Die Anlagen im Allgemeininteresse

Soweit es sich um Anlagen handelt, die zur Versorgung der Allgemeinheit im Straßengrundstück verlegt werden sollen[352], besteht für den durch die Bauarbeiten betroffenen Anlieger eine Duldungspflicht. Die damit verbundene Beeinträchtigung des Kontakts nach außen hat er grundsätzlich entschädigungslos hinzunehmen[353].

Während der Bundesgerichtshof diese auch von der Literatur allgemein anerkannte Auffassung[354] noch in den 60er Jahren mit der Berufung auf eine erweiterte Zweckbestimmung der öffentlichen Straße zu begründen versucht hatte[355], läßt sich heute die Erkenntnis ins Feld führen, daß insoweit auch der Anliegergebrauch "der Sozialpflichtigkeit allen Eigentums unterliegt". Diesen Gedanken zieht der Bundesgerichtshof namentlich für die Beurteilung der Straßenarbeiten beim Bau einer U-Bahn heran[356]. Das gleiche muß indessen gelten, wenn es um die Verlegung von Versorgungsleitungen geht.

Dort handelt es sich ebenfalls nicht um Maßnahmen, die dem Straßenverkehr zugute kommen sollen. Der Straßenanlieger muß sich auf sie daher ebensowenig mit der Folge einstellen, daß sein Anliegerrecht bereits aus diesem Grund "von vornherein entsprechend eingeschränkt" wäre[357].

Für die Verlegung von Versorgungsleitungen, die dem Interesse der Allgemeinheit dienen sollen, ist somit davon auszugehen, daß das Anliegerrecht in seiner Sozialpflichtigkeit betroffen ist.

bb) Privatnützige Anlagen

Soll der Straßenuntergrund dagegen im Privatinteresse in Anspruch genommen werden, so verlangt das nicht nur eine zivilrechtliche Gestattung nach § 8 Abs. 10 FStrG bzw. den entsprechenden landesstraßengesetzlichen Vorschriften. Nach der hier vertretenen Auffassung ist für den (Regel-)Fall, daß von den erforderlichen Bauarbeiten auch der Bestand der Verkehrsfläche betroffen

---

352) Als Beispiele dafür sind Wasserrohre, Kanalisationskanäle, Fernheizungsanlagen und Fernsprechleitungen zu nennen.
353) BGHZ 57, 359, 364 f.; BGH, MDR 1964, 656; BGH, NJW 1962, 1816.
354) Vgl. Ossenbühl, Staatshaftungsrecht, S. 110.
355) So BGH, NJW 1962, 1816. Vgl. dazu oben § 9 I a.E.
356) BGHZ 57, 359, 366.
357) So BGHZ 57, 359, 366, zum Bau einer U-Bahn. Vgl. dazu ferner BGH, NJW 1965, 1907, 1909; NJW 1980, 2703, 2704.

189

wird, darüber hinaus eine Sondernutzungserlaubnis erforderlich. Da es an einem öffentlichen Interesse für diesen Straßengebrauch fehlt, könnte die Wegebehörde allerdings im Hinblick auf die Rechtsposition des Anliegers zur Versagung der Sondernutzungserlaubnis verpflichtet sein.

Indessen muß berücksichtigt werden, daß die öffentlich-rechtliche Sondernutzung in diesen Fällen allein die Nutzung des Eigentum am Straßengrundstück eröffnen soll. Demgegenüber kann dem rechtlich geschützten Interesse des Anliegers an einem durch Straßenbauarbeiten ungestörten Kontakt nach außen nicht von vornherein der Vorrang eingeräumt werden. Denn andernfalls würde das Eigentum am Straßengrundstück zum nundum ius reduziert. Die eigentumsrechtlichen Nutzungsinteressen im Hinblick auf das Anlieger- und das Straßengrundstück sind jedoch grundsätzlich gleichermaßen schutzwürdig.

Das ist jedenfalls dann nicht zu bestreiten, wenn das Eigentum am Straßengrundstück sich wie das Anliegergrundstück ebenfalls in privater Hand befindet. Nichts anderes gilt aber für den (Regel-)Fall, daß das Eigentum daran einem Träger öffentlicher Verwaltung zusteht. Außerhalb der öffentlichen Zweckbindung ist sein (Rest-)Eigentum nicht ausschließlich auf eine unmittelbar am Gemeinwohl orientierte Nutzung beschränkt. Ebenso wie eine Privatperson verleiht es auch einem öffentlichen Verwaltungsträger die Befugnis, den Gebrauch des Straßengrundstücks einem Individualinteresse zur Verfügung zu stellen.

Der öffentliche Verwaltungsträger unterliegt dabei zwar einer Beschränkung insoweit, als er das Straßengrundstück den öffentlichen Interessen dienenden Anlagen bevorzugt zur Verfügung zu stellen hat. Soweit das Straßengrundstück im Hinblick darauf aber Raum für weitere Benutzungen läßt, setzt sich sein Eigentumsrecht uneingeschränkt durch[358].

Daraus folgt, daß gegenüber dem Interesse des Anliegers an der Zugänglichkeit seines Grundstücks und der Erhaltung der öffentlichen Straße als Verkehrsmittler dem eigentumsrechtliche Interesse an der Nutzung des Straßengrundstücks Rechnung getragen werden muß. Das darf freilich nicht dazu führen,

---

358) Im übrigen begründet selbst dieser Gesichtspunkt keinen wesentlichen Unterschied zur Eigentümerstellung einer Privatperson. Diese genießt zwar den Schutz des Art. 14 GG. Das heißt jedoch nur, daß das öffentliche Interesse an der Nutzung des Eigentums am Straßengrundstück gegenüber einer Privatperson allein im Wege der Enteignung geltend gemacht werden kann.

daß die öffentliche Straße vor dem Anliegergrundstück auf unbestimmte Dauer zur Baustelle umfunktioniert werden dürfte. Zu dulden hat der Straßenanlieger vielmehr auch hier nur eine kurzfristige Beeinträchtigung seines gesteigerten Straßengebrauchsrechts, wie das bei einer sachgerechten Planung und Durchführung der Straßenbauarbeiten unabweisbar erforderlich ist.

Darüber hinaus wird die Wegebehörde die Sondernutzungserlaubnis verweigern müssen, wenn es dem privaten Nutzungsinteressenten zumutbar ist abzuwarten, bis ihm die Nutzung des Straßenuntergrunds in Verbindung mit den möglicherweise für einen späteren Zeitraum geplanten Straßenbauarbeiten erschlossen werden kann. Denn die Frage, ob eine sachgerechte Planung vorliegt, kann nicht für jede einzelne Baumaßnahme an der öffentlichen Straße gesondert beantwortet werden. Zumindest im Hinblick auf die Rechtsposition des Straßenanliegers muß eine möglichst weit vorausschauende Planung verlangt werden, die im Rahmen der technischen Möglichkeiten Baumaßnahmen mit verschiedener Zielsetzung zusammenfaßt und so den Anliegergebrauch insgesamt gesehen in nur geringerem Maße beeinträchtigt. In der Regel wird das bedeuten, daß eine Sondernutzungserlaubnis für Baumaßnahmen an der Verkehrsfläche, die zur privaten Nutzung des Straßengrundstücks erforderlich ist, ermessensfehlerfrei erst dann erteilt werden darf, wenn für die Verkehrsfläche Aus- oder Verbesserungsarbeiten notwendig geworden sind oder gleichzeitig Anlagen zur Versorgung der Allgemeinheit im Straßenuntergrund verlegt werden sollen.

III. **Ergebnis**

Die vorstehenden Überlegungen haben gezeigt, daß die Gemeinde die begehrte Sondernutzungserlaubnis zum einen in dem Fall zu versagen hat, in dem die öffentlich-rechtliche Sondernutzung eine Gefahr für den fließenden Verkehr bedeuten oder die öffentliche Zweckbestimmung der Straße in ihrem Kernbestand verändern würde. Zum anderen bleibt eine Erlaubniserteilung ausgeschlossen, wenn die öffentlich-rechtliche Sondernutzung einen Eingriff in das durch Art. 14 Abs. 1 GG geschützte Anliegerrecht bewirkt. Erst unter der Voraussetzung, daß diese Gesichtspunkte der begehrten Sondernutzung nicht entgegenstehen, ist das Entscheidungsermessen eröffnet. Die öffentlich-rechtliche Sondernutzung *kann* erlaubt werden.

In diesem Fall müßte der Gemeinde aber gerade auch die Verweigerung der Sondernutzung gestattet sein. Denn mit einer ablehnenden Entscheidung unterbindet sie doch, daß der Gemeingebrauch durch zweckwidrige Benutzungen überhaupt beeinträchtigt wird. Sie gewährleistet so, daß die gesetzliche Zweckbestimmung der öffentlichen Straße die ihr zugewiesene Priorität behält.

Von daher würde sich der Zweck der Ermessensermächtigung folgendermaßen darstellen: Als Vorgabe ist bei der Entscheidung über die öffentlich-rechtliche Sondernutzung zu beachten, daß die öffentlichen Straßen dem Verkehr gewidmet sind. Deshalb ist in erster Linie dafür zu sorgen, daß die öffentliche Straße dieser Zweckbestimmung erhalten bleibt. Das der Wegebehörde im Hinblick auf die Zulassung öffentlich-rechtlicher Sondernutzung eingeräumte Ermessen eröffnet daran lediglich Abstriche. Zweckwidrige Benutzungen, die diese Zweckbestimmung beeinträchtigen, können in einem gewissen, d.h. erlaubnisfähigen Umfang gestattet werden.

Daraus läßt sich die Folgerung ableiten, daß eine öffentlich-rechtliche Sondernutzung bereits deshalb, weil sie nach ihrem Charakter den Gemeingebrauch beeinträchtigt, verweigert werden darf. Unerheblich oder jedenfalls zweitrangig bleibt für die ablehnende Entscheidung daher die Frage, ob die Sondernutzung überdies den Verkehr behindert oder gefährdet. Vorausgesetzt, dies trifft zu, so gibt bereits der Umstand den Ausschlag, daß auf diese Weise die öffentliche Straße ihrer widmungsmäßigen Zweckbestimmung ungeschmälert erhalten bleibt. Schon das genügt, um einen ablehnenden Bescheid zu rechtfertigen.

Gegen diesen Standpunkt werden allerdings von der überwiegenden Ansicht die Grundrechte des Sondernutzungsinteressenten ins Feld geführt. Sie ließen nämlich - so die These - eine ablehnende Ermessensentscheidung erst zu, wenn von der Sondernutzung eine (nicht unerhebliche) Behinderung des Verkehrs oder zumindest die Beeinträchtigung anderer öffentlicher Belange zu erwarten ist. Welcher Auffassung der Vorzug eingeräumt werden muß, gilt es darum im folgenden Kapitel näher zu untersuchen.

4. Kapitel

Öffentlich-rechtliche Sondernutzung und Grundrechte

§ 11: Grundrechtliche Freiheit und Straßenbenutzung

Nach der in Rechtsprechung und Literatur vertretenen Auffassung soll dem Antragsteller im Hinblick auf die bei der Sondernutzung verwirklichten Grundrechte ein Anspruch auf die Sondernutzungserlaubnis zustehen, wenn die verfassungsrechtlichen Gewährleistungen die im Einzelfall berührten öffentlichen Belange überwiegen. In diesem Sinne garantiere etwa Art. 5 Abs. 3 GG dem "Straßenkünstler", Art. 5 Abs. 1 dem Flugblattverteiler die Benutzung der öffentlichen Straße[1]. Ob den Grundrechten darum ein *genereller* Anspruch auf die Sondernutzung öffentlicher Straßen entnommen werden kann, ist indessen Zweifeln ausgesetzt. Denn es wird bei dieser Auffassung vorausgesetzt, daß die Versagung einer öffentlich-rechtlichen Sondernutzung sich stets als Eingriff in den grundrechtlich gewährleisteten Freiheitsbereich des Antragstellers auswirkt.

I. **Die Benutzung der öffentlichen Straße als Inanspruchnahme einer staatlichen Leistung**

Untersucht man diesen Ansatz näher, so ist aber zunächst zu erkennen, daß der Einzelne mit der Benutzung der öffentlichen Straße gerade eine staatliche *Leistung* in Anspruch nimmt. Dementsprechend wird der Verwaltungsträger, der für den Bau und die Unterhaltung öffentlicher Straßen zuständig ist, mit der Bereitstellung der öffentlichen Straße im Bereich der sogenannten Leistungsverwaltung[2] tätig. Diesem Funktionsbereich wird das Straßenrecht denn auch ganz allgemein zugerechnet[3].

---

1) Vgl. Papier, Öffentliche Sachen, S. 88 f.; Kodal/Krämer, S. 621 f. Rdnr. 57 f.; Pappermann/Löhr/Andriske, S. 94; Schmidt, NVwZ 1985, 167, 168 jeweils m.w.Nachw. Fehl geht freilich die Berufung auf BVerwGE 56, 24 ff. (so Schmidt, a.a.O.). Diese Entscheidung betrifft das auf das Berliner Stadtreinigungsgesetz gestützte Verbot der Flugblattverteilung und damit eine ordnungsrechtliche Frage.
2) Vgl. dazu Maunz, BayVBl 1986, 545 ff.
3) Steinberg, NJW 1978, 1898, 1899; Forsthoff, VerwR I, S. 376 ff.; Stern, Art. "Öffentliche Sache", in: Ev. Staatslexikon, 2. Aufl. 1975, Sp. 2230;

Mit der öffentlichen Straße bringt das Wegerecht einen Gegenstand hervor, der in seiner spezifischen Gestaltung Bedürfnisse befriedigt, denen sich zum wesentlichen Teil allein ein Hoheitsträger anzunehmen vermag. Das gilt zumindest in dem Bereich, wo es um die gesetzliche Zweckbestimmung der öffentlichen Straßen geht. Denn die Verkehrsbedürfnisse des Einzelnen könnten mit einem privaten Straßennetz kaum sachgerecht befriedigt werden[4].

Daneben kann für den Einzelnen aber auch ein Bedürfnis bestimmend sein, für dessen Erfüllung der Gebrauch der öffentlichen Straße die (gern gesehene, weil vermeintlich "billige") Alternative zu der Nutzung einer Sache bedeutet, die sonst nur unter den Bedingungen des privaten Marktes zu haben wäre. Der Fall ist dies etwa beim Straßenhändler, dem es mit der Verlagerung seines Gewerbes auf die öffentliche Straße gerade darum geht, sich die Anmietung von Geschäftsräumen zu ersparen. Es gilt das ebenso für den Künstler, der statt eines eigenen Ateliers mit der öffentlichen Straße vorlieb nehmen möchte. Ihnen allen geht es mit dem Zugriff auf die öffentliche Straße darum, daß ihnen statt einer auf dem privaten Markt nur gegen Entgelt erhältlichen Sachnutzung eine staatliche Leistung gewährt wird.

Das hat nicht allein das Schweizerische Bundesgericht übersehen, wenn es im Hinblick auf die gewerbliche Straßenbenutzung der Rolle des Staates den Charakter einer bloßen Duldung meinte zusprechen zu können[5]. Dem Gebrauch einer Sache durch einen Dritten steht auch der Vermieter oder Verpächter nur duldend gegenüber. Der Gebrauch darf aber auch dort nicht bereits deshalb ausgeübt werden, weil der Sachherr nichts dagegen einzuwenden hat. Entscheidend ist vielmehr, daß der Sachherr den Gebrauch *überlassen* und dadurch eine für den Dritten positive Leistung erbracht hat.

Wenn das Straßenrecht daher den Gebrauch der öffentlichen Straßen nur beschränkt eröffnet, so liegt darin nicht notwendig auch ein Eingriff in den Freiheitsbereich des Einzelnen. Denn dieser Gebrauch wird bereits rein tatsächlich durch den Bau und die Unterhaltung der öffentlichen Straßen über-

---

Stern, VVDStRL 21 (1962), 211; Fleiner, Institutionen, S. 351 ff.; Bullinger, Mineralölfernleitungen, S. 41 ("freiwillige Gewährungen"). Auch das Bundesverfassungsgericht spricht im Zusammenhang mit öffentlichen Straßen von einer "Verwaltungsleistung" (vgl. E 42, 20, 32).
4) Vgl. dazu Streit, Vierteljahrhundert, S. 1, 5 ff.
5) EuGRZ 1976, 202, 203.

haupt erst ermöglicht. Für die mannigfaltigen Vorteile, die der Einzelne daraus gewinnt, bildet die gewährende Vermittlung des Staates somit die *conditio sine qua non*. Eine Nutzungsbeschränkung bedeutet darum zunächst nur, daß die in der Gebrauchsgewährung zu sehende staatliche Leistung ihrem Umfang nach begrenzt ist.

II. Die Versagung einer Leistung als Grundrechtseingriff?

Allerdings kann auch die Versagung einer staatlichen Leistung einen Grundrechtseingriff bewirken. Das ist der Fall, wenn die staatliche Leistung durch ein Grundrecht garantiert ist. Beispiele dafür bietet das Straßenrecht bereits mit dem Gemeingebrauch sowie dem Anliegergebrauch.

Die grundrechtliche Absicherung des Gemeingebrauch durch Art. 2 Abs. 1 GG ergibt sich aus dem Umstand, daß eine freie Entfaltung der Persönlichkeit in einem wesentlichen Teilbereich nur realisiert werden kann, wenn der Staat hierzu ein ausreichendes Netz öffentlicher Straßen für den Gebrauch zum Verkehr bereithält. Entsprechendes gilt für den Anliegergebrauch. Er ist dem Straßenanlieger von Art. 14 Abs. 1 GG deshalb gewährleistet, weil und soweit die angemessene Nutzung des Grundstückseigentums die gesteigerte Straßenbenutzung voraussetzt.

Das Vorliegen entsprechender Gegebenheiten unterstellt die h.A. aber für den gesamten Bereich der Sondernutzungen. Angesprochen ist damit die Auffassung, die in der straßengesetzlichen Regelung der Sondernutzung ein sogenanntes Verbot mit Erlaubnisvorbehalt sieht[6]. Ihr zufolge kann eine Sondernutzung der öffentlichen Straße durch die Verweigerung der Sondernutzungserlaubnis nur "verboten" werden, wenn (bestimmte) öffentliche Belange das zu "rechtfertigen" vermögen.

---

6) VGH Kassel, NVwZ 1987, 902, 903; M/S/K, FStrG, § 8 Rdnr. 2.1; S/Z/K/Z, BayStrWG, Art. 18 Rdnr. 16; Löhr, NVwZ 1983, 20 f.; Steinberg, NJW 1978, 1898, 1901, Pappermann, NJW 1976, 1341, 1343; Sigrist, DÖV 1976, 376, 377; Meissner, JA 1980, 583, 592. Vgl. auch BVerwGE 56, 53, 68, wo dieser Begriff freilich im Zusammenhang mit dem Sonderfall der parteipolitischen Straßenwerbung gebraucht wird. A.A. Crombach, DVBl 1977, 177, 278, der die straßengesetzliche Regelung der öffentlich-rechtlichen Sondernutzung als (indessen verfassungswidriges) generelles, d.h. "repressives Verbot mit Befreiungsvorbehalt" bezeichnet.

1. Das Verhältnis zwischen Grundrecht und den Voraussetzungen seiner Ausübung

Diese Ansicht postuliert damit ein besonderes Grundrechtsverständnis. Für sie scheint nämlich bereits den Ausschlag zu geben, daß die auf der öffentlichen Straße angestrebte Betätigung *als solche* grundrechtlichen Schutz genießt. Damit wäre aber der (Sonder-)Gebrauch öffentlicher Straßen bereits deshalb verfassungsrechtlich abgesichert, weil bei seiner Gelegenheit Grundrechte verwirklicht werden können. Diese Auffassung läßt sich darum nicht halten, wenn die Grundrechte lediglich gewährleisten, daß eine spezielle Freiheitsbetätigung frei von staatlichen Eingriffen bleibt. Liegt in der Benutzung der öffentlichen Straße die Inanspruchnahme einer staatlichen Leistung, so kann in deren Versagung erst dann unabhängig von den oben dargestellten Grundsätzen ein Grundrechtseingriff liegen, wenn mit den Grundrechten auch die *Voraussetzungen ihrer Verwirklichung* gewährleistet wären. Als Verbot könnte die Verweigerung der Sondernutzungserlaubnis erst dann aufgefaßt werden, wenn die Grundrechte bereits ihrem Inhalt nach das Recht umfassen, zur Betätigung der Freiheit auch die öffentlichen Straßen in Anspruch zu nehmen.

So bleibt auf den dem Künstler durch Art. 5 Abs. 3 GG gewährten Schutz etwa ohne Einfluß, ob er ein Bild in seinen Atelierräumen oder auf der öffentlichen Straße malt. Ein verwaltungsbehördliches Verbot, das die von ihm bevorzugte Kunstrichtung belegt, würde ihn in beiden Fällen in seinem Grundrecht aus Art. 5 Abs. 3 GG verletzen. Wird dem Maler dagegen die Sondernutzungserlaubnis und damit die Ausübung der Kunst auf der öffentlichen Straße verweigert, so könnte das die Kunstfreiheit erst berühren, wenn sie demjenigen, der von ihr Gebrauch machen möchte, auch die Benutzung der öffentlichen Straße garantierte.

Nach ihrer traditionellen und nach wie vor weithin anerkannten Bestimmung sichern die Grundrechte aber allein als Abwehrrechte die Freiheitssphäre des einzelnen vor Eingriffen durch die öffentliche Gewalt[7]. Das ist ihre primäre und zentrale Wirkungsdimension. Sie können folglich keinen Anspruch darauf begründen, daß dem Einzelnen durch staatliche Leistungen diese *faktischen Voraussetzungen* für die Ausübung von Grundrechten verschafft werden[8]. Sich die Vorbedingungen des Freiheitsgebrauchs anzueignen, liegt vielmehr grund-

---

7)   Martens, VVDStRL 30 (1971), 7, 21 f.; Forsthoff, Rechtsstaat im Wandel, 1964, S. 147 ff., 213 ff.; Knies, Schranken der Kunstfreiheit, 1967. S. 36 ff.; BVerfGE 7, 198, 204; 9, 98, 88; 12, 81, 87; 13, 318, 325, 326; 19, 342, 349; 21, 362, 369, 372; 50, 290, 337.

8)   Hesse, Verfassungsrecht, Rdnr. 289.

sätzlich in der Verantwortung des Grundrechtsträgers. Ihm ist mit den Grundrechten nicht das Recht gewährt, von ihrer Freiheitsverbürgung gleichsam auf
Staatskosten und damit auf Kosten der Allgemeinheit Gebrauch zu machen.
Eine Grundrechtsinterpretation, die unter Berufung auf das Sozialstaatsprinzip
"bedarfsorientierte" Leistungsrechte konstruiert, sprengt den Rahmen des geltenden Verfassungsrechts[9].

Grundrechte können prinzipiell nur als "Maßgaberechte", d.h. nach Maßgabe
gesetzlicher Bestimmung bestehen[10]. Die Verteilung staatlicher Leistungen
durch die Zuerkennung von Ansprüchen ist darum dem Gesetzgeber vorbehalten. Soweit er die Einräumung der öffentlich-rechtlichen Sondernutzung in das
Ermessen der Wegebehörde bzw. der Gemeinde gestellt hat, ist die Inanspruchnahme der öffentlichen Straße somit grundrechtlich gerade nicht abgesichert.

2. Die Sicherung der Voraussetzungen für die Grundrechtsausübung

Nur in Ausnahmefällen können unmittelbar mit Grundrechten subjektiv-öffentliche Leistungsrechte verbunden sein. Aus ihrer Funktion als Abwehrrechte
können sich dann in einer weiteren Dimension einzelne Teilhaberechte ergeben. Den Ausschlag dafür kann etwa Erwägung begründen, daß zur Freiheitssi-
cherung als dem tragenden Prinzip der Grundrechte auch die Sicherung der
elementaren Voraussetzungen für die Realisierung der Freiheit gehört[11]. Für
das Straßenrecht haben diese Fälle freilich keinen Belang.

Eine weitere Ausnahme bilden die Fälle in denen der Staat für die Verschaf-
fung bestimmter Vorbedingungen der Grundrechtsverwirklichung über ein Monopol verfügt. Ist aus rechtlichen oder tatsächlichen Gründen allein der Staat in
der Lage, die Voraussetzungen für die Inanspruchnahme eines Freiheitsrechts
zu schaffen, so kann daraus für ihn auch eine Leistungspflicht erwachsen.

---

9) Das haben Martens, VVDStRL 30 (1971), 7, 21 f. und Häberle,
VVDStRL 30, (1971), 43, 69 ff., trotz unterschiedlicher Ausgangsposition,
überzeugend nachgewiesen. Vgl. auch Hesse, Verfassungsrecht, Rdnr. 289.
10) Vgl. Häberele, VVDStRL 30 (1971), 43, 113 f.; ders. DÖV 1972, 729, 735;
Martens, VVDStRL 30 (1971), 7, 30 f. Ebenso Erichsen,, VerwArch 64
(1973), 199, 302.
11) So Böckenförde, Diskussionsbeitrag, in: VVDStRL 30 (1971), 162, 163. Bejaht wurde dementsprechend z.B. aus Art. 1 Abs. 1 GG ein Anspruch auf
Sicherung des Existenzminimums (BVerwGE 52, 339, 346 m.w.Nachw.) oder
aus Art. 2 Abs. 2 GG die Möglichkeit eines Anspruchs auf Impfung
(BVerwGE 9, 78, 80 f.).

Gestützt auf diesen Ansatz hat das Bundesverfassungsgericht etwa der durch Art. 12 Abs. 1 GG garantierten freien Wahl der Ausbildungsstätte i.V.m. Art. 3 Abs. 1 GG und dem Sozialstaatsprinzip den Anspruch auf Zulassung zu den staatlichen Hochschulen entnommen[12]. Entsprechendes gilt, wenn allein durch die Gewährung staatlicher Leistungen die "Lahmlegung eines Freiheitsrechts abgewendet" werden kann[13]

Derart einschneidende Wirkungen sind mit der Versagung einer öffentlich-rechtlichen Sondernutzung aber grundsätzlich nicht verbunden; deshalb müßte hier ein Grundrechtseingriff bereits von vornherein ausscheiden[14]. Die öffentliche Straße mag sich nach ihrer tatsächlichen Beschaffenheit daher durchaus als "Forum der Grundrechtsverwirklichung" eignen[15]. Auf die entscheidende Frage, ob sie in dieser Eigenschaft auch in Anspruch genommen werden darf, könnten gerade die Grundrechte selbst keine Antwort geben.

Aber dieser Befund kann sich freilich allein gegen das *pauschale* Heranziehen der Freiheitsgrundrechte bei der Entscheidung über die Sondernutzungserlaubnis richten. Er macht deutlich, daß es hier einer sorgfältigeren Prüfung bedarf. Deshalb gilt es, den Inhalt der Grundrechte im einzelnen darauf zu untersuchen, ob und inwieweit sie auch ein Recht zur Sondernutzung der öffentlichen Straße gewähren.

---

12) BVerfGE 33, 303, 331 f.
13) Vgl. BVerfGE 75, 40, 67 ff. Danach kann Art. 7 Abs. 4 GG zugunsten privater Ersatzschulen erst dann eine staatliche Förderungspflicht auslösen, "wenn andernfalls der Bestand des Ersatzschulwesens als Institution generell gefährdet wäre." In diesem Sinne bereits BVerwGE 27, 360, 362, das die staatliche Förderung privater Ersatzschulen als einen der "außergewöhnlichen Fälle" einstuft, in denen sich aus einer verfasungs-rechtlichen Garantie ein Leistungsanspruch ergeben kann.
14) So auch Steinberg, NJW 1978, 1898, 1899; Groll, NJW 1976, 2156, der seine Auffassung, es hieße "die Freiheit im Sinne des Grundgesetzes miß-verstehen", wenn die öffentliche Straße mit dem Rekurs auf Grundrechte allen möglichen Benutzungen eröffnet werden müßte, allerdings nicht näher begründet.
15) So das Wort von Crombach, DVBl 1977, 277.

§ 12.: Die Kunstausübung auf der öffentlichen Straße

I. Der Normbereich der Kunstfreiheit

Grundrechtliche Freiheiten sind rechtliche Freiheiten. Als solche sind sie stets inhaltlich bestimmt und bereits damit begrenzt[16]. Darum findet jedes Grundrecht seine Grenze in erster Linie dort, wo der jeweilige "Normbereich" endet[17]. Er bezeichnet den "Ausschnitt der – oft rechtlich bereits geformten – 'Wirklichkeit', der Gegenstand der Gewährleistung ist"[18]. Der Normbereich eines Grundrechts muß vorrangig bestimmt werden, weil erst dann, wenn die Frage nach der von ihm abgesteckten Reichweite des Grundrechts beantwortet ist, die Problematik weiterer Grundrechtsbegrenzungen, wie sie sich möglicherweise aus anderen Verfassungsnormen und schrankenziehenden Gesetzen ergeben, überhaupt aufgeworfen werden kann[19].

1. Die Offenheit des verfassungsrechtlichen Kunstbegriffs

Eine Bestimmung des Gewährleistungsbereichs von Art. 5 Abs. 3 Satz 1 GG verlangt zunächst eine Bestimmung des Kunstbegriffs, d.h. die Abgrenzung der Kunst von Nicht-Kunst.

Daß der verfassungsrechtliche Begriff "Kunst" definiert werden muß, kann ernstlich nicht bestritten werden[20]. Nur scheinbar steht dem die These eines Definitionsverbots[21] entgegen. Denn im Grunde geht es auch ihren Verfechtern allein um die Frage, *wie* der verfassungsrechtliche Kunstbegriff angesichts der Komplexität künstlerischen Schaffens zu interpretieren ist, damit der grundrechtliche Schutz des Art. 5 Abs. 3 GG diesen Lebensbereich in all seinen Variationen und Spielarten unverkürzt und umfassend abzudecken vermag.

---

16) Vgl. Hesse, Verfassungsrecht, Rdnr. 308; Isensee, Wer definiert die Freiheitsrechte?, S. 35; Arndt, NJW 1966, 25, 28.
17) Hesse, Verfassungsrecht, Rdnr. 310.
18) Hesse, Verfassungsrecht, Rdnr. 310.
19) Hesse, Verfassungsrecht, Rdnr. 310. Um die "Herstellung praktischer Konkordanz" geht es ihm daher erst beim Konflikt von Grundrechten mit grundrechtsbegrenzenden Rechtsgütern (vgl. dazu Hesse, Verfassungsrecht,. Rdnr. 317 ff.; ferner F. Müller, Positivität, S. 88 f.; ders., Freiheit der Kunst, S. 56 ff.).
20) So auch BVerfGE 67, 213, 225. Vgl. ferner Scholz, in: Maunz/Dürig, Art. 5 II Rdnr. 25; Herschel, in: FS Wassermann 1985, S. 351.
21) Knies, Schranken der Kunstfreiheit, S. 214 ff.; ähnlich Hoffmann, NJW 1985, 237, 238.

In Anbetracht der Vielfalt der Kunsttheorien kann freilich auf einen gefestig-
ten, allgemeingültigen Kunstbegriff nicht zurückgegriffen werden[22]. Das liegt
vor allem im Wesen der Kunst selbst begründet, die - unter dem Etikett einer
"Avantgarde" - bestrebt ist, ihre eben erreichten Grenzen ständig zu erweitern[23]. Um auch für neue, bisher unbekannte Entwicklungen der Kunst offen
zu sein, hat sich der verfassungsrechtliche Kunstbegriff somit von den Vorgaben der Kunsttheorie zu lösen.

Dementsprechend legt das Bundesverfassungsgericht neuerdings einen weiten
Kunstbegriff zugrunde. Ob ein Sachverhalt dem Schutzbereich des Art. 5
Abs. 3 GG unterfällt, entscheidet es anhand der als tragfähig erkannten Defi-
nitionsansätze materialer, formaler und zeichentheoretischer Art[24]. Erfüllt ein
Tatbestand bei formaler, typologischer Betrachtung nicht bereits die Gattungs-
anforderungen eines bestimmten Werktyps wie etwa des Malens, Musizierens,
Bildhauens oder Dichtens, vermag also der formale Kunstbegriff[25] im Einzelfall keinen Lösungsansatz zu bieten, so wird es danach vor allem auf das
Selbstverständnis des Künstlers ankommen, ob seinem Wirken die Qualität von
Kunst zugesprochen werden muß[26]. Art. 5 Abs. 3 GG schützt den Künstler
nämlich auch in seinem gescheiterten Bestreben[27]. Ist es ihm nicht gelungen,
entsprechend des materialen Kunstbegriffs in "freier schöpferischer Gestaltung"
seine "Eindrücke, Erfahrungen und Erlebnisse durch das Medium einer bestimmten Formensprache zu unmittelbarer Anschauung" zu bringen[28], oder
fehlt seinem Werk die eine fortgesetzte (zeichentheoretische) Interpretation
ermöglichende "Mannigfaltigkeit des Aussagegehalts"[29], so vermag ihm das
den Schutz der Kunstfreiheit nicht vorzuenthalten. Unter den verfassungsrechtlichen Begriff der Kunst sind darum alle schöpferisch geprägten Verhal-

---

22) BVerfGE 67, 213, 224.
23) Vgl. BVerfGE 67, 213, 225; Zöbeley, NJW 1985, 254, 256.
24) Vgl. BVerfGE 67, 213, 226 f.
25) Vgl. dazu F. Müller, Freiheit der Kunst, S. 40 ff.; Knies, Schranken der
    Kunstfreiheit, S. 219; Zöbeley, NJW 1985, 254, 255 m.w.Nachw.
26) In diesem Sinne auch Häberle, AöR 110 (1985), 576, 598 f.
27) Arndt, NJW 1966, 25, 27; Zöbeley, NJW 1985, 254, 256.
28) Vgl. BVerfGE 30, 173, 189; 67, 213, 226 m.w.Nachw. zu dieser Auffas-
    sung.
29) Vgl. BVerfGE 67, 213, 227 unter Hinweis auf Noorden, Die Freiheit der
    Kunst nach dem Grundgesetz und die Strafbarkeit der Verbreitung un-
    züchtiger Darstellungen (§ 184), Diss. Köln 1969; vgl. dazu ferner Zöbe-
    ley, NJW 1985, 254, 255.

tensweisen zu subsumieren, die nach dem Verständnis des Ausübenden einen künstlerischen Anspruch erheben sollen[30].

Diesen Anforderungen genügen grundsätzlich auch die mit dem Begriff· der Straßenkunst umschriebenen Tätigkeiten. Ihnen darf selbst bei einem im Einzelfall niedrigen Qualitätsniveau das grundrechtliche Privileg nicht abgesprochen werden. Denn Art. 5 Abs. 3 GG läßt insoweit einen Rückgriff auf Qualitätsmaßstäbe nicht zu[31]. Er schützt gleichermaßen "gute" und "schlechte" Künstler einschließlich deren Werke. Ein begnadeter Pflastermaler ist folglich ebenso Grundrechtsträger wie der "vokal indisponierte" Gelegenheitstroubadour[32].

Erst dann, wenn für den Anspruch kreativer Betätigung keinerlei Anhaltspunkte auszumachen sind, fehlt es auch an verfassungsrechtlich geschützter Kunst. Das ist der Fall bei einem Drehorgelspieler[33]. Er produziert zwar eine typische Form der Straßenmusik. Sein eigener Beitrag beschränkt sich aber darauf, den Mechanismus seines Leierkastens in Gang zu halten. Der Rechtstatbestand Kunst ist ferner nicht erfüllt, wenn es - wie bei Gauklern oder Feuerschluckern - lediglich darum geht, körperliche Geschicklichkeit zu demonstrieren[34].

2. Die "Freiheit" der Kunst

Im Hinblick auf diesen weiten Kunstbegriff kommt entscheidende Bedeutung allerdings der Frage zu, welche Garantien mit dem durch Art. 5 Abs. 3 Satz 1 GG vorbehaltlos für "frei" erklärten Normbereich der Kunst verbunden sind. Darauf wird im folgenden vor allem unter dem Blickpunkt näher einzugehen sein, ob dem Künstler die Benutzung der öffentlichen Straße zur Verwirklichung seines Grundrechts gewährt ist.

---

30) Eine eigenständig schöpferische Gestaltung und damit Kunst sieht der VGH Mannheim, NJW 1989, 1299 f., auch in der Herstellung von Scherenschnitten (Schattenrissen).
31) Zöbeley, NJW 1985, 254, 256. Gegen eine "wertende Einengung des Kunstbegriffs" auch BVerfGE 30, 173, 191; 67, 213, 224.
32) So zutreffend Würkner, NVwZ 1987, 841, 845; ders. NJW 1987, 1793, 1795. Vgl. auch VGH Mannheim, NJW 1989, 1299.
33) Ebenso Hufen, DÖV 1983, 353, 354.
34) Zu weitgehend daher Würkner, NJW 1987, 1793, 1795, der selbst die "Kunststücke" von "Straßenakrobaten als Kunst einstuft.

a) Als "frei" kann die Kunst nur gelten, wenn sie sich in all ihren mannigfaltigen Erscheinungsformen autonom und eigengesetzlich-schöpferisch zu entfalten vermag. Dem Staat als Grundrechtsadressaten verwehrt das die Herrschaft über den Lebensbereich Kunst. Art. 5 Abs. 3 GG schließt demgemäß hoheitliche Maßnahmen aus, die auf Methoden, Inhalte und Tendenzen der künstlerischen Betätigung einwirken, insbesondere den künstlerischen Gestaltungsraum einengen, oder allgemeinverbindliche Regeln für diesen Schaffensprozeß vorschreiben[35].

Insofern gewährt das Grundrecht der Kunstfreiheit dem einzelnen Grundrechtsträger[36] ein subjektiv-rechtliches Abwehrrecht[37]. Es verbietet jede staatliche Bevormundung. Lenkung oder Beeinträchtigung künstlerischer Tätigkeit[38]. In der Person des Künstlers schützt es den Prozeß der künstlerischen Schöpfung oder Gestaltung ("Werkbereich") in gleichem Maße wie die Verbreitung, Darbietung oder sonstige kommunikative Vermittlung des Kunstwerks ("Wirkbereich")[39].

Damit steht die Gewährleistung des Art. 5 Abs. 3 GG vor allem als Reaktion auf die nationalsozialistische Kunstdiktatur[40]. Denn das unselige Wirken der von Göbbels regierten "Reichskulturkammer" hat eindringlich gelehrt, daß der Kunst die größte Gefahr von einem Staat droht, der es unternimmt, die ihm politisch-ideologisch unbequem erscheinende Kunst (als "entartet") aus dem Kulturleben zu verbannen.

---

35) BVerfGE 30, 173, 190.
36) Nach h.M. erstreckt sich die Ausstrahlungswirkung der Kunstfreiheitsgarantie auch auf die Medien, die durch Vervielfältigung, Verbreitung und Veröffentlichung die zwischen Künstler und Publikum unentbehrliche Mittlerfunktion ausüben (BVerfGE 30, 173, 191 für den Verleger eines Romans; 36, 321, 331 für den Schallplattenhersteller; Schramm/Strunk, Staatsrecht II, S. 153; a.A. aber F. Müller, Freiheit der Kunst, S. 101; Scholz, in: Maunz/Dürig, Art. 5 III Rdnr. 13.
37) BVerfGE 67, 213, 224; 30, 173, 188 f.;Scholz, in: Maunz/Dürig, Art. 5 III Rdnr. 16.
38) Hesse, Verfassungsrecht, Rdnr. 401.
39) BVerfGE 30, 173, 188 ff.; 36, 321, 331; BGH, JZ 1975, 637, 638; Scholz, in: Maunz/Dürig, Art. 5 III Rdnr. 16; F. Müller, Freiheit der Kunst, S. 97 ff.; Erbel, Kunstfreiheitsgarantie, S. 93 f.; Knies, Schranken der Kunstfreiheit, S. 192.
40) Vgl. BVerfGE 67, 213, 224. Zur Entstehungsgeschichte der Kunstfreiheitsgarantie vgl. auch Würkner, NVwZ 1987, 841, 842 f.)

b) Eine der Ausübung von Kunst dienende Betätigung ist indessen nicht in jeder Hinsicht von der Freiheitsgewährleistung des Art. 5 Abs. 3 GG abgedeckt.

aa) So werden von der Garantie der Kunstfreiheit zunächst die Handlungen nicht erfaßt, die lediglich "bei Gelegenheit" der künstlerischen Tätigkeit stattfinden[41]. Einem Maler, der sich anschickt, sein Atelier auf die öffentliche Straße zu verlegen, um die am Himmel vorüberziehenden Wolken bildlich festzuhalten, kann deshalb entgegengehalten werden, daß sich dieses Vorhaben ebensogut auf privaten Grundstücksflächen verwirklichen läßt. Sein Kunstschaffen setzt die Inanspruchnahme der öffentlichen Straße nicht notwendig voraus. Folglich bleibt der Schutzbereich von Art. 5 Abs. 3 unberührt, wenn ihm die Benutzung der öffentlichen Straße vorenthalten wird[42].

bb) Bei dem genannten Beispiel handelt es sich freilich um einen Ausnahmefall. Den Maler zieht es gemeinhin deshalb auf die öffentliche Straße, weil er einzelne Motive nur hier finden kann. Ferner wird ihm und auch den anderen Straßenkünstlern daran gelegen sein, mit den Verkehrsteilnehmern auf der öffentlichen Straße ein von Fall zu Fall mehr oder weniger verständnisvolles und freigebiges Publikum zu gewinnen. Bei dieser Sachlage stellt sich die Benutzung der öffentlichen Straße nicht bloß als Alternativbedingung für die Herstellung und Vermittlung von Kunst dar. An anderen Orten könnte sie nicht, zumindest aber nicht in der Art und Weise stattfinden. Dementsprechend wird für die auf der Straße ausgeübte Kunst jedenfalls zum Teil eine besondere Eigengesetzlichkeit konstatiert[43], die sich gerade daraus ergibt, daß ein darauf unvorbereitetes Publikum mit ihr "im Vorübergehen" konfrontiert wird. Für das Kunstschaffen selbst kann es nämlich einen wesentlichen Unterschied machen, ob ein bestimmtes Publikum in Erwartung eines Kunsterlebnisses kulturelle Institutionen wie Theater, Museen, Schauspiel- und Opernhäuser gezielt aufsucht, oder ob der Künstler selbst auf sein Publikum zugeht, er sich das Publikum aus dem breit gefächerten Kreis der Verkehrsteilnehmer arrangiert. Daraus folgt, daß die Benutzung der öffentlichen Straße durchaus zu den Spezifika des Werk- und Wirkbereichs der Kunst gehören kann.

---

41) F. Müller, Freiheit der Kunst, S. 48, 56 f., 100, 105 124, 131, 133.; F. Müller, Positivität, S. 56 f., 96 f., 100; F. Müller, JuS 1981, 644.
42) So F. Müller, Freiheit der Kunst, S. 124.
43) Vgl. Würkner, NVwZ 1987, 841, 845.

cc) Damit ist allerdings noch nicht entschieden, ob vom Gewährleistungsbereich des Art. 5 Abs. 3 GG auch die Inanspruchnahme der öffentlichen Straße abgedeckt ist. Denn als kunstspezifisch läßt sich auch bezeichnen, wenn ein Künstler im Rahmen eines "Happenings" auf einem Parkplatz ein fremdes Auto einbetoniert, um seinem Publikum die "kleinbürgerlich-banausenhafte" Reaktion des zurückkehrenden Eigentümers zu demonstrieren. Daß Art. 5 Abs. 3 GG dem Künstler nicht die Freiheit verleiht, sich über Eigentumsrechte Dritter selbstherrlich hinwegzusetzen, ist aber allgemein anerkannt.

Zur Begründung dieses Ergebnisses wird freilich überwiegend eine Grundrechtskollision konstruiert. An dem Gewährleistungsbereich des Art. 14 Abs. 1 GG finde die Kunstfreiheit die ihr allein angemessene verfassungsrechtliche Schranke. Der Künstler, der sie mit seinem Schaffen überschreite, unterliege deshalb sowohl den zivilrechtlichen als auch den strafrechtlichen Vorschriften über den Schutz des Eigentums, weil mit ihnen diese verfassungsrechtliche Schranke lediglich konkretisiert und zur Geltung gebracht würde.

Bei den öffentlichen Straßen seien es dagegen die Art. 2 Abs. 1, 3 Abs. 1 und 14 Abs. 1 GG, die als "Grundrechte anderer" der Kunstfreiheit "Grenzen" zögen. Denn wie die Kunstfreiheit durch Art. 5 Abs. 3 GG genieße mit diesen Grundrechtsartikeln der störungsfreie Gemeingebrauch öffentlicher Straßen verfassungsrechtlichen Schutz. Folglich rechtfertige "die Gefahr der Kollision von Grundrechten verschiedener Rechtsträger eine behördliche Kontrolle in Form des vorgängigen Erlaubnisverfahrens, damit die zuständigen Behörden nicht nur Kenntnis von Ort, Zeit und Umfang der Sondernutzung der Straße erhalten, sondern auch Verkehrsstörungen verhindern oder einen zumutbaren Interessenausgleich schaffen können"[44]. Insofern würden mit den straßengesetzlichen Vorschriften über die Sondernutzung "legitime Schranken der Kunstfreiheit des Art. 5 Abs. 3 GG" zum Ausdruck gebracht[45].

Nach dieser Auffassung muß bei der Entscheidung über die Sondernutzungserlaubnis das Grundrecht des Künstlers mit den schrankenziehenden Verfassungspositionen anderer Straßenbenutzer abgewogen werden. Die Entscheidung gewinne darum eine "Ausgleichs- und Verteilungsfunktion". Es gelte mit ihr

---

44) BVerwG, DÖV 1981, 342 = BayVBl 1981, 508; NJW 1987, 1836 f.; ebenso VGH Mannheim, NJW 1989, 1299, 1300; VGH Mannheim, ESVGH 36, 293, 300 f.; zust. Kodal/Krämer, S. 583 Rdnr. 96.3.
45) So Papier, Öffentliche Sachen, S. 89; ferner Scholz, in: Maunz/Dürig, Art. 5 III Rdnr. 74; Bismark, NJW 1985, 246, 250 f.

durch die "verhältnismäßige Zuordnung bei der grundrechtlichen Chancenver-
wirklichung aller betroffenen Grundrechtsträger" eine "optimale Grundrechtsausübung" zu gewährleisten.[46] Die Verweigerung der Sondernutzungserlaubnis
sei mithin nur gerechtfertigt, wenn "die Rechte anderer nachhaltig beeinträchtigt" werden[47].

cc) Daß die Kunstfreiheit die Benutzung fremder Sachen "an sich" zwar gewährleisten, nach einer Abwägung mit anderen Verfassungsgütern oder der
Herstellung praktischer Konkordanz aber nicht mehr abdecken soll, muß indessen auf Bedenken stoßen[48]. Gegen diese Sichtweise spricht zunächst, daß sie
in diesen Fällen für die praktische Rechtserkenntnis keinen Gewinn abwerfen
kann. In dem Strafverfahren gegen den "Betonkünstler" bliebe nämlich für eine
Güterabwägung im Grunde kein Raum. Würde vom Strafrichter das als Kunstfreiheit anerkannt, was Art. 5 Abs. 3 GG doch "an sich" gewährleisten soll,
so wäre das Grundrecht des anderen durch den ihm versagten strafrechtlichen
Schutz verletzt. Daran, daß sich der Künstler hier wegen Sachbeschädigung
strafbar gemacht hat, könnte auch die auf den konkreten Einzelfall abstel-
lende und verhältnismäßige Zuordnung von jeweiliger Grundfreiheit und kolli-
dierenden Verfassungsgütern nichts ändern.

Das Abwägungsdogma bleibt ferner auch dann eine bloße Leerformel, wenn es
die Fälle künstlerisch veranlaßter Straßenbenutzung zu entscheiden gilt.
Schramm/Strunk[49] "verdeutlichen" das am Beispiel eines Künstlers, der seine
Schöpfung unbedingt auf der Bundesautobahn präsentieren möchte, weil nur
dort seine Aussage voll zur Geltung komme. Nach der von ihnen vorgetragenen
Lösung könnten die Bestimmungen des Straßenverkehrsgesetzes und der
Straßenverkehrsordnung als im Range unter dem Verfassungsrecht angesiedelte
Normen nicht ausreichen, um einen polizeilichen Eingriff zu rechtfertigen.
Trotzdem sei ein Verbot rechtmäßig, weil die "Polizeiverfügung – gleichzeitig –
der Wahrnehmung der verfassungsmäßigen Rechte der übrigen Verkehrsteilneh-
mer dient, die sich ihrerseits auf Art. 2 GG berufen können"[50].

---

46) So Bismark, NJW 1985, 246, 251.
47) Bismark, NJW 1985, 246, 252.
48) Kritisch dazu auch Kriele, JA 1984, 629 ff. Vgl. zur Problematik einer
    Güterabwägung ferner F. Müller, Juristische Methodik,, 2. Aufl. 1976,
    53 f.
49) Staatsrecht II, S. 42.
50) Nach der von Schramm/Strunk, Staatsrecht II, S. 42 vorgenommenen Un-
    terscheidung zwischen immanenten Schranken und den als "Grundrechts-

Von der unmittelbar zuvor betonten Bedingung, daß die Einschränkung von Grundrechten, die keinem Gesetzesvorbehalt unterworfen sind, nur "ausnahmsweise und im Einzelfall unter strikter Einhaltung des Verhältnismäßigkeitsgrundsatzes" soll erfolgen dürfen, ist bei dieser Lösung indessen nichts zu spüren. Sie hätte strenggenommen doch verlangt festzustellen, in welchem Grade die Verkehrsteilnehmer durch die Kunstaktion gefährdet werden, inwieweit solche Gefährdungen im Hinblick auf die Garantie der Kunstfreiheit möglicherweise hingenommen werden müssen und ob nicht zumindest mit Auflagen an den Künstler, dem im Vergleich zum Verbot milderen Mittel, oder gar der Anordnung von Geschwindigkeitsbegrenzungen der "schonendste Ausgleich konkurrierender grundrechtlich geschützter Positionen" hätte gefunden werden können.

dd) Der Auffassung, nach der Art. 5 Abs. 3 GG für sich genommen der Kunst unbegrenzte Freiheit gewähre, steht aber auch der Sprayer-Beschluß des Bundesverfassungsgerichts[51] entgegen. Nach dieser Rechtsprechung erstreckt sich "die Reichweite (der Gewährleistung von Art. 5 Abs. 3 GG) von vornherein nicht auf die eigenmächtige Inanspruchnahme oder Beeinträchtigung fremden Eigentums zum Zwecke der künstlerischen Entfaltung (sei es im Werk- oder Wirkbereich der Kunst)"[52]. Unter dem Aspekt der Kunstfreiheit hat das Bundesverfassungsgericht deshalb keine Bedenken darin gefunden, daß das Besprühen fremder Hauswände mit Farbe selbst dann als Sachbeschädigung strafbar ist, wenn damit Kunstwerke geschaffen werden sollen.

Nach dieser Bestimmung des Normbereichs von Art 5 Abs. 3 GG sind im Konflikt zwischen Kunstausübung und Eigentumsrechten Dritter Kollisionen mit Art. 14 Abs. 1 GG ausgeschlossen[53]. Folglich unterliegt das wohl künstlerische, aber eigenmächtige Besprühen fremder Hauswände mit Farbe nicht deshalb strafrechtlicher Beurteilung, weil eine verhältnismäßige Zuordnung des Eigentumsgrundrechts zur Kunstfreiheit diese im Rahmen praktischer Konkor-

---

kollisionen" bezeichneten Fällen, in denen Grundrechte verschiedener Grundrechtsträger aufeinandertreffen, wäre diese Lösung den Grundrechtskollisionen zuzurechnen.
51) NJW 1984, 1293 ff. (Vorprüfungsausschuß).
52) BVerfG, NJW 1984, 1293, 1294.
53) Allenfalls hilfsweise (wie das den entsprechenden Satz einleitende Wort "überdies" zeigt) zieht das Bundesverfassungsgericht hier auch Art. 14 Abs. 1 GG als verfassungsrechtliche Schranke der Kunstfreiheit heran.

danz oder, wie im Mephisto-Beschluß[54], vermittels Güterabwägung entsprechend beschränken würde. Entscheidend ist vielmehr, daß die Freiheit der Kunst nicht – und auch nicht "an sich" – die Freiheit zur Sachbeschädigung einschließt[55].

Dem ist zuzustimmen. Schutz gewährleistet Art. 5 Abs. 3 GG dem spezifisch künstlerischen Gepräge einer Handlung[56]. Sie kann nicht als "minderwertige" oder "gemeinschaftsschädliche" Kunst staatlichen Eingriffen unterworfen werden. Insoweit ist dem Künstler die Freiheit vor staatlicher Reglementierung und Bevormundung garantiert.

Benutzt der Künstler zur Kunstausübung eine Sache, genießt er bei seiner spezifisch künstlerischen Betätigung den Schutz des Art. 5 Abs. 3 GG, ohne daß es dabei auf die Eigentumsverhältnisse an der Sache ankäme. Damit gewährleistet die Kunstfreiheit also eine "kunstbestimmte" Sachherrschaft. Bereits darin erschöpft sich aber die Bedeutung von Art. 5 Abs. 3 GG für das Eigentum bzw. genauer, die Eigentums*nutzung*. Denn die Kunstfreiheit gestaltet nicht die Eigentumsverhältnisse an den von einem Künstler zur Benutzung begehrten Sachen. Auf die Vorfrage, ob der Künstler eine bestimmte Sache *überhaupt* für seine Zwecke in Anspruch nehmen darf, kann Art. 5 Abs. 3 GG darum keine Antwort geben. Diese Frage ist ausschließlich nach den entsprechenden Vorschriften des Zivilrechts zu beantworten. Die Benutzung einer Sache gestatten dessen Bestimmungen aber auch dem Künstler nur unter der Voraussetzung, daß er Eigentümer des Sache ist oder ihm von dem Berechtigten das erforderliche Einverständnis erteilt wird. Deshalb gewährt die Kunstfreiheit nicht die Freiheit, sich eigenmächtig über fremde Sachherrschaftsrechte hinwegzusetzen. Ein solches Verhalten unterliegt mithin selbst dann der zivilrechtlichen wie strafrechtlichen Beurteilung, wenn es im Gewande der Kunst stattfindet.

---

54) BVerfGE 30, 173, 193 ff.
55) Das Bundesverfassungsgericht stellt somit keineswegs in Frage, daß es sich bei den eigenwillig stilisierten Strichfiguren um verfassungsrechtlich geschützte Kunst handelt. Fehl geht daher die Kritik Würkners, NJW 1987. 1793, 1795, der diese Entscheidung als Versuch bewertet, im Wege einer Verengung des verfassungsrechtlichen Kunstbegriffs "Teilbereiche der Straßenkunst (?) aus dem Schutzbereich des Art. 5 Abs. 3 GG auszuklammern".
56) Vgl. F. Müller, Freiheit der Kunst, S. 48.

Nichts anderes gilt aber in den Fällen, in denen die Kunst erst durch die eigenmächtige Inanspruchnahme fremden Eigentums das ihr eigene Gepräge gewinnt oder sich daraus gar eine eigenständige Kunstgattung entwickelt. Wohl darf auch hier wegen des weiten Kunstbegriffs der Rechtstatbestand Kunst nicht kurzerhand verneint werden. Denn die Kunst definiert sich grundsätzlich selbst. Was sie dagegen nicht zu definieren vermag, ist der ihr von Art. 5 Abs. 3 GG gesteckte Freiheitsbereich. Deckt er die Inanspruchnahme fremden Eigentums von vornherein nicht ab, so müssen entsprechende Verhaltensweisen des Künstlers selbst dann aus der Freiheitsgarantie des Art. 5 Abs. 3 GG herausfallen, wenn sie gerade auf die Herstellung oder Verbreitung von Kunst angelegt sind. Eine Tätigkeit, die erst durch eine Sachbeschädigung die Qualität von Kunst erreicht, die sich also unmittelbar in der eigenmächtigen Inanspruchnahme fremden Eigentums äußert, steht daher ebenso außerhalb des Normbereichs von Art. 5 Abs. 3 GG, wie wenn sie bloß "bei Gelegenheit" der Kunstausübung stattfände. M.a.W. also: Art. 5 Abs. 3 GG schützt den, der fremde Wände bemalt, nur vor einer Strafschärfung, die wegen der Schlechtigkeit seines Werkes verhängt wird. Umgekehrt darf Art. 5 Abs. 3 GG aber auch nicht zu einer Strafmilderung für große Meister führen. Hätte Picasso fremde Wände bemalt, so stünde er von Rechts wegen dem Sprayer von Zürich vollauf gleich.

ee) Art. 5 Abs. 3 GG läßt indessen nicht nur die privatrechtliche Sachherrschaft (einer Privatperson ebenso wie die eines Trägers öffentlicher Gewalt) unberührt. Auch soweit eine Sache öffentlich-rechtlicher Sachherrschaft unterliegt, vermag die Gewährleistung der Kunstfreiheit nur den spezifisch künstlerischen Aspekt der Sachnutzung zu schützen, ohne über die Zulassung der Benutzung selbst zu entscheiden[57]. Die Kunstfreiheit beläßt vielmehr auch das der Maßgabe des öffentlichen Sachenrechts. Fehlt es an der danach

---

57) Das übersieht etwa Hufen, DÖV 1983, 353, 354 f., wenn er geltend macht, auch der Wirkbereich der Straßenkunst sei Bestandteil des grundrechtlichen Freiheitsanspruchs (ihm folgend Würkner, NJW 1987, 1793, 1795 f.). Denn das besagt allein, daß der auf der öffentlichen Straße ausgeübten Kunst ebensowenig wie dem "Spraydosen-Virtuosen" bestimmte Methoden, Inhalte oder Tendenzen vorgeschrieben werden dürfen. Ob der Wirkbereich der Kunst aber überhaupt auf die öffentliche Straße erstreckt werden darf, läßt dieser Gewährleistungsinhalt von Art. 5 Abs. 3 GG offen. In diesem Sinne garantiert er dem Künstler ebensowenig das "Wirken" in einem gemeindlichen bzw. staatlichen Museum oder Theater.

erforderlichen Sondernutzungserlaubnis, so bleibt die Ausübung der Kunst auf
der öffentlichen Straße ebenso unzulässig wie jede andere Straßenbenutzung,
die nicht (vorwiegend) zum Verkehr stattfindet und den Gemeingebrauch beeinträchtigt.

Durch die straßengesetzlichen Vorschriften über die Sondernutzung wird die
Freiheit der Kunst somit nicht eingeschränkt. Für die Kunst normieren diese
Vorschriften insbesondere nicht die "Untersagung ihrer Verbreitung, d.h. den
Entzug des Forums"[58]. Vielmehr erweitern sie gerade die von Art. 5 Abs. 3
GG gewährleistete Freiheit, weil nach ihrer Maßgabe die Kunstausübung auch
unter Benutzung einer öffentlichen Sache gestattet werden darf, die nach ih-
rer gesetzlichen Zweckbestimmung dafür nicht vorgesehen ist.

ff) Der Umstand, daß Art. 5 Abs. 3 GG bereits von vornherein kein Recht zur
Inanspruchnahme öffentlicher Sachen gewährt, hat darüber hinaus Bedeutung
für die Ermessensentscheidung über die Sondernutzungserlaubnis. Denn die
Versagung der Erlaubnis vermag danach selbst dann keinen Eingriff in den
Schutzbereich der Kunstfreiheit zu bewirken, wenn im konkreten Fall der
Kunstausübung auf der öffentlichen Straße die Rechte anderer Straßenbenutzer
nicht entgegenstehen. Aus diesem Grunde kann es bei der Entscheidung über
die Sondernutzungserlaubnis nicht um einen "verhältnismäßigen Ausgleich"
zwischen dem Schutzbereich von Art. 5 Abs. 3 GG und anderen mit Verfassungsrang ausgestatteten Rechtspositionen gehen.

---

58) So aber Würkner, NVwZ 1987, 841, 843.

II. Die Sondernutzungserlaubnis als Instrument staatlicher Kunstförderung

Die straßenrechtlichen Vorschriften über die öffentlich-rechtliche Sondernutzung berühren Art. 5 Abs. 3 GG vielmehr allein in seinem objektiv-rechtlichen Gehalt als Grundsatznorm, die (wertentscheidend) das Verhältnis des Lebensbereichs Kunst zum Staat regelt[59]. Die Wertentscheidung für die Freiheit der Kunst geht über die negative Bedeutung von Art. 5 Abs. 3 GG als subjektives Abwehrrecht hinaus. Sie schließt auch das Einstehen des Staates, der sich im Sinne einer Staatszielbestimmung als Kulturstaat versteht[60], für den Bereich der Kunst ein und stellt ihm zugleich die Aufgabe, ein freiheitliches Kunstleben zu erhalten und zu fördern[61].

Einen Verstoß gegen diese verfassungsrechtliche Wertentscheidung würde es daher bedeuten, wenn der Gemeinde überhaupt verwehrt wäre, den vom Gemeingebrauch nicht konkret beanspruchten Straßenraum zur Pflege der Kunst nutzbar zu machen. Zu entsprechenden Bedenken geben die Straßengesetze aber keinen Anlaß. Denn danach ist der Einräumung entsprechender Sondernutzungen erst dort eine rechtliche Schranke gezogen, wo die Zweckbestimmung der öffentlichen Straße in ihrem Kernbestand berührt würde.

1. Begründet Art. 5 Abs. 3 GG eine verfassungsrechtliche Pflicht zur Bereitstellung der öffentlichen Straße für die Ausübung von Kunst?

a) Eine andere Frage bleibt dagegen, ob und in welchem Umfang die Gemeinde den für die Einräumung von öffentlich-rechtlichen Sondernutzungen zulässigen Rahmen der Ausübung von Kunst zur Verfügung stellen will. Denn von Verfassungs wegen ist nichts dagegen einzuwenden, wenn die Gemeinde den dafür geeigneten und an sich verfügbaren Straßenraum trotzdem ganz oder zum Teil für entsprechende Sondernutzungen nicht freigibt oder sie ihn gar anderen Sondernutzungen überläßt. Art. 5 Abs. 3 GG verlangt nicht, daß vorhandene, weil von vordringlicheren öffentlichen Aufgaben nicht beanspruchte Mittel finanzieller oder - wie hier - sächlicher Art zur Förderung der Kunst ausgeschöpft werden. Denn zu konkreten Förderungsmaßnahmen verpflichtet die Kunstfreiheitsgarantie nicht. Soweit Art. 5 Abs. 3 GG Träger öffentlicher Ge-

---

59) BVerfGE 30, 173, 188; 36, 321, 331; 67, 213, 224; OVG Lüneburg, NJW 1984, 1138; Schramm/Strunk, Staatsrecht II, S. 153.
60) Vgl. dazu Scholz, in: Maunz/Dürig, Art. 5 III Rdnr. 8.
61) BVerfGE 36, 321, 331; OVG Lüneburg, NJW 1984, 1138.

walt mit der Förderung und Pflege der Kunst betraut, korrespondiert dem grundsätzlich kein Individualrecht auf staatliche Kunstförderung. Die staatliche Kunstförderungspflicht ist nicht individual-, sondern objektiv-rechtlicher Art[62]. Daher verfügt der kunstfördernde Staat im Rahmen seiner Kulturpolitik über weitgehende Freiheit[63], die die konkrete Förderungsentscheidung dem "leistungsstaatlichen Ermessen" anheimstellt[64]. Diesem Ermessen behält Art. 5 Abs. 3 GG die Entscheidung darüber vor, inwieweit die öffentliche Straße der Ausübung von Kunst erschlossen werden soll.

b) Möglicherweise begründet aber Art. 5 Abs. 3 GG zugunsten der auf der öffentlichen Straße ausgeübten Kunst eine besondere Förderungspflicht zumindest insoweit, als es bei der Straßenkunst um eine eigenständige Kunstgattung geht[65].

Ob die verfassungsrechtliche Kunstfreiheitsgarantie bereits bei dieser Sachlage ein Förderungsprivileg gewährt, scheint indessen zweifelhaft. "Eigenständige Ausdrucksformen" dürfte nämlich auch die Aktionskunst in öffentlichen Gebäuden, etwa im Finanzamt oder im Gerichtssaal finden. Selbst Bundeswehrfahrzeuge müßten dann als Objekte künstlerischen Schaffens zur Verfügung stehen, weil beispielsweise ein mit Friedenstauben bemalter Panzer eine ganz andere Werkinterpretation eröffnen kann als die entsprechend gestaltete Leinwand.

Daß in derartigen Fällen ein verfassungsrechtlicher Leistungsanspruch nicht besteht, mag zwar mit der Annahme begründet werden, daß die Kunstförderungspflicht des Staates ebenso wie in seiner finanziellen Leistungsfähigkeit dort eine Grenze findet, wo es um die Funktionsfähigkeit staatlicher Einrichtungen geht.

Diese Sichtweise ist wohl auch grundsätzlich zutreffend. Der Staat kann die Kunst durch Subventionen nur mit den ihm verfügbaren Mitteln unterstützen. Der Gerichtssaal wäre als Forum der Rechtsfindung ungeeignet, wenn er zur Bühne der Kunst umfunktioniert werden dürfte. Seinen Verteidigungsauftrag kann der Staat nicht mit Kunstobjekten, sondern allein mit dem dazu tauglichen Gerät erfüllen.

---

62) OVG Lüneburg, NJW 1984, 1138.
63) BVerfGE 36, 321, 332.
64) OVG Lüneburg, NJW 1984, 1138.
65) In diesem Sinne Würkner, NVwZ 1987, 841, 844 f.

Gleichwohl kann diese Argumentation erst gelten, wenn bereits die Entscheidung über eine konkrete Förderungsmaßnahme getroffen ist. Die Vorfrage, ob für einen bestimmten Kunstbereich überhaupt Geld zur Verfügung gestellt werden soll[66], beläßt Art. 5 Abs. 3 GG dem freien Ermessen des jeweiligen Hoheitsträgers. Die Gewährung einer existenzsichernden "Grundsubvention" wird dabei nicht vorausgesetzt[67]. Darum läßt sich selbst aus dem Umstand, daß besondere Formen der Kunst allein mit staatlicher Unterstützung stattfinden können, kein verfassungsrechtlicher Leistungsanspruch aus der Kunstfreiheitsgarantie ableiten.

Ebensowenig vermag aus Art. 5 Abs. 3 GG ein Recht auf die Benutzung öffentlicher Sachen hergeleitet werden. Der Fall des "Sprayers aus Zürich"[68] bestätigt das. Denn bei der auf Beton gesprühten Grafik handelt es sich wie bei bestimmten Formen der Straßenkunst um eine eigenständige Kunstgattung[69]. Wegen des spezifischen, die monotone Betonbauweise geradezu "verhöhnenden" Aussagegehalts der Graffitis dürfte es für den Künstler von vornherein ausgeschlossen sein, von privater Seite die angesichts der Strafdrohung des § 303 StGB erforderliche Gestattung zu erhalten[70]. Bei der Herstellung dieser Kunstform wäre er somit von einer Bereitstellung der Außenfassaden öffentlicher Gebäude abhängig, die durch seine "Kunst am Bau" in ihrer Funktion auch kaum beeinträchtigt würden. Selbst dann vermag ihm aber die verfassungsrechtliche Kunstfreiheitsgarantie einen entsprechenden Leistungsanspruch nicht zu gewähren. Für den Sprayer-Beschluß hat Art. 5 Abs. 3 GG dem Bundesverfassungsgericht darum keinen Anlaß gegeben, sich differenzierend damit auseinanderzusetzen, daß von den Sprühaktionen nicht nur private, sondern auch zahlreiche öffentliche Gebäude betroffen waren[71].

---

66) Das geschieht in der Regel dadurch, daß ein bestimmter Betrag für die Förderung der Kunst in den Haushaltsplan eingestellt wird.
67) Vgl. BVerwG, NJW 1980, 718, das hier - wie die Vorinstanz (OVG Berlin, OVGE 15, 103 ff.) - den unmittelbar auf die verfassungsrechtliche Wertentscheidung für die Kunstfreiheit gestützten Anspruch eines Privattheaters auf staatliche Förderung verneint.
68) BVerfG, NJW 1984, 1293 ff.
69) Vgl. dazu ausführlich Hoffmann, NJW 1985, 237, 240 und 242; Schmieder, NJW 1982, 628, 630, jeweils m.w.Nachw.
70) Ebenso Hoffmann, NJW 1985, 237, 240.
71) Das wird allein im Sachverhalt vorgetragen; in den Entscheidungsgründen findet sich jedoch darüber kein Wort.

Das behandelt die in der Literatur h.M., die Art. 14 Abs. 1 GG heran-
zieht, um in einer Grundrechtskollision die Schranken der Kunstfreiheit
austarieren zu können, freilich ebensowenig als Sonderfall[72]. Deshalb
muß sie hier in einen Widerspruch geraten, weil ein Träger öffentlicher
Gewalt gerade keinen grundrechtlichen Schutz in Anspruch nehmen[73] und
überdies nicht ohne weiteres unterstellt werden kann, daß die skurrilen
Strichfiguren an öffentlichen Gebäuden deren Zweckbestimmung überhaupt
beeinträchtigen.

Nach alledem muß die Berufung auf Art. 5 Abs. 3 GG daher auch dann versagen, soweit zur Ausübung von Kunst besonderer Wert auf die Benutzung der
öffentlichen Straße gelegt wird[74]. Mit der Einstufung der Straßenkunst als
eigenständige Kunstgattung, die sich als solche allein auf der öffentlichen
Straße zu entfalten vermag, kann ein durch Art. 5 Abs. 3 GG abgesichertes
Straßenbenutzungsrecht nicht begründet werden[75].

2. Die Bedeutung von Art. 5 Abs. 3 GG für eine Auswahl bei der Kunstförde-rung

In seinem objektiv-rechtlichen Gehalt verlangt Art. 5 Abs. 3 GG auch keine
schematisch gleichmäßige Kunstförderung in dem Sinne, daß jede einzelne Förderungsmaßnahme allen Bereichen künstlerischen Schaffens zugute kommen
müßten[76]. Die Anerkennung förderungswürdiger Aktivitäten setzt vielmehr das
Recht zur sachlichen Auswahl und sachgerechten Differenzierung vorgerechten
Differenzierung vorausaus[77]. Der Staat muß daher nicht jede auf seine För-

---

72) Vgl. Hoffmann, NJW 1985, 237, 244 ff.; Schmieder, NJW 1982, 628, 630.
73) Vgl. BVerfGE 39, 302, 312 f. Auch außerhalb der Wahrnehmung öffentlicher Aufgaben ist die Gemeinde nicht Grundrechtsträger (BVerfGE 61, 82,
105 ff.).
74) Abzulehnen daher Würkner, NVwZ 1987, 841, 844 ff. Soweit er seine Ansicht ferner auf den Beschluß des Bundesverfassungsgerichts zum Ana-
chronistischen Zug (BVerfGE 67, 213 ff.) stützt, geht seine Argumentation ebenso fehl. Das Bundesverfassungsgericht hat darin lediglich festgestellt, daß Art. 5 Abs. 3 GG der auf fest installierten Bühnen veranstalteten Kunst keinen Vorrang gegenüber der von Wanderbühnen auf der
öffentlichen Straße dargebotenen Kunst einräumt. Ihr gewährt die Kunstfreiheit keinen geringeren Schutz vor staatlichen Eingriffen (BVerfGE 67,
213, 227). Zu der straßenrechtlich allein entscheidenden Frage, ob beide
Kunstgattungen - wenn überhaupt - in gleicher Weise *gefördert* werden
müssen, läßt sich diesem Judikat jedoch nichts entnehmen.
75) Ebenso Wagner, NJW 1976, 1083.
76) BVerfGE 36, 321, 332.
77) BVerwG, NJW 1980, 718; OVG Lüneburg, NJW 1984, 1138; Scholz, in:
Maunz/Dürig, Art. 5 III Rdnrn. 40 und 79.

derung an sich angewiesene Kunstgattung erhalten. Das bestätigt zudem, daß die Gemeinde von Verfassungs wegen mit entsprechenden Sondernutzungserlaubnissen durchaus zurückhaltend umgehen darf. Läßt sie in einem Fall die Ausübung von Kunst auf der öffentlichen Straße zu, so können andere Künstler daraus grundsätzlich nichts für sich herleiten.

Art. 5 Abs. 3 GG läßt staatlicher Kulturpolitik somit einen breiten Spielraum. Darauf ist im folgenden unter einzelnen Gesichtspunkten näher einzugehen. Noch zurückgestellt bleiben muß in diesem Zusammenhang freilich die Frage, ob mit dem Instrument des Straßenrechts der verfassungsrechtlich eröffnete kulturpolitische Rahmen ausgefüllt werden darf. Das soll unter Kapitel 5 untersucht werden.

a) Flächenbedarf

Art. 5 Abs. 3 GG steht zunächst einer Differenzierung nach der von den einzelnen Künstlern in Anspruch genommenen Straßenfläche nicht entgegen. Der Flächenbedarf etwa für ein Straßentheater, das eine komplette Bühne errichtet und zusätzlich gar eine Bestuhlung aufbaut, für einen Pflastermaler, der den Plan zu einem Monumentalwerk gefaßt hat oder für sonstige Künstler, die mit einem Berg von Utensilien auf der öffentlichen Straße auftreten möchten, ist überdurchschnittlich groß. Daneben bleibt für andere, möglicherweise aber ebenso förderungswürdige Künstler von dem auf der öffentlichen Straße stets nur beschränkt verfügbaren Raum, wenn überhaupt, so doch nur ein verhältnismäßig geschmälerter Teil. Deshalb dürfen jedenfalls die Anträge, bei denen in Anbetracht der erforderlichen Straßenfläche nur noch wenige Künstler zum Zuge kommen könnten, restriktiver behandelt werden. Auf diese Weise ist es der Gemeinde möglich, eine größere Anzahl von Straßenkünstlern zu berücksichtigen und damit eine breitere Kunstvielfalt auf der öffentlichen Straße gedeihen zu lassen.

b) Qualitätsniveau

Unter dem Aspekt des Verfassungsrechts ergeben sich ferner keine Bedenken, wenn bei der Entscheidung über die Zulassung von Kunst auf der öffentlichen Straße Qualitätsmaßstäbe angelegt werden. Für Antragsteller, die nicht mehr als den bloßen Anspruch künstlerischen Schaffens vorzuweisen haben, braucht die öffentliche Straße nicht in gleicher Weise wie für die Künstler zur Verfügung gestellt werden, die mit ihrer Kunst auch Können verbinden. Deshalb darf etwa einem Musiker, der lediglich seine noch im Anfangsstadium steckengebliebenen Tonleiterübungen zu Gehör bringen möchte, die Sondernutzungserlaubnis versagt werden.

Aber diese Differenzierung muß keineswegs zwingend den Ausschlag geben. Die Gemeinde kann auch einer auf niedrigerem Niveau angesiedelten Kunst Raum geben. Art. 5 Abs. 3 GG steht einer zumindest nach dem Verständnis der Straßenpassanten und Anwohner "schlechten" Kulturpolitik nicht entgegen.

c) Geräuschpegel

Straßenkunst, allem voran die Straßenmusik, kann für die Anwohner mit erheblichen Belästigungen verbunden sein. Von ihrer Seite sehen sich die Gemeinden, die hier allzu großzügig verfahren, oft massiven Protesten ausgesetzt[78]. Art. 5 Abs. 3 GG schließt es jedoch nicht aus, daß die Gemeinde bei der Entscheidung über entsprechende Sondernutzungserlaubnisse auf die Anliegerinteressen eingeht. Wenn die Gemeinde in erster Linie deshalb die Kunst auf der öffentlichen Straße gestattet, um die Attraktivität ihrer zu Fußgängerbereichen gestalteten Geschäfts-, gleichzeitig aber auch noch Wohnviertel zu erhöhen, so stellt ihr das Verfassungsrecht andererseits ebenso frei, ob sie selbst Formen der Kunstausübung für förderungswürdig erachten will, die dort die Wohnqualität in einer Weise herabzusetzen vermögen, daß jedesmal nach Geschäftsschluß die Verödung zur Geisterstadt droht. Daß die Gemeinde die damit verbundenen Probleme auf sich nimmt, fordert die Kunstfreiheitsgarantie nicht.

d) Straßenmilieu (Gebietscharakter)

Ebensowenig lassen sich verfassungsrechtliche Bedenken erheben, wenn die Gemeinde in den auch von der Anlage des öffentlichen Straßenraumes her besonders exklusiv gestalteten Einkaufs- und Geschäftsvierteln keine Sondernutzungserlaubnis für Rucksacktouristen erteilt, die dort durch mehr oder weniger gekonnte Darbietungen ihre Reisekasse sanieren wollen. Die gewerbetreibenden Straßenanlieger, die für ihre noble Geschäftsadresse mit entsprechend höheren Anliegerbeiträgen bzw. Miet- oder Pachtzinsen bezahlen müssen, können daraus zwar keine *rechtlich* geschützten Interessen herleiten. Gleichwohl schließt

---

78) Vgl. Hufen, Der Städtetag 1986, 394, 396.

das nicht aus, daß die Gemeinde ihren Belangen entgegenkommt und darauf achtet, daß die dort ausgeübte Kunst dem Charakter des Stadtviertels "angemessen" bleibt. Mag damit auch in letzter Konsequenz eine verfehlte Kulturpolitik betrieben werden, so ändert das doch nichts daran, daß ihr mit einer Berufung aus Art. 5 Abs. 3 GG nicht beizukommen ist. Die zuständigen Gemeindeorgane haben eine solche Politik vielmehr allein vor ihren Wählern zu verantworten.

e) **Wirtschaftliche Gesichtspunkte**

Mit Straßenkunst läßt sich je nach den Verhältnissen ein erheblicher Verdienst erzielen. Vierstellige Tageseinnahmen sind etwa für einen Straßenmusikanten in einer größeren Stadt und besonders dann, wenn sie einen touristischen Anziehungspunkt bildet, durchaus keine Seltenheit. Dieser Umstand läßt es gerechtfertigt erscheinen, wenn die Gemeinde bei der Entscheidung über entsprechende Sondernutzungen nach dem Zweck differenziert, dem die dabei erzielten Einnahmen zugeführt werden sollen[79].

Unter den Sondernutzungsinteressenten können sich zunächst (gemeinnützige) kulturelle Vereine befinden, die auf der öffentlichen Straße ein Publikum suchen. Wird ihnen die erforderliche Sondernutzungserlaubnis bevorzugt erteilt, so ist das unter dem Aspekt einer sachgerechten Auswahl bei der Kunstförderung nicht zu beanstanden. Ebenso verhält es sich bei künstlerischen Veranstaltungen, deren Erlös gemeinnützigen Zwecken zur Verfügung gestellt werden soll. Sie haben zwar keinen rechtlich gesicherten Anspruch auf eine privilegierte Behandlung. Andererseits verlangt Art. 5 Abs. 3 GG aber ebensowenig ihre Gleichstellung mit der zu Erwerbszwecken ausgeübten Kunst. Auch insoweit gibt die Kunstfreiheitsgarantie leistungsstaatlichem Ermessen Raum.

§ 13: **Die Berufsfreiheit (Art. 12 Abs. 1 GG)**

I. Mit dem Grundrecht der Berufsfreiheit (Art. 12 Abs. 1 GG) scheint es weniger Probleme zu geben. Denn die Berufsfreiheit kann im Unterschied zur Kunstfreiheit durch Gesetz oder aufgrund eines Gesetzes geregelt werden (Art. 12 Abs. 1 Satz 2 GG). Dementsprechend versteht die Rechtsprechung die

---

79) Zur Berücksichtigung wirtschaftlicher Gesichtspunkte bei der staatlichen Kunstförderung vgl. BVerfGE 36, 321, 332 f.

straßengesetzlichen Vorschriften über die öffentlich-rechtliche Sondernutzung als die Berufsfreiheit *beschränkende* Gesetze[80]. Dem "Eingriff in die Berufsausübung" stehe Art. 12 Abs. 1 GG allerdings nicht entgegen, "weil höherwertige Gemeinschaftsgüter, der Schutz der Allgemeinheit durch Gewährleistung der Sicherheit und Leichtigkeit des Verkehrs, ihn erfordern"[81]. Wahrscheinlich ist für das Bundesverwaltungsgericht darin die Erklärung zu finden, daß die Berufsfreiheit "keinen Anspruch darauf gewährt, ein Gewerbe auf der Straße, insbesondere auf der Fahrbahn, auszuüben"[82].

Auch die straßenrechtliche Literatur scheint sich darauf einzulassen[83]. Überwiegend beschränkt sie sich auf die Feststellung, wonach die gewerblich-kommerzielle Tätigkeit auf der öffentlichen Straße einer Sondernutzungserlaubnis bedarf[84]. Die von Art. 12 Abs. 1 GG gewährleistete Berufsfreiheit findet dabei zum Teil nicht einmal Erwähnung[85].

II. Gegen dieses Verständnis der Beziehung zwischen dem Gewährleistungsbereich von Art. 12 Abs. 1 GG und den Straßengesetzen sind allerdings Bedenken anzumelden. Sie richten sich freilich nicht gegen die für gewerbliche Straßenbenutzungen wegerechtlich geltende Erlaubnispflicht an sich. Denn es ist nicht zu bestreiten, daß das Gemeinschaftsgut der Verkehrssicherheit generell des hiermit zu erreichenden Schutzes bedarf.

Davon zu unterscheiden ist jedoch die Frage, ob die "Beschränkung" der Berufsfreiheit auch im konkreten Einzelfall mit den in der Rechtsprechung zum Ausdruck kommenden Erwägungen aufrechterhalten werden dürfte. Denn das Verhältnismäßigkeitsprinzip, wie es das Bundesverfassungsgericht gerade für den Schutzbereich des Art. 12 Abs. 1 GG aufgestellt hat[86], müßte dabei ebenso Beachtung finden. Die bloß formelhafte Feststellung, wonach etwa das

---

80) Vgl. BVerwGE 35, 326, 332; NJW 1987, 1836, 1837; VGH München, DVBl 1967, 920, 922 (Verteilen gewerblicher Handzettel); BayObLG, DVBl 1967, 201 (Reklamefahrten).

81) BVerwGE 35, 326, 332.

82) So BVerwGE 35, 319, 323; BVerwG, VerwRspr 22, 852, 853.

83) Überraschenderweise steht das auch ganz im Gegensatz zu ihrem Engagement für die Straßenkunst.

84) Anders freilich Kodal/Krämer, S. 537 Rdnr. 95 und S. 539 Rdnrn. 98 ff., die den im Fahren oder Gehen ausgeübten Straßenhandel als Gemeingebrauch einstufen.

85) So etwa Papier, öffentliche Sachen, S. 84 f.; Kodal/Krämer, S. 537 ff. Rdnrn. 95 ff.

86) Grundlegend BVerfGE 7, 377, 400 ff.

Verteilen gewerblicher Flugblätter "geeignet ist, den Fußgängerverkehr zu beeinträchtigen"[87], dürfte dem jedoch kaum gerecht werden. Soweit in diesem Zusammenhang ferner geltend gemacht wird, weggeworfene Handzettel seien geeignet, "den Fahrzeugverkehr zu gefährden"[88], gilt das erst recht. Abgesehen von der Frage, ob diese Gefahr dem Handzettelverteiler zugerechnet werden darf[89], kann mit ihr ernstlich doch nur unter ganz außergewöhnlichen Umständen gerechnet werden. Wollte man diesen Gefahrenmaßstab für Beschränkungen der Berufsausübung gelten lassen, so müßte damit praktisch jede Berufstätigkeit zum Erliegen kommen.

Kritik ist schließlich angebracht, wenn die Rechtsprechung einerseits offen läßt, ob die gewerbliche Betätigung auf der öffentlichen Straße überhaupt als eigenständiger Beruf i.S. von Art. 12 Abs. 1 GG aufgefaßt werden kann[90], andererseits aber einen Eingriff auf der Ebene der Berufszulassung stets ausschließen möchte. Denn daran wäre etwa bei einem Werbeunternehmer, der sich auf Reklamefahrten spezialisiert hat, nicht vorbeizukommen. Daß der Werbeunternehmer bei der Benutzung der öffentlichen Straße dem Vorbehalt der Ermessensentscheidung über die erforderliche Sondernutzungserlaubnis unterliegt, bliebe als Einwand dagegen unerheblich. Über einen bloßen Zirkelschluß wäre damit nicht hinauszugelangen[91].

III. Bereits diese Ungereimtheiten lassen bezweifeln, daß der Gewährleistungsbereich des Art. 12 Abs. 1 GG von den Straßengesetzen überhaupt berührt wird. Zieht man ferner in Betracht, daß die von einem Grundrecht gewährte Freiheit nicht die eigenmächtige Inanspruchnahme fremder Sachen umfaßt, so dürfte es auch keine Beschränkung der Berufsfreiheit bedeuten, wenn derjenige, der auf der öffentlichen Straße seinem Broterwerb nachgehen möchte, dafür eine Sondernutzungserlaubnis benötigt.

In diesem Sinne steckt denn auch das Bundesverwaltungsgericht den Umfang der Gewährleistung von Art. 12 GG ab, wenn die gewerbliche (Sonder-)Benutzung einer öffentlichen Anstalt in Frage steht. Sein Urteil im sog. "Schleusen-

---

87) So BVerwGE 35, 326, 332.
88) BVerwGE 35, 326, 332.
89) Er ist hier wohl als sog. "Zweckveranlasser" einzustufen (A.A. wohl OVG Berlin, NJW 1973, 2044, 2046; Crombach, DVBl 1977, 277, 278 Fn. 18).
90) Vgl. dazu BVerwGE 35, 326, 332. In diesem Sinne bereits die Vorinstanz VGH München, DVBl 1967, 920, 922.
91) Vgl. zur Problematik des "Erlaubtseins" beruflicher Betätigung Scholz, in: Maunz/Dürig, Art. 12 Rdnrn. 24 ff.

Fall"[92] belegt das. Zu entscheiden war hier über das Begehren eines Schiffs-
ausrüsters, der auf einer Schleusenanlage an die Besatzungsmitglieder vorbei-
kommender Schiffe technische Gegenstände verkaufen wollte. In seinem Urteil
hat das Bundesverwaltungsgericht einen entsprechenden Zulassungsanspruch
ebenfalls verneint[93]. Zur Begründung hat es u.a. jedoch ausgeführt, das
Grundrecht aus Art. 12 Abs. 1 GG räume "niemandem das Recht ein, an jeder
beliebigen Stelle – insbesondere innerhalb einer öffentlichen Anstalt – seinem
Beruf nachzugehen"[94].

1. Für sich genommen mag diese Formulierung freilich zu Mißverständnissen
Anlaß geben. Deshalb ist klarzustellen, daß sie nicht etwa in dem Sinne zu
verstehen ist, als lasse Art. 12 Abs. 1 GG bei der beruflichen Standortwahl
jedweden staatlichen Dirigismus zu[95]. Was damit gemeint ist, läßt sich aus
dem Zusammenhang des Urteils vielmehr eindeutig erschließen: Art. 12 Abs. 1
GG verschafft dem einzelnen nicht die Freiheit, sich eigenmächtig auch auf
fremden Grund und Boden beruflich betätigen zu können. Deshalb verbietet die
Berufsfreiheit der öffentlichen Gewalt zwar Maßnahmen, die ihn in der Ausübung des von ihm gewählten Berufs unverhältnismäßig beschränken. Art. 12
Abs. 1 GG "verpflichtet sie aber nicht, dem Berufsbewerber die zur Ausübung
des Berufs erforderlichen Mittel oder sonstigen Gegenstände zur Verfügung zu
stellen"[96].

2. Der grundrechtliche Gewährleistungsbereich der Berufsfreiheit findet indessen nicht nur dort eine Grenze, wo es um den Zugriff auf private Grundstücke
oder eine öffentliche Anstalt geht. Für den Gewerbetreibenden stellt vielmehr
auch die öffentliche Straße einen Standort dar, dessen Inanspruchnahme der
Normbereich von Art. 12 Abs. 1 GG bereits von vornherein nicht abdecken
kann.

---

92) BVerwGE 39, 235 ff. = NJW 1973, 724 f.
93) Im Ergebnis zustimmend Erichsen, VerwArch 64 (1973), 299, 300; Morner,
    NJW 1973, 1207 f. Ihre Kritik richtet sich freilich zurecht dagegen, daß
    das Bundesverwaltungsgericht hier selbst einen Anspruch auf fehlerfreie
    Ermessensentscheidung nicht anerkennen wollte (vgl. dazu auch Hoff-
    mann-Becking, JuS 1973, 615 ff.).
94) Insoweit nur abgedruckt in NJW 1973, 724, 725.
95) Das übersehen Erichsen, VerwArch 64 (1973), 299, 300 f. und Hoffmann-
    Becking, JuS 1973, 615, 618. Deshalb geht ihre Berufung auf BVerfGE 25,
    1, 25 hier fehl.
96) BVerwG, VerwRspr 21, 622, 624.

Dem Inhaber eines Caféhauses etwa, der in seinen Lokalitäten den Ansturm
der Gäste nicht aufzunehmen vermag und der deshalb auf der öffentlichen
Straße zusätzliche Tische und Stühle aufstellt, gewährt die entsprechende
Sondernutzungserlaubnis deshalb lediglich die Möglichkeit, von der Berufsfreiheit in einem erweiterten Umfang Gebrauch zu machen. Art. 12 Abs. 1 GG
schützt ihn aber allein in seiner beruflichen Tätigkeit, und zwar insoweit unabhängig von dem Ort, an dem sie ausgeübt wird. Das Gaststättenrecht darf
deshalb die Anforderungen an die Art und Weise, wie der Inhaber dort seine
Gäste zu bewirten hat, nur so weit reglementieren, wie es dieses Grundrecht
zuläßt. Art. 12 Abs. 1 GG selbst vermag ihm jedoch das Recht zur Straßenbenutzung nicht zu gewähren. Mit ihr nimmt der Gewerbetreibende vielmehr eine
staatliche Leistung in Anspruch, die er sich sonst über den Erwerb oder die
Anmietung von Gewerberäumen verschaffen könnte und, ohne daß Art. 12
Abs. 1 GG daran etwas ändert, auch verschaffen müßte. Das belegt, daß die
straßengesetzlichen Vorschriften über die öffentlich-rechtliche Sondernutzung
weder eine Berufszulassungs- noch eine Berufsausübungsregelung normieren[97].

Dieses Verständnis des Grundrechts der Berufsfreiheit deckt sich schließlich mit der Rechtsprechung des Bundesverfassungsgerichts. Auch sein
Urteil, mit dem es das verkehrsrechtliche Verbot von reinen Werbefahrten
(§ 33 Abs. 1 Satz 3 StVO a.F.) für verfassungswidrig erklärt hat[98],
steht dem nicht entgegen. Insbesondere kann ihm nicht entnommen werden, daß mit der Berufsfreiheit ein Recht auf die gewerbliche Benutzung
der öffentlichen Straße verbunden sei[99]. Das Bundesverfassungsgericht
hat sich darin zwar auf die Feststellung beschränkt, daß die zur gewerblichen Verkehrsmittelwerbung entfaltete Tätigkeit den Schutz von Art. 12
Abs. 1 GG genießt und deshalb durch ein verkehrsrechtliches Verbot
nicht übermäßig beschränkt werden darf[100]. Daß aber eine derartige Benutzung der öffentlichen Straße auch eine Sondernutzungserlaubnis vor-

---

97) Ebenso BVerwG, VerwRspr 21, 622, 624, die gewerbliche Fahrzeugbewachung betreffend.

98) BVerfGE 40, 371 ff.

99) So aber Crombach, DVBl 1977, 277, 280. Vgl. ferner Bairl-Vaslin, S. 128,
der aus dieser Entscheidung des Bundesverfassungsgerichts ableitet, die
gewerbliche Straßenbenutzung unterfalle dem Schutz der "Abwehrfunktion
der Grundrechte".

100) Entsprechendes gilt im Hinblick auf den eingerichteten und ausgeübten
Gewerbebetrieb, d.h. es bedeutet für ihn ein enteignungsgleicher Eingriff, wenn er infolge (materiell) verfassungswidriger Rechtssetzung zum
Erliegen kommt. Der Bundesgerichtshof (BGHZ 78, 41 ff.) hat das für
den entschädigungsrechtlichen Aspekt von § 33 Abs. 1 Satz 3 StVO a.F.
zutreffend klargestellt.

aussetzt, scheint es dabei übersehen zu haben[101]. Allerdings muß hier berücksichtigt werden, daß gerade wegen des "generellen und absoluten" verkehrsrechtlichen Verbots[102] es für den Bf. praktisch aussichtlos geworden war, in den Genuß der wegerechtlichen Freigabe der von ihm zur Benutzung vorgesehenen öffentlichen Straßen zu kommen. Deshalb hat sich das Bundesverfassungsgericht zu Recht mit der Frage, ob der Bf. die Sondernutzung befugterweise hätte in Anspruch nehmen können, nicht weiter aufgehalten[103].

§ 14: Meinungsfreiheit und politische Werbung (Art. 5 Abs. 1 Satz 1 GG)

Wie sich gezeigt hat, ist von der Zweckbestimmung der öffentlichen Straße nicht abgedeckt, wenn sie nicht zur Fortbewegung und Ortsveränderung, sondern als Forum der Äußerung und Verbreitung von Meinungen in Anspruch genommen werden soll. Insoweit ist mit dem Verteilen von Flugblättern, dem Verkauf von Zeitungen, dem Aufstellen von Plakatständern oder der Einrichtung von Informationsständen auch eine Beeinträchtigung des Gemeingebrauch verbunden. Nach der straßengesetzlichen Regelung sind folglich derartige Tätigkeiten auf der öffentlichen Straße als öffentlich-rechtliche Sondernutzung eingestuft, die als solche der Erlaubnis bedarf[104].

Eine Ausnahme gilt lediglich für den gesprächsweisen Meinungsaustausch, der *gelegentlich* des Verkehrsgebrauchs auf der öffentlichen Straße statt-

---

101) So die Kritik von Wagner, NJW 1976, 1083, 1084.
102) BVerfGE 40, 371, 383.
103) Auch für den mit der Frage der Entschädigung befaßten Bundesgerichtshof (BGHZ 78, 41 ff.) wären daher Ausführungen zum wegerechtlichen Erlaubnisverfahren entbehrlich gewesen. Einsichtig wird das durch einen Vergleich mit dem Fall, in dem der Gewerbebetrieb als Geschäftsraum auf die Nutzung fremder *Privat*grundstücke angewiesen ist. Art. 14 Abs. 1 GG garantiert dem Gewerbebetrieb zwar ebensowenig die Inanspruchnahme fremden Grundeigentums. Folglich darf der Gewerbebetrieb seine Tätigkeit dort erst entfalten, wenn der Grundstückseigentümer ihm dies (regelmäßig gegen Entgelt) gestattet hat. Erginge nun ein "generelles und absolutes" Verbot für die gewerbliche Betätigung auf fremdem Grund und Boden, so könnte darin gleichwohl ein (enteignungsgleicher) Eingriff in den eigentumsrechtlich geschützten Bestand des eingerichteten und ausgeübten Gewerbebetriebs zu finden sein. Der Annahme einer "Rechtsposition" an fremdem Eigentum, wie sie der Bundesgerichtshof dem Gewerbebetrieb im Hinblick auf die öffentliche Straße meinte zusprechen zu müssen (vgl. BGHZ 78, 41, 49 f.), bedarf es hierzu nicht.
104) Zu der Ansicht, die den Verkauf von Zeitungen und das Verteilen politischer Flugblätter als Gemeingebrauch einstuft, vgl. die Nachweise bei Kodal/Krämer, S. 545 Rdnr. 115 und S. 621 Rdnr. 57.

findet und sich davon nicht erkennbar abhebt. Hier bleibt es darum beim Gemeingebrauch.

I. Der Gewährleistungsbereich von Art. 5 Abs. 1 Satz 1 GG

Der straßengesetzlichen Erlaubnispflicht steht das Grundrecht aus Art. 5 Abs. 1 Satz 1 GG nicht entgegen. Zwar schließt die von ihm gewährleistete Meinungsfreiheit aus, daß die Ausübung des Grundrechts von einer vorherigen Genehmigung abhängig gemacht wird[105]. Das Straßenrecht regelt aber demgegenüber nicht die Ausübung der Meinungsfreiheit, sondern die Inanspruchnahme einer öffentlichen Sache. Allein darauf bezieht sich die von ihm normierte Pflicht zur Einholung der Sondernutzungserlaubnis, weshalb unter dem Aspekt der Meinungsfreiheit dagegen nichts einzuwenden ist[106].

Die ganz überwiegende Auffassung kommt zu dem gleichen Ergebnis dadurch, daß sie die Vorschriften über die öffentlich-rechtliche Sondernutzung als "allgemeine Gesetze" im Sinne des Art. 5 Abs. 2 GG einstuft[107]. Dem ist insoweit zuzustimmen, als die Straßengesetze jedenfalls "nicht eine Meinung als solche verbieten, sich nicht gegen die Äußerung einer Meinung als solcher richten"[108].

Andererseits ist jedoch zweifelhaft, ob das Straßenrecht mit der Regelung über die öffentlich-rechtliche Sondernutzung den Gewährleistungsbereich von Art. 5 Abs. 1 Satz 1 GG überhaupt *einschränkt*. Denn das würde voraussetzen, daß die Meinungsfreiheit grundsätzlich das Recht zur Inanspruchnahme der öffentlichen Straße umfaßt. Nur wenn diese Frage bejaht werden könnte, wäre die Versagung der Sondernutzungserlaubnis daran gebunden, daß es im konkreten Fall um den "Schutz eines schlechthin, ohne Rücksicht auf eine bestimmte Meinung zu schützenden Rechtsguts" geht, d.h. um den "Schutz eines Gemein-

---

105) Das ergibt sich unmittelbar aus dem Zensurverbot nach Art. 5 Abs. 1 Satz 3 GG. Vgl. dazu BVerfGE 33, 52, 72; Herzog, in: Maunz/Dürig, Art. 5 I,II Rdnrn. 77 ff.; Hesse, Rdnr. 397.
106) Im Ergebnis ebenso BVerfG, NJW 1977, 671; BVerwGE 47, 280, 283; 47, 293, 295; 56, 56, 58; Steinberg, NJW 1978, 1898, 1899.
107) BVerfG, NJW 1977, 671; BVerwGE 56, 56, 60; 65, 63, 66 f.; vgl. ferner etwa OVG Lüneburg, NJW 1977, 916, 917; OLG Karlsruhe, NJW 1976, 1360, 1361; OVG Münster, NVwZ 1988, 269, 270; Kodal/Krämer, S. 621 Rdnr. 58; Pappermann, NJW 1976, 1341, 1343.
108) Vgl. BVerfGE 7, 198, 209; 62, 230, 243 f.

schaftswertes, der gegenüber der Betätigung der Meinungsfreiheit den Vorrang hat"[109].

1. Die Bedeutung der öffentlichen Straße für die Verwirklichung der Meinungsfreiheit

Auf den ersten Blick scheint die Betätigung der Meinungsfreiheit ebensowenig wie die Kunstausübung auf die Inanspruchnahme der öffentlichen Straße angewiesen zu sein. Raum zu ihrer Entfaltung findet sich auch im eigenen, privaten Bereich des Grundrechtsträgers.

Bei dieser Sichtweise bliebe indessen unberücksichtigt, daß im privaten Bereich die Kommunikation regelmäßig nur mit einem eng begrenzten Publikum stattfinden kann. Wer seine Meinung in der Öffentlichkeit zur Geltung bringen möchte, kann sich zwar der Medien Presse und Rundfunk bedienen. Diese Möglichkeit läßt sich indessen für einen Großteil der Grundrechtsträger kaum realisieren. Denn die Verfügung über die Massenkommunikationsmittel erfordert zumindest einen erheblichen finanziellen Einsatz und ist daher nur dem eröffnet, der diese Investitionen zu leisten vermag. Letztlich dessen Entscheidung bleibt dann auch vorbehalten, inwieweit er der Meinungsäußerung anderer Grundrechtsträger den erforderlichen Raum zur Verfügung stellen möchte. Davon macht allein der presserechtliche Gegendarstellungsanspruch[110] eine Ausnahme, die aber schon nach ihren Tatbestandsvoraussetzungen kaum auf einen "Ausgleich" dieser Gegebenheiten angelegt ist[111].

Angesichts dessen bleibt für den einzelnen Grundrechtsträger, der seine Meinung vor einem breiteren Publikum Gehör verschaffen möchte, praktisch nur der Gang auf die öffentliche Straße. Vor allem mit der Verteilung von Flugblättern können dort aktuelle politische Tagesthemen schnell und ohne große Kosten einem größeren Personenkreis zugänglich gemacht werden[112]. Deshalb läßt sich durchaus davon sprechen, daß die Ausübung des Grundrechts aus Art. 5 Abs. 1 Satz 1 GG, jedenfalls soweit dabei ein Öffentlichkeitsbezug her-

---

109) So die vom Bundesverfassungsgericht seit BVerfGE 7, 198 ff. an die Interpretation "allgemeiner Gesetze" gestellten Anforderungen.
110) Vgl. etwa § 11 BaWüPresseG.
111) So Herzog, in: Maunz/Dürig, Art. 5 I,II Rdnr. 66.
112) So ausdrücklich BVerwGE 65, 24, 28 f.; ebenso OVG Lüneburg, NJW 1977, 916, 917.

gestellt werden soll, auf die Benutzung der öffentlichen Straße "angewiesen" ist[113].

2. Der Irrweg einer bedarfsorientierten Inhaltsbestimmung

Allein mit dieser Bestandsaufnahme kann der Inhalt von Art. 5 Abs. 1 Satz 1 GG freilich nicht bestimmt werden. Ob er dem Grundrechtsträger auch die Benutzung der öffentlichen Straße garantiert, ist durch die Feststellung ihrer Bedeutung für die Ausübung der Meinungsfreiheit keineswegs zuverlässig entschieden.

Der h.M. wird daher zunächst ein Widerspruch vorgeworfen, wenn sie zwar bei der Meinungsfreiheit aus einem faktischen Bedarf ein (Grund-)Recht ableitet, dieser Interpretationsmethode bei anderen Grundrechten aber geringere oder keine Bedeutung beilegt. Das gilt etwa für die gewerbliche Betätigung, der die h.M. gerade kein Straßenbenutzungsrecht zugesteht[114], obwohl es dabei ebenfalls um die Verwirklichung eines Grundrechts geht. Schröder hat dieses Grundrechtsverständnis, das dem politisch motivierten Grundrechtsgebrauch einen höheren Stellenwert einräumt als dem privat orientierten, als "Diskriminierung privater Freiheit" bezeichnet[115].

---

113) So etwa OVG Lüneburg, NJW 1977, 916, 917; Bairl-Vaslin, S. 136 (für die Verteilung von Flugblättern).

114) So ausdrücklich OLG Stuttgart, DVBl 1976, 113, 115. Für die gewerbliche (Handzettel-) Werbung auf der öffentlichen Straße vgl. BVerwGE 35, 326, 333 f.

115) Die Verwaltung 10 (1977), 451, 463, unter Berufung auf Böckenförde, Grundrechtstheorien, in: Staat Gesellschaft, Freiheit, 1976, 221, 237, und Ossenbühl, NJW 1976, 2100, 2103. Kritisch dazu ferner Schmitt Gläser, AöR 97 (1972), 60, 276, 291 ff. Dabei ist allerdings nicht nur die Ungleichbehandlung privater und politischer Freiheit Bedenken ausgesetzt. Selbst wenn man den Ausgangspunkt der h.M., wonach Inhalt und Tragweite der Grundrechte sich nach dem Gewicht und der Funktion der in Frage stehenden Betätigung für das Gemeinwesen bestimmt, als zutreffend unterstellt, fragt sich, ob für das Gemeinwesen tatsächlich und ohne weiteres der politischen ein höherer Stellenwert zugemessen werden kann als der gewerblichen Betätigung, oder ob es hier nicht richtiger ist anzuerkennen, daß beide gleichermaßen und vor allem in gegenseitiger Abhängigkeit die Voraussetzungen für ein funktionierendes Gemeinwesen darstellen.

Mit der Erkenntnis, daß die öffentliche Straße die tatsächliche Grundlage für die Verbreitung von Meinungen abgeben kann, ist für die Interpretation des Grundrechts aus Art. 5 Abs. 1 Satz 1 GG in der Tat zunächst nur wenig gewonnen. Von tatsächlichen Voraussetzungen hängt auch die Verwirklichung anderer Grundrechte ab, ohne daß hier vom Staat gefordert werden könnte, sie dem einzelnen Grundrechtsträger bereitzustellen.

Im Rahmen des Art. 5 Abs. 1 Satz 1 GG gilt grundsätzlich nichts anderes. Trotz der "faktischen Vormachtstellung"[116] der Massenmedien, durch die immer nur einer kleinen Gruppe von Einzelpersonen ihre Meinung "frei" verbreiten kann, besteht keine Pflicht des Staates, für die davon ausgeschlossene Mehrheit der Bürger ein eigenes Medienwesen einzurichten[117]. Obwohl die Meinungsfreiheit etwa durch Äußerungen "in Schrift" nur verwirklicht werden kann, wenn der Grundrechtsträger über Schreibmaterial verfügt, kann er unter Berufung auf Art. 5 Abs. 1 Satz 1 GG die entsprechende Ausstattung nicht verlangen. Ebensowenig wie der Künstler seine Kunstwerke, darf er dann, wenn sein Papiervorrat erschöpft ist, seine Meinung an der Hausfront seines Nachbarn oder an einem öffentlichen Gebäude zum Ausdruck bringen. Art. 5 Abs. 1 Satz 1 GG garantiert dem Grundrechtsträger zwar ausdrücklich die freie Wahl, mit welchen Mitteln und durch welche Medien er seine Meinung äußern oder verbreiten will[118]. Gerade hier ist aber vorausgesetzt, daß der Grundrechtsträger auch über alternative Möglichkeiten der Meinungsäußerung *verfügt*. Denn ebenso wie im Rahmen der Kunstfreiheit erstreckt sich dieses Wahlrecht von vornherein nicht auf die eigenmächtige Inanspruchnahme fremden Eigentums. Daß daran ein "Bedarf" bestehen kann, bleibt demgegenüber ohne Belang.

An der Nutzung der öffentlichen Straße für die Verbreitung von Meinungen wird dem Grundrechtsträger aus den oben dargelegten Gründen allerdings ein "besonderer" Bedarf bescheinigt, um dessentwillen die Versagung der Sondernutzungserlaubnis einen Grundrechtseingriff bewirken soll. Dieser Ansatz greift den Gedanken auf, nach dem in Fällen, in denen ein Grundrecht überhaupt nur verwirklicht werden kann, wenn der Staat dafür seine Leistungen zur Verfügung stellt, der Staat auch zum Garanten des jeweils grundrechtlich Verbürgten wird.

---

116) So Sigrist, DÖV 1976, 376.
117) So ausdrücklich Herzog, in: Maunz/Dürig, Art. 5 I, II Rdnr. 65.
118) Vgl. BVerfGE 7, 125, 131.

Das Bundesverfassungsgericht hat darauf gestützt unmittelbar aus Art. 7 Abs. 4 GG den privaten Ersatzschulen einen Anspruch auf staatliche Subventionierung zuerkannt[119]. Maßgebend dafür war die Feststellung, daß ohne die staatliche Unterstützung der Bestand des Ersatzschulwesens als Institution gefährdet sei. Aus der Erwägung, daß ein "Freiheitsrecht ohne die tatsächliche Voraussetzung, es in Anspruch nehmen zu können, wertlos" wäre, hat das Bundesverfassungsgericht ferner im grundlegenden "numerus clausus"-Urteil[120] das Recht eines die subjektiven Zulassungsvoraussetzungen erfüllenden Staatsbürgers auf Zulassung zu den staatlichen Hochschulen abgeleitet[121]. Freilich hat es hier den Art. 12 Abs. 1 in seiner Verbindung mit Art. 3 Abs. 1 GG und dem Sozialstaatsprinzip herangezogen. Über diesen an sich derivativen Leistungsanspruch ist es dann nur insoweit hinausgegangen, als es den Zulassungsanspruch nicht "von vornherein und generell" auf die Teilhabe an den *vorhandenen* Ausbildungsmöglichkeiten beschränkt wissen will[122].

Auf die Beziehung zwischen Meinungsfreiheit und öffentlicher Straße lassen sich diese Gesichtspunkte indessen nicht übertragen[123]. Die Nutzung der öffentlichen Straße kann zwar für die Verwirklichung des Grundrechts aus Art. 5 Abs. 1 Satz 1 GG besondere Möglichkeiten eröffnen. Dennoch kann keine Rede davon sein, daß die Freiheit der Meinungsäußerung ohne dieses Forum leerlaufen müßte. Die grundrechtliche Gewährleistung behält vielmehr auch ohne den Zugriff auf die öffentliche Straße seine wertsetzende Bedeutung für das freiheitlich-demokratische Gemeinwesen. Denn allenfalls in einem Teilbereich des Freiheitsrechts kann die Inanspruchnahme der öffentlichen Straße die Meinungsäußerung erleichtern.

---

119) BVerfGE 75, 40, 67 ff.
120) BVerfGE 33, 303, 331.
121) Ebenso BVerfGE 43, 291, 313 ff.
122) A.a.O., S. 332. Ob ein klagbarer Individualanspruch des Staatsbürgers auf Schaffung von Studienplätzen anerkannt werden kann, ob aus der verfassungsrechtlichen Wertentscheidung und der Inanspruchnahme des Ausbildungsmonopols überhaupt ein objektiv sozialstaatlicher Verfassungsauftrag zur Bereitstellung ausreichender Ausbildungskapazität folgt, hat das Bundesverfassungsgericht allerdings auch hier offengelassen (S. 333).
123) Ebenso Wagner, NJW 1976, 1083.

Für den einzelnen Grundrechtsträger, der mit seiner Meinung keinen Eingang in die Massenmedien findet, ihr aber gleichwohl in der Öffentlichkeit Gehör verschaffen möchte, läßt sich das auf der öffentlichen Straße ohne größere technische oder finanziellen Aufwendungen realisieren. Für die Bedeutung des Grundrechts selbst ist das jedoch nicht in dem Sinne konstituierend, daß daraus ein originärer verfassungsrechtlicher Straßenbenutzungsanspruch abgeleitet werden könnte[124]. Art. 5 Abs. 1 Satz 1 GG garantiert dem Grundrechtsträger nicht die effektivste Verbreitung seiner Meinung[125].

In dieser Hinsicht mag zwar eine verfassungs*politische* Forderung erhoben werden. Unmittelbar in Art. 5 Abs. 1 Satz 1 GG findet sie indessen keine rechtliche Grundlage. Ob die Gemeinde die öffentliche Straße für die Ausübung dieses Grundrechts zur Verfügung stellen will, bleibt darum dem ihr straßengesetzlich zugewiesenen Ermessen vorbehalten.

3. Art. 5 Abs. 1 Satz 1 GG als Element der objektiven Rechtsordnung

Daß das Grundrecht aus Art. 5 Abs. 1 Satz 1 GG bei der Entscheidung über die Sondernutzungserlaubnis nicht in seiner negatorischen Dimension berührt ist, erkennt auch Steinberg[126] an. Er meint jedoch, daß dieses Grundrecht im Rahmen der Ermessensentscheidung als "Element der objektiven Rechtsordnung" Berücksichtigung finden müsse. Damit gelangt er sodann zu einem der h.M. entsprechenden Ergebnis: die Erlaubnis dürfe nur versagt werden, wenn "durch

---

124) Dem entspricht, daß die Meinungsfreiheit dem einzelnen Bürger nicht garantiert, daß seine Meinung durch die öffentlich-rechtlichen Rundfunkanstalten verbreitet wird. Selbst für die Wahlwerbung politischer Parteien besteht hier nur ein Anspruch auf Chancengleichheit (vgl. BVerfGE 7, 99, 107; 14, 121, 131 ff.; 47, 198, 225 f.; BVerwG, NJW 1987, 270, 271 f.). Auch im Hinblick auf die Benutzung gemeindlicher Einrichtungen durch die Parteien für Wahlveranstaltungen lehnt das Bundesverwaltungsgericht in st. Rspr. einen originären Teilhabeanspruch ab (vgl. BVerwGE 31, 368, 370; 32, 333, 336; 47, 280, 283 m.w.Nachw.).Soweit das Bundesverwaltungsgericht sich hier auf den begrenzten Umfang der Widmung von gemeindlichen Räumen beruft, übersieht es bei der Anerkennung eines originären Straßenbenutzungsanspruchs (BVerwGE 47, 280, 283 f.), daß auch die öffentliche Straße gerade nach ihrer Zweckbestimmung nicht der Äußerung und Verbreitung von Meinungen dient.
125) Herzog, in Maunz/Dürig, Art. 5 I,II Rdnr. 67.
126) NJW 1978, 1898, 1899.

die beantragte Sondernutzung Rechte anderer in unmittelbarer Weise gefährdet oder die öffentliche Sicherheit und Ordnung beeinträchtigt werden"[127].

Diesem Ansatz ist zunächst entgegenzuhalten, daß er nicht schlüssig aufzeigt, mit welchem objektiv-rechtlichen Inhalt Art. 5 Abs. 1 Satz 1 GG das bei der Gewährung öffentlicher Leistungen gesetzlich eingeräumte Ermessen soll reduzieren können[128]. Darauf wäre schon deshalb näher einzugehen, weil auch die anderen Grundrechte objektive Prinzipien der Rechtsordnung enthalten. Art. 5 Abs. 1 Satz 1 GG bildet insoweit keine Ausnahme. Die Meinungsfreiheit hat dem Bundesverfassungsgericht nur die erste Gelegenheit gegeben, diese Erkenntnis zu formulieren[129].

Als verfassungsrechtliche Grundentscheidung für alle Bereiche des Rechts dient die Funktion der Grundrechte als objektive Prinzipien allein zur Verstärkung ihrer Geltungskraft als individuelle Rechte. In der (primären) Bedeutung als Abwehrrecht findet die objektiv-rechtliche Dimension dementsprechend ihre Wurzel[130]. Deshalb geht es hier allein darum, daß die subjektiv- und objektiv-rechtlichen Elemente eines Grundrechts einander "bedingen und stützen"[131]. Nur soweit Art. 5 Abs. 1 Satz 1 GG in seiner freiheitssichernden Funktion als Abwehrrecht subjektive Rechte begründet, normiert er - "im Zusammenhang damit" - die Meinungsfreiheit als objektives Prinzip der Gesamtrechtsordnung[132].

Darauf beruht u.a. die sog. "mittelbare Drittwirkung" der Grundrechte in Privatrechtsbeziehungen[133]. Die Gerichte haben danach bei der Anwendung von Generalklauseln und unbestimmten Rechtsbegriffen dem Wertgehalt der Mei-

---

127) NJW 1978, 1898, 1902. In diesem Sinne ferner Dicke, DVBl 1969, 315, 316; Menger, VerwArch 62 (1971), 188, 191, wonach bei der Ermessensabwägung zumindest von einem Vorrang der "wertentscheidenden Bedeutung dieses Grundrechts für den freiheitlich-demokratischen Staat auszugehen sei.
128) Steinberg stützt sein Ergebnis denn auch eher auf das o.g. Dogma, wonach sich das Erfordernis der Sondernutzungserlaubnis auf ein Verbot mit Erlaubnisvorbehalt beschränken soll (NJW 1978, 1898, 1901 f.).
129) Grundlegend BVerfGE 7, 198, 205 ff.
130) So BVerfGE 50, 290, 337.
131) BVerfGE 50, 290, 337.
132) So ausdrücklich BVerfGE 57, 295, 319; vgl. auch Hesse, Rdnrn. 290, 293.
133) Dazu Hesse, Rdnrn. 353 ff. m.w.Nachw.

nungsfreiheit Rechnung zu tragen[134]. Auch öffentlich-rechtliche, mit unbestimmten Rechtsbegriffen besetzte Normen und vor allem Ermessensvorschriften müssen "im Lichte dieses Grundrechts" interpretiert werden. Da aber der objektiv-rechtliche Gehalt von Art. 5 Abs. 1 Satz 1 GG nicht losgelöst von seiner Abwehrfunktion besteht, kann er seine Ausstrahlungswirkung nur gegenüber den Vorschriften entfalten, die als "allgemeine Gesetze" i.S. des Art. 5 Abs. 2 GG zur *Einschränkung* des von Art. 5 Abs. 1 Satz 1 GG abgesteckten Freiheitsbereichs geeignet sind. Der straßengesetzlichen Regelung der öffentlich-rechtlichen Sondernutzung fehlt es jedoch gerade an dieser grundrechtsbeschränkenden Eigenschaft. Deshalb vermag der objektiv-rechtliche Gehalt von Art. 5 Abs. 1 Satz 1 GG das von ihr eröffnete Ermessen grundsätzlich nicht zu beeinflussen.

II. Die **Ermessensentscheidung über eine die Meinungsäußerung bezweckende Sondernutzung**

Freilich läßt sich darum dem Verfassungsrecht nicht jegliche Bedeutung für die Ermessensentscheidung der Gemeinde gerade über solche öffentlich-rechtliche Sondernutzungen absprechen, bei denen die öffentliche Straße als Forum der Äußerung und Verbreitung von Meinungen dienen soll. Vielmehr können hier zunächst zwei Schranken markiert werden, die den Ermessensrahmen eingrenzen.

Die erste Schranke ergibt sich aus der Zusammenschau des Grundrechts aus Art. 5 Abs. 1 Satz 1 GG mit dem allgemeinen Gleichheitssatz (Art. 3 Abs. 1 GG). Danach wird die Gemeinde eine bestimmte Straßenfläche, die sie bereits in der Vergangenheit etwa für einen Verkaufsstand zur Verfügung gestellt hatte, auch einem Informationsstand überlassen müssen. Erst recht gilt das, wenn früher an dieser Stelle andere Informationsstände zugelassen worden waren, ohne daß daraus für die Sicherheit oder Leichtigkeit des Verkehrs besondere Gefahren entstanden wären. Denn im Hinblick auf den wertsetzenden Rang der Meinungsfreiheit erwächst daraus ein (derivatives) Teilhaberecht, welches das Ermessen der Gemeinde auf Null reduziert.

Auf der anderen Seite bleibt es indessen dabei, daß die Sondernutzungserlaubnis nicht erteilt werden muß, wenn nach den örtlichen Gegebenheiten und den Verkehrsverhältnissen die Sicherheit und Leichtigkeit des Verkehrs in

---

134) Grundlegend BVerfGE 7, 198, 206 f., st. Rspr., vgl. etwa BVerfGE 25, 256, 263 ff.; 34, 269, 279 f.; 60, 234, 239; 62, 230, 244.

einem nicht unerheblichen Ausmaß gefährdet würde. Auch die Meinungsäußerung kann nicht in einem Umfang und auch dort nicht gestattet werden, wo sie den Straßenverkehr zum Erliegen brächte. Einer auf diesen Gesichtspunkt gestützte Versagung der Sondernutzungserlaubnis steht Art. 5 Abs. 1 Satz 1 GG selbst unabhängig davon, wie man seine Reichweite bestimmt, nach ganz einhelliger Auffassung nicht entgegen.

Während danach die Randzonen des Ermessensrahmens relativ klar hervortreten, läßt sich der zwischen diesen äußeren Grenzen gelegene Bereich dagegen mit dem Maßstab des Verfassungsrechts kaum ausloten. Immerhin kann hier zunächst festgestellt werden, daß für die Entscheidung über die Sondernutzungserlaubnis der Inhalt der beabsichtigten Meinungsäußerung keine Berücksichtigung finden darf. Würde eine entsprechende Sondernutzungserlaubnis verweigert, weil der Gemeinde die von dem Antragsteller vertretene Meinung "zu kritisch" oder aus sonstigen Gründen nicht genehm erscheint, so wäre die Sondernutzungserlaubnis zum Werkzeug einer nach Art. 5 Abs. 1 Satz 3 GG unzulässigen (Vor-)Zensur umfunktioniert. Eine Prüfung der auf der öffentlichen Straße begehrten Meinungsverbreitung nach ihrem jeweiligen Inhalt ist darum ausgeschlossen[135].

Anders verhält es sich dagegen bei einer Differenzierung nach dem Umfang der von einer öffentlich-rechtlichen Sondernutzung in Anspruch genommenen Straßenfläche. Da Art. 5 Abs. 1 Satz GG bereits keinen Anspruch darauf gewährt, zur Meinungsäußerung überall dort von der öffentlichen Straße Gebrauch zu machen, wo selbst mit einer Gefährdung des Verkehrs nicht gerechnet werden muß, hat auch der Gesichtspunkt der Gemeingebrauchsbeeinträchtigung gegenüber der Meinungsfreiheit Bestand. Deshalb ist nichts dagegen einzuwenden, wenn die Gemeinde etwa dem Verteiler von Flugblättern die Sondernutzungserlaubnis erteilt, es dagegen grundsätzlich nicht gestattet, daß ortsfeste Informationsstände eingerichtet werden.

Für die Verteilung von Flugblättern kommt außerdem eine Satzungsregelung in Betracht, die diese Tätigkeit auf bestimmten Straßenflächen von der Erlaubnispflicht überhaupt freistellt[136]. Denn das Verteilen von Flugblättern ist zwar von der Zweckbestimmung der öffentlichen Straße nicht gedeckt. Im Vergleich zum Verkehrsgebrauch eines Fußgängers be-

---

135) Zunächst offenbleiben muß hier allerdings die Frage, ob das auch in den Fällen gilt, in denen die Meinungsäußerung (offensichtlich) einen Ordnungswidrigkeiten- oder gar einen Straftatbestand erfüllt.

136) Steinberg/Herbert, JuS 1980, 111 f.

einträchtigt es den Gemeingebrauch aber nur geringfügig mehr. Hat sich die Gemeinde deswegen dafür entschieden, insbesondere etwa in Fußgängerbereichen die Flugblattverteilung generell zuzulassen und hält sie es außerdem für vertretbar, auf eine vorherige Kontrolle zu verzichten, so kann eine solche Regelung auch der Verwaltungsvereinfachung dienen.

Weitere verfassungsrechtliche Vorgaben lassen sich in diesem Zusammenhang aber nicht ausmachen. Im übrigen wird es darum auch hier von dem Zweck der Ermessensermächtigung abhängen, ob die Gemeinde bei der Entscheidung über die Inanspruchnahme der öffentlichen Straße zur Meinungsäußerung zusätzliche Gesichtspunkte berücksichtigen darf.

III. Die Wahlwerbung politischer Parteien als Sonderfall

Für die auf der öffentlichen Straße veranstaltete Wahlwerbung politischer Parteien[137] könnten sich dem Verfassungsrecht dagegen prägnantere Vorgaben abgewinnen lassen. Denn hier muß vor allem die Bedeutung der Wahlen für einen demokratischen Staat und die Rolle der politischen Parteien bei der Vorbereitung und Durchführung von Wahlen berücksichtigt werden.

Die Erlaubnispflicht selbst kann davon freilich ebenfalls nicht berührt werden. Denn auch bei der Straßenbenutzung durch politische Parteien können für den Straßenverkehr Gefahren entstehen, die nur mit Hilfe eines präventiven Erlaubnisverfahrens wirksam abzuwehren sind[138].

1. Die Bedingungen einer Ermessensreduzierung

Für die Werbung im Wahlkampf werden auf der öffentlichen Straße Flugblätter verteilt, Informationsstände eingerichtet und vor allem Sichtwerbeträger aufgestellt. Dabei handelt es sich zumeist um ein einfaches Lattengestell mit einer Spantafel, auf der die Plakate mit dem Wahlaufruf und/oder dem Hinweis auf Wahlveranstaltungen der entsprechenden Partei aufgeklebt sind. Diese Werbeträger werden am Straßenrand aufgestellt, mit Drahtschlingen an Bäume

---

137) Mit den politischen Parteien können auf Kommunalebene die sog. "Rathausparteien" in Wettbewerb treten. Für sie gelten darum die nachstehenden Ausführungen sinngemäß.

138) Ebenso BVerfG, NJW 1977, 671; BVerwGE 47, 280, 282; 47, 293, 295.

im Straßenbereich oder an Mastsäulen von Verkehrszeichen und Straßenlater-
nen befestigt.

Die öffentliche Straße bietet damit die Voraussetzung für eine verhältnismäßig
kostengünstige Werbemethode, die auch für kleine und finanzschwache Parteien
erschwinglich ist. Denn in der Regel sehen die Städte außerdem davon ab,
Sondernutzungsgebühren zu erheben, zumindest haben sie dafür aber einen besonders ermäßigten Rahmen vorgesehen. Von einer baurechtlichen Genehmi-
gungspflicht sind die Wahlwerbeanlagen ohnedem freigestellt[139].

Auf der anderen Seite erfordert die Aufstellung dieser Werbeträger jedoch
einen nicht unerheblichen personellen Einsatz[140]. Angesichts dessen gehört
die Wahlsichtwerbung im öffentlichen Straßenraum neben den Wahlredeveran-
staltungen, der Flugblattpropaganda und der Werbung in Presse und Rundfunk[141] heute zu den wichtigsten Mitteln im Wahlkampf der politischen Parteien. Hinzu kommt, daß mit der Wahlwerbung auf der öffentlichen Straße ein
möglichst großer Wählerkreis angesprochen werden kann, vor allem aber gerade
die Wähler, die über andere Medien wie Presse und Rundfunk nicht erreichbar
sind.

Besondere Flächen für Sichtwerbung werden zwar auch von privaten Unternehmen vermietet. Ihre Zahl reicht für die Erfordernisse des Wahlkampfs aber bei
weitem nicht aus. Denn es gilt hier innerhalb eines Zeitraums von wenigen
Wochen die gesamte Bürgerschaft zu mobilisieren. Außerdem müssen die Parteien hier in Konkurrenz zur gewerblichen Wirtschaft treten, die auf solchen
Stellwänden kommerzielle Werbung betreibt.

All das hat der Wahlsichtwerbung auf der öffentlichen Straße einen festen
Platz bei der Wahlvorbereitung in der heutigen Demokratie verschafft. Die
Parteien erfüllen damit in einer für den demokratischen Staat entscheidenden
Phase die ihnen grundgesetzlich zugewiesene und verbürgte Aufgabe, an der
politischen Willensbildung des Volkes "mitzuwirken" (Art. 21 GG). Die politischen Parteien üben hier im besonderen die Funktion eines Verfassungsorgans
aus[142]. Könnte die Gemeinde auch hier frei über die Erlaubnis befinden, so

---

139) Vgl. etwa § 2 Abs. 8 Satz 3 Nr. 1 BaWüLBO.
140) Darauf weist auch BVerwGE 47, 280, 290, hin. Bereits dieser personelle
      Aufwand kann aber eine Selbstregulierung i.S. einer abgestuften Chan-
      cengleichheit gewährleisten.
141) Dazu BVerfGE 14, 121, 131 f.
142) Vgl. BVerfGE 4, 27, 30; 20, 119, 130.

würde sie damit zugleich über den entscheidenden Willensbildungsprozeß des Volkes bestimmen. Das rechtfertigt nicht nur, sondern erfordert, daß ihnen die hierfür unabdingbare Straßenwerbung gestattet wird. Es ist deshalb der ganz allgemein vertretenen Auffassung zuzustimmen, die hier das Entscheidungsermessen in so erheblichem Umfang eingeschränkt erachtet, daß den Parteien jedenfalls für den Regelfall ein Anspruch auf die erforderliche Sondernutzungserlaubnis zugebilligt werden muß[143].

Mit einem Anspruch, der lediglich auf Beachtung der Chancengleichheit gerichtet ist, kann es bei der Straßenwerbung nicht sein Bewenden finden[144]. Der einzelnen Partei muß vielmehr für ihren Wahlkampf ein unmittelbarer, von der Gewährung an andere Parteien unabhängiger Anspruch auf die Sondernutzung der öffentlichen Straße zustehen. Andernfalls läge es praktisch in der Hand der etablierten größeren Parteien, ob überhaupt eine Wahlwerbung auf der öffentlichen Straße stattfindet. Wenn sie sich darüber einig werden, ihren Wahlkampf allein im Rundfunk oder der Presse zu führen, könnte auf dieser Grundlage auch für die kleineren, teilweise weniger bekannten Parteien der Straßenbenutzungsanspruch zu Fall gebracht werden[145]. Gerade sie sind es aber, die auf die Straßenwerbung wegen des damit verbundenen geringen technischen und finanziellen Aufwands vor allem angewiesen sind. Für sie würde sich daher besonders gravierend auswirken, wenn ihr Straßenbenutzungsrecht davon abhinge, ob auch die größeren Parteien den Wahlkampf auf der öffentlichen Straße austragen wollen[146].

---

143) BVerwGE 47, 280, 283; im Ergebnis ebenso BVerwGE 47, 293, 296. Vgl. ferner VGH Mannheim, VBlBW 1987, 310, 311.

144) Der Grundsatz der Chancengleichheit, wie er in § 5 ParteienG eine einfachgesetzliche Ausprägung gefunden hat, steht den Rathausparteien in unmittelbarer Anwendung von Art. 3 Abs. 1 und Art. 28 Abs. 1 GG zu (so BVerwGE 47, 280, 289).

145) Diese für die Wahlwerbung im Rundfunk mögliche Konsequenz hat das OVG Bremen, NJW 1987, 3024 ff. einer Splitterpartei entgegengehalten, nachdem die Mehrheitsparteien für die Bürgerschaftswahlen entsprechende Wahlkampfbeschränkungen vereinbart hatten.

146) Ebenso BVerwGE 47, 293, 298. Ein derartiger Anspruch mag zwar - wie das OVG Bremen, NJW 1987, 3024, 3026, als Argument gegen seine Anerkennung im Bereich des Rundfunks ausführt - Splitterparteien ermöglichen, den größeren Parteien "mit faktisch nötigender Wirkung die Führung eines Wahlkampfes mit Mitteln aufzuzwingen, die diese (bei einem entsprechenden Abkommen) geschlossen ablehnen". Was die öffentlichen Straßen anbelangt, kann dieser Einwand aber nicht durchgreifen. Ein Abkommen, das von den politisch bedeutsamen Parteien zur Beschränkung der Straßenwerbung geschlossen wird, bringt allein zum Ausdruck,

2. Der Inhalt des Anspruchs

Der Anspruch auf Gestattung der Wahl(-sicht-)werbung im öffentlichen Straßenraum steht freilich ebenfalls unter dem Vorbehalt, daß die Sicherheit und Leichtigkeit des Verkehrs gewährleistet bleiben muß. Die Sondernutzungserlaubnis für eine beabsichtigte Wahlplakatwerbung darf deshalb ermessensfehlerfrei abgelehnt werden, wenn sie zu einer Verkehrsgefährdung führen würde[147].

Abgesehen von dieser für öffentlich-rechtliche Sondernutzungen allgemein geltenden Beschränkung kann der den politischen Parteien zustehende Straßenbenutzungsanspruch nicht eine dem Umfang nach ihrem Gutdünken überlassene (und allenfalls durch ihre Finanzkraft begrenzte), sondern lediglich eine Werbung garantieren, wie sie für die Selbstdarstellung der jeweiligen Partei notwendig und angemessen ist. Den Wünschen der Parteien braucht eine Gemeinde daher nicht unbeschränkt Rechnung zu tragen[148]. In ihrer Ermessensfreiheit ist sie vielmehr nur insoweit eingeengt, als den Parteien jeweils angemessene Werbemöglichkeiten sichergestellt sein müssen.

Dabei kommt es zunächst darauf an, in welchem Umfang eine Partei Stellplätze benötigt, damit ihre Beteiligung am Wahlkampf und die von ihr vertretenen Grundpositionen überhaupt zur Geltung gebracht werden können[149]. Deshalb ist hier vor allem auch die Werbewirksamkeit der einzelnen Stellplätze in Betracht zu ziehen. Die Gesamtzahl der danach zur Verfügung stehenden Werbemöglichkeiten ist sodann auf die einzelne Partei abgestuft nach ihrer jeweiligen Bedeutung[150] und vorbehaltlich des für die Erreichung des Zwecks erforderlichen Mindestmaßes zu verteilen[151].

---

daß die daran beteiligten Parteien diese Möglichkeit der Wahlwerbung für *ihre* Selbstdarstellung in der Öffentlichkeit nicht als erforderlich erachten. Gerade dann muß aber die Straßenwerbung für die kleineren Parteien eine umso größere Bedeutung gewinnen.

147) BVerwGE 47, 280, 284. Vgl. auch VGH Mannheim, VBlBW 1987, 310 f.
148) So ausdrücklich BVerwGE 47, 280, 284 f.
149) Als Mindestquote sollen einer Partei danach 5% der insgesamt zur Verfügung gestellten Stellplätze eingeräumt werden (so BVerwGE 47, 280, 291).
150) Sachgerecht wird sie nach dem bei der letzten Wahl errungenen Stimmenanteil bestimmt (vgl. § 5 Abs. 1 Satz 2 ParteienG).
151) Vgl. im übrigen BVerwGE 47, 280, 286, 291.

Die Art und Weise, wie dieser Anspruch erfüllt wird, steht zur Disposition der Gemeinde. Sie ist (bundes-)rechtlich nicht gebunden bei der Frage, in welcher Weise sie dem verfassungsrechtlichen Gebot auf Einräumung angemessener Wahlsichtwerbung Rechnung tragen will, wenn nur jedenfalls das Ergebnis solch angemessener Möglichkeiten sichergestellt bleibt[152]. Zur Ausfüllung des danach bestehenden Ermessensrahmens hat das Bundesverwaltungsgericht in den Urteilen vom 13.12.1974[153] einzelne Grundsätze hervorgehoben. Danach braucht die Gemeinde vor allem eine "wochenlange Verschandelung und Verschmutzung des Stadtbildes" durch sog. wildes Plakatieren nicht zu dulden[154]. In Betracht kommt ferner, daß ein besonders schützenswerter historischer Stadtkern von einer Sichtwerbung für Wahlzwecke gänzlich freigehalten wird[155]. Ob auch im übrigen die "Beeinträchtigung des Stadtbildes unter ästhetischen Gesichtspunkten" eine Verweigerung der Sondernutzungserlaubnis gestattet, konnte das Bundesverwaltungsgericht dabei zwar offen lassen. Es hat jedoch betont, daß sich "eine gewisse Beeinträchtigung in Zeiten des Wahlkampfes schwerlich vermeiden" läßt[156].

3. Werbung für sonstige Parteiveranstaltungen

Daß den Parteien unter gewissen Voraussetzungen ein Anspruch auf die Sondernutzungserlaubnis zuerkannt werden muß, hat bei den Gemeinden allerdings zu einer gewissen Verunsicherung geführt. So läßt sich eine Tendenz erkennen, die das Parteienprivileg zur Sondernutzung in Wahlkampfzeiten zum Parteienprivileg bei der Sondernutzung schlechthin erweitert. Auch für gesellschaftliche Veranstaltungen, etwa den Sommerball des Ortsvereins in der Stadthalle, wird den Parteien in der Praxis bevorzugt die Straßenwerbung gestattet. Künstler suchen daher die Nähe zu einer politischen Partei, um unter ihrer

---

152) BVerwGE 47, 293, 296 f.
153) BVerwGE 47, 280 ff.; 47, 293 ff.
154) BVerwGE 47, 280, 284; 47, 293, 296.
155) BVerwGE 47, 280, 284.
156) BVerwGE 47, 293, 296. Der VGH Mannheim, VBlBW 1987, 310, 311, hat daher zutreffend festgestellt, daß das "grundsätzlich durchaus beachtliche Interesse einer Gemeinde an dem Schutz des Ortsbildes vor einer Beeinträchtigung durch eine Vielzahl von Werbeträgern hinter dem Interesse der politischen Parteien an einer effektiven Wahlwerbung zurückzutreten" hat. Der Straßenbenutzungsanspruch wird freilich weit überdehnt, wenn der VGH Mannheim (a.a.O.) diesem Belang auch für den Fall kein Gewicht zusprechen will, in dem eine angemessene Werbemöglichkeit bereits eingeräumt ist.

Schirmherrschaft nicht nur die gemeindlichen Einrichtungen zur Verfügung gestellt zu bekommen, sondern auch die öffentliche Straße zum Zwecke der Werbung.

Diese Praxis stößt freilich auf Bedenken. Denn es ist kein sachlicher Grund vorhanden, der eine Privilegierung der politischen Parteien gegenüber der gewerblichen Wirtschaft rechtfertigen könnte. Ein Privileg kann den politischen Parteien bei der Sondernutzung öffentlicher Straßen nur eingeräumt werden, soweit sie in ihrer spezifischen Funktion als Wahlvorbereitungsorgane tätig werden. Nur insoweit ist es nach den vom Bundesverfassungsgericht zur staatlichen Parteienfinanzierung aufgestellten Grundsätzen[157] zulässig, daß politischen Parteien besondere vermögenswerte Vorteile gewährt werden. Als verfassungswidrig wäre danach nicht erst zu beurteilen, wenn gegenüber den politischen Parteien allgemein auf die Erhebung von Sondernutzungsgebühren verzichtet würde[158]. Die gleiche Bewertung ergibt sich, wenn ihnen die Gemeinde Sondernutzungen einräumt, die sie anderen Bewerbern überhaupt vorenthält.

---

157) BVerfGE 20, 56 ff.
158) In diesem Sinne P.Kirchhof, Vierteljahrhundert, S. 225, 237.

§ 15: **Das grundrechtliche Privileg für Straßenbenutzungen in der Form von**
Versammlungen und Aufzügen

Die auf der Straße veranstalteten öffentlichen Versammlungen und Aufzüge
werden von den Straßengesetzen des Bundes und der Länder der Kategorie der
Sondernutzung zugeschlagen. Diese Auffassung hat sich heute überwiegend
durchgesetzt[159]. Für die Gegenmeinung, die noch auf ihrer Qualifikation als
Gemeingebrauch beharrt[160], scheint so denn auch weniger die straßenrechtliche Qualifizierung als das Ziel im Vordergrund zu stehen, eine dogmatisch unmittelbar einleuchtende Begründung für die – *beiderseits* – vertretene Auffassung liefern zu können, nach der eine Sondernutzungserlaubnis für Versammlungen und Aufzüge auf der Straße entbehrlich ist[161].

Mit der Begründung für die Erlaubnisfreiheit hat die h.A. in der Tat Schwierigkeiten. Ihr ist jedenfalls verwehrt, den in der Annahme einer "erlaubnisfreien Sondernutzung" liegenden Widerspruch umgehend durch einen Rückgriff
auf § 8 Abs. 6 FStrG bzw. die entsprechenden Vorschriften der Straßengesetze
der Länder aufzulösen. Denn von der nach § 29 Abs. 2 StVO an sich erforder-

---

159) Kodal, S. 545 f. Rdnr. 116 ff. und S. 620 Rdnr. 56; Wimmer, MDR 1964,
280, 281; Frowein, NJW 1969, 1081, 1084; Dietel/Gintzel, S. 25; Samper,
BayVBl 1969, 77, 79; Brohm, JZ 1985, 501, 506; OVG Lüneburg,
NJW 1978, 1939; für die Zeit vor Inkrafttreten der Straßengesetze:
Nebinger, DÖV 1950, 15 f.
160) Salzwedel, in: v.Münch, Bes.VerwR, 7. Aufl. 1985, S. 636; ders.,in: Bonner Kommentar, Art. 8 Rdnr. 38; Ott, Versammlungsgesetz, Einführung,
Rdnr. 20 (S. 52), § 15 Rdnr. 9 (S. 183); ders., NJW 1969, 454, 457;
Braun, Versammlungsfreiheit und Straßenverkehr, Die Polizei 1977, 357,
359 (anders aber für Bundesfernstraßen: Sondernutzung); Hammes,
DVBl 1950, 71, 75 und 103.
161) Kodal, S. 545 Rdnr. 117; M/S/K/Z, § 8 Rdnr. 13 (Stichwort "Kundgebun-
gen: Umzüge"); S/Z/K/Z, BayStrWG, Art. 18 Rdnr. 11, wollen daher überhaupt offen lassen, ob diese Form der Straßenbenutzung beim Gemeingebrauch oder der Sondernutzung eingestuft werden soll. Ebenso Götz,
Allg. Pol.- und OrdR, Rdnr. 181. Vgl. zum Meinungsstand im übrigen
Bairl-Vaslin, S. 8 ff. und Schwäble, S. 170 ff. A.A. Herzog, in:
Maunz/Dürig, Art. 8 Rdnr. 43, der sich freilich "je nach Gestaltung des
konkreten Einzelfalles" für einen Rechtsanspruch auf Erteilung der Sondernutzungserlaubnis" ausspricht. Ebenso OVG Lüneburg, NJW 1978,
1939.

lichen verkehrsbehördlichen Erlaubnis soll die Versammlung ebenfalls freigestellt sein[162].

I. **Die Offenheit der einfachgesetzlichen Vorschriften**

Um diesem Widerspruch zu entgehen, sind daher andere Wege eingeschlagen
worden. Ihr Ausgangspunkt bildet das nach Art. 8 GG allen Deutschen gewährte Grundrecht, "sich ohne Anmeldung oder Erlaubnis friedlich und ohne Waffen
zu versammeln". Wird davon auf der öffentlichen Straße Gebrauch gemacht, so
handelt es sich um eine öffentliche[163] Versammlung[164] oder einen Aufzug[165] unter freiem Himmel[166].

Diese Erscheinungsform der Versammlung ist in Art. 8 Abs. 2 GG unter Gesetzesvorbehalt gestellt, der von einzelnen Vorschriften des Versammlungsgesetz-
zes, namentlich den §§ 14 ff., ausgefüllt wird (vgl. § 20 VersG). In ihnen
wird eine für öffentlich Versammlungen und Aufzüge *abschließende* Regelung

---

162) So die Nr. IV der VerwV zu § 29 Abs. 2 StVO. Danach sind für öffentliche Versammlungen und Aufzüge die §§ 14 - 16 des Versammlungsgesetzes maßgebend. Vgl. dazu Kodal, S. 545 Rdnr. 117 und S. 620 f. Rdnr.
56; weitere Nachweise bei Bairl-Vaslin, S. 25 ff.

163) Öffentlich ist eine Versammlung dann, wenn der Zutritt grundsätzlich
jedem oder doch einem nicht individuell abgegrenzten Personenkreis gestattet ist. Vgl. dazu Frowein, NJW 1969, 1081, 1082; v.Mangoldt/ Klein,
GG, Bd. I, Art. 8 Anm. 3 a.

164) Art. 8 GG setzt ebenso wie das Versammlungsgesetz den Begriff der
Versammlung voraus (allg. Auffassung). Vgl. Frowein, NJW 1969, 1081.
Für eine Ausdehnung des Versammlungsbegriffs Herzog, in: Maunz/ Dürig,
Art. 8 Rdnr. 50 ff. Danach soll es genügen, daß sich Menschen zu
einem rechtmäßigen Zweck treffen, sei er öffentlicher oder privater Natur. Kritisch dazu bereits Frowein, NJW 1969, 1081. Zum Versammlungs-
begriff auch Hölscheidt, DVBl 1987, 666.

165) Der "Aufzug" ist nach h.M. als "sich fortbewegende Versammlung" der
Versammlungsfreiheit unterstellt. Vgl. Bairl-Vaslin, S. 32 Fn. 22 m.w.N.;
Dietel/Güntzel, Versammlungsgesetz, § 1 Rdnr. 14.

166) Vgl. dazu Frowein, NJW 1969, 1081, 1083. Auch die Versammlung in
einem überdachten Fußgängerbereich findet *unter freiem Himmel* statt.
Denn die Versammlung unter freiem Himmel wird - wie Frowein, NJW
1969, 1081, 1083 zutreffend betont - nicht deswegen von der im geschlossenen Raum unterschieden, weil für die Teilnehmer die Gefahr des
Naßwerdens durch Regen besteht, sondern weil die Kommunikation mit
der Außenwelt die Versammlung unter freiem Himmel besonders störungsanfällig und gefährlich macht. Im Ergebnis ebenso Crombach, S. 22;
v. Mangoldt/Klein, GG, Bd. I, Art. 8 Anm. 3 b; Dietel/Gintzel, Versammlungsgesetz, § 14 Rdnr. 1.

gesehen. Es soll deshalb für die Anwendung der betreffenden Vorschriften des Straßen- und Straßenverkehrsrechts hier kein Raum sein, so daß weder die straßenrechtlich Sondernutzungserlaubnis noch die verkehrsbehördliche Erlaubnis nach § 29 Abs. 2 StVO eingeholt werden müsse. Stattdessen reiche es aus, die Versammlung nach Maßgabe des § 14 VersG bei der zuständigen Behörde anzumelden[167].

1. Der Regelungsgehalt des Versammlungsgesetzes

Die Anmeldepflicht trifft den, der "die Absicht hat, eine öffentliche Versammlung unter freiem Himmel oder einen Aufzug zu veranstalten". Er hat diese Absicht mindestens 48 Stunden vor Bekanntgabe der zuständigen Behörde zu melden. Diese hat dann nach dem ihr eingeräumten Ermessen insbesondere darüber zu entscheiden, ob die Veranstaltung aufgrund von § 15 Abs. 1 VersG - präventiv - verboten oder mit Auflagen versehen wird. Beide Maßnahmen, sowohl das Versammlungsverbot als auch die Verhängung von Auflagen, kommen nur in Betracht, "wenn nach den zur Zeit des Erlasses der Verfügung erkennbaren Umständen die öffentliche Sicherheit oder Ordnung bei Durchführung der Versammlung oder des Aufzuges unmittelbar gefährdet ist".

Das Versammlungsgesetz weist sich damit materiell als besonderes Polizeirecht aus[168], das den Rückgriff auf das Allgemeine Polizeirecht, namentlich dessen Generalklausel, verbietet[169]. Es enthält Eingriffsnormen, auf deren Grundlage

---

167) Götz, Allg. Pol.- u. OrdR, Rdnr. 181; Samper, BayVBl 1969, 77, 79 und 82; Ott, Versammlungsgesetz, Einf. Rdnr. 11 (S. 37); v.Münch, GG-Komm., Art. 8 Rdnr. 35. Die Anmeldepflicht soll die zuständigen Behörden, vor allem die Polizei, in die Lage versetzen, rechtzeitig und mit der Möglichkeit vorausschauenden Planens Vorkehrungen zur Aufrechterhaltung der öffentlichen Sicherheit und Ordnung zu treffen (vgl. BT-Drs 8/1845, S. 10; Samper, BayVBl 1969, 77, 79 f.; Crombach, S. 30; Dietel/Gintzel, Versammlungsgesetz, 7. Aufl. 1982, § 14 Rdnr. 5). Ihre Verfassungsmäßigkeit ist vom BVerfG (E 69, 315, 349 ff.) bestätigt worden. Es hat dabei freilich festgestellt, daß bei sog. Spontandemonstrationen, die sich aus aktuellem Anlaß augenblicklich bilden, keine Pflicht zur rechtzeitigen Anmeldung besteht (a.a.O. S. 350 f.) und damit die früher bereits ganz h.A. (vgl. dazu die dort angeführten Nachweise) bestätigt.
168) Samper, BayVBl 1969, 77, 79; Brohm, JZ 1985, 501, 508, spricht von "Sonderpolizeirecht".
169) Samper, BayVBl 1969, 77, 82; Brohm, JZ 1985, 501, 506 und 508 (jeweils mit weiteren Nachweisen).

Gefahren abgewehrt und Störungen unterbunden werden können, die entweder der Versammlung drohen oder von ihr ausgehen können.

Unter spezifisch straßenrechtlichen Gesichtspunkten wird diese Form der Straßenbenutzung indessen keiner Prüfung unterzogen. Selbst ein Anhörungsrecht ist der Wegebehörde hier nicht eingeräumt.

Für eine Vorrangstellung im Verhältnis zu den Straßengesetzen bieten seine Bestimmungen über die Abwehr polizeilicher Gefahren somit keinerlei Anhalt. Es findet sich darin, ebenso wie in den Straßengesetzen selbst, keine Vorschrift, die die Veranstaltung öffentlicher Versammlungen auf der Straße der alleinigen (ausschließlichen) Regelung durch das Versammlungsgesetz vorbehalten würde.

2. Die mangelnde Abstimmung im Gesetzgebungsverfahren

Auch die Materialien zum Versammlungsgesetz schweigen zu dieser Frage. Aus ihnen läßt sich ein entsprechender Wille des Gesetzgebers nicht erschließen. Ihn zumindest dort zu formulieren, hätte aber schon deshalb Anlaß bestanden, weil damals zeitlich nahezu parallel auch das Bundesfernstraßengesetz ausgearbeitet wurde. Es stand am 6. August 1953, d.h. nur 13 Tage später als das Versammlungsgesetz zur Verkündung an[170]. In der Begründung zum Regierungsentwurf des FStrG vom 20.4.1953[171] findet sich dagegen die Bemerkung: *"Die Benutzung der Fernstraßen für besondere Veranstaltungen wie ..., Umzüge, ... u.ä. muß als Sondernutzung von einer Erlaubnis abhängig gemacht werden"*[172].

Das zeigt, daß im Gesetzgebungsverfahren die Frage, wie sich das Straßenrecht zu Versammlungen verhalten soll, durchaus bedacht wurde - freilich gerade

---

170) In Kraft getreten ist das Versammlungsgesetz (v. 24.7.1953, BGBl. I S. 684) einen Tag danach, nämlich am 7.8.1953 (vgl. § 32). Das FStrG (v. 6.8.1953, BGBl. I S. 903) ist nach seinem § 27 am 7.9.1953 in Kraft getreten, damit nicht - wie Bairl-Vaslin, S. 1 angibt - "knapp 14", sondern insgesamt 30 Tage nach dem Versammlungsgesetz.
171) BT-Drs. 1/4248.
172) A.a.O. S. 20, Nr. 5 zu § 8. Der Begriff "Umzüge" wurde damals für die Veranstaltungen verwendet, die das Versammlungsgesetz als 'öffentliche Versammlungen unter freiem Himmel und Aufzüge' umschrieben hat. Vgl. dazu die überzeugenden Nachweise bei Bairl-Vaslin, S. 10 f.

nicht mit dem Resümee, das die These vom abschließenden Charakter des Versammlungsgesetzes stützen könnte. Der Gesetzgeber scheint einen Konflikt zur grundrechtlich gewährleisteten Versammlungsfreiheit nicht gesehen zu haben.

II. Die Gewährleistung von Art. 8 GG im Hinblick auf den Versammlungsort

Art. 8 GG legt jedenfalls seinem Wortlaut nach einen solchen Konflikt nicht nahe. Sein Abs. 1 garantiert allen Deutschen das Recht, "sich ... zu versammeln". Über den Ort, an dem dies geschehen darf, insbesondere zu der Frage, ob dafür auch die Straße zur Verfügung steht, ist darin nichts gesagt. Es scheint somit nur das Recht gewährleistet zu sein, sich überhaupt zu versammeln, ohne daß damit ein Anspruch auf einen bestimmten Versammlungsort verbunden wäre.

Andererseits steht der Wortlaut von Art. 8 Abs. 1 GG auch einer Auslegung nicht entgegen, die seine Gewährleistung dem Umfang nach auf den Ort der Versammlung erstreckt. Die damit aufgeworfene Frage nach der Reichweite dieses Grundrechts ist deshalb für das Verhältnis zwischen dem Versammlungsgesetz und den Straßengesetzen entscheidend. Je nachdem, wie die Antwort darauf ausfällt, sind die Weichen gestellt: entweder in Richtung auf ein unbeschränktes Nebeneinander beider Kodifikationen oder hin zu einem Kollisionsverhältnis, das es erforderlichenfalls mit Hilfe der rechtswissenschaftlichen Methodik aufzulösen gilt.

Beschränkt sich die Gewährleistung von Art. 8 GG auf das bloße Versammeln an sich, so steht der Anwendung der Straßengesetze *neben* dem Versammlungsgesetz nichts entgegen[173]. Der Prüfungsgegenstand, mit dem sich die zur Ausführung des Versammlungsgesetzes zuständige (Polizei-) Behörde zu befassen hat, könnte für diesen Fall nicht die Fragestellung abdecken, die die Entscheidung über die Sondernutzungserlaubnis aufwirft. Denn die Vorschriften des Versammlungsgesetzes erschöpften sich dann in der Abwehr (qualifizierter) polizeilicher Gefahren, in der Entscheidung darüber, ob nach den ex ante erkennbaren Umständen bei der Durchführung der öffentlichen Versammlung unter freiem Himmel oder des Aufzuges eine unmittelbare Gefahr für die öffentliche Sicherheit oder Ordnung entsteht, die nach § 15 Abs. 1 VersG ihr Verbot

---

173) Vgl. insoweit auch Bairl-Vaslin, S. 143 f.; Brohm, JZ 1985, 501, 506.

oder jedenfalls die Verhängung von Auflagen erfordern. Mit der straßenrechtlichen Sondernutzungserlaubnis bliebe dagegen - möglicherweise sogar völlig unabhängig davon - darüber zu befinden, ob zu dem angestrebten Zweck des Sich-Versammelns überdies die Straße zur Verfügung gestellt werden soll.

Der Versammlungsort bildet freilich einen wesentlichen Faktor für die versammlungsbehördliche Entscheidung. Der Veranstalter hat daher in der Anmeldung mitzuteilen, wo die Versammlung stattfinden soll[174]. Das gehört mit zu den "Umständen" i.S.d. § 15 Abs. 1 VersG, welche die Versammlungsbehörde ihrer Gefahrenprognose zugrundelegen muß. Es kann sich danach ergeben, daß gegen die Veranstaltung keine Bedenken zu erheben sind. Die Versammlungsbehörde kann aber auch zu dem Schluß gelangen, daß gerade wegen des vorgesehenen Versammlungsortes ein Verbot verhängt oder - wie dies häufig bei Versammlungen im öffentlichen Verkehrsraum geschieht - durch entsprechende Auflagen sichergestellt werden muß, daß sich die Veranstaltung auf bestimmte Straßen oder Straßenteile beschränkt. All das vermag aber keinesfalls die Annahme rechtfertigen, das Versammlungsrecht stelle damit auch den Versammmlungsort zur Verfügung.

Das ist zunächst dann offensichtlich, wenn die Versammlung auf privatem Gelände stattfinden soll. Der Umstand, daß die Versammlungsbehörde von einem Verbot abgesehen oder lediglich solche Auflagen verhängt hat, die die Wahl des Versammlungsortes unangetastet lassen, befreit den Veranstalter selbstverständlich nicht von der Pflicht, (erforderlichenfalls gegen Entgelt) die Ein-

---

174) So Ott, Versammlungsgesetz, § 14 Rdnr. 3; Dietel/Gintzel; Versammlungsgesetz, § 14 Rdnr 14; Schwäble, S. 209. § 14 VersG sieht dies zwar nicht ausdrücklich vor. Die Vorschrift enthält aber keinen vollständigen Katalog für den zwingenden Inhalt der Anmeldung. Das wird bereits daran erkennbar, daß sie selbst den für die Veranstaltung vorgesehenen Termin nicht erwähnt. Soll die Anmeldung aber ihren, die Anmeldepflicht nach § 14 VersG überhaupt rechtfertigenden Zweck nicht verfehlen, so muß verlangt werden, daß sie Angaben zumindest über den Ort wie auch über den für die Versammlung vorgesehenen Termin enthält. Denn nur dann ist der Versammlungsbehörde die Möglichkeit gegeben, die erforderlichen Maßnahmen (Verkehrsumleitung, polizeiliche Absicherung des Versammlungsortes, erforderlichenfalls aber auch der Ausspruch von Auflagen oder eines Verbotes) zu ergreifen. Sie bilden daher, entsprechend dem Zweck der Anmeldung (vgl. dazu BT-Drs 8/1845, S. 10), ihren in § 14 VersG stillschweigend vorausgesetzten Mindestinhalt.

willigung des Grundstückseigentümers oder sonst Verfügungsbefugten einzuholen[175].

Das Grundrecht der Versammlungsfreiheit vermag daran nichts zu ändern. Es gewährleistet zwar – wie das Bundesverfassungsgericht im Brokdorf-Beschluß[176] formuliert hat – den Grundrechtsträgern das Selbstbestimmungsrecht über Ort, Zeitpunkt, Art und Inhalt der Veranstaltung[177]. Das bedeutet aber nicht mehr als die Freiheit vor zwangsweiser staatlicher Einflußnahme bei der Auswahl des Versammlungsortes. Die rechtliche Verfügungsbefugnis über de Versammlungsort ist dabei vorausgesetzt: "Art. 8 GG begründet selbst kein Benutzungsrecht, das nicht schon nach allgemeinen Rechtsgrundsätzen besteht"[178].

Ebenfalls Zurückhaltung ist geboten, wenn es um die Inanspruchnahme von Grundstücken oder Räumlichkeiten der öffentlichen Hand geht. Ohne die Einwilligung der Bundesbahnbehörde darf etwa das ihrer Verfügungsbefugnis unterliegende Gelände nicht zum Demonstrationsfeld umfunktioniert werden. Das Hausrecht steht ihr nämlich ebenso zu wie dem Gerichtspräsidenten, dem es die Befugnis verleiht, aus dem Dienstgebäude auch als Versammlung formierte Personen zu verweisen. Es genügt, wenn sie dort den ordnungsgemäßen Geschäftsgang stören. Mit "unfriedlichen" Ausschreitungen braucht das nicht verbunden zu sein[179]. Aus dem Gewährleistungsbereich des Art. 8 GG ist nicht nur die unfriedliche Versammlung ausgenommen. Art. 8 GG begründet

---

175) Ebenso Herzog, in: Maunz/Dürig, Art. 8 Rdnrn. 41, 78 und 128 f.; v.Münch, Bonner Kommentar, Art. 8 Rdnr. 31; vgl. auch Samper, BayVBl 1969, 77, 79; Wimmer, MDR 1964, 280, 282. – Steht von vornherein und endgültig fest, daß die Einwilligung nicht erteilt wird, käme umgekehrt sogar ein Versammlungsverbot in Betracht. Denn die widerrechtliche Grundstücksbesetzung stellt einen Verstoß gegen die öffentliche Sicherheit dar. Sie kann der Versammlung überdies den Stempel der Unfriedlichkeit aufdrücken und den Versammlungsteilnehmern so den Schutz durch Art. 8 GG vorenthalten.

176) BVerfGE 69, 315 ff. Er enthält die erste Stellungnahme des BVerfG zu Art. 8 GG seit Inkrafttreten des Grundgesetzes.

177) A.a.O. S. 343; ebenso Leibholz/Rinck, Art. 8 Rdnr. 1.

178) So Herzog in: Maunz/Dürig, Art. 8 Rdnr. 78.

179) Das begrifflichen Gegenstück der Friedlichkeit verlangt Gewalttätigkeit, ein körperlich aggresives Vorgehen (so BVerfGE 73, 206, 248; Herzog, in: Maunz/Dürig, Art. 8 Rdnrn. 71 ff.; E. Stein, Staatsrecht, 1984, § 10 VII 2; Brohm, JZ 1985, 501, 506; a.A. Samper, BayVBl 1969, 77, 78; noch offen dagegen BVerfGE 69, 315, 360).

ebensowenig ein Recht auf die eigenmächtige Inanspruchnahme eines fremder Verfügungsbefugnis unterstehenden Versammlungsortes. Das schließt es aus, daß unter Berufung auf den in geschlossenen Räumen durch keinen Gesetzesvorbehalt eingeschränkte Grundrechtsschutz jegliche Staatstätigkeit lahmlegt wird. Letztlich besteht deshalb Einigkeit darüber, daß Art. 8 GG nicht die Freiheit gewährt, nach eigenem Gutdünken Räumlichkeiten der öffentlichen Hand - etwa Universitäten, Schulen, Rathäuser - zum Versammlungsort umzufunktionieren[180].

Die als kommunale Einrichtungen geschaffenen Stadt- oder Gemeindehallen, Wiesen und Plätze eignen sich zwar vorzüglich, um dort von der Versammlungsfreiheit Gebrauch zu machen. Gleichwohl gewährt nicht das Versammlungsrecht[181], sondern allenfalls das Kommunalrecht einen Benutzungsanspruch[182], der zudem auf die Gemeindeeinwohner beschränkt ist.

Nachdem damit festgestellt ist, daß Art. 8 GG von vornherein weder gegen Private noch gegen Hoheitsträger einen Anspruch darauf gewährt, den für die Durchführung einer Versammlung vorgesehenen Raum zur Verfügung zu stellen, bleibt nun zu prüfen, inwieweit dieses Ergebnis auf die öffentlichen Straßen übertragen werden kann. Den Anlaß, dies zu überdenken, gibt die historische Entwicklung der Versammlungsfreiheit.

III. Der rechtliche Stellenwert der Straße in der Geschichte der Versammlungsfreiheit

Die Geschichte der Versammlungsfreiheit in ihren sämtlichen Einzelheiten und Verästelungen nachzuzeichnen, müßte freilich den Rahmen dieser Arbeit bei weitem sprengen[183]. Die Betrachtung hat sich vielmehr darauf zu konzentrie-

---

180) Das vor allem während der Studentenunruhen der 70er Jahre häufig als "go-in" bzw. "sit-in" praktizierte Eindringen in Behörden-, Kirchen-, Ausstellungs- und Theatergebäude hat daher selbst dann mit der Versammlungsfreiheit nichts zu tun und bleibt rechtswidrig, wenn es kollektiv geschieht (so zutreffend Samper, BayVBl 1969, 77, 78).
181) Aus Art. 8GG allein folgt kein Recht auf Bereitstellung eines Saales in öffentlicher Hand. So Ott, Versammlungsgesetz, Einf. Rdnr. 21 (S. 52); Herzog, BayVBl 1968, 77, 79; Bairl-Vaslin, S. 152.
182) Vgl. dazu die Nachweise bei Bairl-Vaslin, S. 152 (Fn. 44).
183) Vgl. dazu Schwäble, S. 17 ff.; W. Müller, Wirkungsbereich und Schranken der Versammlungsfreiheit, insbesondere im Verhältnis zur Meinungsfreiheit, S. 15 ff. (jeweils m.w.N.).

ren, die Rolle zu beleuchten, die der Straße im Hinblick auf die Versammlungsfreiheit zuerkannt worden ist.

1. Die Sonderstellung der Versammlungen unter freiem Himmel

Von den unter freiem Himmel stattfindenden Versammlungen wurden namentlich jene, die auf der Straße veranstaltet wurden, von der Staatsgewalt mit mißtrauischer Wachsamkeit bedacht und einer rigorosen Reglementierung unterworfen. Die Handhabe dafür bot der für Versammlungen unter freiem Himmel geltende Einschränkungsvorbehalt, der das Versammlungsrecht seit jeher bestimmt hat.

Die königliche "Verordnung über einige Grundlagen der künftigen preußischen Verfassung" vom 6.4.1848[184] schließt in einer Reihe rechtsstaatlich-liberaler Vorentscheidungen die früheste[185] Kodifizierung der Versammlungsfreiheit auf deutschem Boden ein. Ihr § 4 gewährte sie für Versammlungen "in geschlossenen Räumen", "ohne daß die Ausübung dieses Rechtes einer vorgängigen polizeilichen Erlaubniß unterworfen wäre." Versammlungen unter freiem Himmel mußten dagegen "von der Obrigkeit gestattet werden"[186]. Diese Bestimmung hat, mit nur unwesentlichen Änderungen in der Formulierung, Eingang in die sogenannte "oktroyierte Verfassung" v. 5.12.1848 (Art. 27)[187] und die "Verfassungsurkunde für den Preußischen Staat" v. 31.1.1850 (Art. 29)[188] gefunden.

Nur wenige Monate nachdem das Königreich Preußen seine Verfassungsgrundlagen festgeschrieben hatte, wurde das Reichs- "Gesetz betreffend die Grund-

---

184) PrGS 1848, S. 87 (abgedruckt bei Huber, D I, S. 451).
185) Die Verfassungen des süddeutschen Frühkonstitutionalismus, nämlich die Verfassungen für das Großherzogtum Baden (v. 22.8.1818, RegBl. S. 1425), das Königreich Bayern (v. 26.5.1818, GBl. S. 101) und das Königreich Württemberg (v. 25.9. 1819, RegBl. S. 633), aber auch die nach den Unruhen von 1830 erlassenen Verfassungsurkunden für das Königreich Hessen (v. 5.1.1831, GVS S. 1) und das Königreich Sachsen (v. 4.9.1831, GVBl. S. 241) enthielten keine Garantie der Versammlungsfreiheit.
186) Die Bestimmung lautete: "Auch Versammlungen unter freiem Himmel können, sofern sie für die öffentliche Sicherheit und Ordnung nicht gefahrbringend sind, von der Obrigkeit gestattet werden."
187) PrGS 1848, S. 375 (abgedruckt bei Huber, D I, S. 484).
188) PrGS 1850, S. 17 (abgedruckt bei Huber, D I, S. 501).

rechte des deutschen Volkes" v. 27.12.1848[189] verabschiedet. Sein Art. 7,
§ 29 lautete:

Die Deutschen haben das Recht, sich friedlich und ohne Waffen zu versammeln; einer besonderen Erlaubnis dazu bedarf es nicht.
Volksversammlungen unter freiem Himmel können bei dringender Gefahr
für die öffentliche Ordnung und Sicherheit verboten werden.[190]

Eine rechtliche Bedeutung sollte diesem Gesetz allerdings nicht zukommen.
Seine Bestimmungen wurden zwar in die Paulskirchenverfassung v. 27.3.1849
aufgenommen (Art. 161)[191]. Diese ist aber nie in Kraft getreten. Das Grund-
rechtsgesetz selbst wurde schließlich durch Bundesbeschluß v. 23.8.1951[192]
aufgehoben[193].

Auch § 7 des Reichsvereinsgesetzes (RVG) v. 8.4.1908[194] und schließlich
Art. 123 der Weimarer Reichsverfassung (WRV) v. 11.8.1919[195] unterschieden
zwischen der in geschlossenen Räumen und der unter freiem Himmel veranstalteten Versammlung[196].

---

189) RGBl. 1848, S. 49
190) Dieses Recht sollte nach den Einführungsbestimmungen in Abschnitt II
     des Reichsgrundgesetzes, die die Verbindlichkeit einzelner Grundrechte
     hinausschoben, schon zusammen mit dem Reichsgrundgesetz in Kraft tre-
     ten (vgl. Art. 1 Nr. 11).
191) Als Vorbild für diese Ausgestaltung der Versammlungsfreiheit kann
     Art. 19 der belgischen Verfassung von 1831 angesehen werden (so W.
     Müller, S. 24; zum Einfluß dieser Verfassung auf die Paulskirchenverfas-
     sung vgl. auch Voigt, Geschichte der Grundrechte, S. 70 f.) Er lautete:
     "Die Belgier haben das Recht, sich friedlich und ohne Waffen zu ver-
     sammeln, gemäß den Gesetzen, welche die Ausübung dieses Rechts be-
     stimmen können, ohne es im mindesten einer vorherigen obrigkeitlichen
     Erlaubnis zu unterwerfen. Diese Verfügung bezieht sich nicht auf Ver-
     sammlungen unter freiem Himmel, welche gänzlich den Polizeigesetzen
     unterworfen bleiben." (Übersetzung nach Hartung, Die Entwicklung der
     Menschen- und Bürgerrechte, 3. Aufl., Göttingen 1964, S. 69).
192) Abgedruckt bei Huber, D II, S. 2.
193) Vgl. Huber, D I, S. 389 (Fn. 5).
194) RGBl. S. 151. Dazu W. Müller, S 33 ff.
195) RGBl. S. 1383 (abgedruckt bei Huber, D III, S. 129, 146).
196) Die Reichsverfassung v. 16.4.1871 (BGBl. S. 63; abgedruckt bei Huber,
     D II, S. 384) enthielt keinen Grundrechtskatalog. Ihr Art. 4 Nr. 16 si-
     cherte dem Reich lediglich die Gesetzgebungskompetenz für das Vereins-
     wesen, zu dem nach damaliger nahezu allgemeiner Auffassung auch das
     Versammlungswesen rechnete (vgl. W.Müller, S. 33 Fn. 92).

2. Die Straße als besonders geregelter Versammlungsort

Daneben hat das Versammlungsrecht des 19. und frühen 20. Jahrhunderts weitere Unterteilungskriterien herausgestellt und daran besonders einschneidende Regelungen geknüpft.

Nur wenige Einzelstaaten hatten öffentliche Versammlungen "zu politischen Zwecken" bzw. solche, "in welchen öffentliche Angelegenheiten erörtert werden sollen", noch ohne jede Ausnahme einem Genehmigungsvorbehalt unterstellt[197]. Ganz überwiegend war eine polizeiliche Genehmigung oder Erlaubnis nur für Versammlungen unter freiem Himmel ausbedungen[198]. Ihnen wurden die Versammlungen in geschlossenen Räumen gegenübergestellt, die bloß angemeldet werden mußten.

Verschiedene Versammlungsgesetze ließen es wiederum auch bei dieser Differenzierung nicht bewenden, sondern stellten darüber hinaus die Versammlungen "auf öffentlichen Plätzen und Straßen in Städten und Ortschaften" besonders heraus[199].

---

197) So Nr. 1 der Verordnung de Großherzogtums Mecklenburg-Schwerin vom 27.1.1851 (RegBl. Nr. 7; abgedruckt bei Mascher, S. 38) und § 6 des Vereinsgesetzes des Fürstentums Schwarzenburg-Sondershausen v. 9.6.1856 (abgedruckt bei Mascher, S. 110) für Versammlungen solcher Vereine, "welche ohne besondere staatliche Anerkennung oder Genehmigung bestehen".

198) Eine Ausnahme davon findet sich in § 44 des Staatsgrundgesetzes für das Herzogtum Sachsen-Coburg-Gotha v. 3.5.1852 (abgedruckt bei Mascher. S. 102), das auch für Versammlungen unter freiem Himmel die Anzeige an die Bezirks-Polizeibehörde für genügend erklärte. Auf der anderen Seite des Spektrums steht das generelle Verbot für diese Versammlungen, wie es sich in § 3 der "Verordnung betreffend Versammlungen und Vereinigungen zu politischen Zwecken" des Großherzogtums Mecklenburg-Schwerin v. 2.5. 1877 (Reg.Bl.Nr. 7; abgedruckt bei Mascher, S. 83), § 4 der Verordnung für das Großherzogtum Mecklenburg-Strelitz v. 19.2.1891 (GAnz. 6/91; abgedruckt bei Mascher, S. 87) sowie § 3 der "Verordnung zur Verhütung des Mißbrauchs des Versammlungs- und Vereinigungsrechts" für die Freie und Hansestadt Hamburg v. 30.6.1851 (abgedruckt bei Mascher, S. 130) – hier für den gesamten Stadtbereich – findet.

199) So § 9 der "Verordnung über die Verhütung eines die gesetzliche Freiheit und Ordnung gefährdenden Mißbrauchs des Versammlungs- und Vereinsrechts" für das Königreich Preußen v. 11.3.1850 (PrGes.S. S. 264; abgedruckt bei Mascher, S. 15); Art. 4 des "Gesetzes, die Versammlungen und Vereine betreffend" für das Königreich Bayern v. 26.2.1850 (GVBl. S. 53; abgedruckt bei Mascher, S. 53); § 13 des "Gesetzes, das Vereins- und Versammlungsrecht betreffend" für das Königreich Sachsen v. 22.11.1850 (GVBl. S. 264; abgedruckt bei Mascher, S. 62); § 12 des" Gesetzes betreffend polizeiliche Maßregeln gegen den Mißbrauch des Ver-

Die Versammlungsgesetze der Königreiche Bayern[200]) und Sachsen[201]) sowie
des Fürstentums Reuß ä.L.[202]) verlangten für Versammlungen auf öffentlichen
Straßen nicht nur die polizeibehördliche Genehmigung, sondern darüber hinaus
die "Zustimmung der betreffenden Gemeindeverwaltung" (Art. 4 Bayern), die
"Erlaubniß des örtlich zuständigen Gemeindevorstandes" (§ 12 Reuß ä.L.) bzw.
die "Genehmigung derjenigen Behörde, welcher die Straßenpolizei über jene
Räumlichkeiten zusteht" (§ 13 Sachsen).

Das RVG, das schließlich eine gewisse Rechtsvereinheitlichung für das Ver-
sammlungs- und Vereinswesen in Deutschland brachte, befaßte sich ebenfalls
eingehender mit diesem Versammlungsort. In seinem § 7 unterstellte es "öffentliche Versammlungen unter freiem Himmel und Aufzüge auf öffentlichen
Straßen und Plätzen" der "Genehmigung der Polizeibehörde".

Soweit das Landesrecht aufgrund der in § 9 RVG eingeräumten Möglichkeit die
Genehmigungs- durch eine Anzeigepflicht ersetzte [203]), blieben die Versammlungen auf öffentlichen Straßen und Plätzen davon stets ausdrücklich ausgenommen[204]).

---

eins- und Versammlungsrechts" für das Herzogtum Braunschweig v.
4.7.1853 (GVS. Nr. 37, abgedruckt bei Mascher, S. 92); § 11 des "Gesetzes über die Verhütung eines die gesetzliche Freiheit und Ordnung störenden Mißbrauchs des Versammlungs- und Vereinigungsrechtes" für das
Herzogtum Anhalt v. 26.12.1850 (Ges.S. Bd. 1 S. 177; abgedruckt bei
Mascher, S. 103); § 12 des Gesetzes für das Fürstentum Reuß ä.L. v.
3.1.1887 (Ges.S. Nr. 1 S. 177; abgedruckt bei Mascher, S. 117); § 12 des
Gesetzes für das Fürstentum Reuß j.L. v. 5.7.1852 (Ges.S. S. 62, abgedruckt bei Mascher, S. 125; gleichlautend mit § 11 des anhaltischen Gesetzes vom 26.11.1850); § 8 des Versammlungs- und Vereinsgesetzes für
das Herzogtum Lippe-Detmold v. 23.2.1891 (Ges.S. Nr. 8 d; gleichlautend
mit § 9 des preußischen Versammlungsgesetzes v. 11.3.1850; abgedruckt
bei Mascher, S. 127).

200) "Gesetz, die Versammlungen und Vereine betreffend" v. 26.2. 1850
(GVBl. S. 53; abgedruckt bei Mascher, S. 53).
201) "Gesetz, das Vereins- und Versammlungsrecht betreffend" v. 22.11.1850
(GVBl. S. 264; abgedruckt bei Mascher, S. 62).
202) Gesetz v. 3.1.1887 (Ges.S. Nr. 1 S. 177; abgedruckt bei Mascher, S. 117).
203) Damit sollte gewährleistet werden, daß in den Ländern, die schon vorher
nur eine Anzeige verlangt hatten, mit dem RVG keine Verschlechterung
des Rechtszustandes eintrat. Vgl. Stier-Somlo, RVG, S. 145.
204) Vgl. Nr. 7 der Vollzugsbestimmungen des Königlich Bayerischen Staats-
ministeriums vom 12.5.1908 (GVBl. Nr. 30 S. 291 ff.; Nr. VII der Voll-
zugsverfügung des Ministeriums des Innern (Württemberg) v. 13.5.1908
(RegBl. Nr. 10 S. 103 und § 7 der Verordnung des Großherzoglichen Ministeriums des Innern (Baden) v. 11.5.1908 (GVBl. Nr. XV S. 103.

Das belegt insgesamt die besondere Bedeutung, die gerade den auf der Straße veranstalteten Versammlungen beigemessen wurde. Allein die Straße als Versammlungsort bot die Möglichkeit, über die unmittelbaren Versammlungsteilnehmer hinaus mit dem jeweiligen Anliegen auf eine breite Öffentlichkeit von Passanten und Straßenanwohnern einzuwirken. Für Versammlungen, die in geschlossenen Räumen oder zwar unter freiem Himmel, aber außerhalb der Wohn- und Geschäftsviertel in der freien Landschaft veranstaltet wurden, war dieser Demonstrationseffekt praktisch nicht zu erzielen. Denn es fehlten hierzu noch die technischen Voraussetzungen, wie sie heute in Gestalt der Rundfunk-, insbesondere aber der Fernsehberichterstattung vorhanden sind. Die Straße nahm damit für Versammlungen mit Demonstrationszwecken eine Schlüsselstellung ein. Das erklärt die staatlichen Bestrebungen, vornehmlich diesen Versammlungsort unter fester Kontrolle zu behalten.

Dagegen waren die damals herrschenden Verkehrsverhältnisse kaum geeignet, dieses Sonderrecht für Versammlungen unter freiem Himmel zu rechtfertigen. Denn der Verkehr des 19. und frühen 20. Jhdt. bedurfte keineswegs eines derart ausgeprägten Schutzes. Die auf der Straße veranstaltete Versammlung konnte für ihn in aller Regel nicht mehr als bloße Behinderungen mit sich bringen. Der verkehrlichen Belangen zugewiesene Stellenwert, der die zuständige (Polizei-) Behörde verpflichtete, "bei Ertheilung der Erlaubniß auch alle dem Verkehr schuldigen Rücksichten zu beachten"[205], mußte daher eher als Vorwand dienen, um dieser als besonders gefährlich erachteten Erscheinungsform der Versammlung ihre Basis nehmen zu können. Als Rechtfertigung können sie jedenfalls für den noch weitergehenden Schritt der Freien und Hansestadt Hamburg nicht angesehen werden, die in ihrem Stadtgebiet sämtliche Versammlungen unter freiem Himmel verboten hatte. Als eigentlich gefährlich wurde die Versammlung denn auch wegen ihres politischen, in aller Regel oppositionellen Charakters eingestuft.

Deutlich wird das außerdem durch die Vorschriften, die – wie heute § 17 VersG – gewisse unpolitische Veranstaltungen von den Eingriffsbefugnissen des Versammlungsrechts freigestellt haben. Sie finden sich bereits in

---

205) So § 9 des preußischen Versammlungsgesetzes. Nach Mascher, Anm. 4 zu § 9 (S. 36), sollte diese Bestimmung ein Versammlungsverbot schon dann rechtfertigen, "wenn Verkehrsstörungen zu befürchten stehen".

den frühesten Versammlungsgesetzen[206]. Für religiöse Veranstaltungen
wie Prozessionen, Bittgänge und Wallfahrten gaben sie einem Entgegenkommen gegenüber der Kirche Ausdruck[207]. Darüber hinaus veranschau-
lichen sie jedoch, daß man die so privilegierten Veranstaltungen wie etwa
"hergebrachte Umzüge der Innungen"[208] für die staatliche Sicherheit
insgesamt für weniger gefährlich hielt als die erklärtermaßen politischen
Versammlungen, die auf der Straße unter dem Blick der Öffentlichkeit für
Aufsehen sorgen konnten[209].

Das Reichsvereinsgesetz v. 19.4.1908 hat daher den Schutz der Verkehrssicherheit nicht mehr besonders erwähnt. In dem Bericht der XIV. Kommission
zur Vorbereitung des Entwurfs eines Vereinsgesetzes[210] heißt es dazu:
"Auch die weitere Forderung, daß die Genehmigung von Versammlungen,
die auf öffentlichen Plätzen und Straßen in Städten und Ortschaften veranlaßt werden, nur aus Verkehrsrücksichten versagt werden dürfe, stellt
eine zu weitgehende Einschränkung des Rechts und der Pflicht der
Staatsbehörden zur Aufrechterhaltung der allgemeinen Sicherheit dar und
bringt überdies insofern etwas ganz Überflüssiges zum Ausdruck, als es
eine ganz selbstverständliche Vorbedingung für die Abhaltung einer jeden
Versammlung ist, daß sie den öffentlichen Verkehr nicht behindert"[211].

Die Weimarer Republik hat eine eigene gesetzliche Regelung des Versammlungsrechts nicht hervorbringen können. Für Rechtsunsicherheit sorgte hier der "mit
Gesetzeskraft" verkündete Aufruf des Rates der Volksbeauftragten v.
12.11.1918[212], in dem sich die Erklärung findet, das Vereins- und Versamm-

---

206) Vgl. Art. 4 II des "Gesetzes, die Versammlungen und Vereine betreffend"
    für das Königreich Bayern v. 26.2.1850 (GVBl. S. 53; abgedruckt bei
    Mascher, S. 53); § 10 S. 3 der "Verordnung über die Verhütung eines
    die gesetzliche Freiheit und Ordnung gefährdenden Mißbrauchs des Ver-
    sammlungs- und Vereinsrechts" für das Königreich Preußen v. 11.3.1850
    (PrGes.S. S. 264; abgedruckt bei Mascher, S. 15); § 17 des "Gesetzes,
    das Vereins- und Versammlungsrecht betreffend" für das Königreich
    Sachsen v. 22.11.1850 (GVBl. S. 264; abgedruckt bei Mascher, S. 62) und
    § 12 S. 3 des "Gesetzes über die Verhütung eines die gesetzliche Frei-
    heit und Ordnung störenden Mißbrauchs des Versammlungs- und Verei-
    nigungsrechtes" für das Herzogtum Anhalt v. 26.12.1850 (Ges.S. Bd. 1 S.
    177; abgedruckt bei Mascher, S. 103).
207) Vgl. Pözl, Gesetz v. 26.2.1850, die Versammlungen und Vereine betref-
    fend (Kommentar) in: von Dollmann, Carl Friedrich, Die Gesetzgebung des
    Königreichs Bayern, Band IV, Erlangen, 1863, S. 457 ff.
208) So Art. 4 Abs. 2 des bayer. Versammlungsgesetzes v. 26.2.1850.
209) Vgl. auch Ott, Versammlungsgesetz, § 17 Rdnr. 1 (S. 196).
210) Drucksachen des Reichstags, 12. Legislaturperiode, I. Session 1907/1908,
    Nr. 819.
211) a.a.O. S. 68 f.
212) RGBl. S. 1303 (abgedruckt bei Huber, D III, S. 6).

lungsrecht unterliege keiner Beschränkung. Inwieweit dadurch das Reichsvereinsgesetz von 1908 hinfällig geworden war, blieb heftig umstritten[213]. Entwürfe zur Änderung des Vereinsgesetzes, die die unübersichtlich gewordene Rechtslage klären sollten, wurden dem Reichstag in den Jahren 1926 und 1929 zugeleitet, aber niemals erledigt[214]. Immerhin setzte sich die Auffassung durch, daß Versammlungen unter freiem Himmel nicht mehr von einer Genehmigung abhängig gemacht werden durften[215]. Im Ringen um die Versammlungsfreiheit galt es für ihre Verfechter daher vor allem, den Anspruch auf die Straße als Versammlungsort zu begründen.

Das war ihnen freilich zu spät, nämlich erst gegen Ende der Weimarer Republik gelungen, als sich auf der Straße bereits der Terror durchgesetzt hatte. Aus Art. 123 WRV wurde – obwohl dessen Wortlaut darüber ebensowenig Aufschluß gibt wie die Formulierung von Art. 8 GG – allgemein in der Literatur ein Straßenbenutzungsrecht abgeleitet. In seinem Lehrbuch für Verwaltungsrecht schrieb Walter Jellinek: "Die Straße gehört nun einmal dem 'Volke'; ein Hausrecht des Herrn der Straße Umzügen gegenüber würde dem Sinn der Reichsverfassung widersprechen"[216]. Waldecker faßte dies in der Feststellung zusammen: "Die Straße ist nun einmal für das Versammlungsrecht freigegeben"[217].

Man ist somit nicht dabei stehen geblieben, den Straßenbenutzungsanspruch aus der damals herrschenden weiten Auffassung über den Umfang des Gemeingebrauchs[218] ableiten zu wollen[219]. Vielmehr heben diese Autoren die verfassungsrechtliche Verankerung des Straßenbenutzungsrechts in der Gewährleistung der Versammlungsfreiheit durch Art. 123 WRV ausdrücklich hervor.

---

213) Vgl. dazu v. Jan, Das Vereinsgesetz für das Deutsche Reich, 1931, S. 15 ff.
214) Vgl. v. Jan, Das Vereinsgesetz für das Deutsche Reich, 1931, S. 14.
215) RG 56, 179; v. Jan, Das Vereinsgesetz für das Deutsche Reich, 1931, S. 101; Drews, Allgemeine und politische Partei, 1932, S. 261.
216) 3. Aufl. 1931, S. 490.
217) in: Anschütz/Thoma (Hrsg.), Handbuch des deutschen Staatsrechts, Bd. II, 1932, S. 648.
218) Vgl. dazu etwa Thoma, in: Triepel (Hrsg.), Festgabe zur Feier des 50-jährigen Bestehens des preußischen Oberverwaltungsgerichts, 1875 – 1925, 1925, S. 201; Delius, in: Nipperdey, Hans Carl (Hrsg.), Die Grundrechte und Grundpflichten der Reichsverfassung, 2. Bd., 1930, S. 150.
219) So zutreffend Bairl-Vaslin, S. 149 f.

Mit dem von Art. 123 WRV vorgegebenen Inhalt hat die Versammlungsfreiheit durch Art. 8 GG Eingang in das Grundgesetz gefunden[220]. Sachliche Abweichungen enthalten allein die Absätze 2 dieser Verfassungsbestimmungen. Während Art. 123 Abs. 2 WRV noch vorsah, daß Versammlungen unter freiem Himmel bei unmittelbarer Gefahr für die öffentliche Sicherheit verboten werden konnten (und zwar durch die Polizei), läßt Art. 8 Abs. 2 eine Beschränkung der Versammlungsfreiheit nur noch durch oder aufgrund eines Gesetzes zu. Die historische Auslegung von Art. 8 GG ergibt daher ein Straßenbenutzungsrecht für Versammlungen unter freiem Himmel[221].

IV. Die grundrechtliche Gewährleistung der öffentlichen Straße als Versammlungsort

1. Die Abhängigkeit des Zwecks der Versammlung vom Versammlungsort

Bei der Veranstaltung von Versammlungen lassen sich im wesentlichen zwei Beweggründe erkennen. Vorderhand geht es stets um die Interaktion zwischen den Versammlungsteilnehmern selbst. Es werden Meinungen ausgetauscht und erörtert sowie Meinungen gebildet[222]. Die Veranstaltung beschränkt sich so auf das Bedürfnis des Menschen nach Gemeinschaft mit anderen. Dieser Versammlungszweck kann praktisch an jedem Ort verwirklicht werden.

Darüber hinaus kann das Anliegen einer Versammlung darin bestehen, mit einer bestimmten Meinung in der Gruppe vor die Öffentlichkeit zu treten. Diese Wirkung entfaltet die Versammlung bereits durch die bloße Tatsache des Stattfindens und ihrer optischen Wahrnehmbarkeit. Die Versammlung wird so zu Kundgebung oder Demonstration. Sie bezweckt nach der Formulierung des Bundesverfassungsgerichts[223] "die gemeinsame körperliche Sichtbarmachung von

---

220) So Bairl-Vaslin, S. 151; Wimmer, DÖV 1964, 280, 281; allgemein zum Verhältnis von Art. 8 GG und Art. 123 WRV vgl. v. Mangoldt/Klein, Bd. 1, 2. Aufl., Art. 8 Anm. II. 2 (S. 300). Sachliche Abweichungen enthalten allein die Absätze 2 dieser Verfassungsbestimmungen. Während Art. 123 Abs. 2 WRV noch vorsah, daß Versammlungen unter freiem Himmel bei unmittelbarer Gefahr für die öffentliche Sicherheit verboten werden konnten (und zwar durch die Polizei), läßt Art. 8 Abs. 2 eine Beschränkung der Versammlungsfreiheit nur noch durch oder aufgrund eines Gesetzes zu.
221) So Bairl-Vaslin, S. 151; Wimmer, MDR 1964, 280, 281.
222) Brohm, JZ 1985, 501, 506; Maunz/Zippelius, Staatsrecht, § 24 III (S. 199).
223) E 69, 315, 345.

Überzeugungen, wobei die Teilnehmer einerseits in der Gemeinschaft mit anderen eine Vergewisserung dieser Überzeugung erfahren und andererseits nach außen - schon durch die bloße Anwesenheit, die Art des Auftretens und des Umganges miteinander oder die Wahl des Ortes - im eigentlichen Sinne des Wortes Stellung nehmen und ihren Standpunkt bezeugen".

2. Die" Demonstration" als anerkannter Versammlungszweck

Auch mit diesem Anliegen genießt die Versammlung den Schutz von Art. 8 GG[224]. Die Versammlungsfreiheit schließt demnach die Freiheit zur "plakativen oder aufsehenerregender Meinungskundgabe"[225] ein.

Geltung kann dieser Gewährleistungsinhalt allerdings nur erlangen, wenn für solche Versammlungen die Straße zur Verfügung steht[226]. Denn andernfalls müßte die grundrechtliche Gewährleistung für Versammlungen mit Demonstrationscharakter in diesem Bereich leerlaufen und ohne Wirkung bleiben.

Außerhalb der Wohn- und Geschäftsviertel von Städten und Gemeinden kann die Versammlung einen Öffentlichkeitsbezug und Publizität kaum herstellen. Denn eine Öffentlichkeit, wie sie in den Verkehrsteilnehmern auf der Straße zu finden ist, fehlt dort. Die Versammlung bliebe daher mit ihrem Anliegen auf eine Vermittlung durch die Berichterstattung im Rundfunk und Fernsehen angewiesen. Ihr propagandistischer Zweck würde notwendigerweise verfehlt, wenn sie gewissermaßen unter Ausschluß der Öffentlichkeit stattfände.

Versammlungen mit Demonstrationszwecken müssen deshalb auf der Straße im Stadtinnern veranstaltet werden dürfen[227]. Sie auf menschenleere oder ver-

---

224) So BVerfGE 69, 315, 343; vgl. auch v. Mangoldt/ Klein, Bd. I, Art. 8 Anm. 2 a; Leibholz/Rinck, Art. 8 Rdnr. 1; a.A. noch Samper, BayVBl 1969, 77 f.: "Ein Demonstrationsrecht mit Verfassungsrang gibt es nicht". Dagegen Brohm, JZ 1985, 501, 506.
225) BVerfGE 69, 315, 343 ff.
226) Ebenso Bairl-Vaslin, S. 152 ff.; LG Hamburg, DVBl 1952, 314, 315.
227) F. Müller, Positivität, S. 100; Bairl-Vaslin, S. 152 ff.; LG Hamburg, DVBl 1952, 314 f.; Wimmer, MDR 1964, 280, 281 f.; Frowein, NJW 1969, 1081, 1084. A.A. Brohm, JZ 1985, 501, 507, der freilich einräumt, ein daß die Freiheit zur kollektiven Meinungskundgabe auf privatem Gelände, wie etwa privaten Sportstadien, Parkanlagen, geeigneten Hofräumen, Wirtsgärten, Wiesen oder Waldgrundstücken kaum wirksam ausgeübt werden kann "und daher wesentlich auf die Nutzung öffentlichen Straßenraums angewiesen ist".

kehrsarme Vorortviertel zu verweisen, widerspräche der grundrechtlichen Gewährleistung[228].

Nur dann, wenn im Bereich der in Aussicht genommenen Straße mit den verfügbaren polizeilichen Kräften unmittelbare Gefahren für die öffentliche Sicherheit oder Ordnung nicht anders abgewendet werden können, darf der Versammlung durch entsprechende Auflagen die Benutzung einer anderen Straße vorgeschrieben werden, um so etwa das Zusammentreffen mit einem gegnerischen Aufzug vermeiden zu können[229].

Die für Straßen geltende Ausnahme hat das Bundesverfassungsgericht in seiner jüngsten Rechtsprechung zur Versammlungsfreiheit ausdrücklich hervorgehoben. Es hat festgestellt, "daß die Versammlungsfreiheit grundsätzlich die Selbstbestimmung über Art und Ort der Veranstaltung umfaßt (BVerfGE 69, 315, 343) *und insoweit ein Recht zur Mitbenutzung der im Allgemeingebrauch stehenden Straße einschließt*".[230]

3. Die Bedeutung der technischen Entwicklung für das Versammlungen gewährleistete Straßenbenutzungsrecht

Zwei Gesichtspunkte dürfen dabei allerdings nicht außer acht gelassen werden. Sie ergeben sich zum einen aus den Möglichkeiten moderner Nachrichtentechnik. Ferner muß bedacht werden, daß die technische Entwicklung des Straßenverkehrs eine Entwicklungsstufe erreicht hat, wie sie in den Anfängen des Versammlungsrechts noch unvorstellbar war.

Vor allem der Fernsehberichterstattung ist zuzuschreiben, daß für Demonstrationen auch andere Versammlungsorte als Straßen Interesse gewonnen haben. Ohne sie müßte die Demonstration auf einer abgelegenen Wiese um das Bauge-

---

228) Das gilt grundsätzlich ebenso für Sportstadien und Parkanlagen. Für die Städte bilden diese wegen der bei Großdemonstrationen zu erwartenden Schäden eine im übrigen wenig vorteilhafte Alternative. Vgl. auch BVerfGE 69, 315, 368: "Die Erwägung, eine Demonstration mit lokalem Bezug in irgendein Stadion zu verlegen, läßt den (...) Zusammenhang zwischen Demonstrationsanlaß und Demonstrationsort außer acht." Zustimmend Herzog, in: Maunz/Dürig, Art. 8 Rdnr. 79.
229) Vgl. dazu Herzog, in: Maunz/Dürig, Art. 8 Rdnr. 79. Dieser Problemkreis bedarf freilich hier keiner Vertiefung. Denn die Existenz des Straßenbenutzungsrechts bleibt durch diesen i.S.d. § 15 VersG qualifizierten Polizeivorbehalt unberührt.
230) BVerfGE 73, 206, 249.

lände für ein Kernkraftwerk[231] jedenfalls ihren Hauptzweck verfehlen. Es käme kaum jemand auf die Idee, dort eine Demonstration zu veranstalten, wenn statt der (Fernseh-) Öffentlichkeit allenfalls das Wachpersonal auf die Gefahren der Nutzung von Kernenergie aufmerksam gemacht werden könnte.

Angesichts der Möglichkeit der Fernsehberichterstattung ist die Straße also nicht mehr der einzige Ort, an dem Versammlungen die Aufmerksamkeit einer breiten Öffentlichkeit zu erwirken in der Lage sind. Da sie deshalb in geringerem Maße auf die Straße angewiesen sind, könnte es andererseits um so eher gerechtfertigt sein, gewichtigen Belangen des Straßenverkehrs zur Durchsetzung zu verhelfen.

Der Vorrang wird dem Verkehrsinteresse nämlich selbst von den Befürwortern eines unmittelbar aus Art. 8 GG abgeleiteten Straßenbenutzungsanspruchs eingeräumt, wenn es um die Frage geht, ob damit auch überörtliche, widmungsmäßig dem Kraftfahrzeugverkehr vorbehaltene Straßen, insbesondere Autobahnen, der Ausübung der Versammlungsfreiheit zur Verfügung stehen. Sie berufen sich dabei zumeist auf den Inhalt der Widmung dieser Straßen[232]. Dagegen läßt sich freilich zu Recht der Einwand erheben, daß die einfach-gesetzlichen Widmungsbeschränkungen auf den Kraftfahrzeugverkehr den verfassungsrechtlich gewährleisteten Straßenbenutzungsanspruch nicht zu beschränken vermag[233].

Gleichwohl kann aus Art. 8 GG kein Anspruch darauf abgeleitet werden, daß für eine Versammlung eine Autobahn zur Verfügung gestellt wird, um dort etwa für die Einführung von Geschwindigkeitsbegrenzungen oder gegen die Zahl der Verkehrstoten zu demonstrieren. Denn die Versammlung könnte nur bei einer Totalsperrung für den Kraftfahrzeugverkehr stattfinden[234]. Ein Nebeneinander der Straßenbenutzung von Demonstranten und fließendem Verkehr, wie

---

231) Dort sollte die Demonstration stattfinden, mit deren Verbot sich das Bundesverfassungsgericht in seinem Brokdorf-Beschluß zu befassen hatte (vgl. BVerfGE 69, 315, 321).

232) So Frowein, NJW 1969, 1081, 1084; Ott, Versammlungsgesetz, Einf. Rdnr. 20.

233) Bairl-Vaslin, S. 212 f.

234) Die Sperrung müßte sich dabei selbst auf die Gegenfahrbahn erstrecken. Denn die Aufmerksamkeit der Verkehrsteilnehmer vom eigenen Fahrbahnbereich ablenkenden Randgeschehenissen schränken dort die Verkehrssicherheit erheblich ein, was sich immer wieder daran zeigt, daß ein spektakulärer Autobahnunfall auch auf der Gegenfahrbahn zumindest Auffahrunfälle auslöst.

255

es nach Ansicht des Bundesverfassungsgerichts[235] in aller Regel erreichbar ist, ist aus Sicherheitsgründen ausgeschlossen, wenn auf der Straße ein "Schnellverkehr mit Kraftfahrzeugen" (vgl. § 1 Abs. 3 FStrG) stattfindet. Damit fehlt auf der Autobahn von vornherein der sonst auf der Straße herstellbare Öffentlichkeitsbezug, die Publikumswirksamkeit, allein um derentwillen Art. 8 GG ein Straßenbenutzungsrecht gewährt. Das Straßenbenutzungsrecht vermag daher - entsprechend seiner Deduktion aus Art. 8 GG - nur solche Straßen zu erfassen, in denen die Versammlung neben dem Verkehr, zumindest aber mit Blick auf die (Anwohner-)Öffentlichkeit der durchgeführt werden kann[236].

V. Folgerungen für das Verhältnis zwischen dem Versammlungsgesetz und den Straßengesetzen

1. Der Nachweis einer Normenkollision

Der die Straßenbenutzung durch Versammlungen umfassende Gewährleistungsbeeich von Art. 8 GG ist bei der Auslegung der entsprechenden Vorschriften des Versammlungsgesetzes in Betracht zu ziehen. Vor diesem verfassungsrechtlichen Hintergrund muß daher das seinen Gesetzesvorbehalt ausfüllende Versammlungsgesetz interpretiert werden. Dessen §§ 14 ff. beschränken folglich nicht allein das Recht, sich unter freiem Himmel überhaupt zu versammeln. Sie berühren danach überdies das (Grund-)Recht, zu diesem Zweck die Straße in Anspruch zu nehmen. Während Art. 8 GG die Frage, ob für die Veranstaltung von Versammlungen die Straße zur Verfügung steht, grundsätzlich bejaht, ist nach dem seinen Gesetzesvorbehalt ausfüllenden Versammlungsgesetz zu entscheiden, ob dies ausnahmsweise verboten oder mit Auflagen belegt werden darf. Das Versammlungsgesetz konkretisiert so die Grundentscheidung der Verfassung für die Zulässigkeit der Straßenbenutzung für Versammlungen. Es legt einschränkend die Bedingungen fest, unter denen für Versammlungen unter freiem Himmel die Straße als Ort der Versammlung verweigert werden darf.

---

235) Vgl. BVerfGE 69, 315, 353.
236) Die Möglichkeit der Fernsehberichterstattung ändert daran nichts, weil das Versammlungsrecht nicht als reine Medienveranstaltung garantiert ist. Art. 8 GG schützt im Gegenteil allein die unmittelbare Wirkung, die mit der Tätigkeit des Versammelns verbunden ist.

Damit überschneidet sich aber der Regelungsbereich des Versammlungsgesetzes mit demjenigen der Straßengesetze. Denn beide Gesetzesmaterien befassen sich mit der Veranstaltung von Versammlungen *auf der Straße*. Deshalb liegt eine Normenkollision vor. Während nämlich das Versammlungsgesetz für diese Form der Straßenbenutzung lediglich eine Anmeldung verlangt, stellt sie das jeweils einschlägige Straßengesetz als Sondernutzung unter den Vorbehalt einer entsprechenden Erlaubnis. An die Straßenbenutzung durch Versammlungen knüpfen beide Rechtsmaterien unterschiedliche Rechtsfolgen.

2. Die Auflösung der Normenkollision

a) Die Nichtanwendbarkeit der Regel "lex specialis derogat legi generali"

Dem Versammlungsgesetz könnte allerdings der Rang einer speziellen Norm zukommen. Denn es betrifft nicht, wie dies bei den Straßengesetzen der Fall ist, Sondernutzungen allgemein, sondern lediglich eine bestimmte Form der Sondernutzung, nämlich die Straßenbenutzung durch Versammlungen. Daher kommt in Betracht, die Normenkollision nach der Regel "lex specialis derogat legi generali" aufzulösen[237].

Um einer Norm die Eigenschaft einer "lex specialis" zuschreiben zu können, ist als Vorbedingung zu verlangen, daß sie dieselben Tatbestandsmerkmale wie die als "lex generalis" aufzufassende Bezugsnorm enthält und darüber hinaus mindestens noch durch ein weiteres Tatbestandsmerkmal gekennzeichnet ist[238].

Das Versammlungsgesetz betrifft besonders gekennzeichnete, nämlich als "öffentliche Versammlungen" zu umschreibende Straßenbenutzungen, die die Straßengesetze allgemein als Sondernutzung einstufen. Es regelt in seinen §§ 14, 15 VersG Sondernutzungen, die unter das einengende und damit zusätzliche Tatbestandsmerkmal öffentliche Versammlungen" gefaßt sind.

---

237) So Götz, Allg. Pol.- und OrdR, Rdnr. 181.
238) Larenz, Methodenlehre, S. 265 f., der freilich auch die Problematik der "lex specialis"-Regel hervorhebt. Denn die Frage ihrer Anwendbarkeit vermag die Rechtslogik nur dem Grundsatz nach zu entscheiden. Zu ihrer Verifizierung bleibt der Rechtsanwender stets auf das Instrumentarium der systematischen und teleologischen Auslegungsmethode angewiesen. Vgl. dazu auch Bairl-Vaslin, S. 43 f. m.w.N.

Die Anmeldepflicht sowie der Verbots- und Auflagenvorbehalt nach §§ 14, 15 VersG gelten aber nicht nur für öffentliche Versammlungen, die die Straße in Anspruch nehmen. Das VersG regelt darüber hinaus die unter freiem Himmel auf privaten Grundstücken stattfindenden Versammlungen, die von den Straßengesetzen als Sondernutzungen nicht erfaßt werden können. Nicht alle im Versammlungsgesetz geregelten Fälle sind somit solche, die in den Straßengesetzen aufgehen. Damit fehlt es aber an einem Spezialitätsverhältnis[239].

Die Tatbestände der §§ 14, 15 VersG decken sich nur teilweise mit den Sondernutzungstatbeständen der Straßengesetze, indem einige Fälle nur dem einen, einige dem anderen, einige beiden Tatbeständen unterfallen. Soweit auf die Straßenbenutzung durch Versammlungen beide Tatbestände zutreffen, kann daher eine das Straßenrecht verdrängende Lösung nur mit Hilfe des Subsidiaritätsprinzips gewonnen werden[240].

b) Das Verhältnis der Subsidiarität

Danach würden die im Versammlungsgesetz getroffenen Bestimmungen die eine Sondernutzungserlaubnis einfordernden Vorschriften des Straßenrechts als subsidiär verdrängen, wenn im Versammlungsgesetz eine insoweit abschließende (erschöpfende) Regelung gesehen werden könnte. Dabei kommt es auf den Sinn

---

239) Ebenso Bairl-Vaslin, S. 45 f. Als Beleg dafür, daß das Versammlungsgesetz nicht alle Tatbestandsmerkmale der Straßengesetze enthalte, nennt er freilich das Tatbestandsmerkmal der "Widmung", "das vom Versammlungsgesetz überhaupt nicht erfaßt, also auch nicht geregelt wird" (S. 46). Dieser Einwand verfängt allerdings nicht. Denn es geht ja nicht darum, ob für öffentliche Straßen, weil auf ihnen Versammlungen stattfinden können, die Widmung entbehrlich ist, ob also das Versammlungsgesetz die Straßengesetze als Regelungskomplex insgesamt verdrängen. Vielmehr ist allein die Frage zu entscheiden, ob für die Straßenbenutzung durch Versammlungen deren Anmeldung genügt oder ob darüber hinaus, weil es sich nach den Straßengesetzen dabei an sich um eine Sondernutzung handelt, eine (Sondernutzungs-) Erlaubnis erforderlich ist. Deshalb können zur Prüfung der Antinomie verschiedener Regelungswerke jeweils nur die Normen in Betracht gezogen werden, deren Tatbestand den fraglichen Lebenssachverhalt betrifft. – Die Eigenschaft des HGB als Spezialgesetz zum BGB kann etwa für das Kaufrecht nicht mit der Begründung verneint werden, das HGB enthalte selbst keine Vorschriften über das Erbrecht oder Familienrecht des Kaufmanns. Vielmehr verdrängen die Vorschriften des HGB über den Handelskauf (§§ 373 ff.) die kaufrechtlichen Regelungen des BGB, obwohl das HGB den Kaufvertrag als Grundlage der beiderseitigen Hauptleistungspflichten nicht als solchen herausgestellt hat.

240) Vgl. dazu Larenz, Methodenlehre, S. 257 f.

und Zweck der in Frage stehenden Regeln und die hinter ihnen stehenden Wertungen an[241]. Deshalb bleibt zu prüfen, ob der durch Art. 8 GG verfassungsrechtlich begründete Straßenbenutzungsanspruch nicht nur den Regelungsinhalt des Versammlungsgesetzes in den von den Straßengesetzen als Sondernutzung erfaßten Bereichen erweitert, sondern dem VersG in der dabei bewirkten Normenkonkurrenz auch den Vorrang einräumt. Das hängt wiederum davon ab, ob der verfassungsrechtliche Straßenbenutzungsanspruch die straßenrechtliche Erlaubnispflichtigkeit der Straßenbenutzung durch Versammlungen ausschließt.

c) Die verfassungsrechtlichen Vorgaben

aa) Zitiergebot (Art. 19 Abs. 1 Satz 2 GG)

Würden die straßenrechtlichen Vorschriften über Sondernutzungen die Straßenbenutzung durch Versammlungen einer Erlaubnispflicht unterwerfen, müßten sich verfassungsrechtliche Bedenken zunächst im Hinblick auf das Zitiergebot nach Art. 19 Abs. 1 Satz 2 GG ergeben. Diese Bestimmung soll verhindern, daß der Gesetzgeber in solche Grundrechte, die durch einen speziellen Gesetzesvorbehalt gesichert sind, unbewußt eingreift. Die Versammlungsfreiheit (Art. 8 GG) wird aber in den Straßengesetzen des Bundes und der Länder nicht als ein von ihnen beschränktes Grundrecht genannt. Es läge demnach ein Verstoß gegen das Zitiergebot des Art. 19 Abs. 1 Satz 2 GG vor[242].

bb) Gesetzgebungskompetenz

Da die Straßenbenutzung durch Versammlungen in Art. 8 GG abgesichert ist, gehören die sie betreffenden Vorschriften zum Versammlungsrecht i.S.v.

---

241) Larenz, Methodenlehre, S. 257 f.
242) Ebenso Wimmer, MDR 1964, 280, 282. W. Müller, S. 129 argumentiert dagegen umgekehrt. Er bezeichnet die Straßen- und Wegegesetze als "allgemeine Gesetze", die "von vornherein weder dazu bestimmt noch rechtlich geeignet (seien), das Versammlungsrecht einzuschränken, da sie den Anforderungen des speziellen Gesetzesvorbehalts in Art. 8 Abs. 2 GG nicht entsprechen." Gerade das muß aber hier fraglich erscheinen, zumal das FStrG nach dem Willen des Gesetzgebers Versammlungen durchaus erfassen sollte. Auch die vom OVG Münster, DVBl 1972, 509, 510, hilfsweise angeführte Begründung kann insoweit nicht überzeugen. Denn die Straßengesetze lassen sich entgegen der von ihm vertretenen Auffassung nicht als "zur Abwehr von Störungen der öffentlichen Sicherheit erlassene ordnungsrechtliche Gesetze" einstufen, für die das Zitiergebot entfällt.

Art. 73 Nr. 3 GG. Für die Setzung eines entsprechenden Landesrechts bleibt daher kein Raum, nachdem der Bund diesen Gegenstand an sich gezogen hat (Art. 72 Abs. 1 GG).

cc) **Wesensgehaltsgarantie (Art.19 Abs.2)**

Daneben könnte materielles, insoweit auch das Straßenrecht des Bundes betreffendes Verfassungsrecht einer straßenrechtlichen Erlaubnispflicht für Versammlungen entgegenstehen. Wäre die Ausübung der Versammlungsfreiheit von einer (Sondernutzung-) Erlaubnis abhängig, so läge darin möglicherweise ein Eingriff in den nach Art. 19 Abs. 2 GG unantastbaren Wesensgehalt von Art. 8 GG[243].

Der einem Grundrecht zukommende Wesensgehalt besteht nach der absoluten Theorie in einer festen, vom einzelnen Fall und von der konkreten Frage unabhängigen Größe. Er steht gegenüber allen Antastversuchen, also ein für alle Mal, unverrückbar fest. Bildlich gesprochen macht er den harten (Grundrechts-)Kern aus, der von einer Schale umgeben ist. Eingriffen des Gesetzgebers soll allein die Schale ausgesetzt sein, während der Kern davon verschont bleiben muß.

Wie der Grundrechtskern genau abgegrenzt wird, konnte freilich von der absoluten Theorie bisher nur vage angedeutet werden. Zwar soll der Wesensgehalt für jedes Grundrecht in unterschiedlichem Umfang bestehen[244]. Er soll daher für jedes Grundrecht "aus seiner besonderen Bedeutung im Gesamtsystem der Grundrechte" ermittelt werden[245]. Formeln, die nur die Begriffe austauschen und den absoluten Kern als die "Grundsubstanz"[246] oder als die "Eigenschaften" umschreiben, "die Natur und Grundsubstanz des Grundrechts bilden"[247], können dafür aber kaum praktikable Lösungsansätze bieten[248]. Soweit zur Bestimmung des (absoluten) Wesensgehalts erläuternd auf einen Menschenwür-

---

243) So LG Hamburg, DVBl. 1952, 314, 315 (zum verkehrsrechtlichen Erlaubnisvorbehalt nach § 5 StVO a.F.); Hamann/Lenz, Art. 8 Rdnr. 6 (S. 221); Wimmer, MDR 1964, 280, 282; Bairl-Vaslin, S. 158 ff.
244) BVerfGE 22, 180, 219.
245) BVerfGE 22, 180, 219.
246) So Hamann/Lenz, Art. 19 Rdnr. 7 (S. 235).
247) So Hendrich in: v.Münch, Grundgesetz-Kommentar, Art. 19 Rdnr. 27.
248) Kritisch dazu auch Maunz, in: Maunz/Dürig, Art. 19 Abs. 2 Rdnr. 7.

de- oder Menschenrechtsgehalt der Grundrechte rekkurriert wird[249], muß sich das die Kritik gefallen lassen, es werde damit die Eigenständigkeit von Art. 19 Abs. 2 neben Art. 1 Abs. 1 GG verwischt[250].

Freilich bedarf diese Problematik keiner weiteren Vertiefung. Das, was genau unangetastet bleiben soll, braucht nur dann präziser bestimmt zu werden, wenn Eingriffe in Frage stehen, die in den noch verhangenen Randzonen des Grundrechtskerns zu verorten sind. Darum geht es hier nicht. Vielmehr ergäbe sich auf der Grundlage der absoluten Theorie für den Fall, daß Versammlungen den straßenrechtlichen Vorschriften über die Sondernutzung unterworfen würden, ein eindeutiger, unzweifelhafter Eingriff in den Wesensgehalt des Grundrechts aus Art. 8 GG. Denn er gilt zumindest dann als getroffen, wenn die rechtliche Erzwingbarkeit des Grundrechts als subjektives öffentliches Recht nicht mehr gegeben ist[251]. Das trifft aber genau dann zu, wenn die Grundrechtsausübung einem behördlichen Ermessen überlassen bliebe[252]. Aus diesem Grunde müßte eine konkurrierende Anwendung der Straßengesetze insoweit, als sie die Straßenbenutzung durch Versammlungen einer Ermessensentscheidung unterwerfen, mit Art. 19 Abs. 2 GG kollidieren[253].

In dieser Hinsicht trägt Art. 19 Abs. 2 GG den Erfahrungen Rechnung, die das Grundrechtsverständnis der Weimarer Reichsverfassung verursacht hat. Damals gingen die auf einen Gesetzesvorbehalt gestützten und durch ihn gedeckten einfachen Gesetze dem Grundrecht vor. Der Gesetzesvorbehalt machte damit den Gesetzgeber zum Herrn über das Grundrecht und ebnete den Weg für die Entwertung der Grundrechte[254]. Art. 19 Abs. 2 GG soll dem zuvorkommen und sicherstellen, daß ein Grundrecht nicht mehr nach Maßgabe der beschränkenden Gesetze gilt und das Recht, es auszuüben, von Zweckmäßigkeitserwägungen abhängig gemacht wird. So wie dies die Straßengesetze vorsehen, darf daher mit Straßenbenutzungen durch Versammlungen nicht verfahren werden.

---

249) So vor allem Dürig, AöR 81 (1956), S. 117, 136 und ders. in: Maunz/Dürig, Art. 1 Rdnr. 81.
250) Pieroth/Schlink, Grundrechte, Rdnr. 350 (S. 78).
251) Hamann/Lenz, Art. 19 Rdnr. 7 (S. 235).
252) Vgl. auch v. Mangoldt/Klein, Bd. I, S. 562, die diese Auffassung als die "h.M." bezeichnen.
253) Ebenso Bairl-Vaslin, S. 105.
254) Vgl. Maunz, in: Maunz/Dürig, Art. 19 Abs. 2 Rdnr. 16.

Indessen kommt in Betracht, das wegebehördliche Ermessen bei der Entscheidung über die Zulässigkeit dieser Straßenbenutzungen so zu reduzieren, daß sich hier ein Anspruch auf Erteilung der Sondernutzungserlaubnis ergibt. Das wäre der Weg, den das Bundesverwaltungsgericht bezüglich der durch Art. 5 Abs. 1 und Art. 21 Abs. 1 GG grundrechtlich geschützten Wahlwerbung politischer Parteien gewiesen hat[255]. Auf der Grundlage der Theorie vom absoluten Wesensgehalt ließe sich so nicht mehr beanstanden, die Grundrechtsausübung sei zur Disposition der Wegebehörden gestellt[256].

d) Der Grundsatz der Verhältnismäßigkeit

Verfassungsrechtliche Bedenken bleiben indessen auch dann bestehen, wenn für die Straßenbenutzung durch Versammlungen ein Anspruch auf Erteilung der Sondernutzungserlaubnis bejaht würde. Die damit immerhin noch verbundene Erlaubnispflichtigkeit für Versammlungen, die auf der Straße stattfinden sollen, würde das in Art. 8 Abs. 1 GG ausgesprochene Verbot des Erlaubniszwangs in sein Gegenteil verkehren. Es fragt sich daher, ob ein derartiger Eingriff mit dem rechtsstaatlichen Prinzip der Verhältnismäßigkeit vereinbart werden kann.

Im Hinblick auf Versammlungen könnte die Bestimmung eines straßenrechtlichen Erlaubnisverfahrens allein darin bestehen, der Wegebehörde die Prüfung zu ermöglichen, ob der Veranstaltung auf der Straße verkehrliche Gründe entgegenstehen und ob gegebenenfalls die Straßensubstanz dadurch beeinträchtigt wird. Die Auswirkung der Versammlung auf den Straßenverkehr ist aber auch Gegenstand der versammlungsbehördlichen Entscheidung über die Frage, ob im Einzelfall Maßnahmen nach § 15 VersG erforderlich sind. Das gilt auch in Bezug auf den Schutz der Straßensubstanz, für die Gefahren durch die Veranstaltung von Versammlungen ohnehin kaum denkbar sind. Diese Probleme können daher bereits mit dem Instrument der Anmeldepflicht und dem Verbots- und Auflagenvorbehalt ausreichend bewältigt werden[257]. Ein besonderes öf-

---

255) BVerwGE 47, 280 ff.; 47, 293 ff.
256) A.A. Bairl-Vaslin, S. 165, der geltend macht, es seien dem Gesetzeswortlaut nicht die Voraussetzungen zu entnehmen, wann die Erlaubnis zu erteilen *ist*. Dabei handelt es sich aber um ein allgemeines Problem verfassungskonformer Interpretation. Der (absolute) Wesensgehalt von Grundrechten kann allein aus diesem Grunde keinesfalls angetastet sein.
257) Ebenso Bairl-Vaslin, S. 170.

fentliches Interesse läßt sich selbst für ein präventives straßenrechtliches Erlaubnisverfahren nicht finden.

Der Vergleich mit dem verfassungsrechtlichen Straßenbenutzungsanspruch politischer Parteien kehrt das hervor. Gegen die für ihre Wahlwerbung bestehende Erlaubnispflicht erheben sich deshalb keine Bedenken, weil das straßenrechtliche Erlaubnisverfahren hier die einzige Kontrollmöglichkeit bietet, um Gefahren für die Sicherheit und Leichtigkeit des Verkehrs abwenden zu können. Ausschlaggebend muß dort daher das Gesetzesrecht bleiben[258]. Soweit es aber darum geht, die Straße durch die Veranstaltung von Versammlungen zu benutzen, fehlt es an einem die straßengesetzlich vorgesehene Erlaubnispflichtigkeit rechtfertigenden besonderen, d.h. nicht bereits vom Versammlungsgesetz berücksichtigten öffentlichen Interesse. Als ein – im Vergleich zu der im Versammlungsgesetz getroffenen Regelung – erheblich tiefgreifenderer Eingriff in das Grundrecht aus Art. 8 GG steht die straßenrechtliche Erlaubnispflichtigkeit daher im Widerspruch zum Grundsatz der Verhältnismäßigkeit, wie er sich aus dem Wesen aller Grundrechte ergibt[259].

Unter Zugrundelegen der relativen Wesensgehaltstheorie begründet dies gleichzeitig einen Eingriff in den Wesensgehalt von Art. 8 GG. Denn danach kommt es ebenfalls auf eine Abwägung zwischen dem Ziel des Eingriffs und der Schwere der Beeinträchtigung an. Führt sie zu dem Ergebnis, daß durch den Eingriff die wesensmäßige Geltung und Entfaltung des Grundrechts stärker eingeschränkt ist, als dies der sachliche Grund und Anlaß, der zu dem Eingriff geführt hat, zwingend gebietet, so ist nach dieser Theorie der Wesensgehalt des Grundrechts angetastet[260].

---

258) BVerfG, NJW 1977, 671; BVerwG, DÖV 1981, 342 f.
259) Vgl. dazu BVerfGE 19, 342, 348; 20, 150, 157; 22, 26; 25, 269, 292. Der Verhältnismäßigkeitsgrundsatz ergibt sich danach nicht allein aus dem Rechtsstaatsprinzip. Vielmehr ist es bereits aus dem Wesen der Grundrechte selbst abzuleiten.
260) BVerwGE 47, 330, 358; BGHSt 4, 377; Maunz, in: Maunz/Dürig, Art. 19 Rdnr. 16 ff. Auch das Bundesverfassungsgericht wendet der Sache nach letztlich nichts anderes als die relative Wesensgehaltstheorie an. Zwar will es vorab den Wesensgehalt als absolute Größe verstanden wissen. Es fragt aber dann danach, ob "besonders gewichtige Gründe" vorliegen, die die Einschränkung rechtfertigen (so etwa BVerfGE 22, 180, 219).

Wie gezeigt, gibt es zwar sachliche Gründe dafür, daß Versammlungen, die auf der Straße stattfinden, den straßenrechtlichen Vorschriften über die Sondernutzung unterworfen werden. Da diesen sachlichen Gründen aber bereits auf der Grundlage des Versammlungsgesetzes vollauf Rechnung getragen werden kann, vermögen sie den schwerwiegenderen Eingriff des Straßenrechts nicht zu rechtfertigen[261].

3. Die Folgerungen aus dem verfassungsrechtlichen Befund

Da es Verfassungsrecht verbietet, die Versammlung von einer (Sondernutzungs-)Erlaubnis abhängig zu machen, ist die Frage, welche Bedeutung dem durch Art. 8 GG begründeten Straßenbenutzungsanspruch für die Normenkonkurrenz von Versammlungs- und Straßenrecht zukommt, entschieden: Das Verhältnis der straßengesetzlichen Vorschriften über Sondernutzungen zum Versammlungsgesetz muß nach dem Grundsatz der Subsidiarität aufgelöst werden. Insoweit ist das Versammlungsgesetz als abschließende Regelung zu verstehen, die die entsprechenden straßenrechtlichen Vorschriften verdrängt. Die dort getroffene Regelung über Sondernutzungen gilt daher nicht für Versammlungen, die auf der Straße stattfinden. Es ist so eine die Versammlungen betreffende Normeninterpretation mittels verfassungskonformer Auslegung[262] aus dem Anwendungsbereich der Straßengesetze[263] ausgeschieden.

---

261) Ebenso Bairl-Vaslin, S. 166 ff.
262) Mit ihrer Hilfe ist dem Grundsatz Rechnung zu tragen, daß eine Norm nur dann verfassungswidrig ist, wenn jede denkbare Auslegung dem Grundgesetz widerspricht. Läßt die Norm demgegenüber "mehrere Auslegungen zu, die teils zu einem verfassungswidrigen, teil zu einem verfassungsmäßigen Ergebnis führen, so ist die Norm verfassungsmäßig und muß verfassungskonform ausgelegt werden" (BVerfGE 19, 1, 5). Es wird so von der Absicht des Gesetzgebers das Maximum dessen aufrechterhalten, was nach der Verfassung aufrecht erhalten werden kann (BVerfGE 2, 266, 282; 8, 28, 34; 9, 194, 200; 33, 52, 70).
263) Bairl-Vaslin (S. 182 ff.) will dagegen das *Versammlungsgesetz* verfassungskonform interpretieren. Denn der Gesetzgeber des Versammlungsgesetzes hätte, wenn die Tragweite des straßengesetzlichen Regelung erkannt worden wäre, "in seiner Begründung erklärt, daß auch gegenüber den Straßengesetzen eine abschließende Regelung im Versammlungsgesetz gelten solle" (S. 183). Dabei übergeht Bairl-Vaslin freilich mit Schweigen, wie durch eine solche Erklärung in der Begründung zum Versammlungsgesetz die ihr diametral entgegengesetzte Aussage in den Materialien des FStrG hätte aus der Welt geschafft werden können. Letzteres ist nur möglich, wenn man derartigen Aussagen unterschiedliches Gewicht beimißt und so die auch Versammlungen umfassende, tatsächlich

Der Möglichkeit einer solchen einschränkenden Auslegung der Straßengesetzen steht ihr auch Versammlungen erfassender Wortlaut nicht entgegen[264]. Er ist nicht zwingend. Die grammatische Auslegung einer Norm steht zu anderen, insbesondere der systematischen und der teleologischen Auslegungsmethoden im Verhältnis gegenseitiger Ergänzung. Nur wenn dies berücksichtigt wird, kann die wahre Bedeutung einer Norm freigelegt werden[265]. So ergibt sich zwar aus dem Wortlaut und der Gesetzesbegründung zum FStrG, daß damit auch die auf der Straße stattfindenden Versammlungen erfaßt und dementsprechend einer Erlaubnispflicht unterworfen werden sollten. Das Verhältnis zum Versammlungsgesetz ist dabei aber völlig unberücksichtigt geblieben. Beide Gesetzgebungsverfahren sind wohl zeitlich nahezu parallel verlaufen. Es hat dabei aber keinerlei gegenseitige Abstimmung stattgefunden. Sie hätte für das FStrG zu dem Ergebnis führen müssen, daß der im Vergleich zur Regelung des Versammlungsgesetzes tiefergreifende Eingriff in die Versammlungsfreiheit verfassungswidrig und deshalb nicht zu verwirklichen ist.

Es gibt keine Anhaltspunkte dafür, daß der Gesetzgeber auch dann für das FStrG eine Beschränkung seines Anwendungsbereichs nicht zum Ausdruck gebracht hätte, wenn dieses Problem bereits damals erkannt worden wäre. Hätte man bereits bei Erlaß des FStrG bedacht, daß schon - wie für das Versammlungsgesetz vorgesehen - eine Anmeldepflicht mit Verbots- und Auflagenvorbehalt zur Wahrung der von auf der Straße veranstalteten Versammlungen berührten öffentlichen Interessen ausreichend ist, so wäre hier vielmehr deutlich gemacht worden, daß die Vorschriften über Sondernutzungen auf Straßenbenutzungen durch Versammlungen nicht anwendbar sind. Es muß dies daher im Wege einer verfassungskonformen Auslegung der Straßengesetze nachgeholt werden[266].

---

erklärte Regelungsabsicht des Straßengesetzgebers - weil verfassungswidrig - als unerheblich einstuft. Das verlangt indessen, daß die verfassungskonforme Auslegung bei den Straßengesetzen selbst anzusetzen hat.

264) Zur verfassungsmäßigen Normrestriktion vgl. BVerfGE 19, 330, 350 f.; 30, 129, 140 ff.; 33, 52, 65 ff.; 35, 263, 278 ff.
265) Vgl. BVerfGE 35, 263, 279.
266) Diese Möglichkeit hat Wimmer (MDR 1964, 280 ff.) übersehen. Er ist so zu dem Ergebnis gelangt, die Straßengesetze seien insgesamt nichtig. Zutreffend daher die Kritik von Bairl-Vaslin, S. 39 ff.

Die Straßenbenutzung durch Versammlungen hängt danach nicht von einer "Genehmigung" ab, sondern erfolgt in der vom VersG vorgesehenen schwächeren Form des "kontrollierten Geschehenlassens"[267]. Der Bürger braucht nicht gesetzliche Einschränkungen mit einem Genehmigungsantrag zu beseitigen, sondern die Verwaltungsbehörde muß ihrerseits tätig werden, um diese gesetzlichen Bestimmungen zur Geltung zu bringen[268].

Der verfassungsrechtlich geforderte Verzicht auf die straßenrechtliche Erlaubnispflicht führt auch zu praktikablen und sachgerechten Ergebnissen. Denn einerseits genügt das Versammlungsgesetz als Grundlage vollauf, um den bei der Durchführung von Versammlung auftretenden Gefahren begegnen zu können. Andererseits hätte es die Gemeinde wegen des grundrechtlichen Straßenbenutzungsanspruchs aus Art. 8 GG ohnehin nicht in der Hand, ob sie die öffentliche Straße für Versammlungen zur Verfügung stellen will. Aufgrund dieser Sonderstellung müssen die auf der öffentlichen Straße veranstalteten Versammlungen im weiteren Gang der Untersuchung ausgeklammert bleiben.

---

267) So der Ausdruck von Brohm, JZ 1985, 501, 508.
268) Brohm, JZ 1985, 501, 508.

§ 16: **Folgerungen aus der beschränkten Geltungskraft der Freiheitsgrundrechte für Sondernutzungen**

I. **Die Theorie vom "Verbot mit Erlaubnisvorbehalt"**

Wird die Sonderbenutzung der öffentlichen Straße auch als Voraussetzung für
die Verwirklichung von Grundrechten nur in Ausnahmefällen von der grundrechtlichen Freiheit umfaßt, so ist damit zugleich die These über ein darin
enthaltenes Verbot mit Erlaubnisvorbehalt in ihrer Grundlage erschüttert. Das
soll nunmehr in seiner weitreichenden Bedeutung dargelegt und gewürdigt
werden.

1. **Die Bedeutung eines Verbot mit Erlaubnisvorbehalt**

Verbote mit Erlaubnisvorbehalt[269] betreffen Verhaltensweisen, gegen die an
sich nichts einzuwenden ist, die aber bei Mißbrauch, nicht sachkundigem Vorgehen oder beim Vorliegen besonderer Umstände die Allgemeinheit gefährden.
Um diese Gefahren auszuschalten, wird ein solches Verhalten von einer *vorherigen* behördlichen Genehmigung abhängig gemacht. Bis zur Erteilung der Genehmigung gilt die betreffende Betätigung als verboten. Wer sie ausüben
möchte, muß deshalb die entsprechende Erlaubnis beantragen. Vor ihrer Erteilung wird geprüft, ob bei dem konkret unterbreiteten Vorhaben Gefahren zu
befürchten sind. Verläuft diese Prüfung negativ oder lassen sich bestimmte
Gefahren durch Auflagen vermeiden, so bedeutet das, daß die Betätigung im
Einklang mit dem materiellen Recht steht. In diesem Fall *muß* die Erlaubnis
erteilt werden[270].

---

269) Wolff/Bachof, VerwR I, § 48 II a; Friauf, JuS 1962, 422 ff.; Schwabe,
      JuS 1973, 133 ff.; Maurer, Allg. VerwR, § 9 Rdnr. 51 ff.; Gusy,
      JA 1981, 80 ff. Zur rechtstechnischen Einkleidung des Verbots mit Er-
      laubnisvorbehalt vgl. ferner Mußgnug, Dispens, S. 87 f. In der Recht-
      sprechung des Bundesverfassungsgerichts (BVerfGE 20, 150, 162; 40,
      471, 383) findet sich dafür auch der Begriff "Erlaubnis (–verfahren) mit
      Verbotsvorbehalt" (ebenso BGHZ 78, 41, 48). Kritisch zu dieser Termino-
      logie Schwabe, DVBl 1981, 386, 389.
270) Bereits im Widerspruch zu diesem Wesensmerkmal des Verbots mit Er-
      laubnisvorbehalt stehen dagegen Äußerungen, welche für die straßen-
      rechtliche Regelung der öffentlich-rechtlichen Sondernutzung diese
      Rechtsfigur zwar zitieren, die sich aber gleichwohl auf einen Anspruch
      auf die Sondernutzungserlaubnis nicht festlegen wollen. Vgl. insoweit
      etwa Löhr, NVwZ 1983, 20 f., nach dessen Auffassung für eine an sich
      erlaubnisfähige öffentlich-rechtliche Sondernutzung bloß "in der Regel

Bei der Entscheidung über die Sondernutzungserlaubnis muß nun ebenso geprüft werden, ob die begehrte Sondernutzung Gefahren für den auf der öffentlichen Straße stattfindenden Verkehr in sich birgt. Das verleiht auch der Sondernutzungserlaubnis in gewisser Weise den Charakter einer Unbedenklichkeitsbescheinigung. Ihr Regelungsgehalt ist damit indessen nicht erschöpft.
Vielmehr geht er wesentlich darüber hinaus. Das wird deutlich, wenn man die
Sondernutzungserlaubnis etwa mit dem Erfordernis einer Baugenehmigung ver-
gleicht, dem Musterbeispiel des präventiven Verbots mit Erlaubnisvorbehalt.

Die Genehmigungsbedürftigkeit eines Bauvorhabens stellt sicher, daß dessen
Baurechtmäßigkeit *vor* der Bauausführung überprüft wird. Der grundrechtlich
gewährleisteten Baufreiheit (Art. 2 Abs. 1, 14 Abs. 1 GG) ist damit eine *formelle*[271] Schranke gezogen, die beseitigt werden muß, wenn das Bauvorhaben
die gesetzlich geforderten Bedingungen erfüllt.

Auf die Baufreiheit kann sich ebenso berufen, wer sein Eigenheim auf dem
einer Gemeinde gehörenden Bauplatz errichten möchte. Das bedeutet, daß die
Baugenehmigung auch in diesem Fall nur verweigert werden darf, wenn dem
Vorhaben *baurechtlich* erhebliche Belange entgegenstehen. Unabhängig davon
setzt freilich die bauliche Nutzung eines fremden Grundstücks ebenso voraus,
daß der Bauwillige zuvor die entsprechende *Verfügungsbefugnis* über das
Grundstück erworben hat. Erst dann ist es ihm möglich, dort von seiner Baufreiheit Gebrauch zu machen. Art. 14 Abs. 1 GG kann ihm die damit verbundene (finanzielle) Hürde nicht abnehmen. Als Verbot mit Erlaubnisvorbehalt
läßt sie sich nicht beschreiben. Der Grundrechtsträger bleibt insofern darauf
angewiesen, die Gemeinde zum Verkauf ihres Grundstücks zu bewegen. Steht
von seiten der Gemeinde einer Veräußerung des Grundstücks nichts entgegen[272], so ist es dem freien Belieben der Gemeinde anheimgestellt, ob sie
sich auf ein entsprechendes Vertragsangebot von privater Seite einlassen will.

---

die Genehmigung erteilt werden" soll. In diesem Sinne ferner M/S/K,
FStrG, § 8 Rdnr. 4.2 ("Ermessensbetätigung in Grenzen"); Schröder, Die
Verwaltung 10 (1977), 451, 456.

271) Vgl. Maurer, Allg.VerwR, § 9 Rdnr. 52.

272) Das kann nur bejaht werden, wenn es für die Erfüllung der ihr nach
zwingendem Recht vorgeschriebenen Aufgaben entbehrlich ist. Hatte die
Gemeinde das Grundstück etwa für den Bau eines als kommunale Einrichtung zu betreibendes Hallenbad vorgesehen, so ist gegen den Verkauf nichts einzuwenden, wenn die Gemeinde nunmehr einen günstigeren
Standort findet oder von diesem Vorhaben gar endgültig Abstand nimmt.

Das gleiche gilt, wenn statt an einer Veräußerung Interesse an der Vermietung oder Verpachtung eines Grundstücks besteht. Für den Interessenten unterscheidet sich die Gemeinde insoweit nicht von einem privaten Geschäftspartner.

Für den privaten Bewerber stellt sich deshalb im Grundsatz die gleiche Hürde, wenn er ein als öffentliche Sache ausgewiesenes Straßengrundstück zur besonderen, eigenen Nutzung begehrt.

Ein Straßengrundstück kann die Gemeinde, vorausgesetzt, daß ihr das Eigentum darüber zusteht, zum Zwecke der Bebauung freilich erst veräußern, wenn nach Maßgabe der straßenrechtlichen Bestimmungen eine Entwidmung stattgefunden hat. Denn bei einer Nutzung als Baugrundstück könnte die Straße ihrer öffentlichen Zweckbestimmung nicht mehr dienen. Ob das Grundstück zu den ausgehandelten Bedingungen an einen privaten Interessenten verkauft werden soll, bleibt nach der Entwidmung aber ebenfalls dem Gutdünken der Gemeinde überlassen.

Die eigentliche Sondernutzung der öffentlichen Straße, d.h. die bloße Gebrauchsüberlassung, kommt hier erst in Betracht, wenn neben einer solchen Benutzung noch ausreichend Raum für den widmungsgemäßen Verkehr bleibt und eine Entwidmung (ungeachtet ihrer Zulässigkeit) deshalb nicht erforderlich ist. Bei einer privatrechtlichen Sondernutzung kann es insoweit bereits definitionsgemäß keine Probleme geben. Denn sie läßt die öffentliche Zweckbestimmung unberührt und beschränkt sich auf die Inanspruchnahme des (Rest-) Eigentums am Straßengrundstück. Bereits deshalb kann kein Zweifel daran bestehen, daß die Gemeinde bei der Entscheidung über ihre Zulassung ebenso frei ist wie in den Fällen, in denen es um die private Inanspruchnahme eines ihrer sonstigen Grundstücke geht.

2. Die Entscheidung über die Sondernutzungserlaubnis

Sondernutzungen, die den Gemeingebrauch beeinträchtigen, sind demgegenüber dem öffentlichen Recht unterstellt. Damit ist aber keineswegs ausgemacht, daß bei der Entscheidung über ihre Zulassung ein wesentlicher Unterschied bestünde.

a) Die Maßgeblichkeit öffentlichen Rechts

Öffentliches Recht gilt für diese Form der Sondernutzung vielmehr allein deshalb, weil mit der Erteilung einer Sondernutzungserlaubnis über die im *öffentlichen* Recht verankerte Zweckbestimmung der Straße verfügt wird, und zwar insofern, als die Sondernutzungserlaubnis einen Teil des öffentlichen Straßeraums (vorübergehend) seiner Funktion für den Verkehr entzieht. Darum kann die Zulassung derartiger Sondernutzungen nur in demselben Rechtsbereich stattfinden, in dem die öffentliche Zweckbestimmung der Straße selbst begründet ist. An die Stelle einer privatrechtliche Konzession tritt demnach die Nutzungsgestattung durch Verwaltungsakt oder öffentlich-rechtlichen Vertrag; statt eines privatrechtlichen Entgelts wird eine (Sondernutzungs-)Gebühr festgesetzt. Dieser Unterschied vermag aber nichts daran zu ändern, daß es sich auch bei einer öffentlich-rechtlichen Sondernutzung um die Inanspruchnahme einer Sache handelt, über die dem privaten Nutzungsinteressenten nicht von vornherein die Verfügungsbefugnis zusteht.

Daß die begehrte Sondernutzung gemeinverträglich ist, berührt darum allein die Frage ihrer Erlaubnis*fähigkeit*. Ist sie zu bejahen, so ist das Entscheidungsermessen überhaupt erst eröffnet. Die Sondernutzung *kann* in diesem Fall gestattet werden. Das schließt es aus, die straßengesetzliche Regelung der öffentlich-rechtlichen Sondernutzung als ein an ihre Gemeinverträglichkeit geknüpftes Verbot mit Erlaubnisvorbehalt zu interpretieren. Es macht im Gegenteil klar, daß selbst dann, wenn die begehrte Sondernutzung keine unvertretbare Gefahr für die Sicherheit und Leichtigkeit des Verkehrs bedeuten würde, immer noch die weitere Frage bleibt, ob ihr der öffentliche Straßenraum tatsächlich zur Verfügung gestellt werden soll. Die Antwort auf diese Frage ist aber im Grunde ebenso wie bei einer privatrechtlichen Sondernutzung der freien Entscheidung der Gemeinde anheimgestellt.

Wollte man das anders sehen, so käme man zu dem ungereimten Ergebnis, daß gerade demjenigen, der nicht bloß eine zweckfremde, sondern darüber hinaus auch eine den Gemeingebrauch beeinträchtigende Benutzung der öffentlichen Straße begehrt, eine privilegierte Stellung gewährt würde. Denn sein Mitbewerber, der sich auf eine die öffentliche Zweckbestimmung der Straße nicht tangierende Nutzung des Resteigentums am Straßengrundstück beschränken will, bleibt demgegenüber von der Bereitschaft der Gemeinde zum Abschluß einer entsprechenden privatrechtlichen Vereinbarung abhängig.

Wer etwa zur Verwirklichung seines Grundrechts aus Art. 12 Abs. 1 GG einen Verkaufsstand auf dem an die öffentliche Straße angrenzenden kommunalen Grundstück errichten möchte, ist darauf angewiesen, die Gemeinde zur Einräumung eines Nutzungsrechts, etwa zum Abschluß eines entsprechenden Pachtvertrages, zu bewegen. Soll der Stand dagegen unmittelbar auf der öffentlichen Straße aufgestellt werden und setzt man dabei voraus, daß in Anbetracht der zur Verfügung stehenden Verkehrsfläche und des Verkehrsaufkommens nur unerhebliche Verkehrsbeeinträchtigungen zu erwarten sind, so hätte sich seine Position lediglich deshalb entscheidend verbessert, weil sein Verkaufsstand dort den Gemeingebrauch *beeinträchtigt*. Auch das zeigt, daß die gegenüber den verkehrlichen Belangen festzustellende Unbedenklichkeit (Gemeinverträglichkeit) das Wesen der begehrten Sondernutzungserlaubnis nicht erschöpfend beschreiben kann. Eine zweckfremde Benutzung der öffentlichen Straße kann nicht gerade aus dem Grund, daß sie sich auf deren öffentliche Zweckbestimmung negativ auswirkt, begünstigt sein. Bei dieser Sicht wäre des Wesen der Sondernutzung gründlich verkannt.

Die Konsequenz dieser Sichtweise wäre sogar noch merkwürdiger, wenn man der - hier abgelehnten - Rechtsprechung des Bundesverwaltungsgerichts folgt, welche eine Straßenbenutzung, die auch das Resteigentum am Straßengrundstück erfaßt, insgesamt dem öffentlichen Recht zuschlägt, wenn mit ihr außerdem eine Beeinträchtigung des Gemeingebrauchs verbunden ist. Wer im Straßenuntergrund eine Rohrleitung verlegen möchte, müßte danach lediglich darauf achten, daß sich sein Vorhaben auch auf die Straßenoberfläche in ihrer Verkehrsfunktion auswirkt. So könnte er sich mit einer von der öffentlichen Verkehrsfläche aus bedienbaren Schachtanlage, die nach ihrer Gestaltung für den Verkehr keine akute Gefahr bereitet und deshalb erlaubnisfähig wäre, den öffentlichen Rechtsbereich eröffnen und die Aussicht auf die Erteilung der entsprechenden Erlaubnis bedeutend verbessern.

b) Die Ermessensermächtigung

Offenbar aus der Existenz straßenrechtlicher Vorschriften über die Sondernutzung meint die h.A. allerdings ein Gebot herauslesen zu müssen, nach dem der öffentliche Straßenraum soweit als möglich, d.h. "optimal" im Rahmen der Gemeinverträglichkeit, für öffentlich-rechtliche Sondernutzungen zur Verfügung zu stellen ist[273]. Wenn die öffentliche Straße nach ausdrücklicher Bestimmung auch Benutzungen außerhalb ihrer öffentlichen Zweckbestimmung Raum bieten

---

273) Vgl. dazu etwa BGHZ 78, 41 ff.

kann, so will sie also daraus ableiten, daß die Straße derartigen Benutzung grundsätzlich auch zur Verfügung gestellt werden muß.

Mit dieser Bestimmung des Straßenrechts hat es in der Tat eine eigene Bewandtnis. Denn an sich bedarf die öffentliche Hand zur Verfügung über ihre Vermögensgegenstände keiner besonderen gesetzlichen Ermächtigung. Daß die Gemeinde oder ein sonstiger Verwaltungsträger eigene Grundstücke jedenfalls insoweit der privaten Nutzung zur Verfügung stellen darf, als er sich damit nicht der Grundlage für die Erfüllung seiner öffentlichen Aufgaben begibt, entspricht ganz einhelliger Auffassung.

Bei den öffentlichen Straße ist das freilich anders. Wie die Gemeinde mit ihnen umzugehen hat, ist durch deren straßengesetzlich festgelegte öffentliche Zweckbestimmung für den Verkehr abgesteckt. Hätte es das Straßenrecht dabei bewenden lassen, so wäre es der Gemeinde samt und sonders verwehrt, auf der zur öffentlichen Straße gewidmeten Grundstücksfläche zweckwidrige Benutzungen zuzulassen.

Bereits vor diesem Hintergrund gewinnen die straßengesetzlichen Vorschriften über die öffentlich-rechtliche Sondernutzung ihre besondere Bedeutung. Denn der Straßengesetzgeber hat durchaus gesehen, daß die öffentliche Straße ungeachtet ihrer Verkehrsfunktion daneben auch sonstige Bedürfnisse zu erfüllen vermag. Die Bestimmungen über die öffentlich-rechtliche Sondernutzung nehmen dementsprechend die mit dem Auftrag zur Gewährleistung der öffentlichen Zweckbestimmung an sich verbundene Pflicht zur Abwehr zweckwidriger Benutzungen in einem gewissen Umfang zurück. Dadurch kann auch die Frage nach der Gemeinverträglichkeit entsprechender Benutzungen beachtlich werden. Ist im Einzelfall dieses Kriterium erfüllt, so bedeutet das aber allein, daß nun über das "Ob" ihrer Zulassung das Entscheidungsermessen eröffnet ist. Die begehrte öffentlich-rechtliche Sondernutzung muß nicht, sondern sie *kann* dann erlaubt werden. Erst diese straßengesetzliche Ermessensermächtigung gestattet es der Gemeinde somit, nicht nur ihr der öffentlichen Straße benachbartes, sondern auch die öffentliche Straße selbst für die Aufstellung eines Verkaufsstandes wie auch einer sonstigen (zweckwidrigen) privaten Nutzung zu überlassen.

Insoweit begründet die straßengesetzliche Regelung eine kommunale Herrschaftsbefugnis über die öffentliche Straße, die sich von den bei sonstigen Grundstücken bestehenden Befugnissen der Gemeinde jedenfalls dem Grunde

nach nicht unterscheidet[274]. Das zeigt, daß die öffentlich-rechtliche Sondernutzung auch ihrer Konzeption nach nicht auf ein Verbot mit Erlaubnisvorbehalt reduziert werden kann. Mit dieser Rechtsfigur läßt sich ihr Wesen nicht,
zumindest aber nicht erschöpfend beschreiben. Denn auch die öffentlich-
rechtliche Sondernutzung betrifft in ihrem Kern die Nutzung einer dem privaten Interessenten nicht gehörenden Sache und damit eine Frage, die von einem
Verbot mit Erlaubnisvorbehalt nicht berührt wird[275]. In ihrer straßenrechtlichen Regelung findet sich darum keine der grundrechtlichen Freiheit gesteckte
formelle Schranke, sondern im Gegenteil die Ermächtigung, im Wege einer Ermessensentscheidung die öffentliche Straße einer ihrer Zweckbestimmung entgegenstehenden, für den Bürger aber freiheitserweiternden Nutzung zur Verfügung stellen zu dürfen.

In der heute h.A[276]. spiegelt sich dagegen die Rechtslage wider, wie sie
vor der Kodifizierung des Straßenrechts nach dem vom FStrG gesteckten
Vorbild gegolten hat. Danach sollten die Befugnisse des öffentlich-rechtlichen Wegeherrn und Wegeunterhaltungspflichtigen ebenfalls auf eine
bloße Vereinbarkeitsprüfung beschränkt sein. Denn eingeräumt wurde die
Sondernutzung allein vom Straßen*eigentümer*. Ihm kam die Befugnis zu,
durch privatrechtliche Verträge auf der Grundlage seiner Eigentümerposition und nach seinem Belieben Sondernutzungen zu gestatten. Diese Verträge bedurften zwar der Mitwirkung der öffentlich-rechtlichen Wegeherrn,
der den "Konzessionsvertrag" zu genehmigen hatte[277]. Es blieb diesem
aber nur noch die Prüfung, ob der Wegebenutzung in der vereinbarten
Form öffentlich-rechtliche Hinderungsgründe entgegenstehen, "namentlich
ob der ungestörte Gemeingebrauch gewährleistet bleibt, auch vom Standpunkt der Sicherheit und Leichtigkeit des Verkehrs Einwendungen zu machen sind, kurzum, ob polizeilich alles in Ordnung ist"[278]. Dem Wegeeigentümer war daher die Hauptrolle zugewiesen. Seine Zustimmung hielt
man für das konstitutive Element der Sondernutzung. Als entsprechend
beschränkt erachtete man die Befugnisse der öffentlich-rechtlichen
Rechtsträger, nämlich als "polizeiliches Akzessorium zur zivilrechtlichen
Nutzungsgestattung[279]. Gerade hier hat das heute geltende Straßenrecht

---

274) Ähnlich VG Neustadt, NJW 1969, 2251, 2252. Denn es bejaht zwar für
     die politische Wahlwerbung einen Anspruch auf die Sondernutzungser-
     laubnis, führt aber aus, daß *hier* ein Versagungsbescheid nicht auf ein
     "Ich will nicht, obwohl ich könnte", gestützt werden darf.
275) In diesem Sinne auch Schulke, BayVBl 1961, 206, 207; H. Schneider,
     FS Ipsen, S. 353, 362
276) Vgl. dazu insbesondere Bartlsperger, Werbenutzungsverträge, S. 62.
277) Vgl. etwa Maunz, VerwArch 50 (1959), 333, 337.
278) So Maunz, VerwArch 50 (1959), 333, 337., der dem freilich hinzufügte:
     "Diese Genehmigungserteilung dürfte im Ermessen der Behörde stehen."
279) Vgl. dazu auch Didden, Konzessionsabgaben, 1953, S. 90.

273

indessen einen grundlegenden Wandel vollzogen, indem es die Verfügung über die den Gemeingebrauch beeinträchtigende Sondernutzung ausschließlich in das Ermessen des öffentlichen Verwaltungsträgers gestellt hat.

Das begründet die oben eröffnete Annahme, nach der bereits wegen der mit der öffentlich-rechtlichen Sondernutzung notwendige verbundene Beeinträchtigung des Gemeingebrauchs die Sondernutzungserlaubnis versagt werden darf. Ob die zweckwidrige Straßenbenutzung darüber hinaus für die Sicherheit oder Leichtigkeit des Verkehrs eine Gefahr bedeuten würde, oder ob sie für andere öffentliche Belange eine Beeinträchtigung befürchten läßt, bleibt darum zumindest in den Fällen ohne Belang, in denen sich die Gemeinde dafür entschieden hat, die öffentliche Straße ihrer Zweckbestimmung ungeschmälert von widmungsbeeinträchtigenden Benutzungen zu erhalten. Denn auch mit der Entscheidung gegen die öffentlich-rechtliche Sondernutzung würde die Gemeinde einen demnach als durchaus legitim anzuerkennenden Zweck der straßengesetzlichen Ermessensermächtigung verwirklichen[280].

II. Der Schutz des Straßenanliegers vor den mit öffentlich-rechtlichen Sondernutzungen verbundenen Geräuscheinwirkungen

Wie bereits angesprochen, kann das Eigentum am Anliegergrundstück von öffentlich-rechtlichen Sondernutzungen auch außerhalb des Schutzbereichs des Anlieger*straßen*gebrauchs beeinträchtigt werden. Hervorzuheben sind hier die Straßenbenutzungen, die - wie gerade die Straßenmusik und die Straßenwerbung - besondere, möglicherweise sogar elektronisch verstärkte Schallimmissionen verursachen[281]. Auf der Grundlage der gewonnenen Ergebnisse zur Bedeutung der Freiheitsgrundrechte für Sondernutzung ist es nun möglich, ihr Verhältnis zum Eigentum am Anliegergrundstück auszutarieren.

---

280) In diesem Sinne offenbar auch BVerwG, VerwRspr 21, 622, 624. Hier ist - anders als sonst - ausgeführt, es gehe bei der Entscheidung über die öffentlich-rechtliche Sondernutzung (gewerbliche Fahrzeugbewachung) "um die Wahrnehmung der dem Träger der Straßenbaulast obliegenden Verpflichtung, öffentliche Straße ihrer Widmung und dem Gemeingebrauch zu erhalten und Sondernutzungen, die zu einer Beschränkung oder Aufhebung des Gemeingebrauchs führen, nur zuzulassen, wenn für sie besondere Gründe gegeben sind".
281) Zum Einsatz von Megaphonen bei der Meinungsäußerung in Fußgängerbereichen vgl. Fuchs, BWVPr 1980, 250 ff.

1. Die "gewöhnliche" öffentlich-rechtliche Sondernutzung

a) Im Hinblick auf die von der öffentlichen Straße ausgehenden Geräuschein-wirkungen ist allerdings zunächst festzustellen, daß dem Anlieger öffentlich-rechtliche Unterlassungs- und Beseitigungsansprüche grundsätzlich nicht zu-stehen. Der Anlieger hat nicht nur den Lärm beim Straßenbau[282], sondern auch den eigentlichen Verkehrslärm zu dulden[283]. Das entspricht einem na-hezu einhellig anerkannten Grundsatz des öffentlichen Nachbarrechts. Danach ist den betroffenen Nachbarn eine besondere Duldungspflicht wegen überwie-gender Gemeinwohlbelange auferlegt, wenn die öffentlich-rechtliche Nutzung eines Grundstücks zugleich einer lebens- oder gemeinwichtigen Einrichtung bzw. Veranstaltung der öffentlichen Hand dient[284].

Als Ausgleich dafür kommt für den Nachbarn allein ein Entschädigungs-anspruch in Betracht. Er setzt voraus, daß sich die Zuführung der Immis-sionen als unmittelbarer Eingriff in sein Eigentum darstellt und sie die Grenze dessen überschreitet, was der Nachbar bei einem entsprechenden privatrechtlichen Eingriff gemäß § 906 BGB entschädigungslos hinnehmen muß[285].

Überwiegende Belange des Gemeinwohls stehen in Frage, soweit es um die Nut-zung der öffentlichen Straße als Verkehrsträger geht. Mit ihrer Widmung zum Verkehr wird daher für den Anlieger zugleich die Pflicht begründet, die von der öffentlichen Straße ausgehenden Verkehrsimmissionen zu dulden[286].

b) Die öffentlich-rechtliche Sondernutzung steht dagegen außerhalb der auf diesen Allgemeininteressen basierenden Zweckbestimmung. Ihr kann deshalb eine privilegierte Stellung, wie sie widmungsgemäßen Straßenbenutzungen ein-geräumt wird, nicht zugute kommen. Denn es besteht kein Grund, der es rechtfertigen könnte, die öffentlich-rechtliche Sondernutzung ebenso wie den Verkehrsgebrauch der öffentlichen Straße vor dem verfassungsrechtlich veran-

---

282) Vgl. dazu BGHZ 48, 89 ff.; 72, 292 ff.
283) Vgl. BGHZ 49, 148 ff.; BGH, NJW 1980, 582 f.; NJW 1986, 1980; NJW 1986, 2421.
284) Kodal/Krämer, S. 1164 Rdnr. 7.4; Breuer, Die Bodennutzung, S. 336 f.; Bender/Dohle, Nachbarschutz im Zivil- und Verwaltungsrecht, 1972, Rdnr. 124; kritisch dazu freilich Martens, FS Schack, S. 85, 90 f.; Pa-pier, Öffentliche Sachen, S. 136 f.
285) BGHZ 64, 220, 222 m.w.Nachw.; BGH, NJW 1977, 894, 895; NJW 1980, 582; BGH, NJW 1982, 95,96; NJW 1986, 2421; Jauernig, BGB, § 906 Anm. 7b.
286) BGHZ 64, 220, 222; BGH, NJW 1977, 894, 895; NJW 1986, 2421.

kerten (Art. 14 Abs. 1 GG) Unterlassungs- und Beseitigungsanspruch des Nachbarn über dessen allgemeine Duldungspflichten hinaus abzuschirmen[287].

Für eine entsprechende Beschränkung des Anliegereigentums bietet das Straßenrecht keinen Anhalt. Es gestattet zwar, die Straße auch öffentlich-rechtlichen Sondernutzungen zur Verfügung zu stellen. Mit der straßengesetzlichen Ermessensermächtigung ist aber eine eigentumsrechtliche Schrankenbestimmung nicht verbunden[288].

Sie im Sinne einer Eigentumsbeschränkung zu interpretieren, wäre zudem jedenfalls bei rein privatnützigen öffentlich-rechtlichen Sondernutzungen mit Art. 14 Abs. 1 GG nicht vereinbar. Die Gewerbetreibenden oder Künstlern gestattete Straßenbenutzung eröffnet diesen in tatsächlicher Hinsicht zwar besondere Möglichkeiten, vor allem mit dem unmittelbaren Kontakt zu einem breit gefächerten Verkehrspublikum. Einen Freibrief kann ihnen die Sondernutzungserlaubnis aber nicht verschaffen. Ihre Betätigung bleibt vielmehr denselben rechtlichen Schranken unterworfen, wie sie auch auf privatem Grund und Boden gesteckt sind. Denn es wäre ungereimt, wenn der Straßenanlieger nur verlangen könnte, daß auf einem *privaten* Nachbargrundstück nicht zu jeder Tages- oder gar Nachtzeit Trompete gespielt wird, ihm dieses Recht aber versagt bliebe, wenn der Nachbar mit Hilfe einer Sondernutzungserlaubnis seine Musikdarbietungen auf die öffentliche Straße verlegen möchte und nun von dort eine i.S. des § 906 BGB wesentliche Beeinträchtigung droht.

Ferner ist darauf hinzuweisen, daß der Regelungsgehalt der Sondernutzungserlaubnis dementsprechend beschränkt ist. Die Sondernutzungserlaubnis gestattet lediglich, die öffentliche Straße für private Zwecke in Anspruch zu nehmen. Der Betätigung, die zur Verwirklichung dieser Zwecke entfaltet wird, räumt sie aber darüber hinaus keinerlei Privilegien ein. Dem Inhaber einer Sondernutzungserlaubnis kann daher bei der Benutzung der öffentlichen Straße nicht mehr erlaubt sein, als ihm das private Nachbarrecht bei der Benutzung eines Privatgrundstücks gestattet. Mehr als das, was dem Grundstückseigentümer danach von einem privaten Nachbargrundstück an Geräuschimmissionen zuzumuten ist, braucht auch von einer zwar auf die öffentlichen Straße verlegten, sonst aber inhaltsgleichen Nutzung nicht hingenommen werden. Die Nutzung

---

287) In diesem Sinne auch BGH, JZ 1969, 635 f. In dieser Entscheidung ging es um Operettenaufführungen, die regelmäßig vor einem Wohngebiet auf einer im Rhein schwimmenden Freilichtbühne veranstaltet worden waren.
288) A.A. aber Bettermann, MDR 1957, 672, 673; Steinbauer, S. 80.

eines Privatgrundstücks, die einen privatrechtlichen Unterlassungs- und Beseitigungsanspruch des Nachbarn auslöst, kann der Straßenanlieger, wenn sie
als öffentlich-rechtliche Sondernutzung auf der Straße stattfindet, mit dem
öffentlich-rechtlichen Abwehransruch in gleicher Weise unterbinden.

c) Im Rahmen ihrer Ermessensentscheidung hat die Wegebehörde somit zu prüfen, ob von einer begehrten Sondernutzung wesentliche Beeinträchtigungen für
die Straßenanlieger zu erwarten sind. Dabei wird es einerseits darauf ankommen, welche Phonstärke von der eingesetzten Schallquelle voraussichtlich ausgehen wird. Ein Musikkonzert, das etwa mit elektronischen Verstärkern oder
mit Blechblasinstrumenten aufgeführt werden soll, kann daher nur in Ausnahmefällen gestattet werden[289]. Im übrigen muß durch entsprechende Auflagen
sichergestellt werden, daß Geräuschimmissionen durch öffentlich-rechtliche
Sondernutzung für die Straßenanlieger nicht zur Dauerbelastung werden. Deshalb ist bei der Erteilung von Sondernutzungserlaubnissen vor allem darauf zu
achten, daß den Straßenanliegern ausreichende Ruhepausen bleiben. Das läßt
sich mit einer Auflage erreichen, die den Inhaber der Sondernutzungserlaubnis
verpflichtet, den Standort auf der öffentlichen Straße jeweils in kürzeren
zeitlichen Abständen zu wechseln. Insgesamt setzt das aber auch voraus, daß
geräuschproduzierende öffentlich-rechtliche Sondernutzungen nicht in beliebi-
ger Zahl, sondern lediglich in engen Grenzen gewährt werden.

Andererseits hängt die Erlaubnisfähigkeit derartiger Sondernutzungen von dem
jeweiligen Gebietscharakter ab. Denn es gilt der Grundsatz, daß das dem
Eigentümer zumutbare Maß von Einwirkungen (§ 906 Abs. 2 BGB) um so größer
ist, je geringer die rechtliche Anerkennung der Wohnfunktion des Eigentums
ist[290]. Daher wird der Straßenanlieger in einem Gewerbe- oder Mischgebiet
einen höheren Geräuschpegel hinzunehmen haben, als in einem reinen Wohngebiet.

Insofern muß aber vor einer vorschnellen Berufung auf eine "Ortsüblich-
keit" gewarnt werden. Das betrifft namentlich die weit verbreitete Ansicht, die Fußgängerbereiche für öffentlich-rechtliche Sondernutzungen
als uneingeschränkt "prädestiniert" einstuft. Denn soweit mit Sondernutzungen eine über den Verkehrslärm hinausgehende wesentliche Zusatzbe-

---

289) Wenn derartige Musikdarbietungen in Verwaltungsvorschriften oder einer
Sondernutzungssatzung stets als nicht genehmigungsfähig eingestuft
werden, so vermag das allerdings auf Bedenken stoßen (vgl. dazu
Mußgnug, Vierteljahrhundert, S. 81, 83 Fn. 3).
290) So BGH, NJW 1986, 2421, 2422; 1977, 894, 895; BGHZ 64, 220, 227.

lastung für die Anlieger verbunden ist, bewirkt ihre Zulassung auch dort einen Eingriff in die Anliegerrechte. Um so mehr gilt das gerade deshalb, weil durch den Ausschluß des Kraftfahrzeugverkehrs der allgemeine Verkehrslärm weitgehend zurückgeschraubt und damit bereits die Vorbelastung des Fußgängerbereichs entsprechend reduziert ist. Das muß auch den Straßenanliegern zugute kommen. Deshalb wäre es verfehlt, aus der Zweckbestimmung des Fußgängerbereichs abzuleiten, es liege im Bereich des wegebehördlichen Ermessens, daß der dort verringerte Verkehrslärm durch um so geräuschintensivere Sondernutzung ersetzt werden dürfte oder gar ersetzt werden müßte. Richtig ist vielmehr das Gegenteil. Beeinträchtigungen durch öffentlich-rechtliche Sondernutzungen dürfen dem Straßenanlieger auch im Fußgängerbereich nur in dem Maße zugemutet werden, in dem nach dem Nachbarrecht die Nutzung eines benachbarten Privatgrundstücks gestattet ist.

2. Die verfassungsrechtlich gewährleistet öffentlich-rechtliche Sondernutzung

Für öffentlich-rechtliche Sondernutzungen, denen kraft Verfassungsrechts die öffentliche Straße zur Verfügung gestellt werden muß, gilt freilich eine Ausnahme. Denn ihre privilegierte Stellung läßt es nicht zu, daß sie in gleicher Weise dem eigentumsrechtlichen Abwehranspruch des Straßenanliegers unterworfen werden. Es kommt ihnen vielmehr eine Rechtsposition zu, die grundsätzlich nicht minder schutzwürdig ist als das Anliegerrecht. Die akustisch verstärkte politische (Wahl-)Werbung oder der mit Sprechchören verbundene Demonstrationszug können daher selbst unter Berufung darauf, daß den Straßenanliegern ein Recht auf Ruhe zusteht, nicht von der öffentlichen Straße verbannt werden. Das macht es für diese Fälle erforderlich, zwischen den gegenläufigen Interessen einen angemessenen Ausgleich zu finden.

a) Die Möglichkeiten für einen solchen Ausgleich sind hier bereits deshalb verhältnismäßig günstig, weil Geräuschimmissionen von verfassungsrechtlich gewährleisteten Sondernutzungen in aller Regel jeweils nur über einen kürzeren Zeitraum zu erwarten sind. Die gesteigerte politische Propaganda von Parteien kommt nur in der Zeit des Wahlkampfs in den Genuß eines Straßenbenutzungrechts. Ferner steht bei ihr die das Anliegerrecht nicht berührende Sichtwerbung bei weitem im Vordergrund. Auch im übrigen werden Meinungen auf der öffentlichen Straße weniger akustisch, sondern vorrangig durch die Verteilung von Flugblättern vermittelt. Denn damit können gerade umfangrei-

chere Erklärungen dem gesamten vorüberziehenden Strom von Verkehrsteilnehmern nahegebracht werden.

b) In den verbleibenden Fällen ist zu prüfen, ob der für die Sondernutzung
begehrte Standort auf der öffentlichen Straße auf eine längere Dauer, etwa
den gesamten Tag, zur Verfügung gestellt werden muß, oder ob die Meinungsäußerung auf anderen Straßenflächen nicht ebenso zur Geltung gebracht werden kann. Ist das zu bejahen, so wird die Wegebehörde im Interesse der
Straßenanlieger den Inhaber der Sondernutzungserlaubnis durch eine entsprechende Auflage zu verpflichten haben, nach Ablauf eines bestimmten Zeitraums
den Standort zu wechseln.

Soweit damit ein gangbarer Weg (ausnahmsweise) nicht gefunden werden kann,
kommt freilich auch ein Entschädigungsanspruch des Straßenanliegers wegen
eines enteignenden Eingriffs in Betracht[291]. Denn ebensowenig wie dem Verkehrslärm darf der Anlieger über das zumutbare Maß hinaus einer akustischen
Dauerpropaganda entschädigungslos ausgesetzt werden. Ob diese Grenze im
Einzelfall überschritten ist, bestimmt sich daher nach den gleichen Maßstäben,
die die Rechtsprechung an die Beeinträchtigung des Anliegereigentums durch
Verkehrslärm anlegt.

---

291) Ob auch hier der Begünstigte zur Zahlung der Entschädigung heranzuziehen ist, scheint allerdings wegen der verfassungsrechtlichen Absicherung des Straßenbenutzungrechts jedenfalls dann fraglich, wenn damit
eine finanzielle Hürde errichtet würde, die die Sondernutzung praktisch
unmöglich machen würde.

5. Kapitel

Die öffentlich-rechtliche Sondernutzung als Gegenstand des gemeindlichen Selbstverwaltungssrechts

Für die Entscheidung über die Sondernutzungserlaubnis haben sich bisher zwei Eckpunkte herauskristallisiert:

(1) Markiert werden sie zunächst von dem *Verbot*, eine öffentlich-rechtliche Sondernutzung dann zu gewähren, wenn dadurch die öffentliche Zweckbestimmung der Straße auf Dauer in ihrem Grundbestand aufgehoben würde. Das beschränkt die gemeindliche Dispositionsbefugnis über den Gemeingebrauch. Darüber hinaus ist der Gemeinde ebenfalls verwehrt, durch die Erteilung einer Sondernutzungserlaubnis in das grundrechtlich durch Art. 14 Abs. 1 GG geschützte Recht der Straßenanlieger, den Anliegergebrauch, einzugreifen.

(2) Soweit einer öffentlich-rechtlichen Sondernutzung diese Hindernisse nicht entgegenstehen, kann für die Gemeinde auf der anderen Seite auch eine *Pflicht* zur Erteilung der Erlaubnis bestehen. Aus den grundrechtlichen Freiheitsrechten vermag sie allerdings nur in eng begrenzten Ausnahmen abgeleitet werden. Danach kommt ein unmittelbarer Anspruch auf die Sondernutzungserlaubnis aus Art. 5 Abs. 1 i.V.m. Art. 21 GG allein für die Wahlwerbung politischer Parteien in Betracht.

Bei den Sondernutzungen, die nach diesen Maßstäben erlaubt werden *dürfen*, mangels eines originären verfassungsrechtlichen Anspruchs aber nicht erlaubt werden *müssen*, handelt es sich um erlaubnisfähige Sondernutzungen. Auf sie hat sich die nachfolgende Betrachtung zu konzentrieren. Denn allein bei der Entscheidung über die Zulassung dieser erlaubnisfähigen Sondernutzungen kommt ein Ermessensspielraum in Betracht. Die dem gemeindlichen Ermessen gesteckten Grenzen gilt es nunmehr herauszuschälen.

§ 17: Öffentlich-rechtliche Sondernutzung und Gleichbehandlungsgebot

I. **Das Kriterium der Gemeingebrauchsbeeinträchtigung**

Über die erlaubnisfähige Sondernutzung entscheidet die Gemeinde nach Ermessen. Verweigern darf sie die Erlaubnis danach bereits mit der Erwägung, daß die jeweils begehrte öffentlich-rechtliche Sondernutzung notwendig den Gemeingebrauch beeinträchtigt. Denn die Beeinträchtigung des Gemeingebrauchs ist nicht nur ein Wesensmerkmal der öffentlich-rechtlichen Sondernutzung, sondern gerade auch der Grund, der ihre Fernhaltung von der öffentlichen Straße rechtfertigt. Das Straßenrecht gestattet zwar grundsätzlich ihre Zulassung. Es verlangt aber keineswegs, daß der mit der Widmung der Straße eröffnete Gemeingebrauch in dem jeweils zulässigen Umfang ("optimal") durch öffentlich-rechtliche Sondernutzungen geschmälert werden müßte. Die Gemeinde mag wohl ihr Ermessen mit diesem Ziel betätigen. Dazu verpflichtet ist sie aber nicht. Hält sie es für zweckmäßiger, den Gemeingebrauch ungestört aufrechtzuerhalten, so steht das im Gegenteil mit der öffentlichen Zweckbestimmung der Straße in Einklang.

1. **Die Ermessensbindung**

Die Rechtslage kann sich allerdings verändern, wenn die Gemeinde bereits in einem oder mehreren Fällen Sondernutzungen erlaubt hat. Daraus ergibt sich für nachfolgende Bewerber ein Anspruch auf Gleichbehandlung[1], der sich kraft der Selbstbindung der Verwaltung[2] möglicherweise zu einem Anspruch auf die Sondernutzungserlaubnis verdichtet.

Wird einem Bewerber die Sondernutzungserlaubnis erteilt, sie einem nachfolgenden Interessenten aber unter Berufung auf die zu erwartende Beeinträchtigung des Gemeingebrauchs verweigert, so übt die Gemeinde damit zwar ihr Ermessen "entsprechend dem Zweck der Ermächtigung" aus. Es können in diesem Fall jedoch die nach § 40 VwVfG ferner zu beachtenden "gesetzlichen Grenzen des Ermessens" überschritten sein.

---

1) Vgl. BVerwGE 44, 72, 74 f.; 34, 278, 280 f.; Maunz, in: Maunz/Dürig, Art. 3 I Rdnr. 430; Seifert, in: Seifert/Hömig, Art. 3 Rdnr. 10; Maurer, Allg.VerwR, § 7 Rdnr. 15; Erichsen/Martens, Allg.VerwR, § 12 II b bb.

2) Im Grunde geht es dabei freilich nicht um eine *Selbst*bindung, sondern um eine durch den Gleichheitssatz bewirkte (und demnach *Fremd-*) Bindung (so Maunz, in: Maunz/Dürig, Art. 3 I Rdnr. 431)

Gesetzliche Grenzen des Ermessen ergeben sich vor allem aus Verfassungs-rechtssätzen[3]. Für die hier zu untersuchenden Fälle ist darum das Gleichbe-handlungsgebot des Art. 3 Abs. 1 GG in den Mittelpunkt gerückt. Es verlangt von der Gemeinde, daß sie über die öffentlich-rechtliche Sondernutzung nach gleichen Grundsätzen befindet. Erteilt sie in einem Fall die Sondernutzungser-laubnis, so darf sie diese Vergünstigung in einem anderen, vergleichbaren Fall nur verweigern, soweit dies von "sachlichen", d.h. dem Zweck der Ermessens-ermächtigung entsprechenden Gründen gerechtfertigt ist.

Aus diesem Grunde vermag Art. 3 Abs. 1 GG ein sog. derivatives Teilhabe-recht zu begründen. Da das Gleichbehandlungsgebot die willkürlich ungleiche Begünstigung ebenso verbietet wie die willkürlich ungleiche Belastung[4], rea-giert es damit auf ein entsprechendes vorgängiges hoheitliches Handeln[5]. Voraussetzung eines derivativen Teilhaberechts sind daher bereits *bestehende* Leistungsverhältnisse. Werden darin einzelne Personen oder Personengruppen nicht oder nicht hinreichend berücksichtigt und ist die Ungleichbehandlung gegenüber den in das System einbezogenen Personengruppen mit dem Gleich-heitssatz unvereinbar, so kann daraus[6] ein Anspruch auf gleiche Teilhabe erwachsen[7].

Dementsprechend muß im Einzelfall als derivatives Teilhaberecht auch ein An-spruch auf die öffentlich-rechtliche Sondernutzung der Straße anerkannt wer-den[8]. Der Gemeinde, die in der Vergangenheit die Beeinträchtigung des Ge-meingebrauchs durch öffentlich-rechtliche Sondernutzungen gestattet hat, ist es grundsätzlich verwehrt, diesen Gesichtspunkt nun nachfolgenden Bewerbern entgegenzuhalten. Vermag sie für eine differenzierende Entscheidung keine anderen sachlichen Gründe vorzubringen, so reduziert sich das ihr eingeräumte Ermessen zur Erlaubnispflicht. Eine ablehnende Entscheidung würde die ge-

---

3) Vgl. Kopp, VwVfG, § 40 Rdnr. 19; Maurer, Allg.VerwR, § 7 Rdnr. 15.
4) Martens, VVDStRL 30 (1971), 7, 21 f.; Leibholz, Die Gleichheit vor dem Gesetz, 2. Aufl. 1959, S. 109; Wallerrath, Die Selbstbindung der Verwal-tung, 1968, S. 70 ff.
5) Martens, VVDStRL 30 (1971), 7, 21 f.
6) U.U. auch i.V.m. einem thematisch einschlägigen Freiheitsgrundrecht und/oder dem Sozialstaatsprinzip.
7) Martens, VVDStRL 30 (1971), 7, 21 f.; Hesse, Rdnr. 289; Maurer, Allg.VerwR, § 24 Rdnr. 21.
8) S/Z/K/Z, BayStrWG, Art. 18 Rdnr. 27; Steinberg, NJW 1978, 1898, 1902; Maunz/Zippelius, Staatsrecht, 25. Aufl. 1983, Bairl-Vaslin, S. 125.

setzlichen Grenzen des Ermessens überschreiten und wäre deshalb als ermessensfehlerhaft verwaltungsgerichtlich zu beanstanden (vgl. § 114 VwGO).

2. Die Beeinträchtigung des Gemeingebrauchs als Rechtfertigung einer differenzierenden Vergabepraxis

Hat die Gemeinde in einem Fall durch die Erteilung einer entsprechenden Erlaubnis eine Beeinträchtigung des Gemeingebrauchs hingenommen, so folgt daraus allerdings keineswegs die Pflicht, nunmehr sämtlichen nachfolgenden Sondernutzungsbegehren stattzugeben. In einem gewissen Rahmen läßt vielmehr
auch der Gesichtspunkt der Beeinträchtigung des Gemeingebrauchs differen-
zierte Entscheidungen zu.

a) Die begrenzte Kapazität der öffentlichen Straße

Öffentlich-rechtlichen Sondernutzungen vermag die öffentliche Straße nur in
einem mehr oder weniger eng begrenzten Umfang Raum zu bieten. Denn nach
ihrer Zweckbestimmung dient sie nicht der Sondernutzung, sondern dem Gemeingebrauch. Unter Berufung auf das Gleichbehandlungsgebot kann darum
nicht verlangt werden, daß ihre öffentliche Zweckbestimmung durch die übermäßige Zulassung öffentlich-rechtlicher Sondernutzungen in deren Gegenteil
verkehrt wird. Die allein aus Art. 3 Abs. 1 GG begründeten Ansprüche auf
Teilhabe an staatlichen Leistungen finden dementsprechend ihre Grenze an der
Erschöpfung der Kapazität der betreffenden Einrichtung[9]. Ist die öffentliche
Straße von Sondernutzungen bereits in einem Umfang belegt, der die Grenze
des Zulässigen erreicht, so ist die Gemeinde darum nicht nur berechtigt, sondern sogar verpflichtet, weitere Anträge abzulehnen. Dafür zwei Beispiele:

(1) Das Straßenrecht verwehrt es der Gemeinde nicht, daß sie einen Straßenbereich ausschließlich der Ausübung einer Sondernutzung überläßt. So darf sie
etwa einen bestimmten Platz für Festveranstaltungen zur Verfügung stellen.
Möchte die ortsansässige Brauerei dort mit der Bevölkerung ihr Gründungsjubi-
läum feiern, so kann ihr für ein Wochenende die dazu erforderliche Sondernutzungserlaubnis erteilt werden. Beantragt nun für das nachfolgende Wochenende
ein anderes Unternehmen die Sondernutzungserlaubnis, so wird diesem jedoch
die entsprechende Nutzung versagt werden müssen. Zwar ist der in Aussicht
genommene Platz für diesen Zeitraum "frei". Sondernutzungen, die den Gemein-

---

9) Martens, VVDStRL 30 (1971), 7, 21 m.w.Nachw.

gebrauch völlig ausschließen, können jedoch nur für einen kurzen Zeitraum zugelassen werden, und sie dürfen außerdem nicht in solchen zeitlichen Abständen wiederholt werden, daß der Verkehr zum Nebenzweck der öffentlichen Straße degradiert wird. Würde an jedem Wochenende im Ortsbereich ein Verkehrschaos entstehen, weil Umleitungsmöglichkeiten nicht in ausreichendem Umfang zur Verfügung stehen, oder wäre der widmungsgemäße Fahrzeugverkehr zu den Anliegergrundstücken in regelmäßiger Folge durch Sondernutzungen unterbunden, so hätte die Gemeinde ihr Erlaubnisermessen weit überschritten. Denn es gestattet ihr nicht, durch die Zulassung öffentlich-rechtlicher Sondernutzungen außerhalb des dafür vorgesehenen förmlichen Verfahrens die öffentliche Straße faktisch umzuwidmen. Auch in diesem Fall erfordert daher die begrenzte Kapazität der öffentlichen Straße eine Versagung der Sondernutzungserlaubnis.

(2) Das Gleichbehandlungsgebot vermag dem Antragsteller ebensowenig weiterzuhelfen, wenn in einem Straßenbereich Verkaufsstände bereits in einer Zahl erlaubt worden sind, daß beim Hinzukommen eines weiteren Standes der Fußgängerverkehr nicht mehr ungehindert vorankäme. Denn eine bestimmte Straßenfläche kann nur *einer* Sondernutzung zur Verfügung gestellt werden. Wird sie bereits von dem Verkaufsstand eines anderen in Anspruch genommen, so schließt das ihre weitere Vergabe aus. Ein nachfolgender Antrag vermag darum frühestens Berücksichtigung finden, sobald durch den Ablauf der einem Dritten befristet oder widerruflich[10] erteilten Erlaubnis der für Sondernutzungen verfügbare Straßenraum wieder frei geworden ist. Erst bei dieser Sachlage darf die Straße neu vergeben werden. Ob dem Antrag stattgegeben wird, ist aber selbst dann keineswegs ausgemacht.

b) Die Verteilung begrenzter Kapazität

So kann der Fall eintreten, daß mehrere Interessenten eine Sondernutzung beantragt haben, die für eine Sondernutzung geeignete und verfügbare Straßenfläche aber nur einem von ihnen Raum zu bieten vermag. Eine Gleichbehandlung aller käme hier nur bei der Versagung für alle, jedoch nicht bei der Erteilung der Sondernutzungserlaubnis an einen Bewerber in Betracht.

---

10) Vgl. § 8 Abs. 2 Satz FStrG.

Würde die Gemeinde sämtlichen Bewerbern die Sondernutzungserlaubnis deshalb verweigern, weil deren Gleichbehandlung durch eine positive Entscheidung ausgeschlossen ist, so läge darin freilich ein Ermessensfehler. Denn es würde verkannt, daß Art. 3 Abs. 1 GG eine gleiche Begünstigung nur im Rahmen des jeweils Möglichen verlangt. Die Gemeinde hätte sich deshalb irrtümlich zur Ablehnung aller Anträge für *verpflichtet* gehalten; sie hätte es darum fehlerhaft unterlassen, das ihr eingeräumte Ermessen zu betätigen[11]. Durchgängig verweigern dürfte sie die Sondernutzungserlaubnis nur dann, wenn sie es nunmehr für zweckmäßiger erachtet, daß die Straßenfläche künftig einem von öffentlich-rechtlichen Sondernutzungen ungeschmälerten Gemeingebrauch dienen soll und sie insoweit ihre Ermessenspraxis auf eine neue Grundlage stellt.

Bleibt die Gemeinde dagegen bei ihrem Standpunkt, daß die für öffentlich-rechtliche Sondernutzungen geeignete Straßenfläche auch weiterhin dieser Nutzung zur Verfügung gestellt werden soll, so hat sie unter den Bewerbern eine Auswahl zu treffen. Das Straßenrecht verlangt damit gerade eine Ungleichbehandlung, der Art. 3 Abs. 1 GG wegen der nur begrenzten Kapazität der öffentlichen Straße nicht entgegensteht. Jedoch verpflichtet das Gleichbehandlungsgebot in diesem Fall zu einer auf sachgerechte Auswahlkriterien gestützten Entscheidung[12].

Wäre die Gemeinde in ihrer Ermessensentscheidung auf den Gesichtspunkt der Beeinträchtigung des Gemeingebrauchs beschränkt, so käme bei gleich zu beurteilenden Sondernutzungen eine Auswahl nach der zeitlichen Reihenfolge des Eingangs der Anträge in Betracht. Bei gleichzeitig gestellten Anträgen bliebe ihr nur die Möglichkeit einer Losentscheidung[13]. - Eine andere Regelung kann dagegen in den Fällen geboten sein, in denen die zur Verfügung stehende Kapazität verteilbar ist. Das gilt etwa für die Sichtwerbung gewerblicher und - außerhalb des Wahlkampfs - politischer Art. Auf der öffentlichen Straße können nur in begrenztem Umfang Werbeträger aufgestellt werden. Ist diese Kapazität erschöpft, so dürften nachfolgende Anträge abgewiesen werden. Allerdings ist hier zu berück-

---

11) Zu den Fällen des sog. Ermessensnichtgebrauchs (Ermessensunterschreitung) vgl. BVerwGE 15, 196, 199; 31, 212, 213; 48, 81, 84; Maurer, Allg.VerwR, § 7 Rdnr. 13; Erichsen/Martens, Allg.VerwR, § 12 II 2 b aa.
12) Salzwedel, in: E/M, § 44 II.
13) Anders dagegen bei der Zulassung zu Märkten. Besteht hier ein Bewerberüberhang, so sind dem Auswahlermessen durch das Prinzip der Marktfreiheit Grenzen gesetzt, weil § 70 GewO insoweit einen Zulassungsanspruch gewährt (vgl. dazu BVerwG, DVBl 1984, 1072 f.; DÖV 1982, 82 f.; VGH Mannheim, GewArch 1983, 159 f.).

sichtigen, daß das von der Gemeinde vorgesehene Kontingent an Werbemöglichkeiten möglichst gleichmäßig verteilt werden muß. Eine Entscheidung, die allein auf das Prioritätsprinzip abstellte, würde dem nicht gerecht. Es dürfen daher nicht einem Bewerber sämtliche Aufstellungsplätze
überlassen werden. Die Gemeinde muß vielmehr auch für die nachfolgenden Interessenten einen Teil der vorhandenen Werbemöglichkeiten freihal-
ten. Für diesen Fall, in dem die für die öffentlich-rechtliche Sondernutzung zur Verfügung gestellte Straßenfläche von mehreren Bewerbern
gleichzeitig in Anspruch genommen werden kann, ist somit sachgerecht,
wenn dem Begehren eines Interessenten, obwohl die vorhandenen Aufstel-
lungsmöglichkeiten dafür an sich ausreichen würden, nicht in vollem Umfang stattgegeben wird und die Gemeinde dementsprechende eine Vorrats-
wirtschaft betreibt.

c) Die Einschränkung der Vergabepraxis

Die Gemeinde ist allerdings nicht darauf verwiesen, öffentlich-rechtliche Sondernutzungen entweder ohne Ausnahme von ihren Straßen zu verbannen oder
sie bis zur Grenze des Zulässigen zu gestatten. Es steht ihr statt dessen
ebenso offen, nur bestimmte Straßenbereiche von Sondernutzungen freizuhal-
ten. Ferner kann die Gemeinde, schon bevor mit Verkehrsbeeinträchtigungen
gerechnet werden muß, eine Grenze setzen, jenseits derer sie die weitere Beeinträchtigung des Gemeingebrauchs durch zusätzliche Sondernutzungen nicht
mehr hinnehmen will[14].

So ist es nicht zu beanstanden, wenn in einer Straße beispielsweise 10 Verkaufsstände zugelassen werden dürften, die Gemeinde aber die Auslastung auf
5 Stände beschränkt. Sie hat dann allein die 5 Standplätze auf die Interessenten sachgerecht zu verteilen. Weiteren Bewerbern darf sie dagegen die
Sondernutzungserlaubnis versagen. Denn diese können lediglich verlangen, daß
die zur Verfügung gestellten Standplätze nach gleichen Bedingungen vergeben
werden. Daß die Gemeinde in einem darüber hinausgehenden Umfang die Beeinträchtigung des Gemeingebrauchs gestattet, kann dagegen unter Berufung auf
das Gleichbehandlungsgebot nicht eingefordert werden[15].

---

14) Diese Grenze kann entweder durch eine Sondernutzungssatzung oder durch
   Richtlinien festgelegt werden, welche die Ausübung des Entscheidungsermessens entsprechend determinieren. Zuständig zum Erlaß solcher Richtlinien bleibt in Baden-Württemberg der Gemeinderat (so VGH Mannheim,
   VBlBW 1987, 344, 346).
15) In diesem Sinne auch Steinberg, NJW 1978, 1898, 1902.

d) Das Ausmaß der Gemeingebrauchsbeeinträchtigung

Öffentlich-rechtliche Sondernutzungen beeinträchtigen den Gemeingebrauch in einem jeweils unterschiedlichen Ausmaß. Auch hieran lassen sich Differenzierungen knüpfen.

Hat die Gemeinde bisher Verkaufsstände nur bis zu einer bestimmten Größe erlaubt, so vermag sie unter Berufung darauf die Zulassung eines Verkaufsstandes mit einer ausgedehnteren Grundfläche zu verweigern. Insbesondere ist ihr unbenommen, diejenigen Sondernutzungen zu privilegieren, bei denen darauf verzichtet wird, Gegenstände im Verkehrsraum aufzustellen. So kann sie sich etwa gegenüber Flugblattverteilern einer liberaleren Praxis bedienen, deren Betätigung durch Satzungsregelung gar überhaupt von der Erlaubnispflicht befreien, während sie dem Aufstellen ortsfester Informationsstände restriktiver begegnet. Die Gemeinde mag sich hier von dem Ziel leiten lassen, auf diese Weise einem größeren Personenkreis die Straße zur öffentlich-rechtlichen Sondernutzung zu überlassen. Das rechtfertigt eine Beschränkung ortsfest ausgeübter Sondernutzungen, weil von diesen die Verkehrsfläche in einem größeren Umfang in Anspruch genommen wird.

II. Stellungnahme

1. Der Gesichtspunkt der Beeinträchtigung des Gemeingebrauchs läßt somit zwar Differenzierungen zu. Würde aber allein von diesem Gesichtspunkt der Ermessensrahmen determiniert, so wären die Ergebnisse letztlich höchst unbefriedigend. Denn der Gemeinde bliebe verwehrt, gerade auch Inhalt und Zweck der jeweils begehrten Sondernutzung in Betracht zu ziehen. Ein Blumen- oder Süßwaren-Verkaufsstand dürfte nicht anders behandelt werden als der Informationsstand einer Bürgerinitiative oder politischen Partei. Auch eine Differenzierung danach, ob auf der öffentlichen Straße politische Flugblätter oder gewerbliche Werbezettel verteilt werden sollen bliebe danach ausgeschlossen.

2. Die h.A. will darum bei der Ermessensentscheidung die Grundrechte des jeweiligen Antragstellers berücksichtigt wissen. Dieser Weg hat sich jedoch als nicht gangbar erwiesen. Denn nach ihrem Normbereich können grundrechtliche Freiheitsgewährleistungen nur in eng begrenzten Ausnahmefällen eine Straßenbenutzung außerhalb des Gemeingebrauchs abdecken. Im übrigen wäre die von

der h.A. vorgenommene Differenzierung nach Sondernutzungen zum Zwecke der Gewerbeausübung und der Meinungsäußerung in sich unschlüssig, weil sie unterstellt, daß Art. 12 Abs. 1 GG geringeren Schutz gewährt als Art. 5 Abs. 1 GG.

Für zulässig wird freilich außerdem eine Differenzierung nach "straßenbezogenen" Gesichtspunkten erklärt[16]. Diese These geht davon aus, daß die öffentlich-rechtliche Sondernutzung nicht allein den Gemeingebrauch beeinträchtigt, sondern sich darüber hinaus auf weitere Eigenschaften der öffentlichen Straße auswirkt. Straßenbezogen sei etwa der Einfluß der öffentlich-rechtlichen Sondernutzung auf das Erscheinungsbild der Straße. Insofern sei die Sondernutzung also nicht nur gemeingebrauchs-, sondern allgemein straßenbezogen.

In ihrem Ansatz ist dieser Auffassung beizupflichten. Weitergehend stellt sich jedoch die Frage, ob sich die Bedeutung einer öffentlich-rechtlichen Sondernutzung nach Inhalt und Zweck allein in den die tatsächlichen und rechtlichen Eigenschaften der öffentlichen Straße betreffenden Wirkungen erschöpft. Möglicherweise berührt sie nämlich Belange, mit deren Wahrnehmung und Berücksichtigung sich ein Verwaltungsträger unter einem umfassenderen Blickwinkel zu befassen hat.

Das Bundesverwaltungsgericht[17] hat beispielsweise in einem Fall ausdrücklich einen Differenzierungsgesichtspunkt gebilligt, dem jeglicher Bezug zur öffentlichen Straße fehlte. Es ging um die Sondernutzungserlaubnis für die gewerbliche Fahrzeugbewachung. Die Erlaubnis war einem gemeinnützig arbeitenden Verein erteilt, einem gewerblichen Unternehmen dagegen versagt worden. Das Bundesverwaltungsgericht hat darin keinen Verstoß gegen Art. 3 Abs. 1 GG erblickt. Es hat darauf abgestellt, daß der gemeinnützige Verein die von ihm erwirtschafteten Überschüsse zur Finanzierung öffentlicher Zwecke zur Verfügung stellte[18].

Wie oben[19] gezeigt, könnte für eine die Begrenzung auf straßenbezogene Gesichtspunkte überwindende Perspektive die mit der Widmung begründete öffentlich-rechtliche Sachherrschaft eine tragfähige Grundlage bieten. Denn bei

16) BVerwGE 56, 63, 68; 47, 280, 284; OVG Münster, NVwZ 1988, 269, 270; VGH Kassel, NVwZ 1983, 48, 49; OVG Hamburg, VerwRspr 27, 991, 993; Kodal/Krämer, S. 603 Rdnr. 14; Löhr, NVwZ 1983, 20, 21. A.A. VGH München, DVBl 1979, 75, 76; Thiele, DVBl 1980; 977, 978.
17) VerwRspr 21, 622 ff.
18) A.a.O., S. 625.
19) 3. Kapitel.

ihr handelt es sich zwar um eine in den öffentlichen Rechtsbereich transfor-
mierte, von Haus aus indessen eigentumsrechtliche Rechtsposition. Sie gewährt
darum umfassende, allein von der öffentlichen Zweckbestimmung der Straße
beschränkte Herrschaftsbefugnisse.

Die Annahme eines der öffentlich-rechtlichen Sachherrschaft entsprechenden
Ermessensrahmen liegt zudem gerade dann nahe, wenn die Entscheidung über
die Sondernutzungserlaubnis der Gemeinde vorbehalten ist. Möglicherweise ist
es nämlich das ihr verfassungsrechtlich gewährleistete universale Selbstverwaltungsrecht, welches hier die öffentlich-rechtlichen Herrschaftsbefugnisse
ausfüllt. Auf seiner Grundlage und gestützt auf die öffentlich-rechtliche
Sachherrschaft wäre der Gemeinde danach eröffnet, über die öffentlich-rechtliche Sondernutzung als Angelegenheit des örtlichen Wirkungskreises zu befinden[20]. Sie könnte somit bei der Entscheidung über die Sondernutzungserlaubnis all die Belange in Betracht ziehen, die für die Förderung des gemeinsamen
Wohls der Einwohner von Bedeutung sind.

Zu den Angelegenheiten des lokalen Wirkungskreises zählt jedenfalls der Bau
und die Unterhaltung örtlicher Straßen[21]. Das bedeutet, daß die Gemeinde –
im Rahmen der Straßengesetze und ihrer bauplanungsrechtlichen Erschließungs-
pflicht – in eigener Verantwortung entscheidet, an welcher Stelle diese
Straßen gebaut und wie sie geführt werden sollen.

So wird selbst die Verwaltung der in gemeindlicher Baulast stehenden
Teile der Bundesstraße als Angelegenheit des kommunalen Wirkungskreises
eingestuft[22]. Denn Art. 90 Abs. 2 GG unterwirft nur die der Baulast des
Bundes unterliegenden Bundesfernstraßen der Auftragsverwaltung durch
die Länder. Daraus folgt, daß die Gemeinden auch hier in eigener Verwal-

---

20) So Mußgnug, VBlBW 1982, 410, 413. Unter Verweis auf das gemeindliche
Selbstverwaltungsrecht hat ferner das OLG Hamm, NJW 1977, 687, 688,
für unbedenklich erklärt, daß Sondernutzungsbewerber in verschiedenen
Gemeinden aufgrund einer jeweils unterschiedlichen Ermessenspraxis ungleich behandelt werden. Der Verfassungsgeber habe nämlich "diese Ungleichbehandlung bewußt hingenommen, indem er in Art. 28 Abs. 2
Satz 1 GG der Gemeindeautonomie verfassungsrechtlichen Rang verliehen
hat".
21) Brohm, DÖV 1986, 397, 399; v.Mutius, Örtliche Aufgabenerfüllung, S. 227,
246; Achterberg, JA 1980, 617; v.Unruh, DÖV 1977, 469.
22) Zech, DVBl 1987, 1089, 1095; Knemeyer, Vierteljahrhundert, S. 557,
565 ff.; Kodal/Krämer, S. 40 ff. Rdnrn. 22 und 23.4. A.A. freilich M/S/K,
FStrG, § 21 Rdnr. 2; Bartlsperger, in: Bonner Kommentar, Art. 90
Rdnr. 92.

tungszuständigkeit tätig werden und dabei nur der Rechtsaufsicht unterliegen[23].

Ist aber die Herstellung einer öffentlichen Sache der gemeindlichen Selbstverwaltung überantwortet, so müßte dies zumindest dem Grundsatz nach auch für
die Sachnutzung selbst gelten. Unter diesen Aspekten werden darum die entsprechenden straßengesetzlichen Vorschriften zu untersuchen sein.

---

23) Zech, DVBl 1987, 1089, 1095. Vgl. ferner S/Z/K/Z, BayStrWG, Art. 4
Rdnr. 1 f. und Art. 42 Rdnr. 13.

§ 18: Die Entscheidung über die Sondernutzungserlaubnis als Sachwaltung örtlicher Belange

Das Straßenrecht selbst bietet mehrere Anhaltspunkte dafür daß die Gemeinde bei der Entscheidung über die Sondernutzungserlaubnis auf die eben erörterten Gesichtspunkte nicht beschränkt ist. Denn danach ist der Gemeinde eine bemerkenswerte Sonderstellung eingeräumt, die es auf ihren Bedeutungsgehalt auszuloten gilt:

(1) Innerhalb des Ortsbereichs weist das Straßenrecht der Gemeinde unabhängig von der Verteilung der Straßenbaulast die Entscheidung über öffentlich-rechtliche Sondernutzungen zu[24]. Es weicht darin zugunsten der Gemeinde von dem Grundsatz ab, nach dem der Straßenbaulastträger auch über die Sondernutzungserlaubnis zu entscheiden hat. Dem von der Gemeinde verschiedenen Baulastträger ist eine Mitwirkung nur insoweit eröffnet, als er über ein Zustimmungsrecht verfügt[25] und er "aus Gründen des Straßenbaues oder der Sicherheit oder Leichtigkeit des Verkehrs" den Widerruf der Sondernutzungserlaubnis verlangen kann[26].

(2) Bei ihrer Ermessensensentscheidung unterliegt die Gemeinde allein der Rechtsaufsicht. Eine Fachaufsicht, die es den übergeordneten Behörden gestatten würde, im Einzelfall ihre Zweckmäßigkeitsentscheidung an die Stelle des gemeindlich betätigten Ermessens zu setzen, ist ausgeschlossen.

---

24) § 8 Abs. 1 Satz 2, Halbs. 2 FStrG; § 17 Satz 1 BaWüStrG; Art. 18 Abs. 1 Satz 2, Halbs. 2 BayStrWG; § 17 Abs. 1 Satz 1 HessStrG; § 18 Abs. 1 Satz , Halbs. 2 NdsStrG; § 18 Abs. 1 Satz 3, Halbs. 1 NRWStrWG; § 42 Abs. 1 Satz RhPfStrG; § 19 Abs. 1 Satz 1 SaarlStrG. – Allein § 22 Abs. 1 Satz 1 SchlHolStrWG behält die Entscheidungskompetenz dem Straßenbaulastträger vor, wenn die Gemeinde nicht mehr als 20.000 Einwohner zählt. In diesem Fall steht ihr bei der Erteilung, Versagung oder dem Widerruf einer Sondernutzungserlaubnis ein Anhörungsrecht zu (§ 22 Abs. 1 Satz 2 SchlHolStrWG).

25) § 8 Abs. 1 Satz 3 FStrG; § 17 Satz 2 BaWüStrG; Art. 18 Abs. 1 Satz 2 BayStrWG; § 17 Abs. 1 Satz 2 HessStrG; § 18 Abs. 1 Satz 2 NdsStrG; § 18 Abs. 1 Satz 3 NRWStrWG; § 42 Abs. 1 Satz 2 RhPfStrG; § 19 Abs. 1 Satz 2 SaarlStrG.

26) § 8 Abs. 2 Satz 3 FStrG; § 17 Satz 4 BaWüStrG; Art. 18 Abs. 2 Satz 2 BayStrWG; § 17 Abs. 2 HessStrG; § 18 Abs. 2 Satz 3 NdsStrG; § 18 Abs. 2 Satz NRWStrWG; § 42 Abs. 1 Satz 2 RhPfStrG; § 19 Abs. 2 SaarlStrG.

(3) Die Sondernutzungsgebühr fließt auch dann der Gemeinde zu, wenn
die Sondernutzung auf einer nicht der gemeindlichen Baulast unterliegenden Straße ausgeübt wird[27].

Mit dieser Sonderstellung der Gemeinde im Hinblick auf öffentlich-rechtliche
Sondernutzungen könnte auch ein besonderer Zweck der Ermessensermächtigung
verbunden sein. So stellt sich die Frage, ob der Gemeinde gerade deshalb das
Entscheidungsermessen vorbehalten ist, damit sie im Ortsbereich die örtlich-
kommunalen Belange bei der Sondernutzung öffentlicher Straßen zur Geltung
bringen kann. Wäre dies der Fall, so müßte sich (im erlaubnisfähigen Bereich)
als Maßstab der gemeindlichen Ermessensentscheidung das von der Gemeinde
zu fördernde "gemeinsame Wohl ihrer Einwohner" ergeben.

Das würde nicht nur bedeuten, daß die Gemeinde solche Sondernutzungen verweigern darf, die nach ihrem äußeren Erscheinungsbild oder der zu erwartenden Geräuschentwicklung von der Gemeinde zumindest in dem in Aussicht genommenen Straßen- und Ortsbereich als störend erachtet werden. Es würde
das der Gemeinde ferner eröffnen, die öffentlichen Straßen im Ortsbereich allein der von ihr als förderungswürdig erachteten Kunstausübung vorzubehal-
ten. Möglicherweise kann sich die Gemeinde außerdem der wirtschaftlichen Interessen der ortsansässigen Gewerbetreibenden annehmen und die Sondernutzungserlaubnis für gewerbliche Zwecke deshalb verweigern, weil sie der Auffassung ist, daß eine auf der öffentlichen Straße betriebene Konkurrenz ihre
Förderung nicht oder jedenfalls nur unter besonderen Umständen verdient.

Mit diesen Beispielen, die die Konsequenz einer nach örtlich-kommunalen Gesichtspunkten bestimmten Entscheidung andeuten, soll es vorerst sein Bewenden finden. Denn zunächst geht es darum, den Zweck der gemeindlichen Sonderstellung zu ermitteln.

---

27) Eine Ausnahme davon besteht noch allein nach § 18 Abs. 2 HessStrG.

I. Die Bedeutung der Zuständigkeitsverteilung zwischen Gemeinde und Baulastträger

1. Die Auffassung des Bundesverwaltungsgerichts

In der Zuständigkeitsverteilung zwischen Gemeinde und Baulastträger will das Bundesverwaltungsgericht "in erster Linie eine *verwaltungsverfahrensrechtliche*" Regelung sehen, "die im Falle der Zuständigkeit der Gemeinde unter den in ihr angegebenen Voraussetzungen die Mitwirkung des Trägers der Straßenbaulast bei der Erlaubniserteilung sichert"[28]. "Nur zum Teil" sollen diese Vorschriften einen materiellen Gehalt aufweisen. Nach der Auffassung des Bundesverwaltungsgericht beschränkt sich dieser in einer Entsprechung zur Bestimmung des § 9 Abs. 3 FStrG[29], welche die Zustimmung der obersten Landesstraßenbaubehörde zu einem baulichen Vorhaben auf einem privaten Nachbargrundstück der Bundesfernstraße betrifft.

Es wurde bereits dargelegt, daß dem § 9 FStrG entgegen der angeführten Auffassung für die Regelung der Sondernutzungserlaubnis nichts entnommen werden kann. Denn § 9 BFStrG betrifft die Nutzung des Eigentums, während bei der öffentlich-rechtlichen Sondernutzung die Benutzung einer fremden (öffentlichen) Sache in Frage steht. Deshalb kann es nicht angehen, der Zuständigkeitsverteilung zwischen Gemeinde und Baulastträger einen dem § 9 Abs. 3 FStrG entsprechenden Gehalt unterzulegen.

2. Die Regierungsbegründung zum FStrG

Die Bedeutung der Zuständigkeitsverteilung muß sich damit aber keineswegs auf das Verfahrensrecht beschränken. Für eine darüber hinaus materielle Gehalte erschließende Interpretation läßt sich zumindest auf die Begründung zum Regierungsentwurf des FStrG[30] verweisen. Sie führt aus:

"In Ortsdurchfahrten, wo die gemeindlichen Interessen besondere Berücksichtigung verdienen, soll sie (die Sondernutzungserlaubnis) von der Ge-

---

28) BVerwG, DVBl 1973, 496, 498. Die Zuständigkeit der Gemeinde soll andererseits eine sachdienliche und bürgernahe Entscheidung ermöglichen (so Zech, DVBl 1987, 1089, 1091; Schmidt, NVwZ 1985, 167, 168; vgl. ferner Kodal/Krämer, S. 608 Rdnr. 28). Daß dieser Gesichtspunkt aber nur zum Teil zu tragen vermag, wird daraus deutlich, daß auch bei Straßen außerhalb des Ortsbereichs die Sachnähe der Gemeinde gegeben ist.
29) BVerwG, DVBl 1973, 496, 498.
30) BT-Drs 1/4248

meinde erteilt werden, wobei allerdings über die Frage, ob die Sicherheit und Leichtigkeit des Verkehrs beeinträchtigt werden kann, dem Träger der Straßenbaulast eine entscheidende Mitwirkung vorbehalten ist (Zustimmung)"[31].

Nach den Motiven des Gesetzgebers sollte also durch die Verlagerung der Sondernutzungsentscheidung den "gemeindlichen Interessen" Rechnung getragen und gleichzeitig verhindert werden, daß diese durch die Entscheidung eines nicht mit der Gemeinde identischen Baulastträgers übergangen werden. Das setzt aber zwingend voraus, daß es der Gemeinde gerade auch als Baulastträger eröffnet ist, kommunale Belange in ihre Ermessensentscheidung über die Sondernutzungserlaubnis einzustellen. Auf die Prüfung, ob von der begehrten Sondernutzung die Sicherheit und Leichtigkeit des Verkehrs beeinträchtigt wird, kann die Gemeinde danach nicht beschränkt sein. Es betrifft das lediglich einen Teilaspekt ihrer Entscheidung, eine Frage, in der dem von ihr verschiedenen Straßenbaulastträger "eine entscheidende Mitwirkung vorbehalten ist".

An dem Zweck, den der Gesetzgeber mit der Schaffung einer umfassenden gemeindlichen Entscheidungszuständigkeit im Auge gehabt hat, besteht somit kein Zweifel. Es bleibt freilich zu prüfen, ob und inwieweit sich diese Regelungsabsicht im FStrG verwirklicht und niedergeschlagen hat.

3. Folgerungen aus der Beziehung zwischen Baulastträger und Gemeinde

a) Die straßenbaubehördliche Zustimmung

aa) Über die Gesichtspunkte, nach denen der mitwirkungsberechtigte Straßenbaulastträger seine Zustimmung erteilen kann oder muß, ist in § 8 Abs. 1 Satz 3 FStrG nichts gesagt. Die Vorschrift trifft ebensowenig eine ausdrückliche Regelung über die Frage, auf welche Gesichtspunkte der Straßenbaulastträger eine Versagung der Zustimmung stützen darf[32].

Aufschluß darüber könnte jedoch aus § 8 Abs. 2 Satz 3 FStrG gewonnen werden. Danach hat die Gemeinde die widerruflich erteilte Sondernutzungserlaub-

---

31) A.a.O., S. 20.
32) Ebenso Art. 18 Abs. 1 Satz 2 BayStrWG; § 16 Abs. 1 Satz 2 HessStrG; § 18 Abs. 1 Satz 3 NdsStrG; § 18 Abs. 1 Satz 3 NRWStrWG; § 41 Abs. 1 Satz 2 RhPfStrG.

nis zu "widerrufen"[33], wenn die Straßenbaubehörde dies "aus Gründen des Straßenbaues oder der Sicherheit oder Leichtigkeit des Verkehrs" verlangt[34]. Möglicherweise ist daraus abzuleiten, daß die Zustimmung ebenfalls nur aus diesen Gründen verweigert werden darf[35].

Die in der Widerrufsregelung genannten straßenbaulichen und verkehrlichen Belange erscheinen in einigen Landesstraßengesetzen als Voraussetzungen des Zustimmungsvorbehalts. Danach besteht bei der Entscheidung über die Sondernutzungserlaubnis ein Mitwirkungsrecht des mit der Gemeinde nicht identischen Straßenbaulastträgers nur dann, wenn sich die begehrte öffentlich-rechtliche Sondernutzung auf die Fahrbahn erstreckt und sie geeignet ist, die Sicherheit oder Leichtigkeit des Verkehrs zu beeinträchtigen[36].

Auch das FStrG hatte in seiner ursprünglichen Fassung den Zustimmungsvorbehalt daran geknüpft, daß die begehrte Sondernutzung geeignet ist, die Sicherheit oder Leichtigkeit des Verkehrs zu beeinträchtigen. Mit dem 2. FStrÄndG v. 4.7.1974[37] ist diese Bedingung weggefallen. Maßgebend dafür war der Gedanke, daß mit einer öffentlich-rechtliche Sondernutzung, die sich auf die Fahrbahn[38] erstreckt, in aller Regel eine Beeinträchtigungen der Verkehrssicherheit verbunden ist[39].

---

33) Nach der Terminologie der VwVfGe kann es hier freilich auch um eine Rücknahme gehen, so etwa, wenn die Gemeinde die Sondernutzungserlaubnis ohne die erforderliche Zustimmung des Straßenbaulastträgers erteilt hat.

34) Art. 18 Abs. 2 Satz 2 BayStrWG; § 17 Abs. 2 HessStrG; § 18 Abs. 2 Satz 3 NdsStrG; § 18 Abs. 2 Satz 3 NRWStrWG; § 42 Abs. 1 Satz RhPfStrG; § 19 Abs. 2 SaarlStrG. – Daß hierher, obwohl in einigen Straßengesetzen nicht besonders erwähnt, auch Gründe des Straßenbaues rechnen, kann nicht bezweifelt werden. Andernfalls käme man etwa nach der Regelung des § 19 SaarlStrG zu dem ungereimten Ergebnis, daß der Straßenbaulastträger zwar seine Zustimmung nicht versagen dürfte, weil der Zustimmungsvorbehalt ausdrücklich nur an Gründe der Sicherheit oder Leichtigkeit des Verkehrs geknüpft ist, daß er aber sofort danach den Widerruf verlangen dürfte, weil ihn jedenfalls dazu Gründe des Straßenbaues berechtigen.

35) So Ziegler, DVBl 1976, 89, 92.

36) Vgl. § 17 Satz 2 BaWüStrG; § 17 Abs. 1 Satz 2 HessStrG (Landesstraßen); § 42 Abs. 1 Satz 2 RhPfStrG; § 19 Abs. 1 Satz 2 SaarlStrG.

37) BGBl. I S. 1401.

38) Nach dem BFStrG kann sich der Zustimmungsvorbehalt auch auf die Radwege beziehen.

39) Vgl. M/S/K, § 8 Anm. 2.43.

Die Gemeinde muß danach also unabhängig davon, ob die Sondernutzung im Einzelfall geeignet ist, die Sicherheit oder Leichtigkeit des Verkehrs zu beeinträchtigen, die Zustimmung des Straßenbaulastträgers einholen. Streitigkeiten über das Vorliegen dieser Voraussetzungen und damit über die Zustimmungspflichtigkeit werden so vermieden. Vor allem wird auf diese Weise die Gefahr beseitigt, daß die Gemeinde, weil sie irrig die Sicherheit oder Leichtigkeit des Verkehrs als nicht berührt erachtet, eine Sondernutzungserlaubnis erteilt, ohne daß die Straßenbaubehörde hiervon bereits vorab erfahren hat. Den verkehrlichen Belangen könnte letztere dann nur noch nachträglich dadurch Geltung verschaffen, daß sie von der Gemeinde den Widerruf der Sondernutzungserlaubnis verlangt.

Die generelle Beteiligung des Straßenbaulastträgers gewährleistet somit, daß er mit den von ihm zu wahrenden Belangen nicht übergangen werden kann. Sie verschafft ihm außerdem die Möglichkeit, im Sondernutzungswesen seinen Einfluß bereits präventiv geltend zu machen[40].

Mit dem Verzicht auf die tatbestandliche Eingrenzung des Zustimmungs*vorbehalts* sorgt die Neuregelung des § 8 Abs. 1 Satz 3 FStrG für klare Verhältnisse. Eine Erweiterung der Befugnisse des Straßenbaulastträgers ist damit nicht erfolgt. Er hat deshalb zwar bei jeder Entscheidung über eine Sondernutzungserlaubnis mitzuwirken, andererseits seine Zustimmung in all den Fällen zu erteilen, in denen er nach der früheren Fassung des § 8 Abs. 1 Satz 3 FStrG schon von der Mitwirkung ausgeschlossen war. Das bedeutet umgekehrt, daß der Straßenbaulastträger seine Zustimmung nur unter Berufung auf die in § 8 Abs. 2 Satz 3 FStrG bezeichneten Gründe verweigern darf.

bb) Dieser Umstand deutet bereits darauf hin, daß die Gemeinde bei ihrer Ermessensentscheidung nicht auf die Gesichtspunkte beschränkt sein kann, die der Straßenbaulastträger in seiner Entscheidung über die Zustimmung zu berücksichtigen hat. Andernfalls würde die der Gemeinde eingeräumte Kompetenz das Entscheidungsverfahren ohne Sinn und Zweck verkomplizieren. Wäre die Gemeinde verpflichtet, die Erlaubnis für eine Sondernutzung zu erteilen, die

40) Weniger effektiv bleibt im Vergleich dazu die in Baden-Württemberg getroffene Regelung. Die Befugnis zur Entscheidung eines Streits über das Eingreifen des Zustimmungsvorbehalts hat § 17 Satz 3 BaWüStrG zwar der Straßenbaubehörde zugewiesen. Dies funktioniert freilich nur, wenn diese von der Gemeinde auch über sämtliche Sondernutzungsvorhaben informiert wird.

nicht oder allenfalls in einem hinnehmbaren Umfang straßenbauliche oder verkehrliche Belange tangiert, so bliebe ihr lediglich zu kontrollieren, ob der
Straßenbaulastträger seine Zustimmung zu Recht erteilt hat. Gerade das als
Zustimmungsverhältnis ausgestaltete Zusammenwirken beider Hoheitsträger
weist jedoch die Gemeinde als den eigentlichen Entscheidungsträger aus.

Derjenige, der für eine bestimmte (hier: positive) Entscheidung der Zustimmung
eines anderen bedarf, soll nämlich auch dann frei in seiner Entscheidung
bleiben, wenn bei dem anderen die Bereitschaft besteht, die Zustimmung zu
erteilen. Die Erteilung der Zustimmung zwingt nicht dazu, nun auch die Entscheidung zu treffen, die durch die Zustimmung legitimiert werden soll. Die
Zustimmung soll eine bestimmte Entscheidung sanktionieren, nicht aber zu
dieser Entscheidung verpflichten.

Will die Gemeinde von sich aus die Sondernutzungserlaubnis versagen, so kann
sie sich dabei zwar auf die Belange stützen, auf die der Straßenbaulastträger
bei seiner Entscheidung über die Zustimmung beschränkt ist. Die Bedeutung
der der Gemeinde zugewiesenen Entscheidungszuständigkeit kann sich sonach
aber nicht darin erschöpfen, die bereits vom Straßenbaulastträger untersuchten Auswirkungen der begehrten Sondernutzung auf die Sicherheit oder Leichtigkeit des Verkehrs und eventuell auf künftiges Straßenplanungen nochmals
nachzuprüfen.

b) Die Widerrufsregelung

aa) Nach § 8 Abs. 2 Satz FStrG *hat* die Gemeinde eine Sondernutzungserlaubnis zu widerrufen, wenn der Straßenbaulastträger dies unter Berufung auf die
in dieser Bestimmung genannten Gründe verlangt. Darüber hinaus *kann* die
Gemeinde einen Widerruf aufgrund einer eigenen, vom Straßenbaulastträger
nicht veranlaßten oder gar erzwungenen Ermessensentscheidung aussprechen.
§ 8 Abs. 2 Satz 3 FStrG schließt das nicht aus, so daß insofern auf die Regelung des § 49 Abs. 2 Nr. 1 VwVfG zurückzugreifen ist. Es stellt sich daher
die Frage, auf welche Gründe die Gemeinde ihre Ermessensentscheidung über
einen Widerruf der Sondernutzungserlaubnis zu stützen vermag.

Da das FStrG keine Vorschrift enthält, die den Rahmen des gemeindlichen Widerrufsermessens ausdrücklich absteckt, soll geprüft werden, ob insoweit eine

entsprechende Anwendung des § 8 Abs. 1 Satz 3 FStrG in Betracht kommt. Danach dürfte die Gemeinde nur die Gesichtspunkte zum Ansatz bringen, auf die der Straßenbaulastträger mit seinem Widerrufsverlangen beschränkt ist.

bb) Gegen eine solche, zur Ausfüllung des gemeindlichen Ermessensrahmens errichtete Analogie spricht allerdings der gesetzessystematische Aufbau der Regelung. § 8 Abs. 1 Satz 3 FStrG erweist sich nämlich in doppelter Hinsicht als Sonderregelung. Daher ist er allenfalls beschränkt einer Analogie fähig[41].

Die Vorschrift betrifft nicht nur die Ausnahme von dem Grundsatz, nach dem der öffentliche Straßenbaulastträger auch über die öffentlich-rechtlichen Sondernutzungen entscheidet[42]. Sie begründet darüber hinaus für die Gemeinde unter den in ihr im einzelnen aufgeführten Voraussetzungen die *Pflicht* zum Widerruf einer Sondernutzungserlaubnis. Das schließt es aus, die materiellen Tatbestandsvoraussetzungen der Norm auf den Regelfall zu erstrecken, in dem die Gemeinde über den Widerruf nach Ermessen entscheidet. Würden nur straßenbauliche und verkehrliche Gründe die gemeindliche Ermessensentscheidung rechtfertigen, müßte es danach als Systemwidrigkeit des Gesetzgebers bezeichnet werden, daß er diese Gründe erst bei der Regelung eines Sonderfalls benannt hat[43].

cc) Der Berufung auf die Gesetzessystematik könnte sich freilich entgegenhalten lassen, daß das FStrG selbst gerade keine Regelung über den Ermessenswiderruf einer Sondernutzungserlaubnis enthält und daß deshalb dem Gesetzgeber die Namhaftmachung der straßenbaulichen und verkehrlichen Belange erst in der Sonderregelung des § 8 Abs. 2 Satz 3 FStrG möglich war. Wäre dieser Einwand schlüssig, so könnten die in § 8 Abs. 2 Satz FStrG genannten materiellen Tatbestandsvoraussetzungen mit einer lediglich klarstellenden Funktion auf den Regelfall eines nach Ermessen ausgesprochenen Widerrufs erstreckt werden.

---

41) Vgl. dazu Larenz, Methodenlehre, S. 339 f.
42) Papier, Öffentliche Sachen, S. 62 f.; Kodal/Krämer, S. 608 Rdnr. 28.
43) Vgl. auch Ziegler, DVBl 1976, 89, 93: "Wenn der Gesetzgeber eine Beschränkung des kommunalen Widerrufsermessens auf die in § 8 Abs. 1 Satz 3 FStrG benannten Gesichtspunkte gewollt hätte, hätte er bestimmt, daß die Gemeinde die Erlaubnis widerrufen kann, wenn dies aus Gründen der Sicherheit oder Leichtigkeit des Verkehrs erforderlich ist, und daß die Gemeinde die nicht Träger der Straßenbaulast ist, den Widerruf zu erklären hat, wenn die Straßenbaubehörde dies aus den genannten Gesichtspunkten verlangt".

Andererseits kann aber nicht übersehen werden, daß das FStrG in diesem Fall die in der Sonderregelung genannten Gesichtspunkte in seine Grundvorschrift über die Erlaubnisbedürftigkeit einer öffentlich-rechtlichen Sondernutzung (§ 8 Abs. 1 Satz 1 FStrG) hätte aufnehmen müssen. Das ergibt sich aus folgender Überlegung:

Ein begünstigender Verwaltungsakt kann jedenfalls unter den Voraussetzungen versagt werden, unter denen, wäre er bereits erteilt worden, seine Aufhebung zulässig wäre. Umgekehrt rechtfertigen die Versagungsgründe nicht stets auch die Rücknahme oder gar den Widerruf des bestandskräftigen Verwaltungsakts. Das folgt unmittelbar aus den Vorschriften der §§ 48, 49 VwVfG. Sie kehren hervor, daß die Widerrufsvoraussetzungen allenfalls enger sein können als die eine Versagung des Verwaltungsakts tragenden Gründe. Insofern rechtfertigen sie aber gerade die Annahme, daß die Gesichtspunkte, die erst in der Vorschrift über die Widerruf*pflicht* benannt werden, zwar bei der *Ermessens*entscheidung über den Widerruf und deshalb erst recht über die Erteilung der Sondernutzungserlaubnis zu berücksichtigen sind, daß sie jedoch den Ermessensrahmen im übrigen nicht begrenzen sollen. Der systematischen Stellung der straßenbaulichen und verkehrlichen Gesichtspunkte in § 8 Abs. 2 Satz 3 FStrG kann darum keine für den Ermessensbereich klarstellende Funktion zugeschrieben werden.

Würden die materiellen Tatbestandsvoraussetzungen des § 8 Abs. 2 Satz 3 FStrG den Ermessensrahmen bei der Entscheidung über die Sondernutzungserlaubnis abstecken, so hätten sie ihren Platz in der Grundvorschrift über die Sondernutzungserlaubnis finden müssen. Ihre Verdrängung in eine Ausnahmeregelung bliebe dagegen ohne Sinn, weil die bei der Entscheidung über die Erteilung der Sondernutzungserlaubnis maßgebenden Gesichtspunkte bereits ohne weiteres auch für einen Widerruf zu beachten wären. Daher bleibt es dabei, daß nach der Systematik der Gesamtregelung des § 8 FStrG die gemeindliche Ermessensentscheidung über die Erteilung und den Widerruf der Sondernutzungserlaubnis nicht auf die in § 8 Abs. 2 Satz 3 FStrG bezeichneten Gesichtspunkte beschränkt ist.

c) Das gemeindliche Anhörungsrecht als Surrogat der Entscheidungs- zuständigkeit

Nach § 22 SchlHolStrWG bleibt die Entscheidung über die Sondernutzungser- laubnis auch im Ortsbereich dem Straßenbaulastträger vorbehalten. Damit liegt die Entscheidung im Hinblick auf Ortsdurchfahrten nur insoweit bei der Ge- meinde, als sie für diese auch die Straßenbaulast trägt[44] Soweit es daran fehlt, ist der staatliche Baulastträger allerdings verpflichtet, "vor der Ertei- lung, Versagung oder Widerruf der Erlaubnis die Gemeinde zu hören" (§ 22 Abs. 1 Satz 2 SchlHolStrWG)[45].

Das der Gemeinde anstelle ihrer Entscheidungszuständigkeit eingeräumte An- hörungsrecht belegt ebenfalls, daß bei der Entscheidung über die Sondernut- zungserlaubnis auch kommunale Belange berücksichtigt werden dürfen. Denn es kann nicht davon ausgegangen werden, daß der Gemeinde damit allein die Möglichkeit zur Diskussion mit der Straßenbaubehörde über Fragen der Ver- kehrssicherheit eröffnet werden soll.

Das Anhörungsrecht ist der Gemeinde im Hinblick auf die fachspezifischen Entscheidungen eines staatlichen Verwaltungsträgers vielmehr dann einge- räumt, wenn es darum geht, einen sachlichen Ausgleich mit den gemeindlichen Interessen herzustellen. Vor allem bei raumübergreifenden, übergeordneten Planungsverfahren, die den örtlichen Bereich einbeziehen, steht der Gemeinde ein Mitwirkungsrecht zu[46]. Erst recht gilt dies in den Fällen, in denen sich die Entscheidung einer staatlichen Fachbehörde auf den gemeindlichen Wir- kungskreis beschränkt. Soweit gerade die örtlichen Straßen etwa durch fern- melderechtliche Nutzungen in Anspruch genommen werden sollen, muß die Ge- meinde im Planfeststellungsverfahren nach § 7 Abs. 2 Satz 3 TWG auch dann

---

44) Die Straßenbaulast für Ortsdurchfahrten obliegt den Gemeinden mit mehr als 20.000 Einwohnern in vollem Umfang (§ 12 Abs. 1 SchlHolStrWG). Als Baulastträger entscheiden dagegen die schwächer besiedelten Gemeinden lediglich über die öffentlich-rechtlichen Sondernutzungen, die sich auf die Geh- und Radwege oder Parkplätze beschränken (§ 12 Abs. 2 SchlHolStrWG).

45) Eine entsprechende Regelung enthielten etwa § 19 Abs. 1 Satz 1 NRWStrWG i.d.F. v.28.11.1961 (GVBl. S. 305) und der frühere Art. 20 BayStrWG. Für das bayerische Straßenrecht hat zuletzt das 4. ÄndG vom 21.8.1981 (GVBl. S. 348) das Anhörungsrecht durch eine umfassende Ent- scheidungszuständigkeit im Ortsbereich ersetzt.

46) Zu den gemeindlichen Mitwirkungsrechten beim Fernstraßenbau vgl. Brohm, Vierteljahrhundert, S. 343, 348 ff.

beteiligt werden, wenn sie in der Eigenschaft als Straßenbaulastträger nicht berührt ist[47]. Sie hat darum ein Recht auf Anhörung und kann verlangen, "daß die Post bei der Betätigung ihres Planungsermessens die sich auf das Selbstverwaltungsrecht der Gemeinde stützenden Interessen der Gemeinde nicht unberücksichtigt läßt"[48]

Nicht anders verhält es sich mit dem Anhörungsrecht nach § 22 Abs. 1 Satz 2 SchlHolStrWG. Liegt die Entscheidung über die Sondernutzungserlaubnis bei einem mit der Gemeinde nicht identischen Straßenbaulastträger, so hat dieser die von der Gemeinde vorgebrachten Gesichtspunkte in seine Ermessensüberlegungen einzubeziehen. Der Baulastträger ist deshalb auf die Berücksichtigung straßenbaulicher oder verkehrlicher Belange nicht beschränkt[49]. Es gilt dies somit erst recht in den Fällen, in denen die Gemeinde selbst über die Sondernutzungserlaubnis zu entscheiden hat.

d) **Zwischenergebnis**

Die alleinige Zuständigkeit der Gemeinde zur Entscheidung über die Sondernutzungserlaubnis stellt sicher, daß gegen ihren Willen keine öffentlich-rechtliche Sondernutzung im Ortsbereich stattfinden kann. Im Hinblick auf die nicht der gemeindlichen Baulast unterliegenden öffentlichen Straßen oder Straßenteile hat der jeweilige Baulastträger lediglich die Möglichkeit, die Erteilung einer Sondernutzungserlaubnis zu verhindern bzw. den Widerruf einer bereits erteilten Sondernutzungserlaubnis zu verlangen. Er ist dagegen nicht in der Lage, die Gemeinde zu einer positiven Entscheidung zu bestimmen. Nur wenn die Gemeinde selbst die Sondernutzungserlaubnis erteilen will oder bereits erteilt hat, stehen einem von ihr verschiedenen Baulastträger beschränkte Mitwirkungsbefugnisse zu.

Wie bereits oben dargelegt[50], bleibt ebenso im Verhältnis zur Straßenverkehrsbehörde gesichert, daß eine öffentlich-rechtliche Sondernutzung im Ortsbereich nur stattfinden darf, wenn die Gemeinde darin einwilligt. Zwar wird die Sondernutzungserlaubnis in den Fällen, in denen eine straßenverkehrsrechtliche Erlaubnis oder Ausnahmegenehmigung erforder-

---

47) Vgl. BVerwGE 77, 128, 132.
48) BVerwGE 77, 128, 133.
49) Ebenso Ziegler, DVBl 1976, 89, 92.
50) § 2 II 2.

lich ist, von der verkehrsrechtlichen Entscheidung ersetzt. Darum liegt es hier nicht in der Macht der Gemeinde, daß eine öffentlich-rechtliche Sondernutzung *zugelassen* wird. Andererseits kann die Gemeinde aber *verhindern*, daß die Straßenverkehrsbehörde der begehrten Sondernutzung die öffentliche Straße zur Verfügung stellt.

Eine öffentlich-rechtliche Sondernutzung, die nicht die Billigung der Gemeinde findet, kann somit im Ortsbereich nicht ausgeübt werden. Dagegen ist die Verwirklichung einer von der Gemeinde als erwünscht bewerteten Sondernutzung lediglich in den Fällen ausgeschlossen, in denen die Entscheidung der Verkehrsbehörde zugewiesen ist, oder der mit der Gemeinde nicht identische Baulastträger unter Berufung auf "Gründe des Straßenbaues oder der Sicherheit oder Leichtigkeit des Verkehrs" sein Veto einlegt und die erforderliche Zustimmung versagt bzw. den Widerruf der Sondernutzungserlaubnis verlangt. Dabei geht es allein darum, die nach der Zweckbestimmung der öffentlichen Straße nicht erlaubnisfähigen Sondernutzungen zu unterbinden. Sie zuzulassen, ist der Gemeinde auch bei den ihrer eigenen Baulast unterliegenden Straßen verwehrt. Deshalb bedeutet die Mitwirkung des mit ihr nicht identischen Baulastträgers eine zusätzliche instanzielle Rechtskontrolle im Erlaubnisverfahren.

Da der Baulastträger die von ihm zu wahrenden Belange gegenüber einem inflatorischen Umgang der Gemeinde mit der Sondernutzungserlaubnis durchzusetzen vermag, ist die Gemeinde selbst nicht an Stelle oder gar als Stell*vertreter* des Baulastträgers zur Entscheidung berufen. Vielmehr wird sie in ihrer Eigenschaft als Rechtsträger einer sachlich nahezu allzuständigen öffentlichen Verwaltung tätig[51]. Insoweit steht ihr offen, in die Ermessensentscheidung über die Sondernutzungserlaubnis alle Belange einzustellen, derer sie sich anzunehmen vermag[52].

---

51) Ziegler, DVBl 1976, 89, 92.
52) Ziegler, DVBl 1976, 89, 92 f.; Löhr, NVwZ 1983, 20, 21, der freilich verlangt, daß die Ermessensgesichtspunkte "ihre sachliche Rechtfertigung aus dem Straßenraum und seiner Funktion beziehen". Diese Voraussetzung verneint er für "gewerberechtliche Belange" (S. 22).

II. **Die Freistellung von der Fachaufsicht**

Bei der Erfüllung ihrer in den Straßengesetzen fixierten Aufgaben als Baulastträger, aber auch als Träger der unabhängig von der Baulast eingeräumten Entscheidungskompetenz über die Sondernutzungserlaubnis, untersteht die Gemeinde allein der Rechtsaufsicht[53]. Anders als die staatlichen Verwaltungsträger ist die Gemeinde in den Straßengesetzen der Länder ausdrücklich von einer Fachaufsicht freigestellt. So beschränkt etwa Art. 62 Abs. 2 BayStrWG die Rechtsaufsicht über Gemeinden darauf, "die Erfüllung der gesetzlich festgelegten und der übernommenen Pflichten aus der Straßenbaulast und die Gesetzmäßigkeit der Verwaltungstätigkeit zu überwachen." Die Aufsicht über andere Baulastträger erstreckt sich dagegen "auch auf das Ermessen" (Art. 62 Abs. 3 Satz 1 BayStrWG). Diesen können die Straßenaufsichtsbehörden darum "uneingeschränkt Weisungen erteilen" (Art. 62 Abs. 3 Satz 2 BayStrWG)[54].

Im FStrG fehlt eine entsprechende Bestimmung[55]. Daraus läßt sich freilich nicht ableiten, die Gemeinden seien beim Vollzug des Bundesstraßenrechts auch der Fachaufsicht unterworfen[56]. Denn der Verzicht auf eine den Inhalt der Aufsicht begrenzende Regelung beruht ausschließlich auf verfassungsrechtlichen Gründen. Im Bereich der Auftragsangelegenheiten (Art. 90 Abs. 2 GG) kann der Bund nach Art. 85 Abs. 1 GG mit Zustimmung des Bundesrates zwar "die Einrichtung der Behörden" regeln. Darauf stützt sich § 8 Abs. 1 Satz 2 FStrG, der den Gemeinden unabhängig von der Verteilung der Straßenbaulast die Entscheidung über die Sondernutzungserlaubnis vorbehält[57]. Nach dem GG, das allein das Verhältnis von Bund und Ländern regelt, ist es dagegen ausgeschlossen, daß der Bund den Gemeinden den Vollzug seiner Gesetze *als Selbstverwaltungsangelegenheit* zuweist, weil darin ein unzulässiger Eingriff in die Kompetenz der Länder für die Materie Kommunalrecht läge[58].

---

53) § 48 Abs. 2 BaWüStrG, Art. 62 Abs. 2 BayStrWG; § 49 HessStrG; § 57 NdsStrG; § 53 NRWStrG; § 58 SaarlStrG; § 49 SchlHolStrWG. Nach § 50 Abs. 2 RhPfStrG erstreckt sich die Straßenaufsicht über die gemeindliche Baulast an Ortsdurchfahrten auch auf die Zweckmäßigkeit der Ausführung. Die Entscheidung über die Sondernutzungserlaubnis bleibt aber ebenfalls unberührt.
54) Ausdrücklich ebenso § 48 Abs. 3 BaWüStrG.
55) Gemeingebrauch und Sondernutzung an Gehwegen der Ortsdurchfahrten von Bundesstraßen beurteilen sich nach dem FStrG (BVerwGE 35, 326 f.).
56) So aber offenbar Zech, DVBl 1987, 1089, 1091.
57) Vgl. Zech, DVBl 1987, 1089, 1091.
58) So BVerfGE 22, 180, 210 zu § 12 Abs. 1 des Jugendwohlfahrtgesetzes v. 18.11.1961 (BGBl. I S. 1205). Diese für nichtig erklärte Vorschrift hatte die öffentliche Jugendhilfe zur Selbstverwaltungsangelegenheit der

Die Freistellung der Gemeinde von einer Fachaufsicht findet ihren Grund möglicherweise darin, daß der Gesetzgeber die Straßenbaulast ebenso wie die Entscheidung über öffentlich-rechtliche Sondernutzungen als gemeindliche Selbstverwaltungsangelegenheit beurteilt hat[59]. Träfe das zu, so ergäbe sich daraus eine weitere Bestätigung für einen auch kommunale Belange einschließenden Ermessensrahmen.

1. Das gemeindliche Selbstverwaltungsrecht

Die bundesverfassungsrechtliche Garantie des Art. 28 Abs. 2 Satz 1 GG[60] gewährleistet der Gemeinde nicht nur einen eigenen Aufgabenbereich. Sie räumt der Gemeinde zudem das Recht ein, diese Aufgaben "in eigener Verantwortung" wahrzunehmen. Die gemeindliche Eigenverantwortlichkeit bedeutet hier "frei sein von staatlichen bzw. überhaupt dritten Einflußnahmen beim Ermessen der Zielprojektion, Zweckmäßigkeit und Form der Verwaltungstätigkeit"[61], demnach das Recht, die eigenen Angelegenheiten frei von staatlichen Weisungen, insbesondere hinsichtlich des Ermessensgebrauchs und der Zweckmäßigkeit, jedoch unter der Rechtsaufsicht des Staates wahrzunehmen[62]. Die Eigenverantwortlichkeit setzt darum nicht nur einen formalen, sondern einen substantiellen Entscheidungsspielraum voraus[63], somit einen Umstand, der auch im Bereich öffentlich-rechtlicher Sondernutzungen von erheblicher Tragweite sein könnte.

In eigener Verantwortung wahrzunehmen sind der Gemeinde "alle Angelegenheiten der örtlichen Gemeinschaft" garantiert. Art. 28 Abs. 2 Satz 1 GG umschreibt damit den gegenständlichen Schutzbereich des kommunalen Selbstverwaltungsrechts mit den Angelegenheiten, die aus dem Zusammenleben der Men-

---

Gemeinden und Gemeindeverbänden erklärt. Vgl. dazu ferner BVerfGE 26, 172, 181.

59) Zur grundsätzlichen Beschränkung auf die Rechtsaufsicht bei der Wahrnehmung von Selbstverwaltungsangelegenheiten vgl. Schmidt-Aßmann, in: v.Münch, Bes.VerwR, S. 122; Schröder, JuS 1986, 371, 372.

60) Sie begründet im Verhältnis zu den landesverfassungsrechtlichen Gewährleistungen eine Mindestgarantie (vgl. Stern, in: Bonner Kommentar, Art. 28 Rdnr. 178 ff.). Auf eine Untersuchung der einzelnen Landesverfassungen soll darum verzichtet werden.

61) So v.Mutius, Örtliche Aufgabenerfüllung, S. 227, 248. Vgl. dazu ferner Schmidt-Jortzig, Kommunalrecht, S. 480 f.

62) Wolff/Bachof, VerwR II, § 86 VII b; Gönnewein, S. 38.

63) Brohm, DÖV 1986, 397, 398; Maunz, in: Maunz/Dürig, Art. 28 Rdnr. 66.

schen in der örtlichen Gemeinschaft erwachsen[64], die hier "wurzeln" oder auf sie einen besonderen Bezug haben und von der örtlichen Gemeinschaft eigenverantwortlich und selbständig bewältigt werden können[65]. Für die Gesamtheit dieser Angelegenheiten begründet das Selbstverwaltungsrecht eine universale sachliche Zuständigkeit der Gemeinde (Allzuständigkeit). Danach ist die Gemeinde prinzipiell für alle Verwaltungsangelegenheiten des lokalen Bereichs zuständig, ohne daß es dafür einer besonderen gesetzlichen Zuweisung bedarf[66].

In der Eigenverantwortlichkeit der Wahrnehmung unterscheiden sich die Selbstverwaltungsangelegenheiten von den von der Gemeinde außerdem zu erfüllenden staatlichen Aufgaben[67]. Diese sind der Gemeinde zugewiesen, weil der Staat – von einzelnen Fachbehörden abgesehen– auf der Ortsebene über keine eigenen Vollzugsbehörden verfügt. Insoweit wird die Gemeinde nicht im eigenen, sondern im sog. "übertragenen Wirkungskreis" tätig[68], zu dem etwa das Straßenverkehrsrecht[69], das allgemeine Polizeirecht, die Gewerbeaufsicht, das Bauordnungsrecht und die Sozialhilfe rechnet. Bei der Erfüllung staatlicher Aufgaben unterliegt die Gemeinde grundsätzlich der Fachaufsicht[70]. Soweit sie Ermessensvorschriften vollzieht, können die Aufsichtsbehörden gegenüber

64) v.Mutius, Örtliche Aufgabenerfüllung, S. 227, 244.
65) BVerfGE 8, 122, 134; Graf Vitzthum, JA 1983, 557, 561.
66) v.Mutius, Örtliche Aufgabenerfüllung, S. 227, 245; Maunz, in: Maunz/ Dürig, Art. 28 Rdnr. 60; Hesse, Rdnr. 465; Wolff/Bachof, VerwR II, § 85 I b 2 und § 86 VII a; Gönnewein, S. 36 ff.
67) Die herkömmliche Unterscheidung zwischen Selbstverwaltungs- und staatlichen Aufgaben ist freilich in den letzten Jahren in Fluß geraten. Hervorzuheben ist etwa die Untersuchung Burmeisters (Verfassungstheoretische Neukonzeption der kommunalen Selbstverwaltung, 1977), der alle Angelegenheiten, die irgendeine Bedeutung für die örtliche Gemeinschaft haben, zu Selbstverwaltungssangelegenheiten erklärt, diese Ausdehnung der gemeindlichen Kompetenz aber auf der anderen Seite einer umfassenden gesetzlichen Einschränkungsmöglichkeit unterwirft. Diese Ansätze sind überwiegend auf Kritik gestoßen. (vgl. Brohm, DÖV 1986, 397, 398; ders., DVBl 1984, 293, 294 f. m.w.Nachw.). Zur Kritik eines funktional oder ausschließlich auf "Kompensationsmodellen" aufbauenden Verständnisses des Selbstverwaltungsrechts vgl. ferner v.Mutius, Örtliche Aufgabenerfüllung, S. 227, 249.
68) Pagenkopf, Bd. I, S. 273; Schmidt-Jortzig, Rdnr. 541. Zur historischen Entwicklung der Auftragsangelegenheiten vgl. ferner Görg, DÖV 1961, 41 f.
69) BVerwGE, NJW 1976, 2175, 2176.
70) Vgl. dazu Gönnewein, S. 205 f.; Forsthoff, VerwR I, S. 571 f.

der Gemeinde durch entsprechende Weisungen ihre Zweckmäßigkeitsvorstellungen durchsetzen[71].

Die staatlichen Auftragsangelegenheiten sind in der Mehrzahl der Bundesländer durch die sog. Pflichtaufgaben nach Weisung ersetzt worden[72]. Praktisch wird dadurch die Abgrenzung zu den Selbstverwaltungsangelegenheiten aber nur unwesentlich berührt[73]. Auch die Pflichtaufgaben nach Weisung sind letztlich Fremdverwaltungsaufgaben[74], über die die Gemeinde nicht verfügen kann, weder in der Frage. "ob" sie überhaupt, noch "wie" sie wahrgenommen werden sollen[75]. Denn das Weisungsrecht muß zwar, anders als bei den Auftragsangelegenheiten, vom Landesgesetzgeber ausdrücklich zugelassen werden. Es wird aber in der Regel unbegrenzt eingeräumt[76].

Begrenzt ist der kommunale Handlungs- und Entscheidungsspielraum im Selbstverwaltungsbereich vor allem durch den ihm von Art. 28 Abs. 2 Satz 1 GG gesteckten "Rahmen der Gesetze"[77]. Der verfassungsrechtliche Gesetzesvorbehalt bezieht sich nach h.A. sowohl auf den Umfang (Universalität) als auch auf die Art und Weise der Aufgabenerledigung (Eigenverantwortlichkeit)[78]. Durch Gesetz und aufgrund eines Gesetzes dürfen daher Aufgabenverlagerungen zwischen Gemeinden und Kreisen[79] sowie zwischen kommunalen Körperschaften und der unmittelbaren Staatsverwaltung vorgenommen werden; zugleich darf durch Normierung von Aufsichtsrechten, Genehmigungs- und Sanktionsvorbehalten das Maß der Eigenverantwortlichkeit ausgestaltet bzw. begrenzt werden[80].

---

71) Gleichwohl bleibt der Gemeinde auch im übertragenen Wirkungskreis ein gewisses Maß an "Eigenständigkeit". Vgl. dazu Brohm, DÖV 1986, 397, 398 f.
72) Vgl. etwa § 2 Abs. 3 BaWüGemO (Weisungsaufgaben); § 4 HessGO, § 3 Abs. 2 NRWGO; § 3 Abs. 1 SchlHolGO.
73) Gönnewein, S. 103 ff.
74) So BVerfGE 6, 104, 106: "Staatsaufgaben, mit deren weisungsgebundener Durchführung die Gemeinde beauftragt ist".
75) Schmidt-Jortzig, JuS 1979, 488, 489; Brohm, DÖV 1986, 397, 398.
76) Brohm, DÖV 1986, 397, 398; Miller, DÖV 1986, 1131, 1134; Görg, DÖV 1961, 41, 44 f. Zur Frage des gemeindlichen Rechtsschutzes vgl. Schröder, JuS 1986, 371, 375 m.w.Nachw.
77) Zu den übrigen verfassungsrechtlichen Begrenzungen vgl. v.Mutius, Örtliche Aufgabenerfüllung, S. 227, 249 f.; ders., Jura 1982, 28, 36 ff.
78) v.Mutius, Örtliche Aufgabenerfüllung, S. 227, 250; Gönnewein, S. 49 ff.; Hesse, Rdnr. 466.
79) Zur Übertragung der Abfallbeseitigung auf die Landkreise vgl. etwa OVG Lüneburg, DVBl 1980, 81 ff.
80) v.Mutius, Örtliche Aufgabenerfüllung, S. 227, 250. Der Gesetzesvorbehalt läßt freilich keinen unbegrenzten Eingriff in das Selbstverwaltungsrecht

Im Hinblick auf den von den Straßengesetzen dem gemeindlichen Ermessen gezogenen Rahmen wurde bereits festgestellt (oben I.), daß er einer eigenstän-
dig-gestalterischen, kommunale Belange berücksichtigende Entscheidung über
die öffentlich-rechtliche Sondernutzung Raum bieten kann. Nachfolgend bleibt
darum zu prüfen, ob sich die Entscheidung über öffentlich-rechtliche Sondernutzungen als eine im örtlichen Wirkungskreis angesiedelte Selbstverwaltungsangelegenheit einstufen läßt.

2. Öffentlich-rechtliche Sondernutzungen und örtlicher Wirkungskreis

a) Die Gewährleistung des Gemeingebrauchs als kommunaler Belang

Die öffentlich-rechtliche Sondernutzung beeinträchtigt auf der von ihr belegten Straßenfläche das jedermann gewährte Recht auf Ausübung des Gemeingebrauchs. Sie schließt im Umfang der räumlichen Inanspruchnahme der öffentlichen Verkehrsfläche die Möglichkeit zur Verwirklichung des Gemeingebrauchs
aus. Bereits damit berührt die öffentlich-rechtliche Sondernutzung den gemeindlichen Verantwortungsbereich. Denn im Interesse ihrer Einwohner hat die
Gemeinde darauf Bedacht zu nehmen, daß die Kapazität der öffentlichen
Straßen in dem jeweils erforderlichen Umfang der öffentlichen Zweckbestimmung
für den Verkehr erhalten bleibt.

Der Bestand an öffentlichen Straßen bestimmt als wesentlicher Faktor die Ent-
wicklungsmöglichkeiten einer Gemeinde. Während es bei den überörtlichen
Straßen um ihre Anbindung an das weiträumige Verkehrsnetz geht, rückt bei
den örtlichen Straßen die Erschließungsfunktion in den Vordergrund. So wird
die Attraktivität einer Gemeinde als Wohnort maßgeblich mitgeprägt von den
infrastrukturellen Bedingungen auf dem Gebiet des öffentlichen Straßenverkehrs. Vor allem von Gewerbe- und Industriebetrieben müssen diese Gesichtspunkte bei der Standortwahl berücksichtigt werden. Deshalb muß der Gemeinde
aber nicht nur das Recht zugestanden werden, ihren Einwohnern ein ausrei-

---

zu. Denn zumindest der Kernbereich oder Wesensgehalt kommunaler
Selbstverwaltung ist unantastbar geschützt (BVerfGE 56, 298, 312; 38,
258, 278 f.; 23, 353, 353, 365 f.). Wie weit dieser Schutzbereich im
einzelnen reicht, ist freilich umstritten. Vgl. dazu die Nachw. bei
v.Mutius, Örtliche Aufgabenerfüllung, S. 227, 251 Fn. 114; ferner Maunz,
in: Maunz/Dürig, Art. 28 Rdnr. 53; Stern, in: Bonner Kommentar, Art. 28
Rdnrn. 120 ff.; ders., Staatsrecht I, S. 309 ff.

chend ausgebautes Verkehrsnetz zur Verfügung stellen zu können. Von nicht
minderer Bedeutung für die Gemeinde bleibt dann aber auch das Bestreben, die
Funktionsfähigkeit der öffentlichen Straßen auf Dauer gewährleisten zu können. Denn das Bemühen der Gemeinden um ein den Verkehrsbedürfnissen entsprechend ausgebautes Straßennetz verliert an Wert, wenn durch öffentlich-
rechtliche Sondernutzungen auf Schritt und Tritt Verkehrsbehinderungen auftreten.

Auch die Ortsdurchfahrten dienen zu einem gewissen Maß der Erschließung des
örtlichen Bereichs. Darum sind ebenfalls gemeindliche Interessen tangiert,
wenn durch Sondernutzungen an Ortsdurchfahrten der Gemeingebrauch eingeschränkt wird. Zumindest das erklärt, daß das Straßenrecht im Ortsbereich gegen den Willen der Gemeinde keine öffentlich-rechtlichen Sondernutzungen gestattet (vgl. oben I. 3. d).

**b) Der Zweck öffentlich-rechtlicher Sondernutzungen als Gegenstand von
Angelegenheiten der örtlichen Gemeinschaft**

Die öffentlich-rechtliche Sondernutzung berührt allerdings nicht allein die öffentliche Zweckbestimmung der Straße. Als eine Betätigung, die im öffentlichen
Verkehrsraum nicht zum Verkehr, sondern zu anderen Zwecken erfolgt, kann
die Sondernutzung gerade mit diesen anderen Zwecken für die örtliche Gemeinschaft von Bedeutung sein. Das soll anhand der zur Kunst- und Gewerbeausübung dienenden Sondernutzungen dargestellt werden.

aa) Die Kulturpflege

Die Pflege von Kunst und Kultur wird allgemein zum Kernbereich gemeindlicher
Selbstverwaltungskompetenz gerechnet[81]. Kraft dieser Kompetenz unterhalten
die Gemeinden etwa Theater, Museen, Büchereien, Orchester und Einrichtungen
der Erwachsenenbildung. Im Rahmen ihrer finanziellen Leistungsfähigkeit entscheidet die einzelne Gemeinde eigenverantwortlich darüber, ob und in welchem Umfang sie auf dem Kultursektor tätig werden will.

---

81) Vgl. etwa Brohm, DÖV 1986, 397, 399; Häberle, Kulturpolitik in der Stadt
 - ein Verfassungsauftrag, 1979, S. 23 f.; Pappermann, DVBl 1980, 701,
 702 ff., der die kommunale Kulturarbeit gar als Selbstverwaltungs-
 Pflichtaufgabe einstufen will (S. 707 f.).

Dementsprechend kann die Gemeinde besondere Räumlichkeiten schaffen und diese als Teil einer dem kulturellen und sozialen Wohl ihrer Einwohner dienenden öffentlichen Einrichtung zur Verfügung stellen. Der eigenverantwortlichen Entscheidung der Gemeinde ist außerdem vorbehalten, in einem gewissen Umfang selbst das Verwaltungsvermögen einer privaten kulturellen Betätigung zu eröffnen. So finden etwa in den Foyers mancher Rathäuser Ausstellungen statt, in denen der Bevölkerung das Schaffen vor allem der örtlichen und regional beheimateten Künstler vorgestellt werden soll.

Für die Gemeinde läßt sich die Bedeutung einer derartigen Veranstaltung nicht auf die öffentlich-sachenrechtliche Feststellung reduzieren, daß hier eine öffentliche Sache im Verwaltungsgebrauch (Rathaus) einer privaten Nutzung (durch bestimmte Künstler) bereitgestellt wird. Für die entsprechende Entscheidung der Gemeinde gibt vielmehr den Ausschlag, daß sie sich auf diese Weise der Förderung des örtlichen Kulturlebens anzunehmen vermag. Aus diesem Grunde wird auch das Zutrittsrecht über den Kreis der Personen, die in Verwaltungsangelegenheiten das Rathaus aufsuchen, hinaus allgemein auf die am Besuch der Ausstellung interessierten Einwohner erstreckt.

Dieser Gesichtspunkt steht bei der gemeindlichen Entscheidung über die Sondernutzung der öffentlichen Straße gleichermaßen im Vordergrund. Denn die Gemeinde, die die öffentliche Straße für die Darbietung von Kunst und Musik zur Verfügung stellt, bietet ihren Einwohnern damit ein erweitertes und möglicherweise durch besondere Kunstgattungen bereichertes Kulturangebot. Ebenso, wie wenn sie ihr Rathaus für Ausstellungen zur Verfügung stellt, gestattet sie hier in der Wahrnehmung einer den örtlichen Wirkungskreis betreffenden Angelegenheit die Benutzung einer öffentlichen Sache außerhalb der dieser beigegebenen Zweckbestimmung. Daraus folgt, daß die Gemeinde auch bei der Entscheidung über die Sondernutzungserlaubnis im Rahmen des kommunalen Selbstverwaltungsrechts und mithin im eigenen Verantwortungsbereich tätig wird.

Das begründet ebenfalls die für öffentlich-rechtliche Sondernutzungen alleinige Entscheidungszuständigkeit der Gemeinde im Ortsbereich. Ein staatlicher Baulastträger bleibt hier zwar für den Bestand der öffentlichen Zweckbestimmung der Ortsdurchfahrt verantwortlich. Das Straßenrecht gibt ihm aber nicht die Kompetenz, um durch die Erteilung entsprechender Sondernutzungserlaubnisse das örtliche Kulturleben mitgestalten zu dürfen. Diese Kompetenz ergibt sich auch für die Gemeinden allein aus dem Recht, die Angelegenheiten des örtlichen Wirkungskreises in eigener Verantwortung zu regeln.

Straßengesetzlich beschränkt ist die Gemeinde darin nur insoweit, als bei der Zulassung von Sondernutzungen der Gemeingebrauch in seinem Grundbestand gewährleistet bleiben muß. Vor allem aber auch das Interesse der Straßenanlieger auf eine von Dauerbeschall ungestörte Wohnruhe kann die Gemeinde zur Versagung oder zumindest zur Begrenzung entsprechenden Sondernutzungen bestimmen. Im übrigen bleibt es ihrer letztlich kommunal*politischen* Entscheidung überlassen, ob sie die öffentliche Straße überhaupt der Kunstausübung eröffnen, ob sie den Rahmen des straßenrechtlich Zulässigen wahllos ausschöpfen oder besondere Förderungskonzepte entwickeln will. Unabhängig davon, welchen Weg sie einschlägt, wird sie bei ihren Einwohnern stets sowohl Zustimmung als auch mehr oder weniger vehement vorgetragene Kritik erfahren. Den einen wird die Ermessenspraxis zu verhalten, den anderen zu liberal oder jedenfalls in der Auswahl mißglückt erscheinen. Aber das ist das Los jeder (Kultur-) Politik und eine Verantwortung, der das Straßenrecht die Gemeinden nicht enthebt.

Wer deshalb entgegen dem geltenden Straßenrecht die Entscheidung über die Sondernutzungserlaubnis aus der gemeindlichen Selbstverantwortung herauslösen und in die Hand der Verwaltungsgerichte legen möchte, darf nicht übersehen, daß die eine bestimmte Ermessenspraxis beschließenden Bürgermeister und Gemeinderäte abwählbar sind, die Richter dagegen aus ihrer verfassungsrechtlich garantierten Unabhängigkeit auf das gemeindliche Kulturleben einwirken würden. Die Straßengesetze haben es darum nicht ohne Bedacht den demokratischen Spielregeln überlassen, nach denen letztlich die Gemeindebürger darüber befinden, was sich außerhalb des Verkehrs auf den Straßen ihrer Wohnorte abspielen soll[82].

82) Im Demokratieprinzip findet die kommunale Selbstverwaltung ihre wesentliche Grundlage. Dementsprechend haben die Gemeinden die Aufgabe, die Einwirkung und *Mitgestaltung* des Bürgers in dem für ihn überschaubaren und durchschaubaren lokalen Aufgabenbereich zu ermöglichen. Die kommunale Selbstverwaltung bedeutet somit "ihrem Wesen und ihrer Intention nach Aktivierung der Beteiligten für ihre eigenen Angelegenheiten, die die in der Gemeinschaft lebendigen Kräfte des Volkes zur eigenverantwortlichen Erfüllung öffentlicher Aufgaben der engeren Heimat zusammenschließt mit dem Ziel, das Wohl der Einwohner zu fördern und geschichtliche und heimatliche Eigenart zu wahren" (BVerfGE 11, 266, 275 f.). Zur Beziehung zwischen gemeindlicher Selbstverwaltung und Demokratie vgl. ferner v.Arnim, AöR 113 (1988), S. 1 ff.

b) Die kommunale Wirtschaftsförderung

Hat die Gemeinde über den Antrag eines Gewerbetreibenden zu entscheiden, der dem Publikum auf einem Teil der öffentlichen Straße Waren oder Dienstleistungen anbieten möchte, so stellt sich für sie nicht allein die Frage, in welchem Umfang sie die den Gemeingebrauch beeinträchtigende Straßenbenutzungen überhaupt zulassen darf. Denn dem Gewerbetreibenden, dem die Gemeinde die zweckwidrige Benutzung der öffentlichen Straße gestattet, wird damit eine besondere Förderung zuteil. Diese Förderung muß nicht nur nachfolgenden Antragstellern im Hinblick auf die gegrenzte Kapazität der öffentlichen Straße versagt bleiben. Sie kann darüber hinaus gegenüber den niedergelassenen Gewerbetreibenden beträchtliche Wettbewerbsvorteile begründen.

Aus diesem Grunde stellt sich die Erteilung der Sondernutzungserlaubnis für die Gemeinde als eine Maßnahme dar, durch die sie der privaten wirtschaftlichen Betätigung in ihrem Gebiet Impulse zu verleihen vermag. Das rückt die gemeindliche Entscheidung in den Bereich der kommunalen Wirtschaftsförderung[83], die nach einhelliger Auffassung[84] als Angelegenheit des örtlichen Wirkungskreises einzustufen ist. Das Gedeihen von Gewerbe, Industrie und Handel ist den Gemeinden schon immer ein wichtiges Anliegen gewesen, weil davon soziale Sicherheit und Lebensstandard ihrer Einwohner sowie die eigene Leistungsfähigkeit abhängen[85]. Die Gemeinde ist darum auch hier mit der Schwierigkeit konfrontiert, in eigener Verantwortung die "richtige" Entscheidung zu fällen.

(1) Bei ihrer Ermessensabwägung wird sie dementsprechend zunächst "straßenbezogene" Gesichtspunkte in Betracht zu ziehen haben. So ist in den Fällen, in denen auf der öffentlichen Straße etwa Getränke oder kleinere Speisen zum sofortigen Verzehr angeboten werden, damit zu rechnen, daß im weiteren Um-

---

83) Sie umfaßt "alle Maßnahmen, die ergriffen werden, um ansässigen oder ansiedlungswilligen Unternehmen und damit der örtlichen Wirtschaft den Weg für ein gesundes Wachstum zu ermöglichen und zur Wohlfahrtssteigerung im Gemeindebereich beizutragen" (Schmitz-Herscheidt, Der Städtetag 1979, 197 f.

84) Vgl. etwa Maunz, in: Maunz/Dürig, Art. 28 Rdnr. 62; Knemeyer, FS Fröhler, S. 493, 504; ders./Rost-Haigis, DVBl 1981, 241, 244 f.; Lange, S. 44; Steinmetz, BayVBl 1983, 97, 99.

85) Altenmüller, VBlBW 1981, 201.

kreis vermehrt Abfälle (Verpackungsmaterial etc.) beseitigt werden müssen.
Allein mit den von dem Gewerbetreibenden vorgehaltenen Abfallbehältnissen
läßt sich dieses Problem nicht lösen. Denn das Angebot eines Straßenhändlers
richtet sich an eine "Lauf"-kundschaft, weshalb auch die Gemeinde praktisch
nicht umhin kommen wird, im Straßenbereich weitere Abfallbehältnisse aufzustellen, wodurch sie gesteigerte Unterhaltungskosten auf sich nehmen muß. Es
mag ihr dafür in der Form der am wirtschaftlichen Interesse des Gewerbetreibenden bemessenen Sondernutzungsgebühr wohl ein gewisser Ausgleich zu-
fließen. Dieser Ausgleich ist aber zumindest längerfristig nicht gesichert. Daher steht der Gemeinde offen, unter Berufung auf die ihr erwachsenden Folgekosten die Sondernutzung zu verweigern bzw. unter den von Gewerbetreibenden beantragten Sondernutzungen entsprechende Differenzierungen vorzunehmen.

Als straßenbezogen wird von der h.M. ferner der von einer Gemeinde angestrebte Schutz des Straßen- und Stadtbildes anerkannt[86]. Dieses Bild kann in
besonderem Maße von den im öffentlichen Straßenraum eingerichteten gewerblichen Verkaufsständen und deren äußerer Erscheinung beeinflußt werden.
Entsprechende Sondernutzungen vermögen durch den jeweils entfalteten Geschäftsbetrieb und farblichen Akzenten in einer als sterilen Verkehrsader em-
pfundenen Straße eine Auflockerung bewirken, die in ihrem anderen Extrem so
weit reichen kann, daß die öffentliche Straße von einer regelrechten Rummel-
platz-Atmosphäre beherrscht wird. Die Gemeinde hat sich deshalb im Rahmen
dieses Spektrums darüber klar zu werden, wo sie ihr eigenes gestalterisches
Konzept ansiedeln will. Insoweit liegt es in ihrer Entscheidung, ob sie bestimmte Straßenbereiche, etwa Plätze von historischer Bedeutung oder Bereiche
mit einer architektonisch reizvollen Bebauung, von einer gewerblichen Nutzung
überhaupt freihält oder Sondernutzungen nur unter dem Vorbehalt gewährt,
daß deren äußeres Erscheinungsbild ihren gestalterischen Vorstellungen entspricht.

Entgegen der h.M. geht es hier also nicht nur um den *Schutz* des Straßen-
und Stadtbildes. Mit der Ermessensentscheidung über die Sondernutzungserlaubnis ist der Gemeinde vielmehr im Rahmen ihrer Selbstverwaltung eröffnet,

---

86) BVerwGE 56, 63, 68; 47, 280, 284; OVG Münster, NVwZ 1988, 269, 270;
    VGH Kassel, NVwZ 1983, 48, 49; OVG Hamburg, VerwRspr 27, 991, 993;
    Kodal/Krämer, S. 603 Rdnr. 14; Löhr, NVwZ 1983, 20, 21. A.A.
    VGH München, DVBl 1979, 75, 76; Thiele, DVBl 1980; 977, 978.

die *Gestaltung* eines von ihr entworfenen Straßen- und Stadtbildes zu verwirklichen.

(2) Wie eingangs angesprochen, läßt die zu gewerblichen Zwecken begehrte Sondernutzung aber zusätzliche Gesichtspunkte ins Blickfeld rücken. Entscheidet sich die Gemeinde für die Erteilung der Sondernutzungserlaubnis, so fördert sie einen privaten Geschäftsbetrieb dadurch, daß sie diesem die öffentliche Straße zur Nutzung überläßt. Darum hat die Gemeinde hier nicht nur straßenbezogene Auswirkungen, sondern vor allem zu bedenken, daß sie auf diese Weise womöglich den privaten Wettbewerb beeinflußt. Gerade dieser Gesichtspunkt gibt aber für Maßnahmen der kommunalen Wirtschaftsförderung den Ausschlag.

Der Gemeinde, die hier im Bereich ihres Selbstverwaltungsrechts tätig wird, bleibt darum zu prüfen, in welchem Umfang den niedergelassenen Gewerbebetrieben eine von der öffentlichen Straße ausgehenden Konkurrenz zumutbar ist. Mit dem Schutz dieser Interessen nimmt sie ebenso einen öffentlichen Belang wahr, wie umgekehrt die Förderung eines privaten Gewerbetreibenden durch die Erteilung der Sondernutzungserlaubnis von einem öffentlichen Interesse gerechtfertigt sein kann[87]. Bei der Frage, ob privaten Gewerbetreibenden öffentlichen Finanz- oder, wie hier, Sachmittel zur Verfügung gestellt werden sollen, hat die Gemeinde somit in erster Linie die Tragweite ihrer Entscheidung für die wirtschaftliche Situation in ihrem Gebiet in Rechnung zu stellen. Denn das Straßenrecht verlangt von ihr keineswegs die "blinde" Förderung sämtlicher gewerblicher Interessen, für deren Entfaltung die öffentliche Straße nur Raum bieten könnte.

Der eigenverantwortlichen Entscheidung der Gemeinde bleibt darum überlassen, ob und welche gewerblichen Nutzungen sie mit der Erteilung der Sondernutzungserlaubnis als förderungswürdig einstufen will. Bei ihrer Auswahl kann sie auch die Interessen der niedergelassenen Gewerbetreibenden in Erwägung ziehen. Ferner kommen aufgrund ihrer Allzuständigkeit - wie bei jeder kommunalen Wirtschaftsförderung - soziale und arbeitsmarktpolitische Gesichtspunkte in Betracht.

---

87) Vgl. dazu allgemein Altenmüller, VBlBW 1981, 201, 204; Lange, S. 46 f., 60 f.

Das beleuchtet etwa das Beispiel der Stadt Heidelberg. In ihrer Umgebung wurde vor wenigen Jahren eine Bäckerei eröffnet, in der überwiegend Behinderte beschäftigt werden, die auf dem freien Arbeitsmarkt keine Anstellung finden konnten. Um diesen Betrieb zu unterstützen, erteilt ihm die Stadt regelmäßig die Sondernutzungserlaubnis für den Fußgängerbereich, in dem aus mobilen Verkaufsständen Brezeln verkauft werden. Das hat den wirtschaftlichen Bestand dieses Betriebs gesichert. Die anderen Bäckereien, die anfangs ebenfalls ihren Verkauf auf die öffentliche Straße erstrecken wollten, haben sich inzwischen mit dieser Konkurrenz abgefunden. Aus deren Privilegierung könnten sie allerdings auch nichts für sich herleiten. Ihre Verkaufsstände würden sich zwar in der Auswirkung auf den Gemeingebrauch und das Straßenbild nicht von den erlaubten Brezel-Ständen unterscheiden. Gleichwohl darf ihnen unabhängig von der Kapazität des Fußgängerbereichs die Sondernutzungserlaubnis verweigert werden, weil und solange ihre Betriebe dem sozialpolitischen Förderungskonzept der Stadt nicht entsprechen[88].

Als Ergebnis kann danach festgehalten werden, daß es der Gemeinde überlassen ist, über öffentlich-rechtliche Sondernutzungen in der Wahrnehmung ihres verfassungsrechtlich garantierten Selbstverwaltungsrechts zu befinden[89]. Das Straßenrecht gewährt ihr hier den Raum für eine eigenverantwortliche Entscheidung, die von den "Aspekten politischer Programmierung und Verantwortlichkeit, sozialer und örtlicher Vielfalt sowie Integration und Identifikation des Bürgers"[90] geprägt ist. Welchen Nutzungen die Straße außerhalb ihrer Zweckbestimmung dienen soll, richtet sich darum nach den jeweiligen Zielvorstellungen der Gemeinde, die durch ihre demokratisch legitimierten Entscheidungsorgane definiert und kontrolliert werden. Deshalb stellt sich die öffentliche Straße, was ihre öffentlich-rechtliche Sondernutzung anbelangt, als ein Instrument der Kommunalpolitik dar.

---

88) Von Interesse ist in diesem Zusammenhang ferner eine Satzungsregelung, nach der bei "außergewöhnlich Gehbehinderten", die in einem Fußgängerbereich auf die Benutzung eines Fahrzeugs angewiesen sind, auf die Erhebung einer Sondernutzungsgebühr verzichtet wird (so § 4 Abs. 4 der Satzung der Stadt Heidelberg über Erlaubnisse und Gebühren für Sondernutzungen an öffentlichen Straßen i.d.F. v. 21.12.1984). Auf der Grundlage der h.M. wäre diese behindertenfreundliche Regelung ebenfalls unzulässig. Denn die Berücksichtigung eines sozialen Belangs läßt keinen "sachlichen Zusammenhang zur Straße" erkennen.
89) Ebenso Mußgnug, VBlBW 1982, 410, 413.
90) v.Mutius, Örtliche Aufgabenerfüllung, S. 227, 239.

III. Die Verteilung der Sondernutzungsgebühren

Steht damit fest, daß die Entscheidung der Gemeinde über die öffentlich-
rechtliche Sondernutzung im kommunalen Selbstverwaltungsrecht begründet
liegt, so kommt der zu ihren Gunsten normierten Verteilung der Sondernutzungsgebühren nur noch bestätigende Bedeutung zu. Die entsprechenden
straßengesetzlichen Vorschriften sollen hier dennoch kurz dargestellt werden.

Demjenigen Träger öffentlicher Verwaltung, der die öffentliche Sache geschaffen hat, unterhält und verwaltet, stehen grundsätzlich auch die Erträge zu,
die aus ihrer Nutzung fließen. Auch dem Straßenrecht liegt dieses Prinzip zugrunde. Über die Sondernutzungsgebühren verfügt darum grundsätzlich der
Straßenbaulastträger[91].

Indessen gilt für den innerörtlichen Bereich auch von dieser Regel eine Ausnahme. Nach § 8 Abs. 3 Satz 2 FStrG stehen die Gebühren, die für Sondernutzungen an Ortsdurchfahrten von Bundesstraßen erhoben werden, den Gemeinden zu, und zwar unabhängig davon, wie die Straßenbaulast im einzelnen
verteilt ist[92]. § 18 Abs. 2 HessStrG überläßt einer Gemeinde, die an (der
Fahrbahn von) Ortsdurchfahrten nicht die Baulast trägt, immerhin die Hälfte
des Gebührenaufkommens.

In ihrer Gesamtheit bestätigen diese Vorschriften, daß das Straßenrecht auch
andere als den Gemeingebrauch betreffende Auswirkungen der öffentlich-
rechtlichen Sondernutzung als berücksichtigungsfähig erachtet. Da es der Gemeinde die Sondernutzungsgebühr zuweist, geht das Straßenrecht davon aus,
daß die öffentlich-rechtliche Sondernutzung im Ortsbereich kommunale Belange
tangiert und der Gemeinde, die die Sondernutzung gestattet, dafür auch ein
Ausgleich gewährt werden soll. Insbesondere das SchlHolStrWG kehrt diesen

91) § 8 Abs. 3 Satz 2, Halbs. 2 FStrG; § 19 Abs. 1 Satz 2 BaWüStrG;
Art. 18 Abs. 2a BayStrWG; § 18 Abs. 1 Satz 1 HessStrG; § 47 RhPfStrG;
§ 21 Satz 2, Halbs. 2 NdsStrWG; § 19a Abs. 1 Satz 2, Halbs. 2
NRWStrWG; § 18 Abs. 3 Satz 2 SaarlStrG; § 26 SchlHolStrWG.
92) Ebenso Art. 18 Abs. 2a BayStrWG; § 19 Abs. 1 Satz 2 BaWüStrG, während
es der bis zur Neufassung des BaWüStrG vom 23.09.87 geltende § 21
Abs. 1 Satz 2 a.F. es noch bei dem Grundsatz belassen hatte, nach dem
der Straßenbaulastträger auch über die Sondernutzungsgebühren verfügt.
Vgl. ferner § 21 Satz 2 NdsStrG; § 19a Abs. 1 Satz 2 NRWStrWG; § 47
Abs. 4 RhPfStrG; § 18 Abs. 3 Satz 2 SaarlStrG; § 26 Abs. 2 SchlHol-
StrWG.

Gedanken hervor. Denn obzwar es der Gemeinde gegenüber einem mit ihr nicht
identischen Straßenbaulastträger bei der Entscheidung über die Sondernutzungserlaubnis allein ein Anhörungsrecht eingeräumt .hat (§ 22 Abs. 1),
spricht es ihr gleichwohl in vollem Umfang die Sondernutzungsgebühr zu (§ 26
Abs. 2)[93].

---

93) Ebenso der frühere § 19 Abs. 1 Satz 2 NRWStrWG v. 28.11.1961 (GVBl.
S. 305). Nach dem gleichfalls die Gemeinde auf ein Anhörungsrecht beschränkenden Art. 20 BayStrWG a.F. war dagegen eine Teilung der Sondernutzungsgebühren zwischen dem Straßenbaulastträger und der Gemeinde vorgesehen.

§ 19: Sondernutzungserlaubnis und gemeindliche Eigenverantwortung

I. Die "Verteilung" von Anliegernutzungen

Der kommunale Gestaltungsspielraum im Bereich öffentlich-rechtlicher Sondernutzungen wird ferner bedeutsam, wenn die Anlieger die vor ihrem Grundstück
gelegene Straßenfläche - über den durch Art. 14 Abs. 1 GG gewährleisteten
Rahmen hinaus - gewerblich nutzen wollen. Hier steht nicht ein bestimmtes,
flächenmäßig abgegrenztes Kontingent in Frage, das nur innerhalb des festgesetzten Rahmens nach gleichen Gesichtspunkten verteilt werden müßte. Jeder
Straßenanlieger wird vielmehr an der Nutzung gerade "seines" Straßenbereichs
interessiert sein. Deshalb kann es in diesen Fällen nicht darum gehen, ob
eine an anderer Stelle zur gewerbsmäßigen Nutzung vorgesehene Straßenfläche
bereits mit entsprechenden Benutzungen belegt ist.

Der Straßenanlieger, der feststellt, daß seinem Nachbarn die Verlagerung des
Geschäftsbetriebs auf die öffentliche Straße hinaus gestattet worden ist, wird
vielmehr auch bezüglich der seinem Grundstück vorgelagerten Straßenfläche
auf "Gleichbehandlung" pochen. Hätte er damit recht, so könnte praktisch jeder Anliegergewerbebetrieb die öffentliche Straße mit Beschlag belegen.

Denn der Gesichtspunkt der Verkehrssicherheit könnte dem als Differenzie-
rungsmerkmal regelmäßig nur bei Durchgangsstraßen mit hoher Verkehrsbela-
stung entgegengehalten werden. Gerade in Fußgängerbereichen ist jedoch nicht
von vornherein ausgeschlossen, daß Verkehr und gewerbliche Nutzungen ohne
gegenseitige Behinderungen stattfinden. Wenn die Gemeinde deshalb etwa dem
Inhaber einer Gaststätte erlaubt, auf der Straßenfläche vor seinem Grundstück
Tische und Stühle aufzustellen, so können "straßenbezogene" Gesichtspunkte
auch den anderen Straßenanliegern kaum entgegengehalten werden. Für das
Fortkommen des Verkehrs, der durch die vor *einem* Anliegergrundstück eingetretene Verengung nicht wesentlich behindert wird, ändert sich nichts, wenn
auch anderen Anliegern die entsprechende Randzone der öffentlichen Straße
zur Verfügung gestellt wird. Allenfalls in Kreuzungsbereichen wäre auf dieser
Grundlage eine differenziertere Beurteilung möglich.

Gleichwohl steht die Gemeinde hier nicht vor der Alternative, entweder keinem
oder grundsätzlich allen Anliegern die begehrte öffentlich-rechtliche Sonder-

nutzung einzuräumen. Ihre öffentlich-rechtliche Sachherrschaft gestattet ihr vielmehr auch in diesen Fällen ein differenzierendes Vorgehen.

1. Die Befristung der Sondernutzungserlaubnis

So könnte zunächst eine Regelung in Betracht gezogen werden, die mittels einer entsprechenden Befristung der Sondernutzungserlaubnis die jeweils stattfindenden Straßenbenutzungen in ihrer Gesamtzahl beschränkt. Eine solche Regelung hätte etwa zum Inhalt, daß den Straßenanliegern lediglich innerhalb eines begrenzten Zeitraums[94] die gewerbliche Benutzung der öffentlichen Straße gestattet wird.

Allerdings weist diese Regelung einen entscheidenden Schwäche auf. Den Straßenanlieger muß sie nämlich vor die Frage stellen, ob sich die oft nicht unerhebliche Investition für Tische, Stühle, Markisen, Schaukästen etc. lohnt, wenn er diese Ausstattung nicht dauerhaft nutzen darf. Das kann dazu führen, daß er überhaupt den Wunsch auf die Nutzung der öffentlichen Straße verliert. Auch dem Interesse der Gemeinde, die in einem gewissen Rahmen eine Auflockerung ihrer Straßen durch gewerbliche Werbung, Straßencafés, Kunst und Handel als durchaus wünschenswert erachtet, kann diese Regelung zumal dann nicht entsprechen, wenn sie gerade die Sondernutzungen zurückdrängt, an denen der Gemeinde in besonderem Maße gelegen ist.

2. Kommunale Straßenraumgestaltung

Der Gemeinde steht jedoch offen, im Rahmen sachgerechter kommunalpolitischer Zielvorstellungen unter den Bewerbern eine Auswahl zu treffen. Denn ihr Gestaltungsspielraum im Bereich der öffentlich-rechtlichen Sondernutzungen unterscheidet sich grundlegend etwa von der gemeindlichen Aufgabe zur Überwachung des Gaststättengewerbes. Hier sind ihre Befugnisse fest abgesteckt. Die Gewerbefreiheit darf sie nur im Rahmen der einschlägigen gaststättenrechtlichen Vorschriften beschränken. Einen Betrieb darf sie darum nicht allein deshalb mit strengeren Maßnahmen belegen, weil sie ein Überangebot an Gaststätten befürchtet oder weil ihr dieser Betrieb nicht in das Stadtbild und ihr politisches Konzept zu passen scheint.

---

94) D.h. etwa alle zwei Wochen, alle zwei Monate oder alle zwei Jahre.

Dagegen steht auf einem anderen Blatt, inwieweit die Gemeinde dem Inhaber eines derartigen Betriebs auch die öffentliche Straße als erweiterten Gewerberaum zur Verfügung stellen will. Bei dieser Frage kann die Gemeinde nicht nur in Betracht ziehen, ob der Betrieb nach seinem äußeren Erscheinungsbild ihren Vorstellungen über die optische Gestaltung des Straßenraums entspricht, ob also nach diesen Vorstellungen etwa die Straße buntscheckig möbliert werden oder eine eher funktional gegliederte räumliche Wirkung erschließen soll.

Darüber hinaus steht es der Gemeinde ebenso zu, Differenzierungen nach dem Angebot eines Gaststättenbetriebs vorzunehmen. So kann sie etwa die als typischen Straßencafés bekannten konditoreimäßig geführten Betriebe gegenüber den Bestrebungen bevorzugen, die darauf gerichtet sind, die öffentliche Straße zum Biergarten umzufunktionieren. Denn mit dem Ausschank alkoholischer Getränke können vielfältige Probleme verbunden sein. Daß es dabei regelmäßig lauter zugeht als im Straßencafé, berührt das Interesse der Anwohner auf Wohnruhe, das hierdurch möglicherweise empfindlich gestört wird. Aber selbst grundsätzlich kann sich die Gemeinde die Frage stellen, ob sie dem Alkoholkonsum selbst auf ihren öffentlichen Straßen Vorschub leisten soll[95]. Die Entscheidung darüber können ihr die Gerichte nicht abnehmen.

II.   Die öffentlich-rechtliche Sondernutzung mit gesetzwidrigem Zweck

In der Praxis bleibt nicht aus, daß mit einer im Hinblick auf die straßenrechtlichen Vorgaben erlaubnisfähigen und deshalb von der Gemeinde auch erlaubten öffentlich-rechtlichen Sondernutzung ein ordnungswidriges oder gar strafbares Verhalten verbunden wird. So kommt mitunter vor, daß die mit einer öffentlich-rechtlichen Straßenhändler bei ihrer Betätigung auf der öffentlichen Straße gegen Vorschriften des Gewerberechts verstoßen, weil sie beispielsweise ihr Gewerbe ohne die nach § 55 GewO erforderliche Reisegewerbekarte oder auf eine gesetzwidrige Weise ausüben. Bei einer im öffentlichen Verkehrsraum errichteten Werbeanlage kann sich herausstellen, daß ihre Ausführungen den Bestimmungen des Bauordnungsrechts widerspricht. Ferner kommt in Betracht, daß die auf der öffentlichen Straße verbreitete gewerbliche

---

95) Dem Schutz der Volksgesundheit mag die Gemeinde auch dann Bedeutung einräumen, wenn sie über den Antrag auf eine Sondernutzungserlaubnis für das Aufstellen von Zigarettenautomaten zu entscheiden hat. Berücksichtigung kann dabei vor allem finden, daß die im öffentlichen Verkehrsraum angebrachten Automaten auch Kindern und Jugendlichen der Erwerb von Tabakwaren ermöglichen (a.A. Thiele, DVBl 1980, 978 f.).

oder politische Werbung, sowie überhaupt die Äußerung von Meinungen aufgrund des jeweiligen Inhalts den Tatbestand einer Ordnungswidrigkeit erfüllt oder den Strafgesetzen zuwiderläuft.

Mit den genannten Fällen haben sich die zuständigen Polizei- und Ordnungsbehörden und je nach den Umständen die Staatsanwaltschaften zu befassen. Ist für die Gemeinde aber bereits bei der Entscheidung über die Sondernutzungserlaubnis nach dem Inhalt des Antrags oder aufgrund sonstiger Tatsachen erkennbar, daß die begehrte Sondernutzung zu einem gesetzwidrigen Verhalten mißbraucht werden soll, so stellt sich die Frage, ob sie dies zur Begründung eines ablehnenden Bescheids heranziehen darf.

Zu diesem Problem hat der VGH Kassel mit Beschluß vom 30.3.1983[96] und 3.4.1987[97] Stellung genommen. Den Hintergrund bildeten die Diskussionen um die Volkszählungsgesetze von 1983 und 1987. Beidemal ging es um Informationsstände, mit deren Hilfe zum Boykott der Volkszählung aufgerufen werden sollte. Von der Gemeinde, die darin eine Ordnungswidrigkeit erblickte, war deshalb die Sondernutzungserlaubnis verweigert worden.

Im Jahre 1983, bevor das Bundesverfassungsgericht das seinerzeitige Volkszählungsgesetz für nichtig erklärte[98], hielt der VGH Kassel diese Entscheidung für gerechtfertigt. Bei Ausübung ihres Ermessens habe die Gemeinde - so die Begründung - "außer den wegerechtlichen Bestimmungen all jene Rechtsnormen zu beachten, die sie als Teil der an Gesetz und Recht gebundenen vollziehenden Gewalt (Art. 20 Abs. 3 GG) berücksichtigen hat, um zu vermeiden, daß sie durch die Erteilung einer Erlaubnis einen rechtswidrigen Zustand herbeiführt"[99]. Vier Jahre später ist der VGH Kassel von dieser Entscheidung ausdrücklich abgerückt. Für ihn gibt nun den Ausschlag, daß die Zuständigkeit zur Wahrung der öffentlichen Sicherheit und Ordnung bei den Polizei- und Ordnungsbehörden liegt. Aus diesem Grund sei es der Gemeinde verwehrt, ihre "Ermessensentscheidung auf ordnungsbehördliche Belange zu stützen, die in keinem Zusammenhang mit der Wahrung wegerechtlicher Interessen stehen"[100].

96) ESVGH 33, 233 ff. Im Ergebnis ebenso OVG Münster, NVwZ 1988, 269 f.
97) NVwZ 1987, 902 ff.
98) Beschluß v. 15.12.1983, BVerfGE 65, 1 ff.
99) ESVGH 33, 223, 225. Ablehnend Papier, Öffentliche Sachen, S. 106; Schmidt, NVwZ 1985, 167, 169 f.
100) NVwZ 1987, 902, 903.

1. **Kommunale Ordnungsverwaltung und öffentlich-rechtliche Sachherrschaft**

a) Dem VGH Kassel ist darin insoweit zuzustimmen, als die ordnungsrechtlichen Aufgaben der Gemeinde von ihren straßenrechtlichen Befugnissen streng geschieden werden müssen. Als Träger der Entscheidung über die Sondernutzungserlaubnis ist die Gemeinde nicht befugt, Aufgaben der allgemeinen Gefahrenabwehr wahrzunehmen. Beim Vollzug des allgemeinen Polizei- und Ordnungsrechts erfüllt sie eine staatliche Aufgabe. Die Gemeinde wird insofern nicht im Bereich der Selbstverwaltung, sondern im übertragenen Wirkungskreis tätig[101].

Das findet seinen Niederschlag in der Zuständigkeitsverteilung zwischen den Gemeindeorganen. Die Gefahrenabwehr ist keine Angelegenheit des Gemeinderates. Sie wird vielmehr von dem Oberhaupt der Gemeinde wahrgenommen, in Hessen vom Gemeindevorstand (Magistrat) als allgemeine Verwaltungsaufgabe, vom Bürgermeister (Oberbürgermeister) in Baden-Württemberg (§ 48 Abs. 4 PolG).

Indessen scheint zweifelhaft, ob die Aufspaltung der kommunalen Aufgabenbereiche die Annahme rechtfertigt, die Gemeinde dürfe bei Ermessensentscheidungen im Selbstverwaltungsbereich ordnungsrechtliche (staatliche) Belange nicht berücksichtigen. Sie hätte zu Konsequenz, daß die Gemeinde verpflichtet wäre, durch den Bürgermeister als ihrem Verwaltungsorgan die Erlaubnis für eine Sondernutzung zu erteilen, deren Ausübung der Bürgermeister bzw. der Gemeindevorstand sogleich verbieten könnte[102].

Verzichtet wird dabei auf den Grundsatz der Einheit der Verwaltung, auf die Stimmigkeit des Verwaltungshandelns, was dem Bürger ein Wechselbad zwischen straßenrechtlicher Begünstigung und die polizeilicher Maßregel beschert. Wenn

---

101) Götz, Allg.Pol.- und OrdnungsR, Rdnr. 427. Drews/Wacke/Vogel/Martens, Gefahrenabwehr, S. 46. Nur bedingt abweichend die Rechtslage in Bayern.

102) Diese Konsequenz scheint der VGH Kassel freilich gesehen zu haben. Er legt sie durch die Anmerkung offen, seine Überprüfung sei deshalb auf den Maßstab des Straßenrechts beschränkt, weil die Gemeinde die "begehrte Sondernutzungserlaubnis als Straßenbaubehörde versagt und kein Verbot der Veranstaltung als Behörde der Allgemeinen Verwaltung ausgesprochen" habe (a.a.O., S. 904). Zur Rechtmäßigkeit einer entsprechenden Verbotsverfügung vgl. VGH Kassel, NVwZ 1987, 1004.

ihm die Gemeinde in Kenntnis aller Umstände am Vortag die Sondernutzungserlaubnis erteilt hat, und ihm nun die für die Ordnungsverwaltung zuständige
*Gemeinde*behörde das Verbot der Veranstaltung zustellt, so liegt darin ein wi-
dersprüchliches Behördenverhalten, ein Fall des venire contra factum proprium.

Dieses Bedenken scheint denn auch der VGH Kassel zu hegen. Er em-
pfiehlt deshalb der Straßenbaubehörde, den durch die Sondernutzungserlaubnis Begünstigten "auf noch mögliche Maßnahmen anderer (?) Ordnungsbehörden" hinzuweisen, um zu "verhindern, daß durch die Erteilung
der Sondernutzungserlaubnis ein Vertrauenstatbestand geschaffen wird,
aufgrund dessen der Erlaubnisnehmer damit rechnen darf, daß seinem
Vorhaben keine behördlichen Belange entgegenstehen[103].

b) Die Auffassung des VGH Kassel ist ferner der Sache nach verfehlt. Denn
letztlich geht es nicht um die Abgrenzung zwischen polizeibehördlicher und
straßenrechtlicher Zuständigkeit. Den Ausschlag gibt vielmehr die Rechtsstellung der Gemeinde als Träger der öffentlich-rechtlichen Sachherrschaft.

Zu fragen ist, ob es der Gemeinde in ihrer Eigenschaft als Träger der Entscheidung über die Sondernutzungserlaubnis gestattet sein kann, die öffentliche Straße einer gesetzwidrigen (Sonder-)Nutzung zu überlassen. Unter diesem
Gesichtspunkt betrachtet würde sich die Entscheidung des VGH Kassel zu folgender Aussage versteigen:

"Soweit ein Träger öffentlich-rechtlicher Sachherrschaft als solcher zur
ordnungsrechtlichen Gefahrenabwehr nicht zuständig ist, darf und muß er
die öffentliche Sache gesetzwidrigen Zwecken zur Verfügung stellen".

Denn abgesehen von den Vorgaben des Straßenrechts soll sich die Gemeinde
bei der Entscheidung über die Sondernutzungserlaubnis mit den Forderungen
des übrigen Rechts nicht befassen dürfen. Man denke dabei etwa an den Fall,
in dem ein schrottreifes und bei der Zulassungsstelle abgemeldetes Kraftfahrzeug am Straßenrand abgestellt wird. Beantragt dessen Eigentümer, der sich
die Kosten für den Transport zum Autofriedhof sparen möchte, eine Sondernutzungserlaubnis[104], kommt durchaus in Betracht, daß diese straßenrechtlich

---

103) A.a.O., S. 903.
104) Fahrzeuge, die nicht zugelassen oder nicht betriebsbereit sind, nehmen
nicht im Sinne eines Parkens (§ 12 Abs. 2 StVO) am ruhenden Verkehr
teil (OLG Hamm, VRS 41 (1971), 74; OLG Karlsruhe, VRS 56 (1976), 380;
BayObLGSt 1976, 112). Werden sie im öffentlichen Verkehrsraum abgestellt, liegt eine öffentlich-rechtliche Sondernutzung vor.

in Ordnung ginge. Ist in der betreffenden Straße Parkraum im Überfluß vorhanden, wurden von der Gemeinde bereits Sondernutzungen mit entsprechendem Flächenbedarf erlaubt und ist das Fahrzeug ferner in einem äußerlichen Zustand, der im Straßenbild keine Störung bewirkt, so könnte die Gemeinde dem Antrag allein die abfallrechtlichen Bestimmungen entgegenhalten. Diese könnten aber ebensowenig einen "straßenbezogenen" Gesichtspunkt abgeben, zumal deren Vollzug in aller Regel den Landkreisen übertragen ist. Die Gemeinde wäre also danach zur Erteilung der Sondernutzungserlaubnis verpflichtet. Sie würde jedoch gerade damit praktisch eine rechtswidrige Ausnahme von der Pflicht zur ordnungsmäßigen Abfallbeseitigung gewähren (vgl. § 5 Abs. 1, 2 AbfG). Das kehrt das hinter dieser Auffassung steckende Mißverständnis hervor.

Die öffentlich-rechtliche Sachherrschaft bedeutet zugleich eine öffentlich-rechtliche Sach*verantwortung*. Wie dem Privateigentümer eine polizeiwidrige Nutzung seines Eigentums untersagt ist, so darf auch die Gemeinde polizeiwidrige Sachnutzungen weder dulden noch gestatten[105]. Andernfalls würde sie sich, indem sie durch die Erteilung der Sondernutzungserlaubnis Vorschub leistet, an dem gesetzwidrigen Verhalten des Erlaubnisnehmers beteiligen[106]. Die nach Maßgabe des Straßenrechts auszuübende öffentlich-rechtliche Sachherrschaft kann die Gemeinde darum von der Beachtung des übrigen Rechts nicht entbinden. Die Entscheidung über die Sondernutzungserlaubnis ist ein Akt der Gesetz und Recht unterworfenen vollziehenden Gewalt (Art. 20 Abs. 3 GG). Die gemeindliche Entscheidung muß folglich nicht nur mit Verfassungsrecht, sondern mit der Rechtsordnung insgesamt in Einklang stehen.

Ist für die Gemeinde schon von vornherein erkennbar, daß der Antragsteller mit der begehrten öffentlich-rechtlichen Sondernutzung ein gesetzwidriges Verhalten erstrebt, würde sie selbst rechtswidrig handeln, wenn sie dem durch die Erteilung der Sondernutzungserlaubnis Vorschub leistete. In diesem Fall ist

---

105) Zur Bindung eines Trägers öffentlicher Verwaltung an "die Belange des materiellen Polizeirechts" vgl. Drews/Wacke/Vogel/Martens, Gefahrenabwehr, S. 240 und S. 294 f.

106) Zutreffend hat daher VGH Kassel, ESVGH 33, 223, 225, erwogen, daß ein Beamter, der Sondernutzungserlaubnisse für Informationsstände erteilt, welche der Volksverhetzung, der Verherrlichung von Gewalt oder der Aufstachelung zum Rassenhaß (§§ 130, 131 StGB) dienen, sich der Beihilfe schuldig machte.

die Gemeinde darum nicht nur berechtigt, sondern sogar verpflichtet, ihre Erlaubnis zu verweigern[107].

Dem entspricht, daß selbst der Zulassungs*anspruch* zu einer kommunalen Einrichtung nur "im Rahmen des geltenden Rechts" besteht[108]. Wird etwa für
eine Veranstaltung, bei der zu Gesetzesverstößen aufgerufen werden soll, die
Zulassung zur Stadthalle begehrt, so ist die Gemeinde als "Träger öffentlicher
Gewalt, der an Gesetz und Recht gebunden ist (Art. 20 Abs. 3 GG), weder erlaubt noch zumutbar, durch die Bereitstellung der von ihr betriebenen öffentlichen Einrichtung der Begehung von Rechtsverstößen Vorschub zu leisten"[109]. Die Gemeinde, die das geltende Recht bei ihrer Entscheidung über
ein Zulassungsbegehren zu beachten hat, wird damit keineswegs in ordnungs-
behördlicher Funktion tätig. Sie übt im Gegenteil lediglich die öffentlich-
rechtliche Sachherrschaft in den ihr allgemein gesteckten Grenzen aus.

Auch der in § 5 ParteienG normierte Anspruch politischer Parteien auf
Gleichbehandlung steht, obwohl in dieser Vorschrift nicht ausdrücklich formuliert, unter dem Vorbehalt, daß die von einem Hoheitsträger begehrte Nutzung
oder sonstige Leistung nicht zu einem gesetzwidrigen Zweck mißbraucht wird.
So hat das Bundesverfassungsgericht gar für die besonderen verfassungsrechtlichen Schutz genießende Wahlwerbung entschieden, daß Werbespots im Rundfunk jedenfalls dann vom Intendanten zurückzuweisen sind, wenn sie "evident
gegen die allgemeinen Strafgesetze" verstoßen[110]. Es spielt dabei ebenfalls
keine Rolle, daß die öffentlich-rechtlich Rundfunkanstalt für die Abwehr von
Gefahren für die öffentliche Sicherheit nicht zuständig sind. Die mangelnde
ordnungsrechtliche Kompetenz beschränkt sie, wie die Entscheidung des
VGH Kassel hier nahelegen würde, keineswegs auf die Prüfung nur "rundfunk-
bezogener" Zulassungsgesichtspunkte.

---

107) So ausdrücklich § 11 Abs. 4 Satz 3 BremStrG.
108) Vgl. etwa § 10 Abs. 2 Satz 2 BaWüGemO.
109) VGH Mannheim, VBlBW 1987, 422 m.w.Nachw.
110) BVerfGE 47, 198, 230 ff., 234. Vgl. dazu ferner BVerwGE 75, 67, 70.

2. **Das Verhältnis zwischen Sondernutzungserlaubnis und einer nach anderen Rechtsvorschriften erforderlichen Genehmigung**

Eine straßenrechtlich als öffentlich-rechtliche Sondernutzung zu qualifizierende Betätigung kann etwa nach Gewerbe- oder Bauordnungsrecht genehmigungs- oder erlaubnispflichtig sein. So bedarf beispielsweise der Straßenhändler unter den Voraussetzungen der §§ 55 f. GewO der Reisegewerbekarte. Werbeanlagen, die im öffentlichen Verkehrsraum installiert werden, unterliegen als bauliche Anlagen der Baugenehmigungspflicht. Das straßenrechtliche Erfordernis der Sondernutzungserlaubnis läßt diese Genehmigungspflichten unberührt, d.h. die Sondernutzungserlaubnis ersetzt weder eine nach Gewerbe-, Bauordnungs- oder sonstigen öffentlich-rechtlichen Vorschriften erforderliche Genehmigung[111]. Die Sondernutzungserlaubnis wird somit unbeschadet einer nach sonstigen Vorschriften etwa erforderlichen Genehmigung erteilt.

a) **Die fehlende Genehmigung als Grund für die Versagung der Sondernutzungserlaubnis**

Aus diesem Umstand wird zum Teil abgeleitet, die Gemeinde dürfe das Fehlen der gewerberechtliche Genehmigung nicht zum Anlaß nehmen, um die Sondernutzungserlaubnis zu verweigern[112]. Dieser Auffassung ist zu widersprechen. Denn es bleibt zu berücksichtigen, daß der Sondernutzungsinteressent in diesem Fall von einer Sondernutzungserlaubnis keinen Gebrauch machen dürfte. Steht fest, daß er in absehbarer Zukunft die erforderliche gewerberechtliche Genehmigung nicht zu erlangen vermag, so fehlt seinem straßenrechtlichen Antrag aber das Sachbescheidungsinteresse[113]. Darum muß ihm auch die Sondernutzungserlaubnis versagt bleiben[114].

---

111) Eine abweichende Regelung trifft § 18 Abs. 6 Satz 1 BaWüStrWG für die Baugenehmigung. Danach ist die genehmigungspflichtige bauliche Anlage von dem Erfordernis einer straßenrechtlichen Sondernutzungserlaubnis freigestellt. Die Erlaubnis zur Sondernutzung wird mit der Baugenehmigung erteilt. Somit gilt für das Verhältnis zwischen der Gemeinde und der möglicherweise staatlichen Baurechtsbehörde das gleiche wie für die Beziehung zur Straßenverkehrsbehörde in den Fällen, in denen die straßenrechtliche Sondernutzung einer verkehrsrechtlichen Erlaubnis oder Ausnahmegenehmigung bedarf. Insoweit kann auf die Ausführungen oben § 2 II 2 verwiesen werden.
112) Vgl. VGH Kassel, NVwZ 1983, 48, 49.
113) Vgl. dazu Kopp, VwVfG, § 22 Rdnr. 31.
114) Ebenso S/Z/K/Z, BayStrWG, Art. 18 Rdnr. 28.

b) Entscheidungsgesichtspunkte beim Vorliegen der Genehmigung

Anders verhält es sich in den Fällen, in denen der Bewerber um die Sondernutzungserlaubnis bereits über eine im Rahmen der Ausübung der öffentlich-
rechtlichen Sondernutzung notwendige gewerberechtliche oder sonstige Genehmigung verfügt. Hier ist zu differenzieren:

aa) Die rechtswidrige (gewerberechtliche) Genehmigung

Ob dem Bewerber die Genehmigung zu Recht erteilt worden ist, betrifft eine
Frage, die die Gemeinde bei der Entscheidung über die Sondernutzungserlaubnis nicht überprüfen darf. Insoweit muß nämlich die Bindungswirkung des von
der zuständigen Gewerbe- oder Baurechtsbehörde erlassenen Genehmigungsbe-
scheids beachtet werden[115]. Ihr zufolge müssen außer den unmittelbar Ver-
fahrensbeteiligten alle anderen Behörden, Rechtsträger, Dritte und alle Gerichte die Tatsache, daß der Verwaltungsakt erlassen wurde und somit existiert,
als gegeben und maßgeblich hinnehmen[116]. Der Gemeinde ist darum verwehrt,
einen Sondernutzungsinteressenten aufgrund von Zweifeln über die Rechtmäßigkeit der diesem erteilten Genehmigung anders als die übrigen Bewerber
zu behandeln. Hat sie in vergleichbaren Fällen die Sondernutzungserlaubnis
erteilt, so darf sie dessen Antrag nicht mit der Begründung ablehnen, die erforderliche gewerbe- oder baurechtliche Genehmigung sei mit irgendwelchen
Rechtsfehlern behaftet. Die Gemeinde ist in diesem Fall vielmehr darauf verwiesen, bei der zuständigen Behörde eine Überprüfung der Genehmigung anzu-
regen.

bb) Die Verletzung gewerbe- oder baurechtlicher Vorschriften

Davon zu unterscheiden bleibt die Fallgestaltung, bei der die Gemeinde nach
dem Inhalt des Sondernutzungsantrags oder aufgrund sonstiger Umstände damit
rechnen muß, daß der Bewerber in Ausübung der öffentlich-rechtlichen Sondernutzung gegen gewerbe-, bauordnungs- oder sonstige öffentlich-rechtliche
Vorschriften verstoßen wird. Hier bleibt sie ebenso berechtigt und verpflichtet, die Sondernutzungserlaubnis zu verweigern.

---

115) Vgl. dazu Kopp, VwVfG, vor § 35 Rdnrn. 25 ff.
116) BVerwGE 57, 87, 95; Kopp, VwVfG, vor § 35 Rdnrn. 26; Achterberg,
     Allg.VerwR, S. 175; Stelkens/Bonk/ Leonhardt, VwVfG, § 43 Rdnr. 6.

Die Existenz der nach anderen Rechtsnormen erteilten Genehmigung steht dem nicht entgegen. Denn sie berechtigt ihren Inhaber nicht zu einem gesetzwidrigen Verhalten. So gestattet etwa die Bauerlaubnis für eine im Verkehrsraum geplante Werbeanlage nicht, daß auf ihr gegen Strafgesetze verstoßende Plakate angeschlagen werden; trotz Reisegewerbekarte bleibt auch dem Straßenhändler der Vertrieb der in § 56 GewO bezeichneten Waren untersagt. Stützt die Gemeinde darauf die Versagung der Sondernutzungserlaubnis, so greift sie nicht in die Zuständigkeit von Sonderordnungsbehörden ein. In deren Aufgabenbereich würde sie nur tätig, wenn sie entsprechende Verbotsverfügungen erließe oder zu sonstigen, allein diesen Behörden vorbehaltenen Sanktionen griffe. Mit der Entscheidung über die Sondernutzungserlaubnis hat das nichts zu tun. Vielmehr muß hier ebenfalls den Ausschlag geben, daß die Gemeinde die öffentliche Straße für eine Verwirklichung von Ordnungswidrigkeiten oder Straftatbeständen begehrten öffentlich-rechtlichen Sondernutzung zur Verfügung stellen darf.

3. Der Inhalt von Meinungsäußerungen

Die grundrechtlich garantierte Freiheit zur Äußerung und Verbreitung von Meinungen begründet zwar keinen Anspruch auf die Erteilung einer Sondernutzungserlaubnis. Erst wenn die Gemeinde entsprechende Sondernutzungen generell einräumt, kommt aufgrund des Gleichbehandlungsgebots nach Art. 3 GG in Betracht, daß ihr Ermessen auf Null reduziert und sie zur Gewährung der Erlaubnis verpflichtet ist.

a) Die lediglich "unerwünschte" Meinung

Art. 5 Abs. 1 Satz 1 GG schließt aber andererseits aus, daß die Gemeinde bei ihrer Entscheidung auf den Inhalt der auf der öffentlichen Straße geplanten Meinungsäußerung Einfluß nimmt. Die Sondernutzungserlaubnis, die sie in vergleichbaren Fällen erteilt hat, darf sie einem Bewerber nicht deshalb verweigern, weil dieser eine Meinung verbreiten will, die den Vorstellungen der Gemeinde nicht entspricht. Denn in diesem Fall wäre die auf der öffentlichen Straße *eröffnete* Meinungsäußerung nicht mehr frei. Die Gemeinde würde sich der Sondernutzungserlaubnis als Instrument zur Steuerung von Meinungen bedienen und so den Schutzbereich des Art. 5 Abs. 1 GG verletzen. Der Inhalt einer Meinung, ihre "Richtigkeit" oder "Rechtfertigung", darf deshalb als Grund für eine Differenzierung bei der Vergabe öffentlich-rechtlicher Sondernutzungen nicht herangezogen werden[117].

b) Die Schranken der allgemeinen Gesetze

Anders verhält es sich wiederum, wenn der Inhalt der auf der öffentlichen Straße begehrten Meinungsäußerung den Tatbestand einer Ordnungswidrigkeit erfüllen oder gegen Strafgesetze verstoßen würde. Denn damit überschreitet sie den Rahmen "allgemeiner Gesetze" (Art. 5 Abs. 2 GG) und verliert so den grundrechtlichen Schutz des Art. 5 Abs. 1 Satz 1 GG. Mit der Versagung der Sondernutzungserlaubnis werden in diesem Fall allein die der Freiheit der Meinungsäußerung gezogenen und unter Beachtung einer Wechselwirkung[118] zu bestimmenden Schranken aktualisiert[119].

Es ist der Gemeinde also keineswegs verwehrt, die als Sondernutzung begehrte Meinungsäußerung auf ihren Inhalt hin zu überprüfen. Durch die Versagung der Sondernutzungserlaubnis darf sie daran jedoch nur in den Fällen eine Ungleichbehandlung knüpfen, in denen die geplante Meinungsäußerung gegen geltendes Recht verstoßen würde[120].

c) Kein Sonderrecht für politische Parteien

Nicht anders ist zu entscheiden, wenn die öffentlich-rechtliche Sondernutzung von einer politischen Partei begehrt wird. Auch ihr muß die Sondernutzungserlaubnis versagt bleiben, wenn sie das Forum der öffentlichen Straße erkennbar zur Begehung gesetzwidriger Handlungen mißbrauchen will.

Das in Art. 21 Abs. 2 GG statuierte Parteienprivileg steht dem nicht entgegen. Die mit diesem verbundene erhöhte Bestandsgarantie gewährleistet einer Partei zwar einen besonderen Schutz bei ihrer politischen Betätigung. Sie darf darin nicht behindert werden, solange die Partei nicht vom Bundesverfassungsgericht für verfassungswidrig erklärt worden ist. Eine Gemeinde, die politischen Parteien in einem bestimmten Umfang öffentlich-rechtliche Sonder-

---

117) Ebenso VGH Kassel, ESVGH 33, 223, 226; Steinberg, NJW 1978, 1898, 1902.
118) Dazu BVerfGE 7, 198, 208 ff.; 50, 234, 241.
119) Im Ergebnis ebenso OVG Münster, NVwZ 1988, 269, 270; Steinberg, NJW 1976, 1898, 1902.
120) Vgl. BVerfGE 47, 198, 236 f., zur Befugnis der Rundfunkanstalten, die Manuskripte politischer Parteien für die Wahlwerbung darauf zu überprüfen, ob deren Ausstrahlung allgemeine Strafgesetze verletzen würde.

nutzungen einräumt, ist darum verfassungsrechtlich gehindert, eine einzelne Partei davon auszuschließen, weil sie deren politisches Programm für verfassungsfeindlich einstuft[121].

Im übrigen besteht dagegen kein Sonderrecht für politische Parteien. Von der Beachtung des allgemein geltenden Rechts sind sie nicht freigestellt. Wie jedermann dürfen ihre Funktionäre, Mitglieder und Anhänger nur mit allgemein erlaubten Mitteln arbeiten. Die Begehung von Ordnungswidrigkeiten oder die Verletzung von Strafgesetzen gestattet ihnen das Parteienprivileg nicht[122].

III. Die Grenzen verwaltungsgerichtlicher Ermessenskontrolle

Wie jenseits des Gemeingebrauchs und im Rahmen des jeweils Erlaubnisfähigen der Straßenraum durch öffentlich-rechtliche Sondernutzungen ausgefüllt und gestaltet werden soll, entscheidet die Gemeinde im gemeinsamen Wohl ihrer Einwohner. Die Förderung des gemeinsamen Wohls ihrer Einwohner obliegt der Gemeinde als Selbstverwaltungsaufgabe. Worin sie eine Förderung des gemeinsamen Wohls erblickt, ist darum in erster Linie den Anschauungen und Entschließungen ihrer maßgebenden Organe überlassen.

Das beschränkt vor allem die gerichtliche Nachprüfbarkeit der gemeindlichen Ermessensentscheidung. Das Grundgesetz und die Länderverfassungen haben den Gerichten kein politisches Mandat, keine primär politische Funktion zugewiesen. Die Verwaltungsgerichte haben nach dem Grundgesetz, insbesondere zufolge des Grundsatzes der Gewaltenteilung (Art. 20 Abs. 3 GG) sowie nach dem einfachgesetzlichen Recht der VwGO (§ 114) allein die Aufgabe, die Verwaltung zu kontrollieren, nicht dagegen selbst die Verwaltungsfunktionen an sich zu ziehen[123]. Das verbietet ihnen originäre politische Entscheidungen. Wirtschafts- und Sozialpolitik, überhaupt die Kommunalpolitik in all ihren Schattierungen, die Sorge um das gemeinsame Wohl der Einwohner, sind politische Aufgaben, nicht originäre Aufgaben der Rechtsprechung. Die Verwaltungsgerichte sind darauf beschränkt, politische, wirtschaftliche und andere außer-

---

121) Vgl. BVerfGE 47, 198, 228 (zur Wahlwerbung im Rundfunk); Steinberg, NJW 1978, 1898, 1902.
122) BVerfGE 47, 130, 139 f.; 47, 198, 230. Vgl. ferner VGH Mannheim, VBlBW 1987, 422 f. (zur Nutzung einer kommunalen Einrichtung).
123) BVerwGE 57, 174, 181 f.; 44, 156, 159; Kopp, WiVerw 1983, 1, 8; Kissel, NJW 1982, 1777, 1779, 1781.

rechtliche Ziele und Interessen ausschließlich am Maßstab des Rechts zu prüfen und zu messen. Sie dürfen aber selbst keine Politik betreiben[124]. Ob die
Erteilung oder die Verweigerung einer öffentlich-rechtlichen Sondernutzung
dem gemeinsamen Wohl der Einwohner dient, bleibt jedoch eine Frage sachgerechter Kommunalpolitik, die die Gemeinde in erster Linie nach Zweckmäßigkeitsüberlegungen gestaltet und deren "Korrektur" den Gerichten darum verwehrt ist.

Ist die Gemeinde etwa der Auffassung, daß in den Fußgängerbereich überhaupt
keine Verkaufsstände gehören oder daß jedenfalls ein konkreter Stand wegen
seines äußeren Erscheinungsbildes dort stören würde, so haben die Verwaltungsgerichte das zu akzeptieren[125]. Ob sie die ästhetischen Vorstellungen
der Gemeinde teilen, ist ohne Belang. Denn es geht hier nicht um die Entscheidung einer Rechtsfrage.

Das erhellt der Vergleich etwa zu § 34 Abs. 1 BauGB. Dort ist über den Umfang des Eigentums, nämlich die Bebaubarkeit eines Grundstücks, zu entscheiden. Ob sich ein konkretes Vorhaben "in die Eigenart der näheren Umgebung
einfügt", ist darum eine (Eigentums-)Rechtsfrage. An der öffentlichen Straße
steht dem Sondernutzungsinteressenten dagegen weder das Eigentum noch eine
sonstige verfassungsrechtlich geschützte Rechtsposition zu, die es nach dem
Kriterium etwa des "Einfügens in das Straßen- und Stadtbild" zu bestimmen
gälte[126]. Aus diesem Grund ist über seinen Antrag auf die Sondernutzungserlaubnis allein nach den von der Gemeinde bestimmten Zweckmäßigkeitsge-
sichtspunkten zu entscheiden. Widerspricht die Sondernutzung ihren kommunal-
politischen Vorstellungen, so kann sie die Erlaubnis ebenso verweigern, wie
sie sonst darüber befindet, ob das Rathaus weiß oder bunt gestrichen werden
soll[127].

124) Kopp, WiVerw 1983, 1, 5.
125) Das verkennt VGH Kassel, NVwZ 1983, 48, 49.
126) In diesem Sinne auch Mußgnug, VBlBW 1982, 410, 412 f., gegen die von
     Stern, VVDStRL 10 (1964), 183, 223, vertretene gegenteilige Ansicht.
127) Wenn die Gemeinde das Rathaus überhaupt nicht streichen lassen will,
     so könnte daraus freilich dann eine Rechtsfrage entstehen und zu einer
     aufsichtsbehördlichen Beanstandung Anlaß geben, wenn das Rathaus zum
     Schutz vor Witterungseinflüssen eines Farbanstrichs bedarf. Denn ihr
     Vermögen darf die Gemeinde nicht ohne Grund dem Verfall aussetzen.
     Sie hat ihre Vermögensgegenstände vielmehr "wirtschaftlich" zu verwal-
     ten (vgl. etwa § 91 Abs. 2 BaWüGemO). Wie sie das unternimmt, ist also
     hauptsächlich eine Zweckmäßigkeitsfrage, die erst in krassen Fällen der
     Vermögensverschwendung zur Rechtsfrage wird.

§ 20: Die Abwicklung der Straßenwerbung durch private Werbeunternehmen

In diesem Zusammenhang stellt sich schließlich die Frage, ob die Gemeinde die Sichtwerbung für gewerbliche Leistungen und private Veranstaltungen einem bestimmten (oder einer Gruppe von) Plakatwerbeunternehmen vorbehalten kann.

Hierher rechnet zunächst der in der Praxis übliche Fall, daß einem Unterneh men das Aufstellen von sog. Litfaßsäulen gestattet wird. Auf dieser Werbefläche bringt es im Auftrag seiner Kunden entweder von ihm selbst oder von diesen gestaltete Plakate an[128]. Darüber hinaus kommt in Betracht, daß ausschließlich einem besonderen Werbeunternehmen die Erlaubnis erteilt wird, um an bestimmten Stellen am Straßenrand Plakattafeln aufstellen zu dürfen[129]. Wird von dritter Seite bei der Gemeinde die Nutzung der öffentlichen Straße für Werbezwecke beantragt, so könnte sie den Interessenten an das Werbeunternehmen verweisen. Er hätte dann die Möglichkeit, mit dem Werbeunternehmen einen entsprechenden Geschäftsbesorgungsvertrag abzuschließen. Diesem wäre seinerseits die Verpflichtung auferlegt, sämtliche ihm erteilten Aufträge

---

128) Die Rechtsbeziehungen zwischen Gemeinde und Werbeunternehmen wurden als Wegekonzessionsvertrag gemeinhin dem Privatrecht zugeordnet. Das entspricht der historischen Entwicklung, wie sie in Berlin bereits im Jahre 1855 ihren Ausgang genommen hat. Zur Eindämmung des Wildanschlags wurde damals eine Polizeiverordnung erlassen, nach der die Plakatierung an anderen Orten als den Anschlagsäulen des Buchdruckereibesitzers und Buchhändlers Ernst Litfaß untersagt war. Mit Litfaß selbst hatte die Stadt Berlin einen Wegekonzessionsvertrag (Werbepachtvertrag) abgeschlossen, der ihm das Exklusivwerberecht im öffentlichen Straßenraum sicherte (vgl. Bartlsperger, Werbenutzungsverträge, S. 49 ff.; Hufnagel, Vierteljahrhundert, S. 157, 161). Nach dem heute geltenden Straßenrecht stellt die Inanspruchnahme der öffentlichen Straße für Werbezwecke keine privatrechtliche, sondern eine öffentlich-rechtliche Sondernutzung dar (ebenso Bartlsperger, Werbenutzungsverträge, S. 83 ff., 120 ff.; Hufnagel, Vierteljahrhundert, S. 157, 169 ff.). Das entsprechende Straßenbenutzungsrecht kann darum allein durch die Sondernutzungserlaubnis, d.h. in der Form des Verwaltungsakts oder des öffentlich-rechtlichen Vertrags eingeräumt werden. Dadurch gewinnt die Überleitungsvorschrift des § 24 Abs. 12 FStrG ihr besonderes Gewicht.

129) Ausgeklammert bleiben kann der Fall, in dem die Gemeinde selbst Plakatträger auf der öffentlichen Straße errichtet, die sie sodann Werbeunternehmen zur Verfügung stellt. Denn die Gemeinde nimmt hier die Sondernutzung selbst in Anspruch. Das hat zwar den Vorteil, daß das Rechtsverhältnis zu den Werbeunternehmen als privatrechtlicher Miet- oder Pachtvertrag gestaltet werden kann (vgl. Bartlsperger, Werbenutzungsverträge, S. 107). Andererseits unterliegt die Gemeinde bei der entgeltlichen Nutzungsüberlassung ihrer Anschlagstellen der Steuerpflicht nach dem Körperschaftssteuergesetz (vgl. dazu BFHE 138, 66, 68 ff. m.w.Nachw.).

anzunehmen (Kontrahierungszwang) und in kürzester Frist nach der Reihenfolge des Eingangs der Aufträge auszuführen[130]

Ob damit eine tragfähige Lösung für die Verteilung des von der Gemeinde
festgesetzten Kontingents an Werbemöglichkeiten gefunden ist, bedarf freilich
näherer Prüfung.

I. Die Privilegierung eines gemeindeunabhängigen Werbeunternehmens

Möglicherweise verstößt es gegen das Gleichbehandlungsgebot nach Art. 3
Abs. 1 GG, wenn die Sondernutzungserlaubnis für die Straßenwerbung nur
einem Unternehmen erteilt, allen anderen Interessenten aber versagt wird. Es
kann das in zweierlei Hinsicht bedeutsam werden. Denn zum einen liegt eine
Ungleichbehandlung im Verhältnis zu den Personen vor, die auf der öffentlichen Straße eine Eigenwerbung betreiben wollen. Zum anderen werden auch
konkurrierende Werbeunternehmen von der öffentlich-rechtlichen Sondernutzung ausgeschlossen.

1. Die Rechtfertigung für den Ausschluß der in eigener Regie betriebenen Straßenwerbung

Was die Interessenten betrifft, die ihre Werbung selbst und in eigener Regie
auf die öffentliche Straße bringen möchten, so ist zu berücksichtigen, daß die
Gemeinde, die sämtliche Bewerber an ein besonderes Werbeunternehmen verweisen kann, damit nicht nur ihren Verwaltungsaufwand senkt. Vor allem eröffnet ihr dieses Verfahren die Möglichkeit, die Komplikationen in den Griff zu
bekommen, die gerade dann auftreten, wenn die Straßenwerbung verschiedenen
Einzelpersonen überlassen wird. Denn hier besteht die Gefahr, daß die jeweils
zugeteilten Straßenbereiche nicht eingehalten werden. Es können dabei durch
unachtsames Plakatieren des weiteren Straßenbäume beschädigt werden. Ferner
ist zu besorgen, daß die einzelnen Werbeträger nicht sachgemäß befestigt oder
aufgestellt werden und sie dann bei einem Windstoß den Straßenverkehr gefährden. Schließlich mag für die Gemeinde auch die Erfahrung bestimmend sein,
daß die Werbeträger, nachdem die Erlaubnis abgelaufen ist, häufig nicht oder
nur verspätet entfernt werden.

---

130) So auch die heute üblichen Werbenutzungsverträge. Vgl. dazu die bei
Bartelsperger, Werbenutzungsverträge, S. 28 Fn. 53, aufgeführten Beispiele.

Demgegenüber kann sich auch der von den Straßengesetzen eröffnete Weg, für die etwa bei der Gemeinde anfallenden Beseitigungskosten Vorschüsse oder Sicherheiten zu verlangen (vgl. § 8 Abs. 2a Satz 4 FStrG), als problematisch erweisen. Das würde nämlich gerade die Interessenten besonders treffen, die - wie etwa bestimmte örtliche Vereine - mit der Straßenwerbung keine wirtschaftlichen Ziele verfolgen.

Trägt sich die Gemeinde mit der Absicht, künftig nur einem einzigen Werbeunternehmen die entsprechende Sondernutzung zu gestatten, so hat das darüber hinaus den Vorteil, daß sie die Zuverlässigkeit dieses Unternehmens besonders sorgfältig nachprüfen kann. Diese Gesichtspunkte lassen eine Differenzierung bei der Entscheidung über die Sondernutzungserlaubnis durchaus zu. Ein Verstoß gegen den Gleichheitssatz läge zumindest insoweit nicht vor.

2. Gleichheitswidrige Nichtberücksichtigung konkurrierender Werbeunternehmen

Willkürlich könnte jedoch die Nichtberücksichtigung anderer Werbeunternehmen sein. Das hängt davon ab, ob diesen entgegengehalten werden darf, daß das von der Gemeinde zur Verfügung gestellte Kontingent nach seiner Zuteilung an ein bestimmtes Werbeunternehmen bereits erschöpft.

Der Erschöpfungseinwand geht grundsätzlich fehl, wenn die vorhandenen Nutzungsmöglichkeiten unter den verschiedenen Interessenten aufteilbar sind[131]. Möglicherweise können die zurückgesetzten Werbeunternehmen daher geltend machen, daß zumindest an die Angehörigen ihres Gewerbes die zur Verfügung stehende Stellplätze dem Umfang nach gleich verteilt werden müssen.

Bei diesem Ergebnis bliebe indessen unberücksichtigt, daß Straßenwerbung in aller Regel nur dann einen Sinn macht, wenn sie möglichst überall dort stattfindet, wo die Gemeinde eine entsprechende Nutzung vorgesehen hat. Hätte die Gemeinde aber die öffentlich-rechtliche Sondernutzung an mehrere Werbeunternehmen aufgeteilt, so wäre eine effektive Werbung nur recht mühsam zu verwirklichen. Denn die eigentlichen Interessenten an der Straßenwerbung müßten in diesem Fall mit den verschiedenen Werbeunternehmen möglichst ausnahmslos in Verhandlungen treten und eine entsprechende Vielzahl von Verträge ab-

---

131) Eine andere Auffassung vertritt freilich Bartelsperger, Werbenutzungs-verträge, S. 116. Danach soll bei "gleichwertigen Bewerbern" sogar eine Wahlmöglichkeit bestehen. Die Gemeinde könne "einen der Bewerber frei wählen und diesem das Stellennetz auf öffentlichen Straßen übertragen".

schließen. Diesen Mehraufwand braucht ihnen die Gemeinde jedoch nicht zuzumuten[132].

Die Erteilung der Sondernutzungserlaubnis an sämtliche überhaupt in Frage kommenden Werbeunternehmen würde darüber hinaus weitere Probleme aufwerfen. Denn bei diesem Verfahren wäre nicht gewährleistet, daß die zur Verfügung stehenden Werbemöglichkeiten gerade auch unter den auf die Dienstleistungen der Werbeunternehmen angewiesenen Einzelpersonen, Firmen, Vereinen und – außerhalb des Wahlkampfs – politischen Parteien gerecht verteilt werden. Im Hinblick darauf müßte nämlich in jedem Fall geklärt werden, in welchem Umfang der jeweilige Kunde bereits bei anderen Werbeunternehmen entsprechende Aufträge erteilt hat. Das ist praktisch nicht zu bewerkstelligen. Auch aus diesem Grund ist daher gerechtfertigt, wenn die Gemeinde die Sondernutzung allein *einem* Werbeunternehmen vorbehält.

II. Die Zulässigkeit eines gemeindeeigenen Werbeunternehmen

Allerdings mag man gegen die Bewirtschaftung der öffentlich-rechtlichen Sondernutzung durch ein einzelnes privatrechtliches Unternehmen einwenden, die Gemeinde sei ihm gegenüber ebenfalls nur bedingt in der Lage sicherzustellen, daß von dem Unternehmen alle Interessenten gleichmäßig berücksichtigt werden. Dieses Bedenken ist in der Tat nicht ganz von der Hand zu weisen.

Die Gemeinde kann zwar die Erteilung der Sondernutzungserlaubnis davon abhängig machen, daß das Werbeunternehmen sich ausdrücklich verpflichtet, seine Leistungen grundsätzlich jedem Interessenten zur Verfügung zu stellen[133]. Es ist ferner möglich, die – ohnehin befristete – Sondernutzungserlaubnis mit dem Vorbehalt des Widerrufs[134] für den Fall zu versehen, daß das Unterneh-

---

132) Im Ergebnis ebenso Bartlsperger, Werbenutzungsverträge, S. 117.
133) Insoweit besteht die Möglichkeit zu verlangen, daß das Werbeunternehmen seine Leistungen nach Maßgabe Allgemeiner Geschäftsbedingungen erbringt, die den jeweiligen Vorstellungen der Gemeinde entsprechen.
134) Nach den Straßengesetzen *muß* die Sondernutzungserlaubnis sogar mit dieser Gruppe von Nebenbestimmungen versehen werden (vgl. § 8 Abs. 2 Satz 1 FStrG und die wortgleichen Vorschriften der Landesstraßengesetze).

men von dieser öffentlich-rechtlichen[135], der Gemeinde gegenüber begründeten Verpflichtung abweicht.

Gleichwohl muß bei der Durchsetzung dieser Verpflichtungen mit Schwierigkeiten gerechnet werden. Für die Gemeinde ist es mit einem Widerruf der Sondernutzungserlaubnis gegenüber dem sich als unzuverlässig erweisenden Privatunternehmen nicht getan. Sie muß in diesem Fall vielmehr ein anderes Werbeunternehmen finden oder aber ihre Behördenorganisation umstellen und zu dem Standardverfahren der Entscheidung über Sondernutzungsanträge zurückkehren. Beides wird einige Zeit in Anspruch nehmen, während derer eine geordnete Bewirtschaftung der Straßenwerbung undurchführbar bleibt.

Man kann darin freilich keinen derart gravierenden Mangel erblicken, daß die Übertragung derartiger Sondernutzungen an Privatunternehmen überhaupt für unzulässig erklärt werden müßte. Immerhin ist damit die Frage aufgeworfen, ob es nicht sogar sinnvoller ist, die Geschäftsführung eines privatrechtlichen Werbeunternehmens unmittelbar über eine gesellschaftsrechtliche Unternehmensbeteiligung der Gemeinde in dem von ihr angestrebten Sinne zu steuern[136].

Das würde bedeuten, daß die Gemeinde an einer GmbH oder Aktiengesellschaft in dem jeweils für die Herrschafts- und Direktionsgewalt erforderlichen Umfang Kapitalanteile erwirbt oder aber selbst eine entsprechende Gesellschaft

---

135) Die öffentlich-rechtliche Rechtsnatur der Beziehung zwischen Gemeinde und Werbeunternehmen entspricht dem öffentlich-rechtlichen Rechtscharakter der Sondernutzung. Es kommt darum auch der Abschluß eines öffentlich-rechtlichen (Austausch-)Vertrags in Betracht (vgl. § 54, 56 LVwVfG). Sinnvoll ist das jedoch nur, wenn das Werbeunternehmen bereit ist, sich der sofortigen Vollstreckung zu unterwerfen (§ 61 LVwVfG). Die Unterwerfungserklärung bedarf jedenfalls nicht der rechtsaufsichtsbehördlichen Genehmigung (vgl. etwa § 61 Abs. 1 Satz 4 BaWüVwVfG). Denn die Gemeinde als Adressat dieser Erklärung wird bei Vereinbarungen über öffentlich-rechtliche Sondernutzungen im Bereich weisungsfreier Angelegenheiten tätig.

136) Zu den Einflußmöglichkeiten der Gemeinde auf die Privatgesellschaft vgl. Häuselmann, JuS 1984, 940, 942 f.

errichtet[137]. In beiden Fällen handelt es sich um ein "wirtschaftliches Unternehmen" der Gemeinde[138].

Die Zulässigkeit eines in der Form des Privatrechts geführten gemeindeeigenen Betriebs, der als einziges mit der entsprechenden Sondernutzungserlaubnis ausgestattetes Unternehmen die Straßenwerbung für Dritte ausrichten darf, hat Mußgnug[139] vor allem auch unter kommunal- und wettbewerbsrechtlichen Gesichtspunkten sowie unter der Frage erörtert, ob sich die Gemeinde damit unter mißbräuchlicher Umgehung der Sondernutzungsgebühr wirtschaftliche Gewinne sichere. Er hat darin im Ergebnis keinen Grund zu rechtlicher Beanstandung gesehen. Seinen Überlegungen soll hier nachgegangen werden.

1. Die kommunalrechtlichen Vorgaben

a) An ein wirtschaftliches Unternehmen stellt das Kommunalrecht vor allem die Anforderung, daß damit ein "öffentlicher Zweck" wahrgenommen wird, der die Errichtung des Betriebs gerade durch eine Gemeinde "rechtfertigt"[140]. Diese Klausel muß in ihrer Verkoppelung mit dem gemeindlichen Selbstverwaltungsrecht und Wirkungskreis bestimmt werden[141]. Wird die Gemeinde tätig, um das gemeinsame Wohl ihrer Einwohner zu fördern, so erfüllt sie damit einen öffentlichen Zweck, nämlich die ihr vom Kommunalrecht übertragene und verfassungsrechtlich gewährleistete Selbstverwaltungsaufgabe. Darauf beruht, daß auch durch eine wirtschaftliche Betätigung diese Aufgabe verwirklicht

---

137) Zu den weiteren Organisationsmöglichkeiten (Regiebetrieb, Eigenbetrieb) siehe Wolff/Bachof/Stober, VerwR II, § 98 II 4; Püttner, S. 26 ff., 59 ff.; Schmidt-Jortzig, Kommunalrecht, S. 235 ff.; Pagenkopf, Bd. 2, S. 159 ff. - Zu den verwaltungsrechtlichen Bindungen bei einer privatrechtlichen Organisationsform vgl. Wolff/Bachof/Stober, VerwR II, § 104a IV; Ehlers, DÖV 1986, 897, 902 ff.

138) Vgl. dazu statt aller Schmidt-Jortzig, Handbuch der kommunalen Wissenschaft und Praxis, 2. Aufl. 1984, Bd. 5, S. 52.

139) VBlBW 1982, 410, 414 f.

140) Vgl. §§ 102 Abs. 1 Nr. 1 BaWüGemO und 121 Abs. 1 HessGO. Die §§ 58 Verf.Bremerhaven, 121 HambGO, 108 Abs. 1 NdsGO, 85 Abs. 1 RhPfGO 106 Abs. 1 SaarlGO, 101 SchlHolGO enthalten darüber hinaus die sog. Subsidiaritätsklausel des § 67 Abs. 2 Nr. 3 DGO. Die gleichen Voraussetzungen gelten im übrigen für die Übernahme eines wirtschaftlichen Betriebs aus privater Hand und die gesellschaftsrechtliche Beteiligung an einem solchen Unternehmen (vgl. etwa § 104 Abs. 1 BaWüGemO).

141) Vgl.BVerwGE 39, 329, 333; Pagenkopf, Kommunalrecht, Bd. 2, S. 145.

werden kann[142]. Die Gemeinde entscheidet darüber nach kommunalpolitischer
Zweckmäßigkeit[143].

Mit einem eigenen Werbeunternehmen bietet die Gemeinde ihren Einwohnern die
Möglichkeit zur Straßenwerbung. Sie eröffnet ihnen damit die aus der Nutzung
der öffentlichen Straße zu gewinnenden Vorteile und nimmt sich insoweit wie
bei der Entscheidung über Sondernutzungserlaubnisse einer typischen Verwaltungsaufgabe an[144]. Das bedeutet, daß sie mit dem wirtschaftlichen Betrieb
als kommunale Einrichtung unmittelbar öffentliche Ziele verwirklicht[145].
Folglich ist die Errichtung eines Werbeunternehmens durch einen öffentlichen
Zweck gerechtfertigt und damit kommunalrechtlich zulässig.

b) Zu einer anderen Beurteilung könnte allein das Kommunalrecht Nordrhein-
Westfalens Anlaß geben. Danach ist eine erwerbswirtschaftliche Betätigung der
Gemeinde nur gestattet, wenn ein *dringender* öffentlicher Zweck das Unternehmen *erfordert*[146]. Selbst wenn diese Bestimmungen an die wirtschaftliche Betätigung der Gemeinde strengere Anforderungen knüpfen sollten[147], schließen
sie eine Unternehmensgestaltung in der beschriebenen Art jedoch nicht von
vornherein aus. Vielmehr wird es hier darauf ankommen, ob im Einzelfall ein
gemeindeunabhängiges Werbeunternehmen gefunden werden kann, das sich an

---

142) So ausdrücklich BVerwGE 39, 329, 333.
143) Wolff/Bachof/Stober, VerwR II, § 86 Rdnr. 63.
144) Bartlsperger, Werbenutzungsverträge, S 30, spricht gar von einer öf-
     fentlichen "Erschließungsaufgabe", wenn die Gemeinde durch die In-
     pflichtnahme eines Werbeunternehmens die ihrer Verwaltung unterste-
     henden öffentlichen Verkehrsräume als Träger von Außenwerbung be-
     reitstellt und gestaltet.
145) Umgekehrt folgt daraus, daß die Tätigkeit des gemeindeeigenen Werbe-
     unternehmens sich auf die Straßenwerbung zu beschränken hat (vgl.
     Mußgnug, VBlBW 1982, 410, 414). – Eine weitere Begrenzung der Ge-
     schäftstätigkeit der gemeindeeigenen Werbeunternehmens folgt aus dem
     allgemeinen Verbot des Monopolmißbrauchs, das als Verbot des Koppe-
     lungszwangs seine kommunalrechtliche Ausprägung erfahren hat. Danach
     darf die vom gemeindeeigenen Unternehmen erbrachte Leistung nicht
     davon abhängig gemacht werden, "daß auch andere Leistungen oder Lie-
     ferungen abgenommen werden" (vgl. § 102 Abs. 5 BaWüGemO; Art. 56
     BayGO; § 127 HessGO; § 116 NdsGO; § 96 NRWGO; § 91 RhPfGO; § 119
     SchlHolGO). Unzulässig wäre deshalb etwa eine in den Allgemeinen Ge-
     schäftsbedingungen des gemeindeeigenen Werbeunternehmens enthaltene
     Klausel, nach der die Straßenwerbung allein mit Werbematerial durchge-
     führt wird, welches das gemeindeeigene Werbeunternehmen selbst gelie-
     fert oder hergestellt hat.
146) Vgl. § 88 Abs. 1 NRWGO. Ähnlich Art. 89 Abs. 1 BayGO, freilich auf
     die "Dringlichkeit" des öffentlichen Zwecks verzichtet.
147) Zweifelnd Schmidt-Jortzig, Kommunalrecht, Bd. 2, S. 230 m.w.Nachw.

die ihm bei der Erteilung der Sondernutzungserlaubnis auferlegten Verpflichtungen hält, also insbesondere die vorhandenen Werbemöglichkeiten an die
verschiedenen Interessenten gleichmäßig und gerecht verteilt.

2. Die Schranken des Wettbewerbsrechts

Die Bevorzugung des gemeindeeigenen Unternehmens bei der Vergabe der Sondernutzungserlaubnis könnte indessen unter wettbewerbsrechtlichen Gesichtspunkten unzulässig sein[148]. In Betracht kommt ein Verstoß gegen § 1 UWG
bzw. §§ 22, 26 i.V.m. § 98 GWB.

a) § 1 UWG

Für § 1 UWG kommt es darauf an, ob die Gemeinde damit "im geschäftlichen
Verkehr[149] zu Zwecken des Wettbewerbs[150] eine Handlung vornimmt, die gegen die guten Sitten verstößt". Möglicherweise ist dafür entscheidend, daß die

---

148) Für die konkurrierenden privaten Werbeunternehmen hat das Wettbewerbsrecht besondere Bedeutung. Denn eine etwaige allein auf dem Kommunalrecht beruhende Unzulässigkeit wirtschaftlicher Unternehmen der
   Gemeinde können sie (verwaltungs-)gerichtlich nicht geltend machen,
   weil dessen Vorschriften die Interessen der Gemeinde schützen und
   nicht (auch) dazu bestimmt sind, die einzelnen Unternehmen oder die
   Privatwirtschaft insgesamt vor der Konkurrenz der öffentlichen Hand zu
   schützen (so BVerwGE 39, 329, 336 zu § 85 a.F. = § 102 BaWüGemO
   n.F.; BVerwG, NJW 1978, 1539 zu Art. 89 BayGO. Anders aber BGH,
   GRUR 1965, 373 -Blockeis II- zu § 69 Abs. 1 a.F. = § 88 Abs. 1
   NRWGO n.F.).
149) Durch diese Tatbestandsmerkmal werden sämtliche rein privaten, aber
   auch rein hoheitliche Tätigkeiten aus dem Anwendungsbereich des UWG
   und seiner Nebengesetze ausgeschieden (vgl. Emmerich, Unlauterer Wettbewerb, S. 20 f. m.w.N.). Die Erteilung der Sondernutzungserlaubnis
   selbst ist daher in dieser Beziehung wettbewerbrechtlich irrelevant. Anderes gilt nur für den Betrieb des mit der Sondernutzungserlaubnis exklusiv ausgestatteten gemeindeeigenen Werbeunternehmens.
150) Die Wettbewerbsabsicht ist nach der Rechtsprechung des BGH (vgl. die
   zahlreichen Nachw. bei Emmerich, Unlauteter Wettbewerb, S. 22 Fn. 11)
   nur im Rahmen eines konkreten Wettbewerbsverhältnisses denkbar. An
   der Wettbewerbsabsicht fehlt es deshalb im Bereich öffentlicher Monopo-
   le (so Schricker, S. 14). Das gemeindliche Monopol an der öffentlichen
   Straße vermag freilich hier die Anwendung des UWG nicht auszuschließen. Ein Wettbewerbsverhältnis muß jedenfalls solange unterstellt
   werden, wie es um die Zulässigkeit des Monopols geht - wie etwa
   zwischen Bundesbahn und Güterkraftverkehr - immerhin ein heterogener
   Wettbewerb möglich ist (Schricker, S. 14). Zumindest die letzte Fallgrup-
   pe trifft auch hier zu. Denn die Wettbewerbsbeziehungen betreffen danach allgemein die Sichtwerbung, die auch auf privatem Grund stattfinden kann.

Gemeinde ihr Werbeunternehmen unter Zuhilfenahme ihrer öffentlich-rechtlichen Verfügungsgewalt über die entsprechenden Sondernutzungen betreibt. Als sittenwidrig i.S. des § 1 UWG wäre das zu beurteilen, wenn sie damit den Zweck verfolgt, von ihrem Betrieb unerwünschten Wettbewerb fernzuhalten[151].

Gerade darum geht es hier allerdings nicht. Wenn die Gemeinde nur einem Unternehmen gestattet, die für die Werbung auf der öffentlichen Straße erforderlichen Dienstleistungen zu erbringen, so entspricht das einem legitimen öffentlichen Zweck, weil damit eine gleichmäßige Verteilung der Werbemöglichkeiten unter den jeweiligen Interessenten gewährleistet werden kann. Bereits das schließt es aus, den Betrieb eines gemeindeeigenen Werbeunternehmens als sittenwidrig i.S. des § 1 UWG zu beurteilen.

b) §§ 22, 26, 98 GWB

Anders als das UWG erfaßt das GWB auch die hoheitliche Unternehmenstätigkeit der Träger öffentlicher Verwaltung. Sein Anwendungsbereich ist nicht auf die privatwirtschaftliche (fiskalische) Betätigung beschränkt[152]. Damit wird selbst die Entscheidung über die Sondernutzungserlaubnis wettbewerbsrechtlich dann relevant, wenn sich die Gemeinde auf dieser Grundlage über ein eigenes Unternehmen die Teilnahme am Wirtschaftsleben eröffnet. Insoweit ist die Gemeinde auch als "marktbeherrschendes Unternehmen" i.S. der §§ 22 ff. GWB anzusehen[153].

aa) In dieser Eigenschaft verbietet Art. 26 Abs. 2 GWB der Gemeinde, andere Unternehmen unmittelbar oder mittelbar unbillig zu behindern oder gegenüber gleichartigen Unternehmen ohne sachlichen Grund unmittelbar oder mittelbar unterschiedlich zu behandeln[154]. Die Vorschrift erklärt somit nur *willkürliche* Differenzierungen und solche aus *sachfremden* Überlegungen für unzulässig.

---

151) Vgl. Schricker, S. 230.
152) Das folgt im Umkehrschluß aus den §§ 99 bis 103 GWB, in denen eine Reihe von Hoheitsträgern (Post, Bundesbank, Finanzmonopole) dem Anwendungsbereich des GWB entzogen werden (so Schricker, S. 64 m.w.Nachw.).
153) Vgl. insofern Emmerich, in: Immenga/Mestmäcker, GWB-Kommentar, § 98 Abs. 1 Rdnr. 75 ff., 81, wonach die öffentliche Hand bei ihren wirtschaftlichen Betätigungen ohne Rücksicht auf die Marktanteile stets als marktbeherrschend zu behandeln sei.
154) Vgl. dazu Emmerich, in: Immenga/Mestmäcker, GWB-Kommentar, § 98 Abs. 1 Rdnr. 94 ff., 100 ff.

Als bloßes Diskriminierungsverbot begründet sie keinen allgemeinen "Kontrahierungszwang"[155]. Gestattet bleibt deshalb auch einem marktbeherrschenden
Unternehmen die sachlich gerechtfertigte Differenzierung, wie sie hier vorliegt.

bb) Es kann schließlich nicht von einem "mißbräuchlichen" Ausnutzen der
marktbeherrschenden Stellung gesprochen werden, wenn die Gemeinde ihr eigenes Werbeunternehmen bei der Erteilung der Sondernutzungserlaubnis bevorzugt (vgl. § 22 Abs. 4 und 5 GWB). Denn die Gemeinde ist nicht gezwungen,
einem fremdbestimmten privatrechtlichen Unternehmen den Vorrang einzuräumen[156]. Einen solchen Grundsatz kennt das Wettbewerbsrecht nicht.

cc) Darum kann es allein um die Frage gehen, ob anderen Werbeunternehmen
ebenfalls die öffentliche Straße zur Verfügung gestellt werden muß. Auch insoweit bleibt aber zu berücksichtigen, daß das Mißbrauchsverbot des § 22 GWB
dem marktbeherrschenden Unternehmen nur die willkürliche Diskriminierung
anderer Unternehmen verbietet. Deshalb liegt dieser Tatbestand ebenfalls
nicht vor, weil die Gemeinde für die Bevorzugung ihres Werbeunternehmens
sachliche Gründe ins Feld zu führen vermag.

dd) Im übrigen ist darauf hinzuweisen, daß die öffentliche Straße schon nach
ihrer öffentlichen Zweckbestimmung nicht darauf angelegt ist, einem "freien"
Wettbewerb zu dienen. Deshalb kann hier von einer Wettbewerbs*beschränkung*
im Grunde nicht gesprochen werden. Der gewerblichen Betätigung steht die öffentliche Straße von vornherein nicht offen. Weder Art. 12 Abs. 1 GG noch
die Wettbewerbsfreiheit im besonderen begründen ein Zugriffsrecht auf die öffentliche Straße. Es liegt darum nicht nur in der Entscheidung der Gemeinde,
ob dort überhaupt eine gewerbliche Betätigung stattfinden darf. Selbst wenn
diese Entscheidung positiv ausfällt, bedeutet das keineswegs, daß die gewerbliche Benutzung der öffentlichen Straße sämtlichen Wettbewerbern eröffnet
werden müßte. Denn ihre Betätigung unterliegt nicht erst einer absoluten
Schranke, jenseits derer gewerbliche Sondernutzungen von der Gemeinde sogar
verweigert werden müssen. Schon bevor die Kapazität der öffentlichen Straße
für Sondernutzungen ausgeschöpft ist, kann die Gemeinde der gewerblichen
Betätigung Grenzen ziehen. Straßenflächen, auf denen eine Sichtwerbung ohne
Gefahren für die Sicherheit und Leichtigkeit des Verkehrs stattfinden könnte,

---

155) Vgl. Schricker, S. 65 f.
156) Vgl. Schricker, S. 236.

muß die Gemeinde dafür nicht zur Verfügung stellen. Vielmehr kann sie entsprechende Sondernutzungen auch auf einen bestimmten Teil dieser Straßenbereiche beschränken. Die Gemeinde bleibt dann lediglich verpflichtet, das von ihr bestimmte Kontingent an Werbemöglichkeiten unter Beachtung des Gleichbehandlungsgebots zu verteilen. Gerade das eröffnet ihr aber die Befugnis zu bestimmen, in welchem Umfang auf der öffentlichen Straße überhaupt ein Wettbewerb stattfindet.

Der Vergleich zur gewerblichen Benutzung eines gemeindeeigenen Friedhofs kehrt die weitgesteckte Verfügungsgewalt der Gemeinde über die öffentliche Straße hervor. Wer als Bestattungsunternehmer, Steinmetz oder Friedhofsgärtner, im räumlichen Bereich eines kommunalen Friedhofs tätig werden möchte, bedarf der *besonderen* Zulassung. Denn die sog. Friedhofsgewerbetreibenden rechnen nicht zum Kreis der Anstaltsbenutzer (Destinäre)[157], der sich auf die Bestattungspflichtigen oder andere Grabbesucher beschränkt[158]. Gleichwohl ist die Gemeinde grundsätzlich verpflichtet, den Friedhof ihrer gewerblichen Betätigung zu eröffnen. Das ergibt sich allerdings nicht aus der den Gewerbetreibenden nach Art. 12 Abs. 1 GG gewährleisteten Berufsfreiheit[159]. Ein kommunaler Friedhof steht nach seiner Zweckbestimmung ebensowenig wie die öffentliche Straße einer privaten Gewerbetätigkeit zur Verfügung[160]. Daß der kommunale Friedhof auch privaten Unternehmern als Ort der Gewerbeausübung zur Verfügung gestellt werden muß, beruht vielmehr auf der besonderen Rechtsposition der Friedhofsbenutzer. Diese haben nicht nur das Recht, sondern auch die im Benutzungsverhältnis begründete Pflicht zur Grabpflege. Insoweit steht ihnen aber nicht nur frei, sich bei der Erfüllung dieser Verpflichtung eines Erfüllungsgehilfen zu bedienen. Darüber hinaus gewährleistet ihnen Art. 2 Abs. 1 GG die freie Wahl, welchem Un

---

157) Als Anstaltsbenutzer gelten nur diejenigen, die widmungsgemäße Benutzung intendieren (Wolff/Bachof/Stober, VerwR II, § 99 I; Papier, Öffentliche Sachen, S. 29 f.).

158) Vgl. OVG Münster, DÖV 1967, 170, 171; Battis, GewArch 1982, 145, 146; Müller-Hannemann, DVBl 1977, 440, 445; Lenkau, KStZ 1976, 1, 2.

159) So aber Battis, GewArch 1982, 145, 148. Vgl. ferner VGH München, BayVBl 1982, 594, 595 f. Ebenso BVerwG, BayVBl 1981, 185. Unentschieden BVerwG, GewArch 1979, 192. Anders dagegen im sog. Schleusenfall, BVerwGE 39, 235 ff., wo das Bundesverwaltungsgericht zutreffend ausführt, Art. 12 Abs. 1 GG räume "niemandem das Recht ein, an jeder beliebigen Stelle - insbesondere innerhalb einer öffentlichen Anstalt - seinem Beruf nachzugehen" (insoweit nur abgedruckt in NJW 1973, 724, 725).

160) So zutreffend Müller-Hannemann, DVBl 1977, 440, 445. Vgl. auch VGH Mannheim, BWVPr 1978, 276, 277 f.: "Vor den Toren des Friedhofs muß die Gewerbefreiheit haltmachen".

ternehmen sie einen entsprechenden Auftrag erteilen wollen[161]. Eine
Einschränkung dieses Rechts kann allein durch den Friedhofszweck[162]
gerechtfertigt werden und dementsprechend nur die Unternehmen betreffen, bei denen eine ordnungsgemäße Durchführung der Arbeiten nicht gewährleistet ist[163]. Das prägt auch das Verhältnis zwischen der Gemeinde
und den privaten Friedhofsgewerbetreibenden. Differenzierungen bei der
Zulassungsentscheidung darf die Gemeinde nämlich danach nur im Hinblick
auf die Zweckbestimmung des Friedhofs vornehmen[164]. Daher ist in aller
Regel willkürlich, wenn sie die Zulassung auf die von ihr selbst betriebene Friedhofsgärtnerei beschränkt[165]. Art. 3 Abs. 1 GG würde in diesem
Fall den privaten Wettbewerbern einen (derivativen) Zulassungsanspruch
garantieren[166]. - Dem Benutzer der öffentlicher Straße ist dagegen keine
Verpflichtung auferlegt, die mit Hilfe gewerblicher Unternehmen erfüllt
werden müßte. Im Gegenteil fehlt es grundsätzlich schon an einem subjektiven Recht auf Gestattung der Straßenwerbung. Die Frage, ob mit dieser Tätigkeit ein bestimmtes Werbeunternehmen beauftragt werden soll,
kann sich darum überhaupt erst stellen, wenn und soweit die öffentliche
Straße derartigen Sondernutzungen eröffnet wird. Selbst dann bleibt aber
ein wesentlicher Unterschied zur gewerblichen Betätigung auf den kommunalen Friedhöfen. Denn dort ist den Bedürfnissen des jeweiligen Friedhof-
benutzers bereits mit den Leistungen eines Unternehmens gedient, das

---

161) So VGH München, BayVBl 1982, 594, 595; OVG Münster, DVBl 1967, 170,
171; Battis, GewArch 1982, 145, 157; Müller-Hannemann, DVBl 1977,
440, 446. Vgl. ferner BGHZ 19, 130, 138.
162) Zweck des Friedhofs ist "die Ermöglichung einer angemessenen und geordneten Leichenbestattung und die dem pietätvollen Gedenken der Verstorbenen entsprechende würdige Ausgestaltung und Ausstattung des der
Totenbestattung gewidmeten Grundstücks" (so RGZ 157, 246; ebenso
Battis, GewArch 1982, 145, 146 m.w.Nachw.; vgl. ferner etwa die Art. 8
Abs. 1, 14 Abs. 1, 9 Abs. 1 BayBestattungsG).
163) VGH München, BayVBl 1982, 594, 595; Battis, GewArch 1982, 145, 157;
Müller-Hannemann, DVBl 1977, 440, 446.
164) Vgl. auch OVG Münster, DÖV 1967, 170, 171. Dagegen kann die Entscheidung über die Zulassung nicht auf das privatrechtliche Eigentum
am Friedhofsgrundstück gestützt werden (so aber BGHZ 14, 294, 296;
Müller-Hannemann, DVBl 1977, 440, 443). Denn die Tätigkeit des Friedhofsgewerbetreibenden berührt die öffentliche Zweckbestimmung der Anstalt. Daher liegt auch hier eine *öffentlich-rechtliche* Sonderbenutzung
vor.
165) Ob der Friedhofsträger eine derartige Ausschlußklausel öffentlich-rechtlich in der Satzung oder ausnahmsweise privatrechtlich durch Allgemeine
Geschäftsbedingungen durchsetzt, ist unerheblich. Denn die Grundrechte
gelten auch im letztgenannten Fall, weil Privatrecht innerhalb sog.
zweistufiger Rechtsbeziehungen - hier Einrichtung des Friedhofs durch
öffentlich-rechtliche Zwecksetzung und nachgeschaltete privatrechtliche
Betriebsregelung - notwendigerweise dem grundrechtsgebundenen Verwaltungsprivatrecht zuzuordnen ist (Wolff/Bachof, VerwR I, § 23 II b.
Ausdrücklich für das Friedhofswesen Battis, GewArch 1982, 145, 149).
166) Zu eng daher Müller-Hannemann, DVBl 1976, 440, 446, der lediglich
einen Rechtsreflex anerkennen will.

aus mehreren konkurrierenden Gewerbebetrieben ausgewählt wird[167].
Bieten dagegen auf der öffentlichen Straße mehrere selbständige Werbeunternehmen ihre Leistungen an, so kann der einzelne Interessent eine
möglichst effektive Straßenwerbung nur führen, wenn es ihm gelingt, entsprechende Aufträge an sämtliche Unternehmen zu vergeben.

3. Das Verhältnis der Vorschriften über die Sondernutzungsgebühr zur privatwirtschaftlichen kommunalen Straßennutzung

Zu prüfen ist schließlich, ob der Betrieb eines gemeindeeigenen Werbeunternehmens deshalb unzulässig ist, weil die Gemeinde, statt einer Sondernutzungsgebühr zu erheben, sich damit als Gegenleistung für die Straßenbenutzung ein privatrechtliches Entgelt erschließt. Möglicherweise ist nämlich der
straßengesetzlichen Regelung der Sondernutzungsgebühr[168] zu entnehmen, daß
die Gemeinde darüber hinaus keinen, insbesondere keinen wirtschaftlichen Ertrag aus der öffentlichen Straße ziehen darf.

a) § 8 Abs. 3 FStrG und die entsprechenden landesstraßengesetzlichen Vorschriften enthalten zunächst eine Ermächtigungsgrundlage für die Erhebung
einer Sondernutzungsgebühr. Der Gemeinde ist danach gestattet, dem durch die
Sondernutzungserlaubnis Begünstigten eine Gebühr aufzuerlegen. Wegen der
Unbestimmtheit dieser Vorschriften darf eine Gebühr freilich erst festgesetzt
werden, wenn die Gemeinde außerdem eine entsprechende Sondernutzungssatzung erlassen hat. Die Satzung muß dementsprechend die Gebühr für die einzelnen Sondernutzungen fixieren und sich dabei an den straßengesetzlich genannten Maßstäben orientieren.

Das Straßenrecht stellt ferner klar, daß als Gegenleistung für die Gewährung
einer öffentlich-rechtlichen Sondernutzung konsequenterweise nur eine öffentlich-rechtliche Gebühr in Betracht kommt. Ein privatrechtliches Entgelt darf
die Gemeinde dafür nicht verlangen. Von der zu untersuchenden Fallgestaltung
bleibt diese Regelung indessen unberührt. Das Werbeunternehmen bedingt sich
das privatrechtliche Entgelt nicht für die Gewährung einer öffentlich-rechtlichen Sondernutzung, sondern dafür aus, daß es auf der ihm selbst von der

---

167) Hinzu kommt, daß die Friedhofsgewerbetreibenden mit ihrer Tätigkeit
dazu beitragen, den Friedhofszweck zu verwirklichen. Denn sie wirken
an einer dem pietätvollen Gedenken der Verstorbenen entsprechenden
Ausgestaltung und Ausstattung des Friedhofs mit. Vgl. dazu Battis,
BayVBl 1982, 145, 146.
168) Vgl. etwa § 8 Abs. 3 FStrG.

Gemeinde zur Sondernutzung zugewiesenen Straßenfläche Werbeaufträge ausführt[169]. Die Rechtsbeziehungen zu seinen Kunden sind rein privatrechtlicher
Natur; die Gemeinde tritt diesen gegenüber nicht in Erscheinung. Ein Widerspruch zur straßengesetzlichen Regelung der Sondernutzungsgebühr muß insoweit verneint werden.

b) Es bleibt indessen die Frage, ob mit dieser Konstruktion die Regelung der
Sondernutzungsgebühr nicht unzulässig umgangen wird. Als Mißbrauch rechtlicher Gestaltungsmöglichkeiten wäre nämlich zu beurteilen, wenn die Gemeinde
sich mit Hilfe ihres Werbeunternehmens Vorteile entgelten ließe, die sie über
die Sondernutzungsgebühr nicht in Rechnung stellen dürfte.

Abgesehen von seinen Dienstleistungen, die hier nicht anders als bei der Be-
auftragung eines anderen als des gemeindeeigenen Betriebs zu vergüten sind,
wird das Werbeunternehmen bei seiner Tarifgestaltung vor allem den Ort in
Betracht ziehen, an dem die Werbung stattfindet. Im Blickfeld auf der öffentlichen Straße erreicht sie einen breit gestreuten Kreis von Verkehrsteilnehmern, zudem in einer Weise, der sich ihre Adressaten, weil sie zur Fortbewegung auf den Gebrauch der öffentlichen Straße angewiesen sind, kaum entziehen können. Das Werbeunternehmen wird daher seine Tarifsätze wesentlich an
der Effektivität gerade der Straßenwerbung und der sich daraus ergebenden
besonderen Nachfrage orientieren.

Allerdings können diese Gesichtspunkte bei der Bemessung der Sondernutzungsgebühr ebenso Berücksichtigung finden. Den Vorteil, der dem Begünstigten gerade aus der Inanspruchnahme der öffentlichen Straße erwächst, darf die
Gemeinde auch gebührenrechtlich erfassen. Nach den straßengesetzlichen Vorschriften kann nämlich die Höhe der Sondernutzungsgebühr insbesondere nach
dem "wirtschaftlichen Interesse des Gebührenschuldners" an der Sondernutzung
bestimmt werden[170]. In ihrer Bemessung entspricht die Sondernutzungsgebühr
somit durchaus der privatwirtschaftlichen Tarifgestaltung. Daher kann keine
Rede davon sein, daß die Gemeinde mit ihrem Werbeunternehmen aus der öffentlichen Straße einen wirtschaftlichen Nutzen erlangt, der ihr bei der Fest-
setzung einer Sondernutzungsgebühr verschlossen wäre. Die straßengesetzliche

---

169) Nicht entscheidend ist somit, daß dem Werbeunternehmen die Erhebung
     einer Sondernutzungsgebühr auch deshalb verwehrt wäre, weil es nicht
     mit öffentlicher Hoheitsgewalt beliehen ist.
170) Vgl. § 8 Abs. 3 Satz 5 FStrG.

Regelung der Sondernutzungsgebühr steht darum dem Betrieb eines privatrechtlich organisierten gemeindeeigenen Werbeunternehmen ebenfalls nicht entgegen.

c) Es läßt sich aus den Vorschriften über die Sondernutzungsgebühr umgekehrt
eine Bestätigung für die straßenrechtliche Zulässigkeit des mit der erforderlichen Sondernutzungserlaubnis exklusiv ausgestatteten gemeindeeigenen Werbeunternehmens ableiten. Wenn die Gemeinde nämlich den wirtschaftlichen Ertrag
einer Straßenbenutzung auch über die Sondernutzungsgebühr abschöpfen darf,
so folgt daraus die gemeindliche Befugnis, diesen Ertrag durch ein eigenes
Unternehmen selbst zu erwirtschaften, um auf diese Weise das öffentliche Vermögen nutzbringend und wirtschaftlich zu verwalten[171]. Die Gemeinde ist daher keineswegs gezwungen, auf die Einnahmen aus der Nutzung der öffentlichen Straße zugunsten außenstehender privater Unternehmen zu verzichten[172]

Für die Interessenten der Straßenwerbung ist dieses Verfahren zudem mit gewichtigen Vorteilen verbunden. Ein gemeindeunabhängiges Werbeunternehmen
kann seine Leistungen z.b. auch den ortsansässigen Vereinen gegenüber nicht
unentgeltlich erbringen. Es ist stets darauf angewiesen, zumindest die Unko-
sten aus der pauschal nach seinem wirtschaftlichen Interesse bemessenen Sondernutzungsgebühr zu decken. Das führt in der Praxis dazu, daß fast ausschließlich Industrie- und Gewerbebetriebe die Straßenwerbung in Anspruch
nehmen können. Bei ihrem eigenen Werbeunternehmen kann die Gemeinde dagegen für die Straßenwerbung, mit der die örtlichen Vereine auf ihre Veranstaltungen aufmerksam machen wollen, Sondertarife zum Ansatz bringen. Des weiteren kann sie ihren Einfluß dahin geltend machen, daß im Einzelfall selbst
gewerblichen Unternehmen, welche die Gemeinde für unterstützungsbedürftig
und förderungswürdig erachtet, Sondertarife eingeräumt werden. Einige Städte
stellen dementsprechend etwa Zirkusunternehmen für die Zeit, in der diese auf
dem Gemeindegebiet gastieren, die Leistungen ihrer Werbeunternehmen sogar
kostenlos zur Verfügung. Das gemeindeeigene Werbeunternehmen kann so als
nicht zu unterschätzendes Instrument wirksamer Kommunalpolitik geführt werden.

---

171) Diesen Gesichtspunkt kehrt auch Bartlsperger, Werbenutzungsverträge,
    S. 23 f., hervor.
172) Ebenso Mußgnug, VBlBW 1982, 410, 414.

§ 21: Die Bemessung der Sondernutzungsgebühr

Für die *Erteilung* der Sondernutzungserlaubnis steht der Gemeinde nach Maßgabe des jeweiligen Kommunalabgabengesetzes eine Verwaltungsgebühr zu[173]. Für die öffentlich-rechtliche Sondernutzung selbst kann sie dem Begünstigten eine Benutzungsgebühr auferlegen[174].

I. Die Beeinträchtigung des Gemeingebrauchs

Die Sondernutzungsgebühr ist die Gegenleistung dafür, daß die Benutzung der öffentlichen Straße über den Gemeingebrauch hinaus mit dessen dadurch in Kauf genommener Beeinträchtigung eingeräumt wird[175]. Der Maßstab für die Bemessung der Sondernutzungsgebühr hat sich darum zunächst an dem Ausmaß dieser Beeinträchtigung zu orientieren.

Die Beeinträchtigung des Gemeingebrauchs bestimmt sich in erster Linie nach dem Umfang der von der Sondernutzung belegten Verkehrsfläche. Denn hier schließt sie überhaupt die Ausübung des Gemeingebrauchs aus. Zu berücksichtigen sind ferner die Auswirkung der Sondernutzung auf den tatsächlich stattfindenden Verkehr. Auch sie bestimmen zwar nicht über das "Ob", wohl aber über das *Maß* der jeweiligen Beeinträchtigung. Für die Bemessung der Sondernutzungsgebühr ist darum der konkrete Standort der Sondernutzung in Betracht zu ziehen. Je nachdem, ob etwa ein Verkaufsstand in einer Straßeneinbuchtung oder an zentraler Stelle im Verkehrsgeschehen aufgestellt ist, können sich bei derselben Straße unterschiedlich hohe Sondernutzungsgebühren ergeben.

Auch die politischen Parteien genießen selbst bei der Wahlwerbung keine Sonderstellung. Art. 5 Abs. 1 Satz GG i.V.m. Art. 21 GG stehen einer am Ausmaß der Beeinträchtigung des Gemeingebrauchs orientierten Gebühr nicht entgegen[176]. Denn die Gebühr wird hier nicht für die Ausübung der Meinungs-

---

173) Vgl. Pappermann/Löhr/Andriske, S. 96 f.
174) Das setzt freilich voraus, daß die straßenrechtlichen Vorschriften über die Sondernutzungsgebühr durch eine entsprechende Satzung konkretisiert wurden (BVerwG, DVBl 1971, 182).
175) BVerwGE 56, 63, 70; BVerwG, DVBl 1971, 102; VGH München, NJW 1940, 1941, DVBl 1979, 75, 76; Pappermann/Löhr/Andriske, S. 97.
176) BVerwGE 56, 63, 70; Pappermann/Löhr/Andriske, S. 99. A.A. noch Dicke, DVBl 1969, 315, 317.

freiheit, sondern dafür erhoben, daß für die Meinungskundgabe ein Recht auf Benutzung der öffentlichen Straße eingeräumt wird, das der Veranstalter vorher nicht hatte[177].

II. Das wirtschaftliche Interesse an der Sondernutzung

Als weiterer Maßstab für die Bemessung der Sondernutzungsgebühr kommt das mit der Sondernutzung verfolgte "wirtschaftliche Interesse" in Betracht. Dieser Gesichtspunkt findet sich in Anlehnung an die in § 8 Abs. 3 Satz 5 FStrG getroffene Regelung auch in den meisten Landesstraßengesetzen ausdrücklich genannt[178]. Das Straßenrecht trägt damit dem Umstand Rechnung, daß es sich bei der Sondernutzung um eine von ihrer öffentlichen Zweckbestimmung nicht gedeckte Benutzung der Straße handelt, die eine besondere, in erster Linie den privaten Interessen des Erlaubnisnehmers dienende Begünstigung bedeutet. Als Ausgleich dafür ist deshalb sachgerecht, wenn die ihm aus der Sondernutzung zufließenden geldwerten Vorteile zugunsten der Allgemeinheit jedenfalls zum Teil abgeschöpft werden.

1. Soweit die Gebührenregelung auf das wirtschaftliche Interesse an der Sondernutzung abstellt, ist dieses Interesse im wesentlichen nach dem Gewinn zu bemessen, der aus der auf der öffentlichen Straße entfalteten Tätigkeit erzielt werden kann. Daher darf dem Bescheid über die Sondernutzungsgebühr nicht etwa ein Vorbehalt beigefügt werden, der für den Fall, daß dem Straßenbenutzer ungewöhnliche Umstände oder besondere Geschäftstüchtigkeit zu einem außer Erwartung stehenden Gewinn verholfen haben, eine entsprechende Änderung bei der Gebührenbemessung vorsieht. Umgekehrt kann der Inhaber der Sondernutzungserlaubnis ebensowenig eine Herabsetzung der Gebühr verlangen, wenn der von ihm erhoffte Gewinn nicht eingetroffen ist. Die Berücksichtigung des wirtschaftlichen Interesses hat nicht den Zweck, einen unwirtschaftlichen Betrieb besserzustellen[179]. Maßgebend dafür ist vielmehr das, was aus der

---

177) BVerwGE 56, 63, 70. Zur Verfassungsmäßigkeit der Sondernutzungsgebühr im Hinblick auf Art. 5 Abs. 1 GG (Informationsstand) vgl. BVerfG, NJW 1977, 671.
178) Vgl. § 19 Abs. 2 Satz 3 BaWüStrG; Art. 18 Abs. 2a Satz 4 BayStrWG; § 18 Abs. 1 Satz 2 HessStrG; § 21 Satz 3 und Satz 5 NdsStrG; § 19 Abs. 2 Satz 2 NRWStrWG; § 47 Abs. 5 RhPfStrG; § 18 Abs. 3 Satz 2 SaarlStrG; § 26 Abs. 5 Satz 3 SchlHolStrWG.
179) So M/S/K, FStrG, § 8 Rdnr. 6.5.

auf der öffentlichen Straße erstrebten Tätigkeit als wirtschaftlicher Gewinn regelmäßig hervorgeht.

Dementsprechend enthalten die kommunalen Gebührensatzungen zum Teil Regelungen, die den Gebührenrahmen nach den verschiedenen Gewerbesparten differenzieren. Beispielsweise wird bei dem Inhaber eines Verkaufswagens danach unterschieden, ob er seine Geschäftstätigkeit auf den Handel mit "Obst, Gemüse, Südfrüchten und Milch" beschränkt[180], oder ob er "sonstige Waren"[181] anbietet. Das gestattet es, etwa die mobilen Eishändler, die je nach Witterung bei jedem Halt am Straßenrand ganze Menschentrauben um ihre Fahrzeuge versammeln und daraus einen außergewöhnlich üppigen Gewinn erzielen, mit entsprechend höheren Sondernutzungsgebühren zu belegen.

2. Nach dem Wortlaut einiger Straßengesetze ist dem Ermessen der Gemeinde überlassen, ob sie das wirtschaftliche Interesse an der Sondernutzung bei der Bemessung der dafür erhobenen Gebühr in Betracht ziehen will. Jedenfalls scheinen das die §§ 18 Abs. 1 Satz 2 HessStrG und 21 Satz 6 NdsStrWG mit der Wendung "*kann* berücksichtigt werden" zum Ausdruck zu bringen.

Dieser Interpretation steht jedoch die Auffassung entgegen, wonach gerade das verfassungsrechtliche Gleichbehandlungsgebot des Art. 3 Abs. 1 GG die Gemeinde verpflichten soll, in die Bemessung der Sondernutzungsgebühr auch das wirtschaftliche Interesse an der Sondernutzung einzustellen[182]. Als Argument dafür wird geltend gemacht, die Gebührenbelastung sei für denjenigen weniger spürbar, der aus der Sondernutzung einen finanziellen Gewinn erwirtschaftet. Wenn die Gebühr nur auf den Umfang der jeweils beanspruchten Straßenfläche abstelle, sei sie zwar "formal-gleich, materiell aber höchst ungleich"[183].

Mit dieser Betrachtungsweise wird allerdings die von der Gemeinde mit der Gestattung der öffentlich-rechtlichen Sondernutzung erbrachten Leistung verkannt. Sie besteht in der "mit der Duldung der Sondernutzung in Kauf genom-

---

180) So die Gebührensatzung der Stadt Heidelberg, die dafür einen Gebührenrahmen von 10 - 50 DM monatlich bzw. 100 - 500 DM jährlich vorsieht (Nr. 12 Buchst. a GebVerz).
181) Hier kann die Gebühr auf einen Betrag zwischen 20 und 100 DM monatlich bzw. 200 bis 1000 DM jährlich festgesetzt werden (Nr. 12 Buchst. b GebVerz).
182) So Kodal/Krämer, S. 605 Rdnr. 20.1.
183) Kodal/Krämer, S. 605 Rdnr. 20.1.

menen Beeinträchtigung des Gemeingebrauchs"[184]. Der wirtschaftliche Ertrag, der auf Grund der Sondernutzung erreicht wird oder erreicht werden kann, spielt insoweit keine Rolle[185]. Denn er beruht letztlich auf der Leistung dessen, dem die Sondernutzung gestattet wurde. Die Gebrauchsgewährung selbst bedeutet für den Erlaubnisnehmer dagegen allein die Möglichkeit, durch eigene Tätigkeit einen wirtschaftlichen Vorteil zu erzielen. Ihm ist mit dem Sonderrecht von der Gemeinde nicht mehr gewährt worden als einem anderen, der die Sondernutzung ohne eine Gewinnerzielungsabsicht ausübt.

Verfassungsrechtlich geboten ist daher allein eine Differenzierung nach dem jeweiligen Umfang der Gemeingebrauchsbeeinträchtigung. Für einen etwa erzielten finanziellen Gewinn bildet die öffentlich-rechtliche Sondernutzung lediglich die Grundlage. Das *rechtfertigt* seine Berücksichtigung bei der Bemessung der Sondernutzungsgebühr. Ein verfassungsrechtliches Berücksichtigungs-*gebot* kann daraus aber nicht hervorgehen. Ob und inwieweit das wirtschaftliche Interesse bei der Bemessung der Sondernutzungsgebühr in Ansatz gebracht wird, bleibt vielmehr einer pflichtgemäßen Ermessensentscheidung vorbehalten.

Gerade für die sogenannten Straßenkünstler kommt dem besondere Bedeutung zu. Denn die Gemeinden erheben für ihre Darbietungen auf der öffentlichen Straße, soweit sie diese von der Erlaubnispflicht nicht überhaupt freigestellt haben, regelmäßig keine oder allenfalls geringfügige Nutzungsgebühren. Die Gemeinden sehen hier also darüber hinweg, daß die Künstler auf der öffentlichen Straße vor allem auch eine lukrative Einnahmequelle erschließen wollen. Die Nutzung der öffentlichen Straße ermöglicht ihnen Verdienste, die denen des Straßenhandels durchaus vergleichbar sind, zum Teil sogar weit höher liegen[186]. Wie beim Straßenhändler könnte daher ebenso bei den Straßenkünstlern das mit der Kunstausübung auf der öffentlichen Straße verfolgte wirtschaftliche Interesse bei der Bemessung der Sondernutzungsgebühr Berücksichtigung finden. Art. 5 Abs. 3 GG stünde dem jedenfalls nicht entgegen[187].

---

184) BVerwG, DÖV 1971, 102; DÖV 1971, 103.
185) So ausdrücklich BVerwG, DÖV 1971, 102.
186) Vgl. dazu etwa das Urteil des VGH Mannheim, ESVGH 36, 293, 294, in dem festgestellt ist, daß der Kläger mit der Straßenmusik seinen gesamten Lebensunterhalt bestreitet.
187) Es gilt hier nichts anderes als etwa für die Besteuerung des Einkommens aus künstlerischer Tätigkeit. Vgl. dazu P. Kirchhof, Die Garantie der Kunstfreiheit im Steuerstaat, NJW 1985, 225, 226 f. m.w.Nachw.

Zur Belastung der Straßenkunst mit den für den Straßenhandel festgesetzten Gebühren ist die Gemeinde indessen nicht gezwungen. Denn es liegt in ihrem Ermessen, welche Straßenbenutzungen sie für besonders förderungswürdig erachten will. Ist ihr daran gelegen, die Atmosphäre der öffentlichen Straße gerade mit künstlerischen Darbietungen beleben zu lassen, so ist auch von Verfassungs wegen nichts dagegen einzuwenden, wenn sie diese Gruppe öffentlich-rechtlicher Sondernutzungen entsprechend privilegiert.

3. In der Praxis berücksichtigen die Gemeinden das wirtschaftliche Interesse an der öffentlich-rechtlichen Sondernutzung freilich äußerst zurückhaltend. Ihre Gebührensatzungen sehen für die gewerbliche Benutzung der öffentlichen Straße oft nur einen Rahmen vor, der summenmäßig an die für die entsprechende Nutzung von Privatgrundstücken üblichen Miet- oder Pachtpreise nicht annähernd heranreicht[188]. Das kann die Wettbewerbssituation für die Anliegergewerbebetriebe erheblich verzerren - ein Gesichtspunkt, den die Gemeinden bei der Bemessung der Gebührenrahmen ebenfalls zu bedenken haben.

Denn immerhin sind es diese Gewerbebetriebe, die als Straßenanlieger über Erschließungs- und Ausbaubeiträge an der Herstellung der öffentlichen Straße unmittelbar finanziell beteiligt sind. Sie können daraus zwar über den von Art. 14 Abs. 1 GG gewährleisteten "Anliegergebrauch" hinaus keine Abwehrrechte gegen ein auf der öffentlichen Straße gestattetes Konkurrenzunternehmen geltend machen. Aber das bedeutet nur, daß es bei der Gemeinde liegt zu entscheiden, ob es in ihrem Interesse liegen kann, wenn die Anliegergewerbebetriebe einer Konkurrenz ausgesetzt werden, deren Ausgangspositionen nicht nur aufgrund des unmittelbaren Kontakts zum Verkehrspublikum, sondern auch wegen ihrer kaum ins Gewicht fallenden Fixkosten erheblich günstiger sind. Bereits diese Erwägung mag es rechtfertigen, daß das wirtschaftliche Interesse an der gewerblichen Sondernutzung der öffentlichen Straße in einem größeren Umfang als bislang der Fall bei der Bemessung der Sondernutzungsgebühr zum Ausdruck gebracht wird.

Es verlangt das andererseits nicht, daß der Gebührenrahmen auch in seiner unteren Marge sich an dem für die Privatwirtschaft gültigen Preisniveau zu

---

188) So hat die Stadt Heidelberg für das "Aufstellen von Gegenständen zum Verkauf" die Obergrenze bei jährlich 100 DM/qm festgesetzt (Nr. 10 GebVerz). Für das Aufstellen von Verkaufswagen verlangt sie als Gebühr bis zu 1000 DM jährlich (Nr. 12 GebVerz).

orientieren hätte. Denn mit dem sich aus der in Anspruch genommenen Straßenfläche ergebenden Umfang der Gemeingebrauchsbeeinträchtigung, der Einwirkung der öffentlich-rechtlichen Sondernutzung auf die Straße und dem wirtschaftlichen Interesse des Inhabers der Sondernutzungserlaubnis zählen die Straßengesetze die hier berücksichtigungsfähigen Gesichtspunkte nicht abschließend auf. An ihre Seite hatte § 21 Abs. 2 BaWüStrG a.F. etwa die "wirtschaftlichen Verhältnisse des Gebührenschuldners" gestellt. § 18 Abs. 2a Satz 4 HessStrG nennt als Maßstab für die Sondernutzungsgebühr ausdrücklich nur den "wirtschaftlichen Vorteil aus der Sondernutzung" und fügt dem hinzu, daß "auch" er Berücksichtigung finden könne.

Das gestattet der Gemeinde, wenn ihr etwa an einer Belebung des Straßenareals in besonderem Maße gelegen ist, durch entsprechend niedrige Gebühren den Anreiz dafür zu geben, daß eine rege Geschäftstätigkeit auch auf der öffentlichen Straße entfaltet wird.

Literaturverzeichnis

Achterberg, Norbert: Allgemeines Verwaltungsrecht.
Heidelberg 1988

Achterberg, Norbert: Eigentumsberührung durch Verkehrsberuhigung, in: JA 1984, S. 216-220

Arndt, Adolf: Die Kunst im Recht, in: NJW 1966,
S. 25-28

Arndt, Hans-Wolfgang: Zur Zulässigkeit von Parklizensie-
rungsverfahren, in: NJW 1974,
S. 1166-1170

Aubert, Joachim: Fernmelderecht, Systematische Darstellung, I. Teil, 3. Aufl. Hamburg
1974

ders./Klingler, Ulrich: Fernmelderecht, Systematische Darstellung, II. Teil, 3. Aufl. Heidelberg,
Hamburg 1976

ders.:   Reflexwirkungen und subjektive
Rechte im öffentlichen Recht, in:
Gedächtnisschrift für Walter Jellinek,
München 1955, S. 287-307

Badura, Peter: Die Daseinsvorsorge als Verwaltungs-
zweck der Leistungsverwaltung und
der soziale Rechtsstaat, in:
DÖV 1966, S. 624-633

Bairl-Vaslin, Ulrich: Das Verhältnis der Versammlungsfreiheit zum Straßenrecht und Straßen-
verkehrsrecht, Diss. München 1985

Barbey, Günther: Aus der Rechtsprechung des Bundesverwaltungsgerichts (Informations-
stände und Plakatträger politischer
Parteien), in: JR 1978, S. 407-411

Bartels, Joachim: Öffentlich-rechtliche dingliche Rechte und dingliche öffentliche Lasten, 1970

Bartelsperger, Richard: Straßenhoheit und Energiewirtschaft, in: DVBl 1980, 249-260

ders.:   Straßenrecht zwischen Bewahrung und Technizität, in: DVBl 1979, S. 1-14

Bartelsperger, Richard/
Blümel, Willi/Schroeter,
Hans-Wolfgang (Hrsg.)   Ein Vierteljahrhundert Straßenrechtsgesetzgebung, Hamburg 1980

Bartelsperger, Richard: Hoheitliche Sachherrschaft in der Rechtsprechung des Bundesverfassungsgerichts und bei der Telegraphenpflichtigkeit von Verkehrswegen, in: Zeidler/Maunz/Roellecke (Hrsg.): Festschrift für Hans Joachim Faller, 1984, S. 81-110

ders.:   Werbenutzungsverträge der Gemeinden, Stuttgart 1975

Battis, Ulrich: Grenzen gewerblicher Betätigung des Friedhofträgers, in: GewArch 1982, S. 145-152

Baumeister, Ludger: Zur Geschichte und Problematik des dt. Straßen- und Wegerechts, Bielefeld 1957

Beckmann, Friedrich Wilhelm: Die Stellung des (öffentlichen) Rechts der Sondernutzung und des Anliegergebrauchs im Gefüge unseres Normensystems sowie ihre Abgrenzung zur (privatrechtlichen) sog. sonstigen Benutzung, in: BB 1972, S. 598-608

Bettermann, Karl-August: Urteilsanmerkung zu BGH DVBl 1973, S. 182, in: DVBl 1973, S. 186

ders.:   Straßenwerbung und Straßenhandel: verboten oder nur erlaubnispflichtig?, in: BB 1962, S. 2146-2149

Birk, Hans-Jörg:
Die Gemeinden und die Fernmeldelei-
tungen der Post, in: BWGZ 1987,
S. 465-468

Bismark, Hans:
Straßenkunst in Fußgängerzonen,
NJW 1985, S. 246-254

ders.:
Das Abstellen von Fahrzeugen auf
öffentlichen Straßen im Zusammenhang mit gewerblichen Zwecken, in:
BayVBl 1983, S. 456-460

Böttcher, Peter:
Zur Systematik der wegerechtlichen
Sondernutzung, in: DÖV 1969, S.
491-495

Brohl, Karl Heinz:
Wegepolizei und neues Straßenrecht,
in: DVBl 1962, 392

Brohm, Winfried:
Die Eigenständigkeit der Gemeinden,
in: DÖV 1986, 397

ders.:
Demonstrationsfreiheit und Sitz-
blockaden, in: JZ 1985, S. 501-511

ders.:
Verkehrsberuhigung in Städten, (Ge-
staltungs- und Rechtsfragen bei der
Einführung von Wohnstraßen),
Heidelberg 1985

Broß, Siegfried:
Zur Grundrechtsfähigkeit juristischer
Personen des öffentlichen Rechts, in:
Verw.Arch.77 (1986), S. 65 ff.

Bühler, Christoph:
Zum Einfluß der bundesstaatlichen
Kompetenzordnung auf das Straßen-
und Wegerecht, in: BWVPr 1985
S. 98-106

Bulla Eckart,:
Eingeschränkte Wahlwerbung der Par-
teien in den Kommunen, in:
ZRP 1979, S. 35-38

Bullinger, Martin:
Das Ermessen der öffentlichen Verwaltung, in: JZ 1984, S. 1001 ff.

Bullinger, Martin:	Die Mineralölfernleitungen, Stuttgart 1962
Cosson, Rainer:	Zum Verhältnis von Straßenrecht und Straßenverkehrsrecht, in: DÖV 1983, S. 532-536
Cremensius, Peter:	Das Parken von Kraftfahrzeugen auf öffentlichen Straßen und Plätzen, in: DÖV 1959, S. 109-111
Crombach, Egon:	Zur Erlaubnispflichtigkeit der Verteilung politischer Schriften auf öffentlichen Straßen, in: DVBl 1977, S. 277-280
ders.:	Die öffentliche Versammlung unter freiem Himmel, Diss. Bielefeld 1976
Currie, David P.:	Positive und negative Grundrechte, in: AöR 111 (1986), S. 230-252
Dicke, Detlev Chr.:	Zur Frage, ob die Verteilung von Werbezetteln auf öffentlichen Straßen erlaubnispflichtige Sondernutzung ist, in: DVBl 1969, S. 315-317
Didden:	Konzessionsabgaben für Energie- und Wasserversorgungsunternehmen, 1953
Dietel, Alfred/ Gintzel, Kurt:	Demonstrations- und Versammlungsfreiheit/ (Kommentar zum Gesetz über Versammlungen und Aufzüge vom 24.7.1953), 7. Aufl. 1982
Dombert, Matthias:	Gesetzesvorbehalt und Breitbandkabel, in: NVwZ 1986, S. 277
Dreyfous-Ducas, D.:	Die Benutzung öffentlicher Wege für den Energietransport, in: Wegerecht und europäisches Wettbewerbsrecht, 1966, S. 81-121

Ehlers, Dirk: Die Entscheidung der Kommunen für eine öffentlich-rechtliche oder privatrechtliche Organisation ihrer Einrichtungen und Unternehmen, in: DÖV 1986, S. 897-905

Ehrnsperger, Horst: Der Ausbau der Breitbandverteilnetze, in: ZPF 1986, Heft 5, S. 22 ff.

Eidenmüller, Ernst: Der Fernmeldeanlagenbegriff im Telekommunikationsrecht, in: DVBl. 1987, S. 603-611

ders.: Das Fernmeldeleitungsrecht der Post, in: DÖV 1984, S. 225

v. Eisenhart-Rothe, S.: Der Gemeingebrauch in der Neuordnung des Straßen- und Wegerechts, BB 1959, S. 1192

Emmerich, Volker: Das Recht des unlauteren Wettbewerbs, 2. Aufl. München 1987

Engert, Jochen: Die Kreuzung öffentlicher Straßen durch unterirdische Fernleitungen nach neuem Wegerecht, in: NJW 1964, S. 1300-1305

Erichsen, Hans-Uwe: Höchstrichterliche Rechtsprechung zum Verwaltungsrecht, in: VerwArch (1977), S. 65 ff.

ders.: Grundrechte und Anstaltsnutzung, in: VerwArch 64 (1973), S. 299-304

Erichsen, Hans-Uwe/ Martens, Wolfgang (Hrsg).: Allgemeines Verwaltungsrecht, 7. Aufl., Berlin, New York 1985

Evers, Hans-Ulrich: Wegerecht contra Verkehrsrecht?, in: NJW 1962, S. 1033

ders.: Die "Wegekonzession" für die Verlegung von Versorgungsleitungen, in: Bartlsperger/Blümel/Schroeter rsg.): Ein Vierteljahrhundert Straßenrechtsgesetzgebung, Hamburg 1980

Fleiner, Fritz:

Institutionen des Deutschen Verwaltungsrechts, Tübingen, 8. Aufl. 1928

Forsthoff, Ernst:

Lehrbuch des Verwaltungsrechts, Bd. 1, Allg. Teil, 10. Aufl. 1973

Friauf, Karl Heinrich:

Das Verbot mit Erlaubnisvorbehalt, in: JuS 1962, S. 422 ff.

Frotscher,Werner:

Probleme des öffentlichen Sachenrechts,in: VerwArch 62 (1971), S. 153-168

Frowein, Jochen Abr.:

Versammlungsfreiheit und Versammlungsrecht, in: NJW 1969, S. 1081 - 1086

Fuchs, Stefan:

Rechtsfragen beim Megaphoneinsatz in Fußgängerzonen, in: BWVP, 1980, S. 250-254

Gallwas, Hans-Ullrich:

Grundrechte, Frankfurt a.M. 1985

Ganschezian-Finck, Gurgen:

Anliegergebrauch im Luftraum in: DÖV 1976, S. 305

ders.:

Straßeneigentum und Gemeingebrauch, in: NJW 1957, S. 285

Gerhardt, Kurt:

Kommentar zum Straßengesetz für Baden-Württemberg, 1967

Germershausen, Albrecht/ Seydel, G:

Wegerecht und Wegeverwaltung in Preußen, Bd. I, 4. Aufl. (Nachdruck) Köln 1953

Götz, Volkmar:

Allgemeines Polizei- und Ordnungsrecht, 8. Aufl. Göttingen 1985

Groll, Klaus-Michael:

Verteilung politischen Werbematerials, in: NJW 1976, S. 2156-2157

Gusy, Christoph:

Verbot mit Erlaubnisvorbehalt - Verbot mit Dispensvorbehalt, in: JA 1981, S. 80 ff.

Haas, Diether: Die öffentlichen Sachen, in: DVBl 1962, S. 653-658

Hadding, Walther: Rechtsverhältnis zwischen Person und Sache? in: JZ 1986, S. 926-928

Häberle, Peter: Grundrechte im Leistungsstaat, in: VVDStRL 30 (1972), S. 43-141

ders.: Die Freiheit der Kunst im Verfassungsstaat, in: AöR 110 (1985), S. 576-619

Häuselmann, Holger: Die wirtschaftlichen Unternehmen der Gemeinden, in: JuS 1984, S. 940 ff.

Hammes, Klaus: Der Gemeingebrauch an städtischen Straßen, in: DVBl 1950, S. 71-76 und S. 102-106

Hardinghaus, Herbert: Öffentliche Sachherrschaft und öffentliche Sachverwaltung, Berlin 1966

Heiß/Franz Ludwig/ Hablitzel,Hans: Die Widmungszustimmungserklärung im Straßen- und Wegerecht, in: DVBl 1976, S. 93-98

Henneke, Hans-Günther: Das Gemeindefinanzierungssystem, in: Jura 1986, S. 568-579

Hoffmann, Josef: Kunstfreiheit und Sacheigentum: Bemerkungen zum "Sprayer" - Beschluß des BVerfG, NJW 1985, S. 237-245

Hoffmann-Beching, Michael: Der Anspruch auf fehlerfreie Ermessensentscheidung - BVerwGE 39, 235

Huber, Ernst-Rudolf: Zur Problematik des Gemeingebrauchs an öffentlichen Straßen, in: DÖV 1955, S. 129-136

Hufen, Friedhelm: Straßenkunst - kulturelle Bereicherung oder Ordnungsproblem?, in: Der Städtetag 1983, S. 394-399

Hufen, Friedhelm:

Zur rechtlichen Regelung der Straßenkunst - kommunikativer Gemeingebrauch oder Verbot mit Erlaubnisvorbehalt? in: DÖV 1983, S. 353-363

Hufnagel, Robert:

Straßenbenutzung für Zwecke der Außenwerbung, in: Bartlsperger/ Blümel/Schroeter (Hrsg.), Ein Vierteljahrhundert Straßenrechtsgesetzgebung, Hamburg 1980

Immenga, Ulrich/Mestmäcker, Ernst-Joachim (Hrsg.):

Gesetz gegen Wettbewerbsbeschränkungen (Kommentar), München 1981

Isensee, Josef:

Wer definiert die Freiheitsrechte, Karlsruhe 1980

Jahn, Friedrich-Adolf:

Gemeingebrauch und Sodernutzung nach den neuen Straßen- und Wegegesetzen, in: NJW 1961, S. 2196

von Jan, Heinrich:

Das Vereinsgesetz für das Deutsche Reich mit Nebengesetzen, 1931

Jellinek, Georg:

System der subjektiven öffentlichen Rechte, 2. unveränderter Nachdruck der 2. Aufl. 1905, 1963

ders.:

Verwaltungsrecht, Neudruck der 3. Aufl. von 1931 und Nachtrag von 1950, 1966

Jesch, Dietrich:

Der Gemeingebrauch, in: JUS 1963, S. 213-219

Kempfer, Helmut:

Das Fernmeldeleitungsrecht an öffentlichen Straßen, in: Bartlsperger/Blümel/Schroeter (Hrsg.), Ein Vierteljahrhundert Straßenrechtsgesetzgebung, Hamburg 1980, S. 197-208

Kodal, Kurt/:
Krämer, Helmut:

Straßenrecht, 4. Aufl., München 1985

Kodal, Kurt:	Der "gesteigerte Gemeingebrauch" in den neuen Straßengesetzen, in: DÖV 1960, S. 444
Köttgen, Arnold:	Gemeindliche Daseinsvorsorge und gewerbliche Unternehmerinitiative im Bereich der Wasserversorgung und Abwasserbeseitigung, Göttingen 1961
Krämer, Helmut:	Straßensperrung durch Teileinziehung und Anliegergebrauch, in: NVwZ 1985, S. 336–337
Krebs, Walter:	Grundrechtsschutz für Gemeingebrauch an öffentlichen Straßen und Wegen?, in: VerwArch 67 (1976), S. 329–334
Kriele, Martin:	Vorbehaltlose Grundrechte und die Rechte anderer, in: JA 1984, S. 629–638
Kromer, Michael:	Sachenrecht des öffentlichen Rechts: Probleme und Grundlagen eines Allgemeinen Teils des öffentlichen Sachenrechts, Berlin 1985
Kummer, Heinz:	Zur Frage der Anliegernutzung bei Außenautomaten, in: GewArch 1970, S. 268
Lässig, Curt Lutz:	Die Vergabe von Standplätzen auf kommunalen Volksfesten, in: NVwZ 1983, S. 18
Larenz, Karl:	Methodenlehre der Rechtswissenschaft, 5. Aufl. Berlin, Heidelberg u.a. 1983
Leibholz, Gerhard/ Rinck, Hans–Justus:	Grundgesetz, Kommentar anhand der Rechtsprechung des Bundesverfassungsgerichts, 6. Aufl. Köln (Loseblatt) 1979 ff.
Löhr, Rolf–Peters:	Zum Ermessen bei Erlaubnis oder Versagung einer Sondernutzung in: NVwZ 1983, S. 20

v. Mangoldt, Hermann/ Klein,Friedrich:	Das Bonner Grundgesetz. Bd. I, 2. Aufl. Berlin, Frankfurt 1966
Marschall, Ernst Anton/ Schroeter H. Wolfgang Kastner, Fritz:	Bundesfernstraßengesetz, 4. Aufl. Köln, Berlin u.a. 1977
Martens, Wolfgang:	Grundrechte im Leistungsstaat, in: VVDStRL 30 (1971), S. 7-42
Mascher, H.A.:	Das Versammlungs- und Vereinsrecht Deutschlands, Berlin 1892
Maunz, Theodor:	Rechtsfragen der Leistungsverwal- tung in: BayVBl 1986, S. 545-550
ders.:	Das Recht der öffentlichen Sachen und Anstalten in: Die Verwaltung, (1957), Heft 11
ders.:	Hauptprobleme des öffentlichen Sachenrechts, München, Berlin u.a., 1933
Maunz Theodor/ Dürig, Günter:	Grundgesetz. Kommentar von Theodor Maunz, Günter Dürig, Roman Herzog, Rupert Scholz u.a., Loseblatt, Stand: Januar 1987
Maurer, Hartmut:	Allgemeines Verwaltungsrecht, 5. Aufl., München 1986
ders.:	Gemeingebrauch und Anliegernutzung im Straßenrecht, in: DöV 1975, S. 217-228
Mayer, Franz:	Der Gemeingebrauch, in: JuS 1963, S. 205-213
Mayer, Otto:	Deutsches Verwaltungsrecht 2 Bde., 3. Aufl. München, Leipzig 1924
Meissner, Claus,:	Kommunikativer Straßenverkehr, in: JA 1980, S. 583

Menger, Christian-Friedrich,:   Anmerkung zu BVerwGE 35, 326, in: VerwArch 62 (1971), S. 188-191

Müller, Friedrich: Freiheit der Kunst als Problem der Grundrechtsdogmatik, Berlin 1969

ders.:   Die Positivität der Grundrechte, Berlin 1969

Müller, Werner: Wirkungsbereich und Schranken der Versammlungsfreiheit, insbesondere im Verhältnis zur Meinungsfreiheit, Diss. München, 1972

Müller-Hannemann, H.-Rainer: Zum Ausschluß gewerblicher Betätigung auf Friedhöfen, in: DVBl 1977, S. 440-446

Münch v., Ingo (Hrsg.):   Grundgesetz. Kommentar, Bd. 1, 3. Aufl. München 1985

ders.:   Bes. Verwaltungsrecht, 7. Aufl. Berlin, New York 1985

Mußgnug, Reinhard: Die Beteiligung der Gemeinden an den Neuen Medien (insbesondere Kabelfernsehen, Bildschirmtext) in verfassungsrechtlicher, fernmelderechtlicher und kommunalrechtlicher Sicht, in: Expertenkommission Neue Medien - EKM Baden-Württemberg, Abschlußbericht Band II, 1981

ders.:   Die öffentlich-rechtliche Aufsichtsarbeit in der Ersten Juristischen Staatsprüfung Herbst (1979), in: VBlBW 1982, S. 381 und S. 410-415

ders.:   Die öffentlichen Straßen als Mehrzweckinstitut in: Bartlsperger/Blümel/Schroeter (Hrsg.), Ein Vierteljahrhundert Straßenrechtsgesetzgebung, S. 81-96

v. Mutius, Albert: Zur Pflichtennachfolge "kraft Dinglichkeit", in: VerwArch 63 (1972),
S. 87-91

Nedden, Gerhard: Straßenrecht und Versorgungsleitungen, in: DVBl. 1980, S. 1042-1044

Niehues , Norbert: Rechtsverhältnis zwischen Person und
Sache, in: JZ 1987, S. 453-454

ders.: Die Bekanntgabe dinglicher Verwaltungsakte, in DVBl 1982, S. 317-323

ders.: Verwaltungsachenrecht , in:
Festschriften des Verwaltungsrechts,
Festschrift für Hans J. Wolff, hrsg.
v. Christian-Friedrich Menger, 1973,
S. 247-259

ders.: Dingliche Verwaltungsakte, in:
DÖV 1965, S. 319-326

ders.: Dinglichkeit im Verwaltungsrecht,
Diss. Münster 1963

Ossenbühl, Fritz: Staatshaftungsrecht, 3. Aufl.
München 1983

Ott, Sieghart: Versammlungsfreiheit contra Kunstfreiheit, in: NJW 1981, S. 2397-2399

ders.: Gesetz über Versammlungen und Aufzüge, 3. Aufl. Stuttgart, München,
Hannover 1979

Pagenkopf, Hans: Kommunalrecht, Bd. 2: Wirtschafts-
recht, 2. Aufl. Köln u.a. 1976

Papier, Hans-Jürgen: Recht der öffentlichen Sachen,
2. Aufl. Berlin, New York 1984

ders.: Immissionen durch Betriebe der
öffentlichen Hand, in: NJW 1974,
S. 1797-1802

Pappermann,Ernst/Löhr, Rolf-Peter/ Andriske, Wolfgang:	Recht der öffentlichen Sachen, München 1987
Pappermann, Ernst:	Die Verteilung politischen Werbematerials auf öffentlichen Straßen, in: NJW 1976, S. 1341-1345
Peine, Franz-Joseph:	Das Recht der öffentlichen Sachen, in: JZ 1984, S. 869-876
ders.:	Rechtsfragen der Einrichtung von Fußgängerstraßen, Köln 1979
Pieroth, Bodo/ Schlink, Bernhardt:	Grundrechte – Staatsrecht II, Heidelberg 1985
Pietzcker, Jost:	Der Anspruch auf ermessensfehler- freie Entscheidung, in: JuS 1982, S. 106 ff.
Püttner, Günther:	Die öffentlichen Unternehmen, 2. Aufl. Stuttgart u.a. 1985
Salzwedel, Jürgen:	Gemeingebrauch im Wegerecht und Wasserrecht, in: ZfW 1962/63, S. 73- 93
ders.:	Gedanken zur Fortentwicklung des Rechts der öffentlichen Sachen, in: DÖV 1963, S. 241-250
ders.:	Wege- und Verkehrsrecht, in: v.Münch (Hrsg.), Besonderes Verwaltungsrecht, 7. Aufl. 1985, S. 615-653
ders.:	Anstaltsnutzung und Nutzung öffent- licher Sachen, in: Erichsen/Martens, Allgemeines Verwaltungsrecht, 7. Aufl. 1985, S. 415-471
Samper, Rudolf:	Rechtsfragen zum Demonstrations- recht, in: Bay VBl 1969, S. 77-82

Schack, Friedrich:

Bemerkenswertes aus dem Hamburgi-
schen Wegegesetz vom 4. April 1961,
in: DVBl 1961, S. 897

ders.:

Das rechtliche Wesen der wegerechtlichen Sondernutzung nach altem und
neuem Recht, in: VerwArch 54 (1963),
S. 43-68

Schallenberg, Hermann:

Die Widmung, 1955

Schmidt, Walter:

Der Ermessensrahmen bei der Versagung einer straßenrechtlichen
Sondernutzungserlaubnis, in: NVwZ
1985, S. 167

Schmidt-Jortzig, Edzard:

Vom öffentlichen Eigentum zur öffentlichen Sache, in: NVwZ 1987,
S. 1025-1031

ders.:

Kommunalrecht, Stuttgart u.a. 1982

Schmidt-Tophoff, Alfons:

Reklame an, auf und über öffentlichen Straßen und Plätzen, in:
DVBl 1970, S. 17-30

Schneider Hans:

Politische Propaganda auf Straßen,
in: Festschrift für Hans Peter Ipsen,
1977, S. 353-374

Schneider, Hans-Heinrich:

Kunst als Störung privater Rechte,
in: NJW 1982, S. 628-630

Schneider, Horst:

Die Anliegernutzung im neuen
Straßenrecht, in: NJW 1963, S. 276

Schramm, Theodor:

Grundrechte und ihre verfassungsrechtliche Absicherung, 3. Aufl./
überarb. von Gert Peter Strunk, Köln,
Berlin, Bonn, München 1985

Schricker, Helmut:

Wirtschaftliche Tätigkeit der öffentlichen Hand und unlauterer Wettbewerb, 2. Aufl. Köln u.a. 1987

Schröder, Meinhard:

Grundfragen der Aufsicht in der öffentlichen Verwaltung, in: JuS 1986, S. 371-376

ders.:

Ungereimtheiten der strafgerichtlichen Rechtsprechung zur Verbreitung politischer Schriften auf öffentlichen Straßen, in: Die Verwaltung 10 (1977), S. 451-468

Schulke, Erichheinz:

Sondernutzung im Wegerecht und Verwaltungsermessen, in: BayVBl 1961, 206

Schwabe, Jürgen:

Das Verbot mit Erlaubnisvorbehalt, in: JuS 1973, S. 133-140

Schwälble, Ulrich:

Das Grundrecht der Versammlungsfreiheit (Art. 8GG), Diss. Freiburg 1975

Sendler, Horst:

Teilhaberechte in der Rechtsprechung des Bundesverwaltungsgerichts, in: DÖV 1978, S. 581-589

Sieder. Frank/Zeitler, Herbert/Kreuzer, Konrad/ Zech, Jochen:

Bayerisches Straßen- und Wegegesetz, 3. Aufl. (Loseblatt) München 1983

Sigrist, Hans:

Zur Verteilung politischer Flugschriften auf öffentlichem Straßengelände, in: DöV 1976, S. 376

Steinbauer, Karl-Heinz:

Entschädigungsansprüche der Anlieger im Straßen- und Wegerecht, Diss.München, 1966

Steinberg, Rudolf:

Meinungsfreiheit und Straßennutzung, in: NJW 1978, S. 1898-1904

Steinberg Rudolf/ Herbert, Georg:

Die Grenzen politischer Meinungsäußerung auf der Straße, in: JuS 1980, S. 108-115

Steiner, Udo:

Straßenrecht und Straßenverkehrsrecht, in: JuS 1984, S. 1-9

Stern, Rudolf: Die öffentliche Sache, in: VVDStRL 21
                                (1962), S. 183-228

Stock, Martin: Straßenkommunikation als
                                Gemeingebrauch, Berlin 1979

Thiele, Willi: Zur Problematik der Grenzziehung
                                zwischen Gemeingebrauch und Son-
                                dernutzung, in: DVBl 1980, S. 977-
                                980

Vieweg, Hartmut: Das Telegraphenwegegesetz von 1899
                                als fragwürdige Hilfe zum Aufbau von
                                Breitbandverteilnetzen in Gemeinden,
                                in: DÖV 1986, 909-916

Weber, Werner: Die öffentliche Sache, in VVSStRL 21
                                (1962), S. 145-182

Wendrich, Klaus: Zum Verhältnis von Straßenrecht und
                                Straßenverkehrsrecht bei Fußgänger-
                                bereichen sowie bei Widmung und
                                Baulastträgerschaft von Gehwegen,
                                in: DVBl 1973, S. 475-479

Wimmer, Raimund: Versammlungsfreiheit contra Wege-
                                recht, in: MDR 1964, S. 280-283

Wittig, Peter: Das öffentliche Eigentum, in:
                                DVBl 1969, S. 680-687

Wolff, Hans J./Bachof, Otto/   Verwaltungsrecht Bd. I., 9. Aufl.
                                München 1974, Bd. 2, 4. Aufl. 1976;
                                Bd. 3, 4. Aufl. 1978

Wolff, Hans J./Bachof, Otto/   Verwaltungsrecht Bd. II,
Stober Rolf: München 1987

Würkner, Joachim: Straßenrecht contra Kunstfreiheit, in:
                                NJW 1987, S. 1793-1799

ders.:   Öffentliches Recht und zeitgenössi-
                                sche Musik, in: GewArch 1987,
                                S. 321-328

ders.:   Die Freiheit der Straßenkunst (Art. 5
                                III 1 GG), in: NVwZ 1987, S. 841-850

Zeiler, Hans:

Das Hausrecht an Verwaltungsgebäu-
den, in: DVBl. 1981, S. 1000-1004

Ziegler, Jürgen:

Das Eigentum am "Straßenwerk" sowie
zur Sondernutzung und sonstigen
Benutzung, in: DVBl. 1976, S. 89-93

Zippelius, Reinhold:

Anmerkung zum Urteil es BayObLG,
BayVBl 1980, 630, in: DöV 1980,
S. 924- 928

Zippilius, Reinhard:

Grundfragen des öffentlichen Sachenrechts und das Bayerische
Straßen- und Wegegesetz, in: DöV
1958, S. 838 ff.

Zöbeley, Günther:

Zur Garantie der Kunstfreiheit in der
gerichtlichen Praxis, in: NJW 1985,
S. 254-258

Werner Reh

Politikverflechtung im Fernstraßenbau der Bundesrepublik Deutschland und im Nationalstraßenbau der Schweiz
Eine vergleichende Untersuchung der Effizienz und Legitimation gesamtstaatlicher Planung

Frankfurt/M., Bern, New York, Paris, 1988. 371 S.
Beiträge zur Politikwissenschaft. Bd. 37
ISBN 3-8204-1041-4   br./lam. sFr. 71.--

Die Entwicklung und Durchführung der weiträumigen Straßenplanung wird in den beiden untersuchten Bundesstaaten mit Hilfe eines erweiterten Politikverflechtungsansatzes erfaßt und systematisch-vergleichend beurteilt. Die Folgen zweier unterschiedlicher Formen der Entscheidung und Konfliktverarbeitung werden über den Zeitraum von 1954-1986 analysiert. Fragen der Gesamtverkehrspolitik und ökologischer Belange, die seit den 70er Jahren zu erheblichen Durchsetzungsproblemen führen, werden einbezogen. Für die Bundesrepublik wird eine institutionelle Reform vorgeschlagen (Entflechtung), um die Möglichkeiten innovativer Politik zu stärken.

Aus dem Inhalt: Darstellung und Weiterentwicklung der Theorie der Politikverflechtung - Abstimmungs- und Beteiligungsverfahren bei einzelnen Projekten - Planung und Durchführung/Durchsetzung des Gesamtnetzes und einzelner Strecken - Vergleichende Zusammenfassung - Schlußfolgerungen zur Wirkung der Politikverflechtung bzw. des Vollzugsföderalismus.

Verlag Peter Lang Frankfurt a.M. · **Bern** · **New York** · **Paris**
Auslieferung: Verlag Peter Lang AG, Jupiterstr. 15, CH-3000 Bern 15
Telefon (004131) 321122, Telex pela ch 912 651, Telefax (004131) 321131
- Preisänderungen vorbehalten -

Barbara Büscher

Wirklichkeitstheater, Straßentheater, Freies Theater
Entstehung und Entwicklung freier Gruppen in der
Bundesrepublik Deutschland 1968-76

Frankfurt/M., Bern, New York, 1987. 506 S.
Europäische Hochschulschriften: Reihe 30, Theater-, Film- und Fernsehwissenschaften. Bd. 26.
ISBN 3-8204-9696-3   br./lam. sFr. 78.--

Freie Theatergruppen haben in den letzten 15 Jahren die bundesdeutsche Kulturszene verändert. Seit den ersten Gründungen verstehen sie sich als Alternative zur Institution Theater. Welche sozialen und kulturellen Bedingungen motivierten ihre Entstehung? Wie definieren sie selbst ihr Anderssein, wie lösen ihre Produktionen diesen Anspruch ein? Die Arbeit untersucht die Vorgeschichte der Freien Gruppen in Aktionsformen und Straßentheatern der APO. Sie stellt vier Theaterkollektive anhand ihrer Selbstdarstellungen und aufgrund von detaillierten Analysen einzelner Produktionen vor. Und sie thematisiert die Grenzen der Modelle politisch-eingreifenden Theaters, die für die Entstehungsphase freier Theatergruppen kennzeichnend waren.

Aus dem Inhalt: Zum Verhältnis von Kunst und Politik in Theorie und Praxis der antiautoritären Bewegung - Straßentheater als Instrument politischer Aufklärung 1968/69: exemplarische Analysen, historische Bezugspunkte - Freie Gruppen 1970-76: Theaterkollektiv Zentrifuge, Kollektiv Rote Rübe, Theatermanufaktur, Hoffmanns Comic Teater.

Verlag Peter Lang Frankfurt a.M. · Bern · New York · Paris
Auslieferung: Verlag Peter Lang AG, Jupiterstr. 15, CH-3000 Bern 15
Telefon (004131) 321122, Telex pela ch 912 651, Telefax (004131) 321131
- Preisänderungen vorbehalten -

Printed by
CPI books GmbH, Leck